管理沟通

——理论、案例及应用

余淑均 ◎主　编
张　敏　缪春光 ◎副主编

Managerial Communication

电子工业出版社
Publishing House of Electronics Industry
北京·BEIJING

内 容 简 介

"管理沟通"是一门结合科学与艺术的课程,强调理念,更强调技能的训练与提高。本书在介绍沟通的一般理论和方法的同时,穿插了大量案例,增强了可读性和应用性。全书共 10 章,分别为绪论、基本策略、面谈、演讲、倾听、写作、会议、谈判、非常沟通、跨文化沟通,全面涵盖了沟通的各种应用场景,读者可以系统学习,也可以各取所需。

本书适合作为高等院校管理沟通课程的教材,同时也可供想提高沟通水平的人士参考。

未经许可,不得以任何方式复制或抄袭本书之部分或全部内容。
版权所有,侵权必究。

图书在版编目(CIP)数据

管理沟通:理论、案例及应用 / 余淑均主编. — 北京:电子工业出版社,2017.7
ISBN 978-7-121-31777-4

I. ①管⋯ II. ①余⋯ III. ①管理学—高等学校—教材 IV. ①C93

中国版本图书馆 CIP 数据核字(2017)第 123899 号

策划编辑:王二华
责任编辑:王二华
印　　刷:北京盛通商印快线网络科技有限公司
装　　订:北京盛通商印快线网络科技有限公司
出版发行:电子工业出版社
　　　　　北京市海淀区万寿路 173 信箱　邮编:100036
开　　本:787×1092　1/16　印张:16.75　字数:440 千字
版　　次:2017 年 7 月第 1 版
印　　次:2023 年 6 月第 8 次印刷
定　　价:46.00 元

凡所购买电子工业出版社图书有缺损问题,请向购买书店调换。若书店售缺,请与本社发行部联系,联系及邮购电话:(010)88254888,88258888。
质量投诉请发邮件至 zlts@phei.com.cn,盗版侵权举报请发邮件至 dbqq@phei.com.cn。
本书咨询联系方式:(010)88254532。

目 录

第1章 绪论 ·· 1
1.1 沟通概论 ·· 2
　1.1.1 沟通的定义和过程 ·························· 3
　1.1.2 沟通的内涵 ···································· 4
　1.1.3 沟通的分类 ···································· 4
　1.1.4 沟通网络 ······································· 7
1.2 管理沟通概念 ······································ 8
　1.2.1 管理沟通的两大研究学派 ················ 8
　1.2.2 管理沟通的定义 ···························· 8
　1.2.3 管理沟通的特点 ···························· 8
　1.2.4 管理沟通的要素 ···························· 8
　1.2.5 管理沟通的意义 ···························· 9
1.3 建设性沟通 ·· 10
　1.3.1 建设性沟通的含义与特征 ·············· 10
　1.3.2 建设性沟通的本质 ······················· 10
　1.3.3 信息组织原则 ······························ 11
　1.3.4 合理定位原则 ······························ 13
　1.3.5 尊重他人原则 ······························ 16
本章小结 ·· 19
思考练习 ·· 19

第2章 基本策略 ·· 20
2.1 沟通者策略：主体认知策略 ················ 21
　2.1.1 自我认知和自我定位 ···················· 21
　2.1.2 目标和策略确定 ··························· 23
　2.1.3 自我沟通 ···································· 25
　2.1.4 约哈里窗 ···································· 26
2.2 受众策略：沟通客体分析 ···················· 28
　2.2.1 沟通客体分析概述 ······················· 28
　2.2.2 沟通对象的特点分析 ···················· 29
　2.2.3 受众类型分析和策略选择 ·············· 33
2.3 信息策略 ·· 38
　2.3.1 怎样强调信息 ······························ 38
　2.3.2 如何组织信息 ······························ 39

2.4 环境与渠道策略 ································· 40
　2.4.1 内部环境分析 ······························ 40
　2.4.2 内部沟通策略 ······························ 43
　2.4.3 外部环境分析 ······························ 45
　2.4.4 外部沟通策略 ······························ 46
2.5 文化背景策略 ····································· 46
　2.5.1 跨文化沟通的意义 ······················· 46
　2.5.2 跨文化沟通的障碍分析 ················· 48
　2.5.3 跨文化沟通模型 ··························· 48
　2.5.4 跨文化沟通策略 ··························· 49
本章小结 ··· 50
思考练习 ··· 50

第3章 面谈 ··· 51
3.1 面谈的概念和性质 ······························ 51
　3.1.1 面谈的概念和特征 ······················· 51
　3.1.2 面谈的类型 ································· 52
3.2 面谈的步骤 ·· 53
　3.2.1 面谈准备 ···································· 53
　3.2.2 面谈过程的控制 ··························· 55
　3.2.3 招聘面谈 ···································· 56
3.3 其他类型面谈 ····································· 61
　3.3.1 绩效面谈 ···································· 61
　3.3.2 离职面谈 ···································· 64
本章小结 ··· 67
思考练习 ··· 67

第4章 演讲 ··· 68
4.1 演讲概述 ·· 69
　4.1.1 演讲的分类 ································· 70
　4.1.2 演讲的特点 ································· 71
　4.1.3 演讲过程 ···································· 71
　4.1.4 演讲者的目的 ······························ 72
　4.1.5 听众的特点 ································· 72
4.2 演讲构思 ·· 73

4.2.1 确定论题 …………………… 74
　　　4.2.2 主题提炼 …………………… 76
　　　4.2.3 处理材料 …………………… 76
　　　4.2.4 营造结构 …………………… 77
　　　4.2.5 演讲的正文部分的要求 …… 80
　4.3 演讲技巧 ………………………… 81
　　　4.3.1 克服怯场 …………………… 82
　　　4.3.2 有声语言表达技巧 ………… 82
　　　4.3.3 体态语言表达技巧 ………… 83
　　　4.3.4 控场技巧 …………………… 84
　　　4.3.5 视听辅助手段 ……………… 85
　本章小结 ……………………………… 85
　思考练习 ……………………………… 86

第5章 倾听 …………………………… 87
　5.1 倾听概述 ………………………… 88
　　　5.1.1 倾听的含义 ………………… 88
　　　5.1.2 倾听的重要性 ……………… 90
　5.2 倾听中的障碍 …………………… 92
　　　5.2.1 环境障碍 …………………… 93
　　　5.2.2 语言表达障碍 ……………… 95
　　　5.2.3 倾听者的主观障碍 ………… 95
　　　5.2.4 如何克服倾听者的障碍 …… 99
　5.3 倾听反馈 ………………………… 101
　　　5.3.1 常见的反馈类型 …………… 102
　　　5.3.2 反馈的特征与技巧 ………… 102
　　　5.3.3 反馈的障碍源 ……………… 104
　　　5.3.4 怎样进行有效反馈 ………… 105
　5.4 倾听技巧 ………………………… 106
　　　5.4.1 如何提高个人的倾听技能 … 107
　　　5.4.2 创造良好的倾听环境 ……… 113
　　　5.4.3 提高倾听的效果 …………… 113
　　　5.4.4 必要的沉默 ………………… 115
　　　5.4.5 积极倾听 …………………… 116
　本章小结 ……………………………… 119
　思考练习 ……………………………… 120

第6章 写作 …………………………… 121
　6.1 写作要则 ………………………… 122
　　　6.1.1 写作的重要性 ……………… 122

　　　6.1.2 写作要则 …………………… 123
　6.2 写作过程 ………………………… 125
　　　6.2.1 收集资料阶段 ……………… 126
　　　6.2.2 组织观点阶段 ……………… 127
　　　6.2.3 提炼材料阶段 ……………… 128
　　　6.2.4 起草文章阶段 ……………… 129
　　　6.2.5 修改文稿阶段 ……………… 129
　　　6.2.6 如何克服写作中的思路堵塞 … 130
　6.3 商务信函 ………………………… 131
　　　6.3.1 信函的写作技巧 …………… 131
　　　6.3.2 信函例文 …………………… 133
　6.4 其他文稿写作 …………………… 135
　　　6.4.1 报告 ………………………… 135
　　　6.4.2 简历 ………………………… 139
　　　6.4.3 建议书 ……………………… 146
　　　6.4.4 备忘录 ……………………… 147
　　　6.4.5 通报 ………………………… 148
　　　6.4.6 通知 ………………………… 149
　　　6.4.7 协议书写作 ………………… 151
　　　6.4.8 会议纪要 …………………… 152
　本章小结 ……………………………… 154
　思考练习 ……………………………… 155

第7章 会议 …………………………… 156
　7.1 会议概述 ………………………… 157
　　　7.1.1 会议的概念和内容 ………… 158
　　　7.1.2 会议的目的 ………………… 159
　　　7.1.3 会议沟通的类型 …………… 160
　　　7.1.4 会议交际沟通的模式 ……… 162
　　　7.1.5 会议沟通原则 ……………… 163
　　　7.1.6 会议的参与者 ……………… 163
　7.2 会议组织 ………………………… 166
　　　7.2.1 会前的组织安排和准备 …… 166
　　　7.2.2 会议中控制 ………………… 172
　　　7.2.3 会后跟踪 …………………… 175
　　　7.2.4 会议记录 …………………… 176
　7.3 会议技巧 ………………………… 177
　　　7.3.1 会议主持技巧 ……………… 178
　　　7.3.2 会议过程中的组织技巧 …… 182

7.3.3　会议沟通管理的技巧……183
　　　7.3.4　克服会议中的压力……185
　本章小结……186
　思考练习……186

第8章　谈判……187
8.1　谈判概述……188
　　8.1.1　谈判的定义……188
　　8.1.2　谈判的特点……188
　　8.1.3　谈判的构成要素……189
　　8.1.4　谈判的分类……191
　　8.1.5　谈判的基本原则……195
8.2　谈判的过程与策略……198
　　8.2.1　谈判前准备阶段……198
　　8.2.2　谈判开局阶段……204
　　8.2.3　谈判磋商阶段……206
　　8.2.4　谈判收尾阶段……211
8.3　谈判技巧……211
　　8.3.1　提问的技巧……212
　　8.3.2　回答的技巧……213
　　8.3.3　陈述的技巧……214
　　8.3.4　聆听的技巧……216
　　8.3.5　看的技巧……217
　　8.3.6　拒绝的技巧……218
　　8.3.7　结束谈判的技巧……219
　本章小结……220
　思考练习……221

第9章　非常沟通……222
9.1　冲突沟通……222
　　9.1.1　冲突的内涵……222
　　9.1.2　冲突的分类……223
　　9.1.3　冲突的形成过程……224
　　9.1.4　冲突管理……225
9.2　组织变革沟通……232
　　9.2.1　组织变革沟通的意义……232
　　9.2.2　组织变革沟通的阻碍……233
　　9.2.3　组织变革沟通的对策……234
9.3　危机沟通……236
　　9.3.1　危机沟通及意义……237
　　9.3.2　危机沟通准备与实施……238
　　9.3.3　与员工进行危机沟通……241
　　9.3.4　与顾客进行危机沟通……243
　本章小结……247
　思考练习……248

第10章　跨文化沟通……249
10.1　文化和跨文化沟通……249
　　10.1.1　文化内涵……249
　　10.1.2　跨文化相关理论……251
10.2　跨文化差异和冲突……254
　　10.2.1　文化差异的表现……254
　　10.2.2　跨文化冲突的诱因……255
　　10.2.3　跨文化沟通的主要障碍……256
10.3　跨文化沟通的策略与手段……257
　　10.3.1　跨文化沟通的策略……257
　　10.3.2　跨文化管理沟通的有效手段……258
　本章小结……259
　思考练习……259

参考文献……260

第1章
绪 论

学习要点：
1. 沟通的定义、过程和内涵；
2. 沟通的不同类型及其利弊和沟通的网络；
3. 管理沟通的概念、特点、作用和要素；
4. 管理沟通的框架和基本策略。

 导入案例

GOOLE 沟通：当最牛的路由器

现在，最有能力的管理者不但不独霸信息，还会分享信息。（比尔·盖茨曾在 1999 年说过："力量并不来自掌握的知识，而是来自分享的知识。这一点，应该在企业的价值观及奖励机制中体现出来。"）领导者的目标，就是要时刻促进信息在整个企业中的流动。这就要求领导者具备一套全新的技能，就像乔纳森在几年前告诉那位工程师的一样："如果我真的只是一台昂贵的路由器，那我就要当最牛的路由器。"那么，应该怎么做呢？

首先是心态开放，公开设立富有挑战性的目标。你的"预设模式"应是与人共享一切，谷歌的董事会报告就是一个例子。"共享一切"并不意味着"先剔除那些有可能损害公司形象或打击士气的信息，然后把剩下的信息进行共享"，而是指"除了极少数有违法律法规的信息，其他一概与大家共享"。这两种理念之间存在着天壤之别！开放的心态不仅适用于董事会的沟通，我们也在尝试共享一切。例如，谷歌的内部网 Moma 上几乎包含即将上市的新品的一切相关信息，而每周五的 TGIF（Thank God It's Friday）大会，也常会安排产品团队与大家分享其即将推出的有趣项目以及正在研发的产品演示及截图。

谷歌的 OKR（Objectives and Key Results，目标与关键成果）考核制度也是信息透明的一个很好的例证。这个指标是由每个人的目标（也就是需要达成的战略目标）及关键成果（用以衡量达成目标的进度）构成的。每个季度，每位员工都需要更新自己的 OKR，并在公司内发布，好让大家快速了解彼此的工作重点。

TGIF 会议，是员工对公司上层的吐槽大会。每周五召开的 TGIF 会议中，员工都可以向高层管理者发问。后来随着公司规模的扩大，针对大家想要提出的问题，以全公司投票来决定哪些问题在会上讨论。TGIF 大会这个全员参加的每周会议，由管理者主持，每次都设有一个毫不设限的问答环节，但随着公司的发展，这个环节越来越难以组织。因此谷歌设立了一个机制，任何不能（或不愿）当面提问的人都可以把问题发到网上。问题发出后，其他人可以投票表决这个问题是好是坏，问题得到的好评越多排名越靠前，难以回答的问题，通常也会收到越多的好评。任何人都可以把最尖锐的问题直接抛给首席执行官和他的团队,而众人把关可以最大限度地减少无聊问题。

高层管理人员积极与下属沟通,上体民意,下达信息。为了更好地了解员工的思想动态,除了TGIF吐槽大会外,谷歌高层都专门安排时间与下属进行沟通与交流,帮助员工了解自己,前谷歌高级工程师玛丽莎·梅耶也专门安排每周三让下属与自己交流工作的不快。

这个制度的实行需要从高层做起。在谷歌,首席执行官每个季度都会发布自己的OKR,并召开全公司会议加以讨论,各产品和业务负责人都会上台逐一讨论自己的OKR及其对自己团队的意义,并依据自己上一季度的OKR指标为本季度的表现打分。不是在做表面文章,因为这些指标都是实实在在的,是每个产品负责人在各季度开始的时候经过缜密分析制定的,高管们会对自己的失误及失误背后的原因坦率剖析,每个人上一季度的指标往往都会用红黄两色标记。

人类是沟通的动物。沟通渗透到我们所做的一切事情中,它是形成人类关系的材料。它是流注人类全部历史的水流,不断延伸我们的感觉和我们的信息渠道。人类已经实现了登上另一个星球的梦想,目前正在寻求和宇宙中的其他生物进行沟通。沟通是各种各样技能中最富人性化的。

为什么要沟通?这个问题乍听起来,好像问别人"为什么要吃饭"或"为什么要睡觉"一样愚蠢。吃饭是因为我们饥饿,睡觉是因为我们困倦。

同样,对于我们来说,沟通是一种自然而然的、必需的、无所不在的活动。人们相互沟通是因为需要同周围的社会环境相联系。社会是由人们互相沟通所维持的关系组成的网。沟通就像血液流经人的心血管系统一样流过社会系统,为整个有机体服务。人们已经习惯于生活在沟通的汪洋大海中,以致很难设想,如果没有沟通,我们将怎样生活。

各行各业,无论是会计、社会工作者、工程师,还是医生、护士、教师、推销员、管理者,有效的沟通对于他们都非常重要。正如著名学者埃利斯和威廷顿指出的那样,"很少有哪项工作不需要相互沟通,特别是从事管理工作的人在与其他部门或人进行工作接触时,沟通的技能显得非常重要"。

1.1 沟通概论

 讨论

背景资料

你是一位宇航员,与另外几位宇航员驾驶一太空船飞向月球,原计划去与已经降落月球、作为基地的太空母船会合。然而,因机械故障,你们的太空船只能迫降在距离太空母船200英里之外的月球表面。降落时许多设备受到损坏,而为了生存你们必须充分利用未受损坏的装备自行到达太空母船。下面列出了15样未受损坏的物资和装备(如表1-1所示),请依据其重要性分别标出1~15,以供你们出发时酌其重要性决定取舍(比如,你们的体力只能带13件,就只好放弃另外两件)。

表 1-1 未受损坏的物资和装备

序 号	物资和装备	序 号	物资和装备
(1)	一盒火柴	(9)	星际图
(2)	压缩食品	(10)	自行充气的救生筏
(3)	50 英尺尼龙绳	(11)	磁罗盘仪
(4)	丝质降落伞	(12)	5 加仑水
(5)	太阳能携带式加热器	(13)	烟火信号枪
(6)	2 支 0.45 口径手枪	(14)	含注射器的急救箱
(7)	1 箱脱水牛奶	(15)	太阳能无线电收发器
(8)	2 瓶大气氧气		

在完成自我判断后，你的小组使用信息丰富或说服性沟通达成共识。以上 15 件物资和装备的顺序应该试着得到每个人的同意。

注意：

① 无论是信息丰富或说服性沟通，逻辑性是基础；

② 不要仅仅为了避免冲突而改变你的主意；

③ 做决定不要仅仅遵循"少数服从多数"的规则。

1.1.1 沟通的定义和过程

在讨论管理沟通之前，我们先来回顾什么是沟通。

沟通是一个经常使用的字眼。对于什么是沟通，美国威斯康星大学的 F·丹斯教授曾统计过，人们关于沟通的定义，已达 120 多种。

我们把沟通定义为：某一信息(或意思)传递给客体或对象，以期取得客体反馈并作出相应反应的整个过程。

沟通是一个过程，完整的沟通过程包括七个环节，如图 1-1 所示。

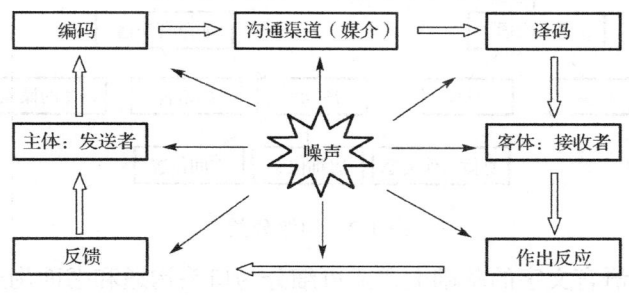

图 1-1 沟通过程

① 沟通主体，即信息的发出者或来源；

② 编码，指主体采取某种形式来传递信息的内容；

③ 沟通渠道，或称媒介；

④ 沟通的客体，即信息的接收者；

⑤ 译码，指客体对接收到的信息所作出的解释、理解；

⑥ 作出反应，即体现出沟通效果；

⑦ 反馈，反馈对信息的传送是否成功及传递的信息是否符合原本意图进行核实，它可以确定信息是否被理解了。

在整个沟通过程中，所有的环节都受到各种噪声的干扰，噪声是妨碍信息沟通的重要因素，它存在于沟通过程的各个环节，并有可能造成信息失真。如模棱两可的语言、难以辨认的字迹、不同的文化背景等都是噪声。

1.1.2 沟通的内涵

(1) 沟通首先是意义上的传递。如果信息和想法没有被传递到，则意味着沟通没有发生。也就是说，说话者没有听众或写作者没有读者都不能构成沟通。

(2) 其次，要使沟通成功，意义不仅需要被传递，还需要被理解。如写给我的一封信所使用的是葡萄牙语(本人对这种语言一窍不通)，那么不经翻译就无法称之为沟通。沟通是意义上的传递与理解。完美的沟通，如果其存在的话，应是经过传递后被接收者感知到的信息与发送者发出的信息完全一致。

(3) 再者，良好的沟通应准确理解信息的意义。如果有人与我们意见不同，不少人认为此人未能完全领会我们的看法，换句话说，很多人认为良好的沟通是使别人接受自己的观点。但是，你可以非常明白对方的意思却不同意对方的看法。事实上，沟通双方能否达成一致，别人是否接受自己的观点，往往并不是沟通良好与否这一个因素决定的，它还涉及双方根本利益是否一致、价值观念是否类同等其他关键因素。例如，在谈判过程中，如果双方存在着根本利益的冲突，即使沟通过程中不存在任何噪声干扰，谈判双方沟通技巧十分娴熟，往往也不能达成一致，但沟通双方每个人都已充分理解了对方的观点和意见。

1.1.3 沟通的分类

根据信息载体的异同，沟通可以分为语言沟通和非语言沟通，如图1-2所示。

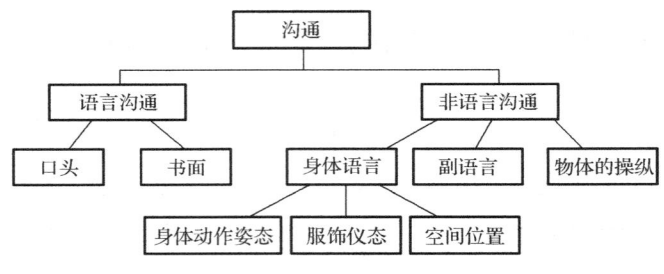

图1-2 沟通分类

语言沟通建立在语言文字的基础上，又可细分为口头沟通和书面沟通两种形式。

(1) 口头沟通，也就是交谈，是人们之间最常见的交流方式。常见的口头沟通包括演说、正式的一对一讨论或小组讨论、非正式的讨论及传闻或小道消息传播。

口头沟通的优缺点：口头沟通是所有沟通形式中最直接的方式。它的优点是快速传递和即时反馈。在这种方式下，信息可以在最短时间内被传送，并在最短时间内得到对方回复。如果接收者对信息有疑问，迅速的反馈可使发送者及时检查其中不够明确的地方并进行改正。但是，口头沟通也存在着缺陷。

其缺点是信息传递过程中存在着巨大的失真的可能性。每个人都以自己的偏好来增删信息，以自己的方式诠释信息，当信息到达接收者时，其内容往往与最初的含义存在重大偏差。

(2)书面沟通。书面沟通包括备忘录、信件、组织内发行的期刊、布告栏及其他任何传递书面文字或符号的手段。

书面沟通有以下三方面优点。

① 书面沟通具有有形展示、长期保存、法律防护依据等优点。一般情况下,发送者和接收者双方都拥有沟通记录,沟通的信息可以长期保存下去。如果对信息的内容有疑问,过后的查询是完全可能的。对于复杂或长期的沟通来说,这尤为重要。一个新产品的市场推广计划可能需要好几个月的大量工作,以书面的方式记录下来,可以使计划的构思者在整个计划的实施过程中有一个依据。

② 书面沟通更加周密,逻辑性强,条理清楚。书面语言在正式发表之前能够反复修改,直至作者满意。作者所欲表达的信息能被充分、完整地表达出来,减少了情绪、他人观点等因素对信息传达的影响。

③ 书面沟通的内容易于复制、传播,这对于大规模传播来说,是一个十分重要的条件。

书面沟通有以下两方面缺点:

① 相对口头沟通而言,书面沟通耗费时间较长。同等时间的交流,口头比书面所传达的信息要多得多。事实上,花费一个小时写出的东西只需十五分钟左右就能说完。

② 书面沟通不能及时提供信息反馈。口头沟通能使接收者对其所听到的东西及时提出自己的看法,而书面沟通缺乏这种内在的反馈机制,其结果是无法确保所发出的信息能被接收到,即使接收到,也无法确保接收者对信息的解释正好是发送者的本意。发送者往往要花费很长的时间来了解信息是否已被接收并被准确地理解。

而一些极有意义的沟通既不是口头形式也不是书面形式,而是非语言沟通。非语言沟通指通过某些媒介而不是讲话或文字来传递信息。交替闪烁的红绿灯、慷慨激昂的语调都属此类。一个人的衣着打扮、谈话时的一举一动无不向别人传递了某种信息。据有关资料表明,在面对面的沟通过程中,那些来自语言文字的社交意义不会超过35%,而有65%是以非语言信息传达的。我们抬起眉毛表示不相信,揉揉鼻子表示有疑问,双手抱肩以隔离自己或保护自己,耸耸肩膀表示无所谓,眨眨眼睛表示亲密感,敲击指头表示不耐烦,拍拍脑门表示忘了做某事。也许你并不同意这些动作的具体含义,但身体语言是语言沟通的补充,并常常使语言沟通复杂化。某种身体姿态或动作本身并不具有明确固定的含义,但当它和语言结合起来时,就使得发送者的信息更为全面了。非语言沟通内涵十分丰富,包括身体语言沟通、语调、物体的操纵、空间距离等多种形式。

(3)身体语言沟通。身体语言沟通是通过动态无声性的目光、表情、手势语言等身体运动或静态无声的身体姿势、空间距离及衣着打扮等形式来实现的沟通。

① 人们可以借由面部表情、手部动作等身体姿态来传达,如攻击、恐惧、腼腆、傲慢、愉快、愤怒等情绪或意图。

② 人与人之间的空间位置关系,会直接影响个人之间的沟通过程。这不仅为生活中的大量事实所说明,严格的社会心理学实验也证明了这一点。国外有关研究证实,学生对于课堂讨论的参与直接受到学生座位的影响。在倾向上,以教师讲台为中心,座位越居于中心位置,学生对于课堂讨论的参与比例也越大。此外,沟通中空间位置的不同,还直接导致沟通者具有不同的沟通影响力。有些位置对沟通的影响力较大,有些位置则较小。我们都有体会,同一种发言,站到讲台上讲,与在台下自由发言所引起的作用是不同的,高高的讲台本身具有某种权威性。

③ 沟通者的服饰往往也扮演着信息发送源的角色。有学者在经过广泛的调查研究后指出，在企业环境中，组织成员所穿的服装传送出关于他们的能力、严谨和进取性的清楚的信号。换句话说，接收者无意识地给各种服装归结了某些定型的含义，然后按这些认识对待穿戴者。当对这项研究的正确性难以评价时，有一点很清楚，人们首先从他人穿戴的服装上看到某种信息。

(4) 副语言沟通。副语言沟通是通过非语词的声音，如重音、声调的变化、哭笑、停顿来实现的。心理学家称非语词的声音信号为副语言。最新的心理学研究成果揭示，副语言在沟通过程中起着十分重要的作用。一句话的含义往往不仅决定于其字面的意义，而且决定于它的弦外之音。语音表达方式的变化，尤其是语调的变化，可以使字面相同的一句话具有完全不同的含义。如一句简单的口头语"真棒"，当音调较低、语气肯定时，表示由衷的赞赏；而当音调升高、语气抑扬时，则完全变成了刻薄的讥讽和幸灾乐祸。

(5) 物体的操纵。人们能够通过物体的运用，环境布置等手段进行非语言沟通。下面是一个很自然地利用手头之物表明一个非语言的观点的例子：一位车间主任，他在和工长讲话的时候，心不在焉地拾起一小块碎砖。他刚一离开，工长就命令全体员工加班半小时，清理车间卫生。实际上车间主任对于清理卫生并未提到一个字。

 **案例**

名医劝治的失败

我国古代春秋战国时期，有一位著名的医生，他的名字叫扁鹊。有一次，扁鹊拜见蔡桓公，站了一会儿，他看看蔡桓公的脸色说："国君，你的皮肤有病，不治怕要加重了。"蔡桓公笑着说："我没有病。"扁鹊告辞走了以后，蔡桓公对他的臣下说："医生就喜欢给没病的人治病，以便夸耀自己有本事。"过了十几天，扁鹊又前往拜见蔡桓公，他仔细看看蔡桓公的脸色说："国君，你的病已到了皮肉之间，不治会加重的。"桓公见他尽说些不着边际的话，气得没有理他，扁鹊走后，蔡桓公还闷闷不乐。

再过十几天，蔡桓公出巡，扁鹊远远地望见蔡桓公，转身就走。蔡桓公特意派人去问扁鹊为什么不肯再来拜见，扁鹊说："皮肤上的病，用药物敷贴可以治好；在皮肉之间的病，用针灸可以治好；在肠胃之间的病，服用汤药可以治好；如果病入骨髓，那生命就掌握在司命之神的手里了，医生是无法可想的了。如今国君的病已深入骨髓，所以我不能再去拜见了。"蔡桓公还是不相信。五天之后，蔡桓公遍身疼痛，连忙派人去找扁鹊，扁鹊已经逃往秦国躲起来了。不久，蔡桓公便病死了。

请从沟通的角度分析名医劝治的失败的原因，并提出你的沟通方案。

 案例

沟通中的角色问题

英国著名的维多利亚女王，与其丈夫相亲相爱，感情和谐。但是维多利亚女王乃是一国之王，成天忙于公务，出入于社交场合，而她的丈夫阿尔伯特却和她相反，对政治不太关心，对社交活动也没有多大的兴趣，因此两人有时也闹些别扭。有一天，维多利亚女王去参加社交活动，而阿尔伯特却没有去，已是夜深了，女王才回到寝宫，只见房门紧闭着。女王走上前去敲门。房内，阿尔伯特问："谁？"女王回答："我是女王。"门没有开，女王再次敲门。

房内阿尔伯特问:"谁呀?"女王回答:"维多利亚。"门还是没开。女王徘徊了半晌,又上前敲门。房内的阿尔伯特仍然是问:"谁呀?"女王温柔地回答:"你的妻子。"这时,门开了,丈夫阿尔伯特伸出热情的双手把女王拉了进去。

这表明:同一对象在不同的环境里往往表现为不同的角色,彼此的关系也就跟着变化,这种变化往往是通过语言表现出来的,语言形式一定要符合自己转换的角色身份。

1.1.4 沟通网络

沟通网络指的是信息流动的通道。这种通道主要有两种。

(1)正式沟通网络。它一般是垂直的,遵循权力系统,并只进行与工作相关的信息沟通。如图1-3所示,描述了3种主要的小群体网络类型:链式、轮式和全通道式。

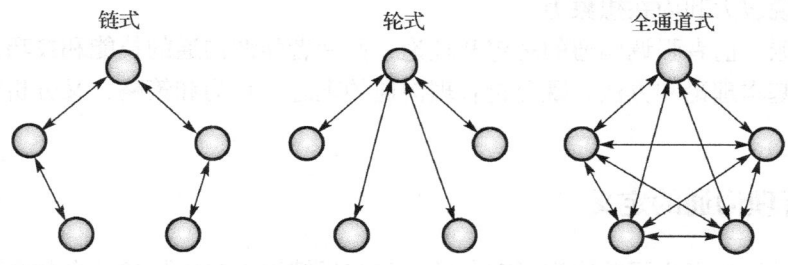

图1-3 3种主要的小群体网络

链式严格遵循正式的命令系统;轮式把领导者作为所有群体沟通的核心;全通道式允许所有的群体成员相互之间进行积极的沟通。

每一种网络的有效性取决于你所关注的因变量是什么。比如,轮式结构促进了领导者的出现;如果你注重的是成员的满意度,则全通道式结构最佳;如果你认为精确度最重要,则链式结构最佳。因此,没有一种网络在所有的情况下都是最好的,如表1-2所示。

表1-2 小群体网络及有效性指标

指标	链式网络	轮式网络	全通道式网络
速度	中	快	快
精确性	高	高	中
领导者的出现	中	高	无
成员的满意度	中	低	高

(2)非正式沟通网络。非正式沟通网络常常称为小道消息的传播,它可以自由地向任何方向运动,并跳过权力等级,在促进任务完成的同时,非正式沟通满足群体成员的社会需要。在非正式网络系统,信息通过小道消息的方式传播,而流言也大量滋生。

小道消息的三个特点:① 它不受管理层控制;② 大多数员工认为它比高级管理层通过正式沟通渠道解决问题更可信、更可靠;③ 它在很大程度上有利于人们的自身利益。

任何组织都或多或少地存在着非正式沟通途径。对于这种沟通方式,主管者既不能完全依赖用以获得必需的信息,也不能完全加以忽视,而是应当密切注意错误或不实信息发生的原因,并对错误或不实信息加以防止设法提供给组织人员正确而清晰的事实。

1.2 管理沟通概念

1.2.1 管理沟通的两大研究学派

(1)行为科学理论学派。该学派从行为科学理论来研究管理沟通问题,认为管理沟通来自于行为科学理论,管理沟通所研究的内容是一个组织或有机体如何根据听众的特点在复杂的沟通方式和类型中选择相应的沟通策略,并实现沟通。

(2)强调有效的沟通技能和行为学派。该学派认为有效的管理沟通要求掌握笔头沟通和口头沟通技巧,要求沟通者有机地把清晰的思考和清晰的沟通结合起来,在沟通语言中要强调逻辑、依据、说服力和内在想象力。

这两个学派,前者强调沟通的思想和理论,而后者强调沟通的技能和技巧。本课程将结合两个学派的基本理论和方法,既分析管理沟通的理念、行为和策略,又分析管理沟通的基本技能和方法。

1.2.2 管理沟通的定义

管理沟通是沟通者为了获取沟通对象的反应和反馈而向对方传递信息的全部过程。管理沟通作为一种特殊的沟通类型,首先它必须是基于反应的双向沟通,其次,在沟通过程中需要媒介来联结沟通双方。

1.2.3 管理沟通的特点

管理沟通作为特殊的沟通类型,与其他类型的沟通相比,具有以下特点:
(1)沟通以语言或文字的方式实现;
(2)沟通内容包括信息沟通和情感、思想、观点与态度的交流;
(3)沟通过程中心理因素发挥重要作用,信息发送者和接收者之间要考虑对方的动机和目的,而结果会改变人的行为;
(4)沟通过程中会出现特殊的沟通障碍,这些障碍一方面来自信息的失真,另一方面来自特有的心理障碍(如偏见和爱好、背景与经历、政治与意识等)。

1.2.4 管理沟通的要素

根据沟通的过程,有效的管理沟通应考虑七个方面的基本要素:信息源、听众、沟通目标、环境、信息、媒介和反馈。
(1)信息源:分析是谁发起这个沟通的行为。
(2)听众:分析听众的态度,积极听众、中性听众还是消极听众;关键听众还是非关键听众;直接听众还是间接听众;潜在听众还是显在听众。
(3)沟通目标:分析整个沟通过程所要解决的最终问题。
(4)环境:分析沟通的内部环境(如文化、历史和竞争状况等)、外部环境(如潜在顾客、代理机构状况、当地的或国家的有关媒体等)。

(5)信息：分析有多少信息要沟通、会产生什么怀疑、谁是信息的受益者、如何组织信息才具有最好的说服力。

(6)媒介：口头、笔头、电话、电子邮件、会议、传真、录像和记者招待会。

(7)反馈：沟通是一个过程，而不是一个简单的行为或一个目标。由于不同的听众，有的是支持的、有的是漠不关心的、有的是反对的，因此在沟通过程中要尽可能地考虑可能出现的各种结果，并给予反馈。

1.2.5 管理沟通的意义

从以下四个方面，我们可以了解管理沟通的重要意义。

(1)20世纪70年代，明茨伯格提出了管理者的十个方面作用，认为管理者的工作内容包括头领、领导者、联合者、监督者、扩散者、传播者、企业家、矛盾处理者、资源协调者和谈判者。有人把这十个方面功能综合为愿景设计者、激励者和推动者三个方面的角色。明茨伯格还认为，有效的沟通，无论是处理危机或为了服务于长期计划，都必须以听众的激励作为成功的开端。明茨伯格论述的角色分类揭示出了管理沟通的重要意义。管理者作为愿景设计者，必须要把自己设定的愿景转化为下属共同的愿景，这就要求以高超的沟通技巧作为前提；而管理者的愿景要能够对员工产生激励，其必要条件是员工的目标能够与管理者的愿景兼容，让愿景产生内在激励效应，这就进一步强化了沟通在管理中的功能。通过管理者大量的沟通活动，促使下属员工朝已设定的愿景奋斗，推动组织工作绩效的提高，因此，管理者要完成愿景设计者、激励者和推动者三个方面的角色，有效的沟通技能是必要条件。

(2)沟通对于成功的经理和有效的经理都具有重要的意义。从管理者的时间分配来看，有研究得出结论，管理者在各项工作的时间分配上，如图1-4所示。

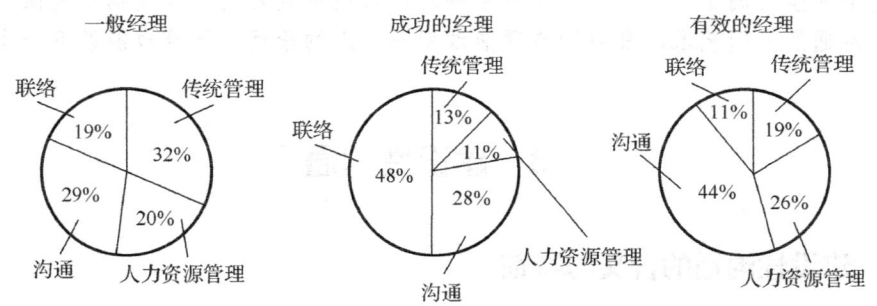

图1-4 管理者的时间分配

(3)沟通能力在一定程度上对个人的职业发展有很大影响。有效沟通的能力往往是决定某个人能否得到提升的一个最关键的性格特征。尽管每项活动的能力都很重要，但对大多数管理者来说，面对面、一对一的沟通在成功管理中起着决定性的作用。

(4)管理沟通对变革的支持。管理的根本目的在于变革，而变革过程必然会遇到各种阻力和障碍，管理沟通的目的就在于消除这些障碍，实现变革。管理变革和愿景设计是两个紧密相关的概念，所设计愿景的实现就是一个管理变革的过程，对于变革过程出现的这样那样的矛盾和阻碍，管理者就应该运用沟通的方式消除这些障碍，或消除阻碍力量，或中立阻碍力量，甚至把不利因素转化为有利因素。

> 案例

成功的伐木工人

美国作家谢尔曼·罗杰斯上大学时，曾利用暑假在爱达荷州的伐木队打工。工头准备休几天假，在此期间，他让罗杰斯代理他的工作。

"如果有人不服从我的指挥怎么办？"罗杰斯问道。说此话时，他心里想的是托尼。这个移民工人整天发牢骚，经常跟别的工人闹冲突。

"炒掉他。"工头回答。然后，仿佛是看穿了罗杰斯在想什么，他又补充道："我想如果有机会的话，你一定会炒掉托尼。如果你那样做，我会很难过的。我从事伐木工作40年了，托尼是我带过的最可靠的工人。我知道他是个牢骚大王，对世界满怀仇恨。但是他每天第一个出勤，最后一个收工，他在这里工作了8年，从没出过一次事故。"

罗杰斯第二天就接手了工头的工作。他找到托尼谈心："托尼，你知道从今天起这里由我负责了吗？"托尼咕哝了几声。他告诉托尼："本来我的打算是，如果你不听话就立刻辞退你，但我改变了主意。"然后他就把工头昨天说的话告诉了托尼。

听完罗杰斯的话，托尼手中的铁锹掉落地上，泪水沿着他的脸颊淌下："为什么他以前没有告诉我呢？"那天托尼干得比往常更加起劲，而且他居然笑了。后来他对罗杰斯说："我告诉妻子，你是头一个跟我说'干得不错，托尼'的工头。她高兴得像过节一样。"

暑假结束后罗杰斯便回到了学校。12年后他与托尼再次相遇，托尼已经加入西部最大的一家伐木公司，任职铁路建设主管。罗杰斯问他何以取得了这样的成功，托尼答道："如果没有你在爱达荷的那一分钟谈话，总有一天我会杀人的。你只用了一分钟，就改变了我的人生。"

托尼是个典型的例子，看上去好像很难搞定，当他得到肯定和被赞扬的时候，态度决然不一样了。沟通是一门艺术，良好的沟通能改变一个人的命运，同样也能改变一个企业的发展轨迹。

1.3 建设性沟通

1.3.1 建设性沟通的含义与特征

建设性沟通是指在不损害、甚至在改善和巩固人际关系的前提下，帮助管理者进行确切、诚实的人际沟通方式。

建设性沟通主要有以下三方面的重要特征：

(1) 信息的准确传递；

(2) 积极的人际关系，沟通双方的关系因为交流而得到巩固与加强；

(3) 目标是解决问题，建设性沟通的目标不仅在于为他人所喜爱，或为了被社会承认，而且是为了解决现实的问题。

1.3.2 建设性沟通的本质

建设性沟通的本质就是换位思考。无论在何时何地，无论与谁沟通，也无论采取何种方式沟通，要取得成功，唯一的诀窍就是能够站在对方的立场去思考问题。在沟通中，运用换位思考的方式，可以使沟通更有说服力，同时也会树立良好的信誉。在沟通过程中能够站在对方立场思考问题，能够把"对方需要什么"作为思考的起点，不但有助于问题的解决，而且能够更好地建立并强化良好的人际关系，达到建设性沟通的目标。

在换位思考的基础上，要进一步把这样的思考方式贯彻到自己的沟通语言、沟通行为和沟通过程中，就应该遵循建设性沟通的三大基本原则——信息组织原则、合理定位原则和尊重他人原则。

1.3.3 信息组织原则

1.3.3.1 全面对称

在信息组织原则中坚持全面对称原则包含两层含义：所传递的信息是完全的；所传递的信息是精确对称的。

信息的完全性。沟通中之所以会出现不完全的信息，是因为沟通过程的信息接收者和发送者之间由于背景、观点、需要、经历、态度、地位及心理差别，信息发送者如果没有向接收者发出完全的信息，那么信息接收者就不能完全理解信息发送者所发出信息的含义，产生信息失真，或信息不对称。

为强调有效沟通的完全性原则，建议沟通者在沟通过程中掌握以下三个方面的信息组织原则。

(1) 沟通中是否提供全部的必要信息。必要信息的含义是指要向沟通对象提供"5W1H"，即谁(Who)、什么时候(When)、什么(What)、为什么(Why)、哪里(Where)和如何做(How)六个方面的信息。在提供全面信息的同时，沟通者还要分析所提供信息的精确性，如分析数据是否足够、信息解释是否正确、关键因素是什么等问题。

(2) 沟通中是否回答咨询的全部问题。信息的完全性要求沟通者回答全部问题，以诚实、真诚取信于人。

(3) 沟通中是否在需要时提供额外信息。即根据沟通对象的要求，结合沟通的具体策略向沟通对象提供原来信息中不具有的信息或不完全信息。

1.3.3.2 信息的精确性

沟通信息的精确性要求沟通者根据沟通环境和对象的不同，采取相应的语言表达方式，并采用正确的数据资料，让沟通对方精确领会全部信息。

沟通信息不精确的主要原因有以下三点。

(1) 沟通双方传递和接收信息的不对称。许多研究认为，沟通过程中的信息在传播和接收过程中基本不改变或不偏离原意，是有效沟通的基本要求。

(2) 沟通双方在文化和语言上的不对称。来自不同国家或地区的沟通者，由于语言含义的不对称而导致沟通信息出现偏差的事例比比皆是。如从语言方面看，中国的语言语意比较含蓄，美国比较直白。从文化方面看，如美国商务人员非常讲究效率，谈判过程往往不吃午饭，搞连续作战；但阿拉伯民族的商务人员讲究轻松的环境，不太讲究效率，所以，美国人的行为在亚洲文化背景中常被视为粗鲁、无教养。随着信息技术的不断发展，信息传播的精确性(包括信息的清晰度和准确性)等有了很大的进步。未来的商业决策和竞争优势几乎将依赖于这种现代沟通手段的精确性。

(3)信息发送者提供的原始数据的可靠性与接收者所理解的数据可靠性之间的不对称。在我国,由于统计部门在制度上的不规范,以及数据采集上的巨大工作量,不得不在数据采集时大量依赖于最基层所提供的原始数据,事实上,这样的数据可靠性是很小的。由此导致的数据真实性的不对称,也严重影响了沟通的精确性。

为实现沟通信息的精确性,要求沟通者做到以下三点。

(1)采用正确的语言层次,根据沟通对象和沟通场合的不同,选择相应的沟通信息编码方式。沟通的语言层次可以分为正式语言、非正式语言和非规范语言三个层次。以笔头沟通为例,正式语言如学术论文、法律文件、政府文件等;非正式语言更多地出现在商业活动中,如外贸函电、一般信件等;非规范语言在笔头沟通中一般不出现,但在口头沟通中出现得较多,如口语化的语言。

(2)注意信息内容的正确性,如检查图表、事实和语言是否正确使用。例如,在市场分析报告、学术论文中,要正确表明每一个数据的来源,并采用正确的表述方式进行信息编码。

(3)采用能为信息接收者所接受的写作模式。如同样是严格规范的学术性文章,在同行专家之间进行交流时,可用严格的术语表达,但在科普性的文章中,就要避免学术味太浓的语言风格,要把这种语言转化为大家可以接受的语言,但这种语言风格仍然是逻辑严密的。

1.3.3.3 简明清晰

所谓简明性,就是在沟通时要用尽可能少的语言,提高沟通的效率。实现沟通信息的简明性,其作用在于:①节约双方时间;②表现出对对方的尊重。

沟通者要善于从受众的角度去思考信息的组织方式,要认识到受众在付出时间听取你所提供的信息后所能获得的实际效用,尊重他人的时间。

尊重简明性原则,建议可以从以下三个方面考虑:
① 避免冗长乏味的语言表达;
② 避免不必要的重复;
③ 组织的信息中只包括相关的有用信息。

清晰性原则要求沟通者认真准备沟通的信息,包括清晰的思考和清晰的表达两个方面。贯彻清晰性原则要求:
① 选择精确、具体、熟悉的词语,避免深奥、晦涩的语言;
② 构筑有效的语句和段落,包括长度、统一度、内在关系逻辑、重点四个要素。长度要求一个句子不能太长;统一度方面就是一个句子只能是一个意思;强调逻辑关系,就是要运用演绎推理和归纳等语言学技巧,增强语言的说服力;强调重点,就是在信息组织时要突出重点,而且在表达时也要突出重点。

1.3.3.4 具体生动

具体生动强调语言的具体、生动、活泼,而不要用模糊的、一般性的说法。在沟通过程中,应该运用风趣幽默的语言风格。在具体的沟通信息组织上,可以运用以下三种方式。

(1)用具体的事实和数据图表,并运用对比的方法加强语言的感染力。如今年同期销售额比去年有大幅度的增长,去年同期为300万,今年为358万,增长近20%。

(2)强调句子中的动词或突出关键词，这样会给人以明确、人格化、简洁等感觉。

(3)选择活泼的、有想象力的词语，如海尔的张瑞敏提出"有了思路才有出路，没有思路只有死路"、"人才，人才，人人是才"。

1.3.3.5 注重礼节

注重礼节包含两方面的含义：一方面要求沟通主体在传递信息时，考虑对方的情感因素，做到真诚、有礼貌；另一方面要求沟通者在信息内容的组织上，能站在对方立场来传递信息，在理念上能够全面周到。

(1)注重礼节，首先要求沟通者不但要意识到听众的观点和期望，还应考虑听众的感情。具体建议沟通者应做到：

① 真诚、机智、全面周到、感人；
② 以尊重人的语气表达沟通的信息；
③ 选择非歧视性的表达方式；
④ 尤其是在对待下级时，要坚持平等、信任并有平常心的原则。

(2)注重礼节，还要求沟通者从信息接收者的角度去准备每一个沟通的信息，要设法站在受众的位置去思考问题，充分关注受众的背景和需要，尽可能向受众提供全面系统的信息，即要求沟通者以全面周到的理念去传递信息。为此，提出以下三方面的建议。

① 理念上要着重于"你"而不是"我"、"我们"。也就是要求沟通者站在对方的立场去考虑问题，但在表达时，有时用"我们"则又表现出客体导向，用"你"显示排斥情绪。因此，在思想上永远是"你"，而言行上是"我们"。要恰当地处理和运用好"你"、"我"的关系。

② 关注并告知受众的兴趣和利益。这是着重"你"的最本质的特征，语言是表面的，而利益是内在的。

③ 运用肯定的、令人愉悦的陈述。要学会肯定对方，要善于从对方的语言中提炼出正确的思想，肯定对方是对对方的尊重，不要显示自己高人一等，好为人师。同时一定要根据不同的沟通对象选择相应的陈述方式。

1.3.4 合理定位原则

1.3.4.1 问题导向定位：对事不对人原则

人们在沟通过程中常会出现的导向有问题导向和人身导向。

(1)所谓问题导向，指的是沟通关注的是问题本身，关注的是如何处理和解决好问题。问题导向的沟通，关注的是问题的发生、发展和解决，以事实说话，来表达沟通者的思想。"我不参与决策"、"我们并不那么认为"这样的语言，往往是从描述问题出发的，常常是问题导向沟通的表达方式。问题导向着眼于描述外部行为，为实现问题导向的沟通原则，沟通者应与普遍接受的标准或期望结合起来，而不应是个人观点，通过与行为、外部标准比较得出的陈述，给人以信服感。

(2)人身导向的沟通关注的是个人品质而不是问题本身，沟通者以给他人的人身作评判的方式进行沟通。

人身导向一般着眼于对方的动机，而忽视问题本身。人身导向沟通的结果是，人们能改变他们的行为却很少能改变他们的个性，因为人身导向沟通通常没有什么具体措施，这种方式往往导致人际关系的恶化而不是解决问题，如你对下属说，"你是一个不合格的经理，一个懒惰的人或一个感觉迟钝的办事员"，结果是引起下属的反感和防卫心理，因为大多数人对自身是认可的，即使沟通所表达的意思是正向的，如"你是个出色的人"，若它没有与行为或成就联系在一起，也可能被认为是虚言。可以说，没有具体指向的人身评判是人身导向沟通的最大弱点。

建设性沟通的"对事不对人"原则就是要求沟通双方不要搞人身攻击；不要轻易给人下结论，要学会克制自己，从解决问题的角度考虑沟通策略。即使在进行以行为和事件为中心的人事评估时，问题导向的沟通还是有用的，如果以人身导向的沟通方式发出信息，还是解决不了问题。

当然，有效的建设性沟通者也没有必要完全避讳讲出从他人态度或行为得出的个人印象或感觉。只不过在必须这么做的时候，应当关注其他建设性沟通的原则。

1.3.4.2 责任导向定位：自我显性原则

所谓责任导向原则，即自我显性的原则，是指在沟通中，承认思想源泉属于个人而非他人或集体，承担个人评论的责任。在沟通过程中，使用第一人称"我"、"我的"，以表明自我显性的沟通。如果采用第三人称或第一人称复数，如"我们想"、"他们说"或"有人说"，则是自我隐性的沟通。自我隐性的沟通将信息归之于不为人知的第三者、群体或外部环境，而沟通者就逃避了对信息承担责任，因而也就逃避进入真正的交流。自我隐性的沟通，给对方这样一个信息：沟通者很淡漠，或对对方漠不关心，或对所说的话没有足够的自信以承担责任。而自我显性的沟通表明希望建立联系，希望成为伙伴或帮助者的意愿。

当下属采用自我隐性的沟通方式时，既要给下属拥有自己说话的权利，同时也应通过要求对方举例的方式，引导下属走向自我显性的沟通方式。

1.3.4.3 事实导向定位：描述性原则

描述性沟通尽量避免给人做评价和下结论，并避免相互防卫的倾向。

1. 描述性沟通的步骤

实现描述性沟通的过程可分为以下三步。

(1)描述需要做修改的事情或行为。这种描述应指明能为他人承认的行为要素，而且这种要修正的行为应与被接受的标准做比较，而不要以个人好恶做取向，要避免对他人动机做主观判断。与评价一个行为相反，描述一个行为是相对中性的，只要管理者的态度与要传播的信息是一致的。

(2)描述对行为或结果的反应。这种描述的核心集中于行为所产生的反应或结果，要求沟通者能明确界定好自己应有的反应，并描述出来。比如，"我很关心我们的生产率"、"你的这个工作成绩使我感到灰心"。这种描述，着重于结果及自我的感受，其效果可以减少防卫心理的产生，因为问题被限定在沟通者的感觉或客观结论之中，而不是针对个人的态度。如果感受或结论的描述不是以一种苛刻责备的方式出现，沟通者就会考虑怎么集中精力解决问题，而不是先为自己构筑心理防卫。

(3)建议一种更可接受的替代方式。把行为主体和行为分开来,能帮助行为主体保住面子,并感到自身是有价值的，因为行为主体觉得自尊已得到了维护，需要改进的仅仅是行为。此时，沟通者就应强调去寻找一种都能接受的解决方案，而不要去判定谁对谁错或谁应改谁可不改等无关主旨的问题。如沟通者可以提出，"我建议让我们定期会面来帮助你完成本月新增的六个计划"或"我愿意帮你分析妨碍你取得更好业绩的原因"。

要说明的是，在现实中，并不是要每个人都通过描述性沟通的这三个步骤，达到改变对方所有行为的目的，常常达到的是双方都满意的中间状态，如某人对一些敌意行为能更加容忍、某人对工作变得比以前努力了。

2. 评价性沟通的原则

如果沟通时必须要做评价性的描述，则要注意以下三个原则。

① 评价应以一些已建立的规则为基础。如"你的行为并不符合公司现有规定的要求，会在同事中留下不好的影响"。

② 以可能的结果为基础。如"你的行为继续下去会导致更糟的结果"。

③ 与同一人先前的行为做比较，如"你做得没以前好"。

上述三个原则，最重要的一点在于要避免引起对方的不信任和激起防卫心理。

1.3.4.4 针对性沟通

在沟通中要坚持客观描述性原则，一个有效的策略是沟通的信息具有针对性，沟通主体能针对具体问题与对方交流自己的看法。总的来说，沟通语言越有针对性，就越能起到良好的沟通效果。先比较下面的两种说法：

（1）"你不会利用时间"；

（2）"你今天花了一小时安排会议，这可以由秘书去干的"。

这两种说法中，前面的说法就太泛了，作用不大，对方不会认可，甚至很可能会反驳这种说法。后一种说法就很有针对性，能帮助对方认识自己的行为，并对以后工作的开展提供启示。

针对性的沟通，要求采用特定的陈述方式，如"这次活动，你60%的时间都用于评价性议论，而描述仅占10%"。就具体问题做特定的描述，远比非特定性的"你需要提高沟通技巧"这种说法有效得多。特定的陈述可以避免走极端和绝对化，相反，极端的陈述将会导致防卫心理，而使对方难以接受。

针对性的沟通，还要求避免绝对化的选择句式，如"你要么照我说的去做，要么辞职"。这种极端化和选择性的陈述否认了任何其他可能性，使得沟通接收者可能的答复受到限制，如果对方反对或否认，则又往往会导致防卫性争论。

在建设性沟通中，特定而非一般的陈述，因为它们关注行为事件本身，对帮助解决问题非常有用。在前面的一组例子中，如果采用针对性的表述，结果就会大不一样。

第一组

A："你昨天做的决定没有征求我的意见。"

B："是的。我通常会征求你们的意见，但我以为这件事不重要。"

第二组

A："你给我们的答复带着讽刺。让我觉得你不太考虑我们的感受。"

B："真对不起！我也知道自己常常讽刺他人而不顾其感受。"

第三组

A："按时完工的压力影响了我的工作质量。"

B："按时完工是我们工作的一部分，让我们想想办法来减轻压力。"

1.3.5 尊重他人原则

沟通过程中要达到既解决问题，又强化良性人际关系的目的，很重要一点就是要学会尊重他人。沟通过程中主张尊重他人，就要做到表里一致、认同对方、双向沟通。

1.3.5.1 表里一致原则

优秀的人际沟通和人际关系的基础是沟通双方在所传达的内容和所思考的内容之间具有一致性，就是说，语言和非语言的交流应与个人的所思所感一致。

表里不一致主要表现为以下三种情形。

(1)沟通双方处事的态度与他们所意识到的态度之间的不一致。一个专注于自我的人可能不会意识到他的语言和方式正构成对别人的威胁，而对方已经感到非常难堪，如一个事业有成的人向一个不很熟悉的、同时工作遇到不顺心的人大谈自己如何富裕，无意识中使得对方心理难以接受。

(2)个人的感觉与所表达的不一致。例如，个人可能感到愤怒但又拒绝承认自己的心态。

(3)所说的内容与举止、口气的不一致。如想表达对某件事物的自我真实看法，但你用一种含糊、嘲讽、或者玩世不恭的口气说出这种想法，对方就会对你思想的真实性表示怀疑，尤其是沟通双方的关系在历史上曾有过"不良记录"，更会反映出这样的情况。

有研究者认为，沟通的一致性处于人际关系的中心位置。沟通者的实际状况、感受和言语越一致，与沟通对象所形成的关系就越可能产生相互一致性倾向，双方能够共同正确理解沟通对方的心理倾向，提高双方心理适应性，并不断提高和强化对相互关系的满意度。相反，实际情况与感觉状况越不一致，所形成的关系越可能会影响到沟通的质量，导致相互之间的适应性下降，对双方之间关系的不满意度提高。

当然，致力于表里一致性并不意味着要压制自己的一切不良情感，如愤怒、失望、攻击等，也不是强调一致性原则至上论。在实际沟通过程中，其他建设性沟通的原则要综合起来考虑，不能为了追求一致性原则，而抛弃其他原则，这往往会得不偿失。如在交换意见时，有时过于直截了当的说法会使对方下不了台，或者自己在"真实地回答"和"冒犯对方"之间难以取得平衡，此时还是应该考虑其他建设性沟通的原则。

1.3.5.2 认同性原则

当我们在观察他人或自己的沟通时会发现，人们对别人的话总是不愿花时间去倾听、去理解，而经常会打断他人的谈话，或者对他人的谈话漠不关心；但自己在讲时，往往说话啰唆、不连贯、不诚实或教条化。如果你的下属不注意听你的讲话，你就会认为这样的下属没有积极性和上进心。那么，为什么会有这样的心态呢？从建设性沟通的角度看，就是在沟通过程中没有遵循认同性原则，对沟通对方在心理上产生排斥情绪。

认同性的沟通使对方感到自己被认可、被承认、被接受和有价值；而排斥性沟通常会使对方在自我价值、认知能力和人际关系处理能力上产生消极情绪，这种沟通实际上否认了他人的存在，否认了他人的独特性和重要性。

排斥性沟通最突出的表现是沟通者的自我优越感、严厉、冷漠和冥顽不化。

(1)优越感导向的沟通给人一个印象就是谈话一方是博学、合格、胜任而有力的；另一方却是无知、不合理、不胜任而无力的，这在双方间造成了障碍。优越感导向的沟通，主要的表现形式如下。

① 奚落。这样使沟通者显得很棒，而对方却显得很糟，或表现为救世主的态度，在别人的敬意中抬高自己。

② 自夸。如"如果你懂得像我一样多，就不会这样了"。

③ 事后诸葛亮。如"如果你早跟我说，我就会告诉你这计划是通不过的"。

④ 以行话、惯用语、术语等形式将圈外人排除在外，形成关系障碍。医生、律师、政府员工，还有其他许多职员都是以使用行话、缩语来排斥他人抬高自己而闻名。在不懂外语的人面前讲外语也给人一种高高在上的印象。要记住，在大多数场合，用听者不懂的词或语言是不礼貌的，因为你在排斥他人。

(2)过于严厉的沟通，表现为绝对不容怀疑、不容质问，对其他观点不加考虑。在独断的气氛中，排斥性沟通会降低对他人成绩的认可，甚至会使他人对自我价值产生怀疑。除了独断态度外，还有下面的一些态度也会导致沟通的过于严厉。

① 根据自己的意愿和观点去重新解释他人的观点。

② 从不说"我不知道"，对每一件事都要表现出自己在行而提供答案。

③ 不愿忍受批评或接受其他观点。

④ 复杂问题简单化，在他人面前要显示出自己"非凡"的洞察力，总是设法给复杂的事情下简单定义或加以归纳。

⑤ 喜欢在讨论之后做总结性发言，并设法要在他人心目中制造一种该总结是结论性的、完全的和绝对的印象。

(3)冷漠，一般发生在他人的存在或重要性未被承认的情况下。人也许会表现出沉默，不做语言回答，不做眼睛接触或无任何面部表情，经常打断他人，用非指称性词汇（用"人不应该"而不是"你不应该"），或在交谈中干别的无关的事。信息传达表现为对他人不关心，给人以对他人情感或愿望漠不关心的印象。

漠不关心意味着信息传达者不承认他人的感情或观点。他人或被贴上非法的标签："你不该那样认为"或"你的看法是错的"。或被贴上天真的标签："你不懂"、"你被误导了"或"你的观点是误导的(更糟)"。

与排斥性相对应的，建设性沟通应强调认同性原则。认同性原则要求在沟通过程中做到尊重对方、灵活开放、双向沟通。

(1)尊重对方是不管与谁沟通，要设法克服自己的优越感导向。尤其在管理者给下属做指导或提建议时，如果心理自我感觉与下属有明显的等级差距，下属就很容易感到一种被排斥感。相反，建设性沟通者在尊重人的基础上，通过平等交流的方式，使下属意识到双方是在讨论问题，而不是简单的下达指令；而上级凭借自身的修养、知识和洞察力，树立在下属中的威信，使下属意识到存在的问题，从而设法提高自身解决问题的能力。

(2)灵活开放。管理者如果将下属看作是有价值的、能胜任的、有洞察力的问题解决者，就会从理念上强调合作解决问题，而不是高高在上。要做到这一点，有效的建设性沟通者应采用灵活开放的沟通方法和用语。沟通中的灵活就是沟通者要从内心里承认,除了自己已经想到的解决问题的可能办法外,还可能存在别的数据和方法,承认他人也能为解决问题和建立良好的关系作出贡献。这是一种真正的谦虚,是一种对新观点的开放态度。如本杰明说:"认识到无知是走向有知的第一步。"沟通中的开放,解决打破自我的心智模式,不要以自我为中心,沟通的目的在于双方达成良好的合作解决问题的意愿,而不是要控制他人或自视为师长和传教士,不要把自己的观点或假设当作真理来宣布,而应该认识到自身由于知识、资料和信息的有限性,应该从他人处获得更多的信息支持。

(3)双向沟通是尊重和灵活的自然结果。当沟通双方都给予自由表达观点的机会,并参与到问题解决的过程中来,他们的价值就得到了认同。双向交流就达到了认可下属的价值,使团队气氛的形成成为可能。

为了达到双向沟通的目的,建设性沟通策略有:

① 在沟通时先提炼出对方的主要观点,而后是其他零碎的看法;
② 先指出沟通双方的一致之处,后讨论不同之处;
③ 先肯定下属观点和行为中的优点,后对缺点提出批评;
④ 先提出下一步解决问题时可采取的正确做法,后指出以前的错误;
⑤ 先帮助下属确立他们的自我价值与自信,使他们实现自我激励,然后让他们考虑如何提高工作业绩。

1.3.5.3 积极倾听原则

建设性倾听是有效领导者的第一素质。建设性倾听既是解决问题的有效方式,也是提升自我意识的有效工具。每个人在形成对某种事物和观念的正确判断之前,往往只有一些模糊的、朴素的认识,这些认识往往是混沌和秩序、随机和准则、自由和约束、感性和理性等矛盾的概念按照某种特定的方式组合在一起的。在矛盾交杂的心境下,依靠自己的思考往往很难找出"到底是什么"的答案。在这种状况下,有效的倾听有助于从他人的理念、思维模式和思考途径中去探寻适合自身的结果。这种写照反映在积极倾听过程中,就是自我思想和他人思想的交融过程,一方面可以不断廓清自己的思维,另一方面,思想的交叉是产生灵感的最有效途径。当沟通的对方思想撞击你原来的观念时,就产生了新的思想,这就是创造性思维活动。

要积极倾听,必须做到以下四点。

(1)从内在认识到倾听的重要性。

(2)从肯定对方的立场去倾听。积极倾听的态度是:"从个人来讲,我对你很感兴趣,我认为你的感觉很重要";"我尊重你的想法,即便我不赞同,我知道这些想法对你是合适的";"我相信你是有理由这么做的,认为你的想法值得听听,并希望你能知道我是愿意听的那一类人"。

(3)有正确的心态,克服先验意识。当管理者有强烈的先验判断,或当他们对沟通者或信息原本就持否定态度时,就会阻碍有效的倾听。另外,不要为了面子,或者因为担心自己的权威或地位受到挑战,不能接受与自己的观点相左的思想,要以"有容乃大"的气度去倾听他人的建议。

(4)学会给对方以及时的、合适的反应。建设性倾听者的标志是能对他人的话做出合适的反应，通过反应来加强人际关系。大多数人不管在任何场合，都习惯于用一两种方式做回答，而且大多数人首先采用的是评价性或判断性的反应，也就是说，他们在听别人陈述时，大多数人倾向于做同意或不同意的判断，但建设性倾听要避免简单地做评价与判断之类的第一反应，相反，应该采取灵活的反应方式，使之与环境相适应。

本 章 小 结

1. 沟通是某一信息（或意思）传递给客体或对象，以期取得客体做出相应反应效果的整个过程。完整的沟通过程包括沟通主体、编码、沟通渠道、沟通的客体、译码、做出反应、反馈。噪声是妨碍信息沟通的任何因素，它存在于沟通过程的各个环节。

2. 沟通的内涵包括：(1)沟通首先是意义上的传递；(2)要使沟通成功，意义不仅需要被传递，还需要被理解；(3)良好的沟通应是准确理解信息的意义。

3. 根据信息载体的异同，沟通可以分为语言沟通和非语言沟通。

4. 沟通网络指的是信息流动的通道。这种通道主要有两种：(1)正式沟通网络；(2)非正式沟通网络。

5. 管理沟通是沟通者为了获取沟通对象的反应和反馈而向对方传递信息的全部过程。管理沟通作为一种特殊的沟通类型，首先它必须是基于反应的双向沟通，其次，在沟通过程中需要媒介来联结沟通双方。

6. 根据沟通的过程，有效的管理沟通应考虑七个方面的基本要素：听众、信息源、信息、目标、环境、媒介和反馈。

7. 建设性沟通的三原则：(1)信息组织原则；(2)合理定位原则；(3)尊重他人原则。

思 考 练 习

1. 联系实际谈谈沟通在管理中的作用。
2. 为什么说沟通是复杂的、困难的？联系实际谈谈你的看法。
3. 试比较语言沟通和非语言沟通，并结合实际谈谈你对二者的认识。
4. 列举建设性沟通的原则，并结合实际谈谈如何应用。
5. 请回忆在过去生活中一次沟通失败的经历，分析原因并提出改进对策。

第 2 章
基 本 策 略

学习要点：
1. 沟通者的自我认知和定位；
2. 自我沟通的"三阶段七艺术"；
3. 沟通客体分析、受众的类型分析及相应的沟通策略选择；
4. 如何与上级进行建设性沟通；
5. 沟通的信息策略；
6. 沟通的环境策略；
7. 沟通的文化策略。

 导入案例

郎平执教的沟通艺术

郎平，外号"铁榔头"，中国女排现任总教练，2016年率领中国女子排球队夺得里约奥运会冠军，让国人再次感受到女排精神。这么多年，郎平执教创造过无数奇迹，而且无论在哪里执教，她总能得到球员的尊敬、爱戴，甚至是崇拜。这一切，都源自于她高超的沟通艺术。

在分享自己的执教经验时，她这样说道：要执教一个国家的球队，首先要了解这个国家的文化、球员的成长经历、对排球的认识。在执教的过程中，还要不断学习、应变，才能取得理解、达成信任，"把队伍变成你的球队"。郎平认为，一位优秀的国际教练要有领导艺术、表达清楚，还要学习更多的语言，加强阅读，想尽办法和自己的队员沟通。

郎平还举了个例子："当初带美国队的时候，队员在飞机上看电影画报，跟我聊电影。我哪有那么多时间看电影啊？后来我让女儿带我去看最热的几部电影，还要记住主要演员的名字，然后再去和运动员沟通。"郎平说执教美国队和中国队，两地的女孩性格不相同。中国女球员内敛，任何指令都会遵从。美国球员不明白时就会说"WHY"问个究竟。"我对待她们犹如对自己的女儿。我重视沟通，亦重视她们有自己的想法、思想空间。她们已是成年人，不用刻意去管，要她们自律。"

中国女排里约问鼎冠军，朱婷功不可没。"小孩儿"是朱婷刚进女排国家队时队友们给她的昵称，生活中她们给了朱婷姐姐般的照顾，排球赛场上她们是朱婷的坚强后盾；"郎妈妈"郎平不仅在朱婷刚加入女排国家队时就肯定了她的主攻地位，还在生活中给了朱婷母亲般的呵护，给她从美国买补身子的蛋白粉和特别加长版的紧身裤。"朱婷智商高、情商高、球商高。"郎导对这个得意门生赞叹有加，在人前，郎平对弟子的优秀不吝赞美之词，在赛场上也有关键时刻的鼓励，但在平时训练里，私下的场合，多还是指出不足。朱婷一直觉得自己防守不行，是因为郎平调她入国家队后专门练她一传，她在地方队甚至没有学过这个技术。2014年瑞士女排精英赛，朱婷走到哪儿，对方发球就发到哪儿。郎平就是不换人，就让这个王牌主攻手接一传，朱婷一度内心崩溃。郎平看准了她顶得住，朱婷最终真的就顶下来了。

里约奥运会对阵巴西当天，午休时郎平给朱婷发了一条微信，这也是整个奥运期间，朱婷收到的唯一一条来自郎平的微信。内容是："朱婷，我的徒弟遍布世界各地，你我能成为师徒是很幸运的。大战当前，我相信你，你也要相信自己，站在场上你就是最好的，最棒的。"朱婷看完，掉了泪。最终，朱婷没有辜负郎平的期望，不仅率队夺冠，最终还当选了最佳球员。

2.1 沟通者策略：主体认知策略

对于自身地位和特点的认知，在越级沟通中非常重要。对自我的认知，重点在于分析以下三个问题。

(1)"我是谁"和"我在什么地方"。对自己在公司里的地位和身份有合理的认知，不要以为自己懂得管理，说不定你的直接上司早就考虑过这些问题。

(2)自身的可信度。考虑间接上司对你的认同程度，分析自身在公司中的地位和影响力。如果你在公司中口碑并不好，在别人心目中的印象是负面的，就可能会影响你的沟通效果。

(3)你对问题看法的客观程度，对目标问题考虑的深入程度和系统程度。如果你提出的只有问题，没有对策，最好不要提，受众更感兴趣的是如何解决这些问题的建议。

2.1.1 自我认知和自我定位

沟通主体分析的根本是解决"我是谁"和"我在什么地方"这两个问题。沟通者分析"我是谁"的过程，就是自我认知的过程；而分析"我在什么地方"的过程就是自我定位的过程。

2.1.1.1 自我认知

概括而言，要弄清楚"我是谁"，关键在于解剖自身的物质认知、社会认知和精神认知，分析自身内在动机和外在动机之间的统一程度。首先是沟通者如何提高自身的可信度。分析"我在什么地方"，就是要对自身的地位、能力、个性特点、价值观和形象等方面有客观的定位。

 讨论

你是一位刚从学校毕业才到公司报到的年轻人，公司在每年都要召开一次对新员工的欢迎大会，参加大会的除了刚分配来的员工，还有不同年龄层次的老员工，以及公司的主要领导。很荣幸，公司安排你在这次大会上代表全部新来员工作个演讲。你也认识到，这是一次只能成功不能失败、而且对你的发展可能是一个机遇的重要演讲，可你从来没有在这样大的场合中演讲过，你想到这些就感到很紧张。

那么，你将采取什么措施，来最大限度地保证这次演讲的成功？

沟通者的可信度。所谓可信度，简单地说，就是你如何让对方感觉到自己是值得为大家所信任的，自己的演讲内容也是值得大家去接受的。分析自己在受众心目中的可信度，就是

沟通者在策略制定时需要分析受众对自己的看法，因为你的可信度将影响到你与他们的沟通方式。根据福兰奇(French)、莱文(Raven)和科特(Kotter)的观点，沟通者的可信度受到沟通者的身份地位、良好意愿、专业知识、外表形象、共同价值五个因素的影响。其中：

① 身份地位分析时要明确自身的等级权力，有时为了增强沟通效果或达到沟通目的，可以强调你的头衔与地位，以增强自身的可信度；

② 沟通者的良好意愿状况，可根据个人关系长期记录来获得沟通对象的信赖；

③ 沟通者自身的专业技术水平和素质，特别是知识能力是构成沟通者可信度的内在要求；

④ 沟通者的外表形象，是产生吸引力的外在因素，当沟通者有良好的外表形象时，能强化听众喜欢你的欲望；

⑤ 沟通者和沟通对象的共同价值，包括道德观、行为标准，是沟通双方良好的人际关系和持续沟通的本质要素，尤其是沟通双方在沟通开始就建立共同点和相似点，将信息和共同价值联系起来，可迅速提升沟通者的可信度。

沟通者通过对自身这五个因素的分析和提升，不但可强调自己的初始可信度，而且还可增加后天可信度，增强沟通者在受众心目中的整体可信度，如表2-1所示。

表2-1 影响可信度的因素和技巧

因素	建立基础	对初始可信度的强调	对后天可信度的加强
身份地位	等级权力	强调你的头衔或地位	将你与地位很高的某人联系起来（如共同署名或进行介绍）
良好意愿	个人关系、"长期记录"等值得信赖	涉及关系或长期记录	通过指出受众利益来建立良好意愿
		承认利益上的冲突，做出合理的评估	
专业知识	知识和能力	包括经历和简历	将你自己与受众认为是专家的人联系起来，或引用他人话语
外表形象	吸引力，受众具有喜欢你的欲望	强调受众认为有吸引力的特质	通过认同你的受众利益来建立你的形象；运用受众认为活泼的非语言表达方式及语言
共同价值	道德准则	在沟通开始就建立共同点和相似点，将信息与共同价值结合起来	

初始可信度是指在沟通发生之前受众对你的看法。作为沟通策略的一部分，沟通者可能需要向听众强调或提醒他们你的初始可信度。在那些你拥有很高初始可信度的场合下，你应该把它当作"可信度银行账户"，假如人们对你推崇备至，即使你的决策或建议不受欢迎或不能完全与他们的预先期望相一致，他们仍可能对你充满信任。但是，应意识到的一点是，就像使用你的银行存款后储蓄减少一样，使用你的初始可信度会降低你的可信度水平，因此，你必须不断通过良好意愿和专业知识来提高你在"可信度银行账户"上的储蓄水平。

后天可信度是指沟通者在与受众沟通之后，受众对沟通者形成的看法。即使受众事先对你毫无了解，但你的好主意或具有说服力的写作和演说技巧有助于你赢得可信度。因此，获得可信度的最根本办法是在整个沟通过程中表现出色。

2.1.1.2 自我定位

可信度分析是弄清楚"我是谁"的重要内容。接着的问题是要分析"我在什么地方"，也就是自我定位。首先分析沟通者如何对自我背景做测试。沟通者自我背景测试的内容包括：你在组织中的地位、可获得的资源、组织传统和价值观、人际关系网络、领导者的利益和偏见、沟通渠道、你和竞争者之间的经营现状、文化环境等。

在分析"我在什么地方"时,要明确自身的地位、能力、个性和价值观,然后进行自我评估,分析自身的优缺点,并考虑如何克服缺点。

2.1.2 目标和策略确定

2.1.2.1 沟通目标确定

沟通者策略是指沟通主体为达到某一目标,通过自身的特点、身份背景、地位、素质等的分析,采取相应的策略去实现沟通目标。任何一个管理者在沟通行为发生之前,都必须明确自己沟通的目标。

沟通目标可以分为以下三个层次。

(1)总体目标:指沟通者期望实现的最根本结果。
(2)行动目标:指导沟通者自身走向总体目标的具体的、可度量的、有时限的步骤。
(3)沟通目标:沟通者就受众对笔头、口头沟通起何种反应的期望。

 案例

某公司为了实现研究开发部门、制造部门和市场部门的有机协调,公司总经理决定这三个部门的负责人每月举行一次例会,共同讨论在研究开发、生产、市场几个部门之间如何高效协调的对策。在这个协调会上,总经理的总体目标是为了实现公司内部各部门之间的沟通;行动目标是要求各部门每隔一个月时间协调讨论一次;而沟通目标是要求各部门的负责人能够了解各个部门之间工作的实际情况,并且让各部门的负责人能够领会每个阶段公司的意图。

目标实例

总体目标	行动目标	沟通目标
沟通各部门工作情况	每隔一定时间报告 X 次	这次演讲后我的老板将了解我这个部门本月的成绩
加强客户基础	每隔一定时间与 X 数量的客户签订合同	读完此信客户将签订合同
建立良好的财务基础	保持不超过 X 的年债务与资产的比率	读完这份电子邮件后,会计将为我的报告提供确切信息,这份报告的结果是董事会将同意我的建议
增加雇用的女工数	在某日之前雇用 X 数目的女工	通过这次会议我们将构思一项策略以达到这一目标 通过这次演讲,至少有 X 数量的女性将报名参加我们公司的面试
保持市场份额	在某日之前达到 X 数量	通过这一备忘录,我的老板将同意我的市场计划 通过这次演讲,销售代表们将了解我们产品的发展

2.1.2.2 策略选择

 案例

李明义和白露

你是一家专门为航天工业提供零部件的生产企业的总经理,李明义是销售分公司经理,他直接向你负责。很长一段时期以来,李明义的分公司总是达不到计划的要求,销售员的人均销售业绩低于公司平均水平,而且李明义每个月的总结报告总是迟交。在得到年度中期报告后,你决定找他谈谈,并约了他。但当你准时来到李明义办公室时,却发现他

不在。他的助理告诉你,李明义手下的一位销售部门负责人突然过来拜访,抱怨有些新员工上班迟到,中间休息时间过长。李明义马上与那位经理去销售部,打算给销售员们一番"精神"训话,激励他们勿忘业绩目标。当他回来的时候,你足足等了15分钟。

还有一位叫白露的员工,刚从国内某著名大学管理学院获得了MBA学位,最近加入了你的公司,任职于财务部门,负责财务计划小组内的工作。她是揣着非常有力的推荐与学历证明进入公司的。

但是,白露刚到公司时间不长,就发现她在加强个人声誉方面有点不择手段。近来,你听到越来越多有关白露的议论,比如,她行为傲慢,自我推销,公开批评小组内其他成员的工作。当你第一次与她就小组业绩进行交谈时,她否认小组中存在问题。她宣称如果有什么,那就是她正通过提高小组工作标准对小组业绩产生了正面影响。当听到了最近来自其他同事的一系列有关白露的抱怨后,你决定再次安排时间与她谈谈。

【问题】这个案例中你的两个下属所存在问题的关键是什么?你将如何与李明义、白露交谈,使得你在解决问题的同时与下属的关系也得到加强?你将说什么、如何说,才可能有一个最好的结果?

在沟通过程中,沟通者根据自己对沟通内容的控制程度和沟通对象参与程度不同,可以采取四种不同的沟通形式,即告知、说服、征询、参与,如图2-1所示。

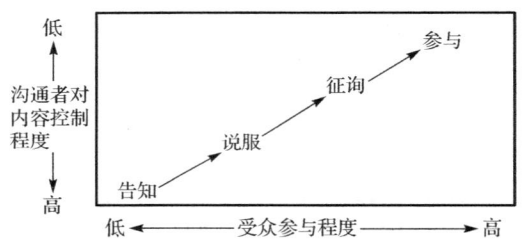

图2-1 沟通者策略的选择

下面是一些可供采纳的经验规则。

(1)当你完全握有必要的权威和信息时,用"告知"的风格。告知策略一般用于沟通者属于权威或在信息掌握上处于完全控制地位的状况,沟通者仅是向对方叙述或解释信息或要求,沟通的结果在于让受众接受你的理解和要求。例如,你要求下属执行一项常规任务。

(2)当你握有一定的信息,但你的听众却握有最后决策权时,使用"说服"的风格。沟通者只能向对方建议做或不做的利弊,以供对方参考,但沟通者的目标在于让受众根据自己的建议去实施这样的行为。例如,你想要顾客买你的产品。

(3)当你们试图对某一行动步骤达成共识时,使用"征询"的风格。沟通者希望就计划执行的行为得到受众的认同,或者沟通者希望通过商议来共同达到某个目的。双方都要付出,也都有收获。例如,劝说你的同事支持你向最高管理层提出建议。

(4)当你的观点是众多人的观点时,使用"参与"的风格。参与策略具有最大程度的合作性。沟通者可能尚未形成最后的建议,需要通过共同讨论去发现解决问题的办法。例如,采用头脑风暴法,让与会者就某个创新性的问题提出新的思想。

著名沟通学者芒特所列举的在不同沟通目标下采取的不同沟通策略,如表2-2所示。

表 2-2　芒特(Mary Munter)对不同听众采取方式的示例

沟 通 目 标	沟 通 形 式
阅读本备忘录的结果,员工将理解公司项目所带来的利润,我的老板将了解到我的部门本月取得什么成绩	告知:在这种情形下,你是在指导或解释;你想让你的听众了解或理解;你不需要他们的意见
阅读这封信的结果,我的客户将在所附的合同上签字,委员会将批准我提出的预算	说服:在这种情形下,你是在劝说;你想让你的听众做点什么;你需要一些听众的参与
阅读这份调查的结果,员工将通过回答问题做出反映这个问答式会议的结果,我的员工将发表意见并获得对这个新政策所关注的问题的答案	征询:在这种情形下,你是在协商;你需要同你的听众交换意见;你想得到他们的看法但又在某种程度上控制相互作用过程
阅读这份会议备忘录的结果,团队的成员将参加所准备的会议并就这个问题发表他们的看法;头脑风暴会议的结果,团队将对这个问题形成解决方案	参与:在这种情形下,你是在合作;你和你的听众为达成一致而共同工作

2.1.3　自我沟通

2.1.3.1　自我沟通的作用

在沟通主体自我分析过程中,最根本的问题就是自我沟通。成功的自我沟通是成功管理沟通的前提,自我沟通的作用具体体现在以下方面。

(1)"要说服他人,首先要说服自己"。在一般情况下,无论从管理民主性,还是从激励理论来看,每个个体的积极性发挥来自于自身对工作的认同。管理者要指导、管理和激励下属去完成某一项任务,首先应该从内心认同工作的价值。管理者自身和下属共同认同工作价值的过程,实际上是一个自我沟通前提下的人际沟通过程,是一个主体和客体认知趋同的过程。管理者要成功地实现管理的职能,本质上要求管理者自我意识到工作本身的价值,并由此产生对工作的兴趣。在特殊情况下,实际工作和管理过程中存在服从原则,在必要时候要求下属无条件地服从工作安排。为了使服从原则能得到执行,其前提仍然是服从者说服自己从内心中认为接受服从是必要的,如果管理者自己认为服从是不必要的,却要求下属服从,就违背了建设性沟通的表里一致原则,结果是下属仅仅因为你的权威和命令才去遵守这样的服从命令。所以,每个个体说服自己"服从"的过程,内在的,同样是一个"自我沟通"的过程。

(2)自我沟通技能的开发和提升是成功管理者的基本素质。自我沟通的目的在于在取得自我内在认同的基础上,更有效率、更有效益地解决现实问题,自我沟通是手段和过程的内在统一,而最终目标是解决外在的问题,因此,自我沟通是内在与外在得到统一的联结点。

2.1.3.2　自我沟通的阶段与艺术

自我沟通过程以及技能提升过程具有一定的动态性。每个人在成长过程中,往往年轻时自我沟通技能较差,随着阅历的增加和不断地学习,自我沟通技能得到不断提升。这种通过自我不断学习和交流、不断思考和总结,使自身的沟通技能得到不断提高的过程称为管理沟通技能的自我修炼。自我沟通的技能是天生的,也是后天修炼的。正如自我的发展是一个认识自我、提升自我、超越自我的过程一样,自我沟通技能的提高也是一个不断认识自我、提升自我和超越自我"三阶段"过程,在这个过程的每个阶段,都要从不同角度去提升自我沟通的技能和意识,如图 2-2 所示。

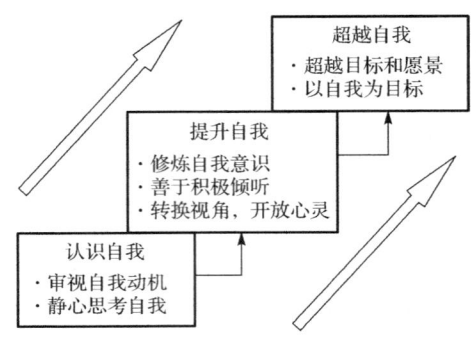

图 2-2　自我沟通技能提升的"三阶段"过程

自我沟通的三阶段七艺术具体如下。

阶段一：认识自我。

(1) 审视自我动机。

(2) 静心思考自我。

阶段二：提升自我。

(3) 修炼自我意识。

(4) 善于积极倾听。

(5) 转换视角，开放心灵。

阶段三：超越自我。

(6) 超越目标和愿景。

(7) 以自我为目标。

2.1.4　约哈里窗

约哈里窗(Johari Window)是由约斯菲·勒弗特和哈里·莫格汉提出来的。根据这种方法，两个人在相互作用时，自己可以看成是"我"，他人可以看作是"你"。关于个体的事，有些本人知道，有些本人不知道，有些他人知道，还有些他人不知道。所以可以分为公开的自我、隐蔽的自我、盲目的自我和未发现的自我。约哈里窗如图 2-3 所示。

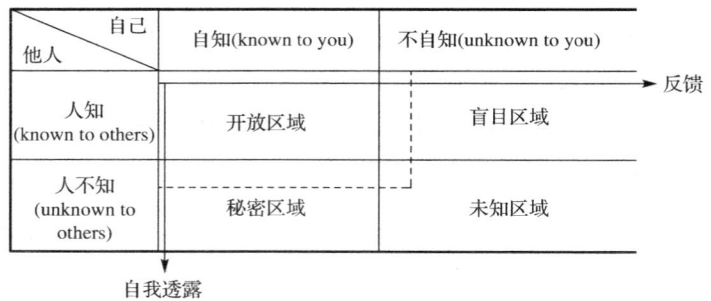

图 2-3　约哈里窗

在公开的自我情境下，自己了解自己，并且别人也了解自己，交往时具有开放性和一致性，没有理由要去防卫，这种人际沟通几乎不会产生冲突；在隐蔽的自我状态下，本人了解自己，而别人却不了解自己，本人在沟通中需向他人隐藏自己，害怕别人了解自己后伤害自己，此种状态下，个人可能会将自己真实的想法与情感隐藏起来，由此会导致一种潜在的人际冲突；在盲目的自我情境下，本人不了解自己，而别人却了解自己。有时个体会无意中激怒别人，别人可以告诉他，但又怕会伤害他的感情，因此也会有一种潜在的人际冲突；最后一种情境即未发现的自我，本人不了解自己，别人也不了解自己，会产生许多误会，所以极易产生人际冲突。

图2-3表明怎样客观地了解他人，怎样提高自我认识。约哈里窗可以有效地减少人际沟通中的知觉偏差。在人际沟通中，一些自身的因素（如态度、行为、个性）是自己和他人都了解的区域（开放区域）。同样，在某些方面（如"他得了气喘病"），是他人了解而自己却不了解的区域（盲目区域）。我们往往还有一些保留方面（如态度、情感、隐私），是自己了解而他人不了解的区域即秘密区域。另外，某些方面确实会影响我们的举止行为，例如，有时突然会莫名其妙地勃然大怒，这是自己和他人都不了解的区域即未知区域。

当我们初次与人见面时，我们一般不愿更多地透露自己，即缩小开放区域，这通常会给他人造成错误的第一印象。为了进行有效的沟通，我们必须与他人紧密合作，扩大开放区域，同时缩小盲目区域和秘密区域。为达到这一目的，我们可以采取两个自觉行动——自我透露和反馈。自我透露是坦率地向对方提供自己的信息，用以减少秘密区域，而来自对方的反馈信息又可缩小盲目区域，两者相互作用的结果有助于缩小未知区域，以表现出欲沟通的基本动机。

当我们得到的反馈与我们的观点不一致时，我们通常会反对，这就要求我们在这种过程中要有真正的技巧去维持已开放的程度。同样，自我透露的过程也需要信心，对这些过程的认识和把它们恰当地运用到相关的事态之中是非常重要的。

自我沟通技能诊断

评价标准：
非常不同意/非常不符合（1分）　　不同意/不符合（2分）
比较不同意/比较不符合（3分）　　比较同意/比较符合（4分）
同意/符合（5分）　　　　　　　　非常同意/非常符合（6分）

测试题：
(1) 我经常与他人交流以获取关于自己优缺点的信息，以促使自我提高。
(2) 当别人给我提反面意见时，我不会感到生气或沮丧。
(3) 我非常乐意向他人开放自我，与他人共享我的感受。
(4) 我很清楚自己在收集信息和做决定时的个人风格。
(5) 在与他人建立人际关系时，我很清楚自己的人际需要。
(6) 在处理不明确或不确定的问题时，我有较好的直觉。
(7) 我有一套指导和约束自己行为的个人准则和原则。
(8) 无论遇到好事还是坏事，我总能很好地对这些事负责。
(9) 在没有弄清楚原因之前，我极少会感到生气、沮丧或焦虑。
(10) 我清楚自己与他人交往时最可能出现的冲突和摩擦的原因。
(11) 我至少有一个以上能够与我共享信息、分享情感的亲密朋友。
(12) 只有当我自己认为做某件事是有价值的，我才会要求别人这样去做。

(13) 我在较全面地分析做某件事可能给自己和他人带来的结果后再做决定。
(14) 我坚持一周有一个只属于自己的时间和空间去思考问题。
(15) 我定期或不定期地与知心朋友随意就一些问题交流看法。
(16) 在每次沟通时，我总是听主要的看法和事实。
(17) 我总是把注意力集中在主题上并领悟讲话者所表达的思想。
(18) 在听的同时，我努力深入地思考讲话者所说内容的逻辑和理性。
(19) 即使我认为所听到的内容有错误，仍能克制自己继续听下去。
(20) 当我在评论、回答或不同意他人观点之前，总是尽量做到用心思考。

自我评价：

将你的得分与三个标准进行比较：(1)比较你的得分与最大可能得分(120)；(2)比较你的得分与班里其他同学的得分；(3)比较你的得分与由500名管理学院和商学院学生组成的标准群体的得分。在与标准群体比较时，如果你的得分是：

100或更高　你位于最高的1/4群体中，你具有优秀的沟通技能；
92~99　你位于次高的1/4群体中，具有良好的自我沟通技能；
85~91　你的自我沟通技能较好，但有较多地方需要提高；
84或更少　你需要严格地训练自己以提升沟通技能。

选择得分最低的6项，作为本部分技能学习提高的重点。

2.2　受众策略：沟通客体分析

 **案例**

《都市快报》报道：杭州市某家庭在2015年5月的一天晚上发生名牌电视机爆炸，使得该用户在物质和心理两方面受到较大伤害。该事件引起了媒体和市民的极大关注。另《钱江晚报》也派出记者跟踪此事。

问题：如果你是该电视机厂家驻杭州办事处的负责人，碰到这样的突发事件，该如何处理？谈谈你的思路。

2.2.1　沟通客体分析概述

2.2.1.1　客体导向沟通的意义

管理沟通的本质是换位思考，沟通者能站在对方的立场思考问题、传递信息，所以，成功的管理沟通是客体导向的沟通。客体导向沟通最根本的前提是了解沟通对象是谁，分析他们的特点，了解他们的动机，学会和他们接触，通过对客体的深入分析，帮助沟通者根据客体的需要和特点组织信息、传递信息，实现建设性沟通。

2.2.1.2　沟通客体分析的概念

沟通客体(受众)分析策略，是指根据受众的需求和利益期望组织沟通信息、调整沟通方式的有关技巧。由于这一策略的运用在使受众更好地理解沟通内容以达到预期目标方面作用重大，因而，沟通客体分析是整个沟通过程最为重要的环节。

2.2.1.3 沟通客体分析应分析的四个问题

客体导向沟通的关键在于了解：受众需要什么？我能给受众什么？如何有机地联系"受众需要的"和"我能提供的"？如何有机联系信息策略和渠道策略？

沟通客体分析策略应先分析以下四个问题。

(1)他们是谁？(2)他们了解什么？(3)他们感觉如何？(4)如何激发他们？

2.2.2 沟通对象的特点分析

2.2.2.1 他们是谁

对沟通对象的特点进行分析，首先要解决"他们是谁"的问题。分析这个问题的目的在于解决"以谁为中心进行沟通"。要解决这一问题，具体可以从以下两个方面入手。

1. 哪些人属于受众范畴

在很多沟通场合中，沟通者可能拥有或考虑到会拥有多个不同的受众(群)，当对象超过一人，就应当根据其中对沟通目标影响最大的人或团体调整沟通内容。一般来说，沟通中的受众包括以下六类。

(1)第一类是主要受众，又称直接受众，即那些直接自沟通者处获得口头或书面信息的人或团体。他们可以决定是否接受你的建议，是否按照你的提议行动，各种信息只有传递给主要对象才能达到预期的目的。

(2)第二类是次要受众，又称间接受众，即那些间接获得信息，或通过道听途说，或受到信息波及的人或团体。他们可能会对你的提议发表意见，或在你的提议得到批准后负责具体实施。

(3)第三类是最初对象。他们最先收到信息，有时这些文件就是这些最初对象要求你提供的。

(4)第四类是守门人，即沟通者和最终受众之间的"桥梁受众"，他们有权阻止你的信息传递给其他对象，因而他们也有权决定你的信息是否能够传递给主要对象。有时让你起草文件的就是守门人；有时守门人在公司的更高层；有时守门人来自企业外部。守门人分析在于分析是否必须通过此人来传达信息，若存在，则分析他是否会因为某些理由而改变信息或封锁信息。

(5)第五类是意见领袖，即受众中有强大影响力的、非正式的人或团体；他们可能没有权力阻止传递信息，但他们可能因为拥有政治、社会地位和经济实力，而对你的信息的实施产生巨大影响。

(6)第六类是关键决策者，即最后且可能最重要的，可以影响整个沟通结果的关键决策者。若存在，则要依据它们的判断标准调整信息内容。

要说明的是，上面的六类受众中的某几类可以是一个人充当，如负责人常常既是最初对象又是守门人；有时最初对象既是主要对象，又要负责对文件的提议付诸实施。

 **案例**

李刚是一家广告公司的财务经理助理。他的老板让他起草一份关于客户新推出的一个产品市场营销策划书。为了成功起草这份报告，他认为，该报告的主要受众是客户公司的执行机构，因为由他们决定是否采用他的策划书。次要受众是客户公司的市场营销人员，他们会

提出些建议，其他次要受众还包括广告策划艺术人员、文案写作者和发布广告的媒体，这些人会在方案获得批准后负责细节的落实。在他的策划书交给客户之前，先需要他的老板批准，所以他的上司既是最初对象，也是守门人。

2. 怎样了解受众

一旦确定了受众的范畴，就应仔细地对之进行分析。有时可以借助于市场调研或其他已有的数据，但大多数情况下，对受众的分析是相当客观的，即要站在他们的立场上，想象自己是他们中的一员，在向所信任的人征询意见。

(1) 对受众做个体分析。可以对受众成员逐一进行分析，考虑他们的教育层次、专业培训、年龄、性别及兴趣爱好，他们的意见、喜好、期望和态度各是什么。

(2) 对受众做整体分析。即通过分组的方式对受众进行框架式分析，如受众的群体特征是什么，立场如何，他们的共同规范、传统、标准准则与价值观怎样。

2.2.2.2 他们了解什么

通过上述分析，可以明确受众的类型，应进一步分析"在特定的沟通过程中，受众已经了解，但仍需了解的是什么"，特别需要解决以下三个问题。

1. 受众对背景资料的了解情况

即分析有多少背景资料是受众需要了解的？对沟通的主题他们已经了解多少？有多少专业术语是他们能够理解的？若受众对了解背景资料的需求较低，就不需要在无谓的背景资料介绍上花费时间；若受众对背景资料的需求量高，则应该准确地定义陌生的术语和行话，将新的信息和他们已经掌握的信息结合起来，并给出非常清晰的结构。

2. 受众对新信息的需求

即分析对于沟通的主题，受众需要了解什么新的信息？他们还需要多少细节和例证？对于新信息需求高的受众，则应提供足够的例证、统计资料、数据及其他材料；对于新信息需求低的受众，如有的受众倾向于依赖专家意见，把做出判断的权力交给了沟通者，则主要向这些受众提供决策的建议。概括而言，沟通者应考虑受众实际需要什么信息，而不要只考虑能为他们提供什么信息。

3. 受众的期望和偏好

即分析在沟通的风格、渠道和格式方面，受众更偏向于哪一种？具体在风格偏好上，要分析受众在文化、组织和个人的风格上是否有偏好，如正式或非正式、直接或婉转、互动性或非互动性交流形式，在分析渠道偏好时，则要分析受众在渠道选择上的偏好，如书面还是口头、纸面报告还是电子邮件、小组讨论还是个人交谈。

例如，某公司董事长有一个习惯就是轻易不接受下属的直接口头汇报工作，而要求用书面的方式提交报告。董事长审阅递交的报告后，认为有必要找报告人面谈，再约一个固定的时间；不需要自己面谈的，就转交给相关部门的经办人去办理即可。该董事长的体会是，只有这样，工作时间才是自己的。

如果你的上司是这样的一种管理风格，显然笔头沟通是有效的沟通渠道，而且，从这个领导的管理风格看，他的时间管理意识很强，因此，即使在提交笔头报告时，你也应该"长话短说"，简明扼要地表述你的想法，以尽可能少的笔墨，让你的上司对你的建议感兴趣。

2.2.2.3 他们感觉如何

分析受众的感觉,就是要掌握受众会如何想。为使沟通者对其与听众的沟通过程中可能产生的情感反应有一定了解,需要解决以下问题。

1. 受众对你的信息感兴趣程度如何

沟通者必须要分析受众对沟通主题及结果的关注程度,或者他们认真阅读或聆听信息的可能性大小,为自己制定沟通策略提供依据。对于受众来说,沟通的信息如果对他们的财务状况、组织地位、价值体系、人生目标产生较大影响,就会对信息有较大的兴趣。根据这些问题的考虑,受众可能出现三种意见倾向:正面、负面或中立。若估计受众会表现出正面或中立的意见倾向,沟通者只需强调信息中的利益部分以加强他们的信念。

当估计受众会出现反面意见时,可以运用以下技巧:

(1)将预期的反对意见在开始时就提出来,并做出反应,如列出反对意见加以驳斥,这要比受众自己提出反对意见更有说服力;

(2)先列出受众可能同意的几个观点,若他们赞成其中的两三个关键之处,那么他们接受沟通者整体思想的可能性就比较大;

(3)首先令他们同意问题确实存在,然后解决该问题。

2. 你所要求的行动对受众来说是否容易做到

即考虑你预期的行动对于受众来说,完成的难易程度如何,他们是否会感到过于耗时、过于复杂或过于艰难。若你估计对受众比较难,则一定要强化你所希望的行动对于受众的利益和信念;若过于艰难,则要采取下述对策。

(1)将行动细化为更小的要求,"积跬步以致千里"。

(2)尽可能简化步骤,如设计便于填写的问题列表。

(3)提供可供遵循的程序清单和问题检核单。

2.2.2.4 激发受众兴趣

激发受众的兴趣可以通过以下方式实现。

1. 以明确受众利益激发兴趣

上述对受众背景的分析,最直接的动机是明确受众的利益期望,创造出高效的受众受益处。受众的利益期望包括他们在接受你的产品、服务和信息后,根据你的建议执行相关的活动过程中所能够得到的好处和收益。总体来说,受众的利益有以下两类。

(1)具体好处,即强调某一事物的价值或重要性(但不要夸张,否则适得其反)。

(2)事业发展和完成任务过程中的利益,具体包括以下几点。

① 向受众展示沟通者所表达的信息对于他们目前的工作有所裨益。

② 任务本身的驱动,如受众往往会更乐于接受具有挑战性的任务或共同处理艰巨的工作。

③ 对个人事业的发展或声望感兴趣,如表明你的沟通内容将有效地帮助他们得到组织上或上级的重视,有利于他们获得声誉和建立交际网络。

例如,在说明性公文中,强调读者的受益可以用来解释为何要执行你宣布的政策,说明该政策是好的;在劝说性沟通中,强调受众为什么能在实施你的建议后,有助于他们实现自己的目标,从而克服对方的抵触情绪。

简单地说，以明确受众利益，激发兴趣，就是解决"什么能打动他们"的问题。为了更好地明确并传递受众利益激发他们的兴趣，必须注意以下两点：

(1)要明确受众的利益；

(2)传递恰当的信息给受众以利益。

对于不同的受众及他们所期望的不同的利益，有的是直接的，因而，沟通者比较容易识别，沟通时能够明白地告知；有的利益是只可意会而不可言传的，沟通者就需要深入去了解和发掘，可以使用下面的技巧去确认受众的利益。

(1)了解能引起受众需求动机的感受(恐惧、欲望)。

(2)找出自己产品的客观性能或将推行的政策对受众的影响。

(3)说明受众怎样利用介绍的产品和政策才能达到他们自身的需求。

洛克认为，分析受众的感受(恐惧、欲望)，可以从马斯洛的需求层次理论分析入手，以某一产品为例，通常企业所提供的产品能同时满足几个不同层次的需求，在信息沟通过程中，应重点强调与受众最相关的内容。如薪水已经很高的经理，整日忧心忡忡，那么，其原因可能是夫人刚刚失业，而他们需要同时抚养孩子上大学和赡养老人。因此，在沟通时就要针对受众的具体需求动机提供相应的沟通信息。

寻找针对受众具体需求的沟通信息，关键在于找出自己产品的客观性能或政策有助于实现这种感受(恐惧、欲望)的理由。假如你想让顾客到你的饭店消费，的确每个人都要吃饭，但是仅仅说明可以在这里解决饥饿问题显然是很难吸引顾客来的，必须要根据顾客的要求安排不同的沟通信息。

说明受众如何利用介绍的产品或政策才能达到他们自身的要求。仅强调特色未必能引起受众的购买欲望，把特色同受众的利益相结合，提供必要的细节，会使受众受益生动感人。所以，在很多时候对受众受益的描述一定要具体。

2. 通过可信度激发受众

受众对主题的涉及和关注程度越小，沟通者就越应该以可信度作为驱动因素。具体策略如下。

(1)通过确立"共同价值观"的可信度激发受众。以"共同价值观"的可信度驱动，就是构建与受众的"共同出发点"。如果在一开始就能和受众达成一致，在以后的沟通中就更容易改变他们的观点。从共同点出发，即使讨论的是全不相关的话题，也能增强你在沟通主题上的说服力。例如，先谈及与受众在最终目标上的一致性，而后表明为达到目标在方式上存在的不同意见。

(2)以传递良好意愿与"互惠"技巧激发受众。遵循"投桃报李、礼尚往来"原则，通过给予利益而得到自己的利益；通过己方让步换得对方的让步。

(3)运用地位可信度与惩罚技巧激发受众。地位可信度的一种极端驱动方式就是恐吓与惩罚，如斥责、减薪、降职、甚至解聘。但这种方式只有在你能确保对方的顺从且确信能消除不良行为的产生时，才能奏效。

3. 通过信息结构激发受众

通过信息结构激发受众，即利用信息内容的开场白、主体和结尾等结构的合理安排来激发受众。

(1)通过开场白激发受众，就是从开头起就吸引受众的注意力，如一开始就列举受众可能得到的利益；先列举存在的问题，采用"提出问题—解决问题"的模式；先讨论并明确话题和受众之间的关系，唤起受众兴趣。

(2)通过沟通内容的主体激发受众，就是通过适当的内容安排在沟通过程中增加说服力。具体技巧如下。

① "灌输"技巧，即通过先列举系列反对意见并立即加以驳斥，或直接向受众"灌输"自己对可能引起的反对意见的不予认可。

② "循序渐进"技巧，即将行动细化为可能的最小要求，然后逐步去得到更大的满足。

③ "开门见山"技巧，即先提出一个过分的且极可能遭到拒绝的要求，然后再提出较适度的要求，因而后者更可能接受。

④ "双向"技巧，即将受众可能提出的反对意见和自己注重的观点加以比较阐述，并表现得更为中立与合情合理。

(3)通过信息结尾安排激发受众，就是通过简化受众对目标的实现步骤以激发兴趣。如列出便于填写的问题表或易于遵循的检核清单，或列出下一步骤或下一行动的具体内容。

2.2.3 受众类型分析和策略选择

2.2.3.1 受众类型分析

沟通对象由于心理需求、性格、气质、沟通风格等的不同，可以分为各种不同的类型：

(1)按照心理学的观点，人由于心理需求的不同，可以分为成就需要型、交往需要型和权力需要型三类；

(2)根据个性的不同，卡尔·荣格(Dr. CarlJung)博士把人分为内向型和外向型两类；

(3)根据信息处理方式的不同，卡尔·荣格把人分为思考型、感觉型、直觉型和知觉型四类；

(4)根据处理人际关系方面的不同风格，凯瑟琳·迈尔斯和伊莎贝尔·布里格斯把人分为统治指挥者、社会活动者、平和处世者和谨慎思考者四个群体；

(5)根据个体气质的不同，可以分为分析型、规则型、实干型和同情型四类；

(6)根据不同个体管理风格的不同，把管理者分为创新型、官僚型、整合型、实干型四类。

针对不同类型的人，在沟通过程中，应采用不同的策略。以下将对不同分类法下的个体特点及相应的策略做分析，其中重点讨论不同类型个体的管理风格下的沟通策略。

2.2.3.2 心理需求分析及沟通策略

不同的个体由于心理需求的不同，可分为成就需要型、交往需要型和权力需要型三类。承认不同个体的需要特点，在沟通时朝着满足他人需要的目标努力，既有助于问题的解决，又有助于建立良好的人际关系，以实现建设性的沟通。

1. 成就需要型

具有成就需要型的人通常为自己建立具体的、可以衡量的目标或标准，并且在工作中朝着目标努力，直到实现他们的目标。他们总想做得更好，或比他们过去做得更好，或比其他人做得更好，或要突破现行的标准。

与这类人沟通时，可以采取的策略：要充分认同这类人自己对工作的责任感，沟通过程不要输出"你们要认真负责，要把事情做好"之类的信息，沟通时应给予他们的是大量的反馈信息，要对他们表示肯定的态度，如告诉他们"你们的工作做得很好"。对于这类人，对于下一次挑战，他们从来不会"干不了"，他们的满足感来自于已经实现的目标。

2. 交往需要型

具有交往需要的人，更看重友情和真诚的工作关系，令他们愉快的是能有一种和谐的、既有付出又有收获的、轻松的工作氛围。交往的需要驱使他们写很多的信，打很多的电话，花费很多的时间与同事沟通。

与这类人沟通时，建议采取的策略：以交朋友的姿态和口气与他们交流，要设法与他们建立良好的人际关系。从理念上应该始终坚持平等相待的原则。在具体沟通过程中，可以先询问他们的家庭情况、生活情况（如聊聊周末的计划安排），了解他们的兴趣爱好，甚至可以与他们在参加活动的过程中以轻松的氛围交流些看法，与他们交流对一些事物的想法和感受。

3. 权力需要型

具有权力需要的人，热衷于对工作负责，具有很强的权力欲。他们瞄准权力，以便使自己能够事事做主，决定自己和他人的命运。他们渴望一种权威作为他们权力的象征。交流中他们果断行事，而且在大多数的交流场合能够影响他人。

与这类人沟通时，可以采取的策略：应采用咨询和建议的方式，而尽量不要以命令和指导的方式。要认同他们在工作中的职责，在沟通时要对他们的职责给予肯定。在倾听过程中，对于对方的影响力要特别表示出你的兴趣。

4. 客体分析专题：与上司沟通

本部分将以专题例证的方式探讨在工作中如何考虑有效的沟通策略，实现与上司，或者与上司的上司之间的建设性沟通。

事例背景

你是公司市场部的职员，大学本科毕业已有三年。你部门的经理是初中毕业，很有闯劲。由于年龄、文化程度等方面原因，你对经理在管理过程中的一些做法有不同意见。比如，经理更多地采用经验式管理方法。在激励方面，过于注重过程导向，却忽视结果导向，缺乏目标激励。你曾与经理谈起过自己的想法，建议采用目标管理思路，从结果导向对员工进行考核激励，但经理好像没有反应。对此你感到非常不满，一段时间来，你一直在考虑，希望与公司主管经营的副总经理进行一次沟通。

考虑两个问题：①与上司的上司（副总经理）沟通是否合适？②如何与副总经理沟通？根据管理沟通的一些启发，设计一个与上司的上司沟通的办法。

(1) 与上司沟通的程序。在上述的沟通情景下，需要从以下几方面来考虑沟通过程和沟通策略。

① 目标确定。对于这种类型的沟通，目标要非常明确。一般包括取得间接上司对建议的认同和避免直接上司给自己"穿小鞋"。为实现这两个目标，沟通过程中的一个基本原则是，必须坚持以事实和问题为导向，避免以人身为导向。

② 客体策略。基于上述目标，深入分析两个沟通对象的特点，包括他们的背景、偏好、思维方式等。

③ 主体策略。分析自身的特点，对自我做恰当的定位。

④ 渠道策略。分析沟通渠道策略的选择，确定最佳的沟通路径。
⑤ 信息策略。分析沟通信息的内容、表达方式、信息的客观性和被认同性。
⑥ 环境策略。分析沟通环境的选择，尽量选择与对方特点和自身特点相适应的沟通场合。

(2) 客体背景分析。对沟通对象的具体分析，关键在于以下几方面。

① 充分掌握间接上司和直接上司的背景。分析他们各自的心理特征、价值观、思维方式、管理风格、偏好和知识背景（包括学历和文化层次、专业背景等）。

② 了解直接上司不愿意接受你的建议的原因。这一点很重要，因为有可能你的间接上司不希望你所在的部门改变原来的管理模式；或者你的直接上司可能已经向他的上司谈起过你的建议，是你的间接上司不主张马上改变局面，如果事实是这样，你去沟通就没有意义。

③ 了解直接上司与间接上司之间的关系。他们之间是相互信任还是不信任；他们之间原来的关系是否融洽，如果不融洽，原因何在。如果这两个上司本来关系就非同一般，你就没有必要去冒风险了。

④ 了解间接上司对越级反映问题的态度及其处理艺术。间接上司对越级沟通的态度是支持、中立还是反对，对间接下级反映的问题是乐于接受还是不乐于接受，是否能够艺术性地处理好越级反映的问题。

(3) 信息策略分析。对于信息策略的分析，关键在于要站在间接上司和组织的角度来分析问题，具体策略包括以下几方面。

① 就事论事，对事不对人。如根据个人感受，立足于公司的利益去确定内容；不对上司的人身做评论，不对他人评头论足。

② 在信息结构安排上，从客观情况描述入手，引出一般性看法；再就问题提出自己的具体看法；征求间接上司的意见，在恰当的时机提出相应的建议。

③ 在语言的表达上，言辞不能过激，表情平淡，态度谦虚。

(4) 沟通渠道分析。在沟通渠道的选择上，有直接面对面沟通或间接沟通、口头沟通或笔头沟通、正式渠道或非正式渠道。一般来说，为了尽量避免直接上司知道，私下沟通较为合适，或者可以通过工会开会、合理化建议的方式作为反映问题的通道；或者用其他灵活安排的沟通渠道。

(5) 沟通环境策略。在沟通环境策略制定上，应选择合适的时机、合适的场合，以咨询的方式提出，如以"表面上的不刻意，实际上的精心准备"作为策略，营造合适的、宽松的氛围，向间接上司提出建议。

(6) 识别上司的管理风格。伊查克·爱迪思在《把握变革》一书中，根据不同个体在思考问题时的结构化程度差别、过程和结果之间的优先级不同（目标导向）、注意力视角的不同和沟通速度的快慢四个维度，把不同个体的管理风格分为四种类型：创新型（E）、官僚型（A）、整合型（I）、实干型（P）。本章引用爱迪思的分类方式，把上司这一特定的沟通对象区分为整合型、创新型、官僚型和实干型四类，进而从管理沟通的角度探讨与这些不同管理风格的上司在沟通时可采取的策略。

从四个维度区分不同管理风格的框架，如图 2-4 所示。

关于思考过程的结构化和非结构化区别，可以通过一个例子来说明。在非结构化的过程中，一个人可能从谈论事情 A 开始，这件事使他想到了事情 B，然后他又去处理事情 C，接下来是 D，最后事情到了 E，他这样东一榔头西一棒子，是因为他在按照一种独特的方式思维，认为任何事情都是与其他事情联系在一起的。然而在结构化的过程中，人们是直线型的。在他们完全理解事情 A 之前，他们是不会开始事情 B 的，而且在事情 B 完全理解之前，他们也不会去想着开始事情 C 的。所以，结构化思考表现出收敛性思维模式，而非结构化思考则更偏向于发散性思维模式。

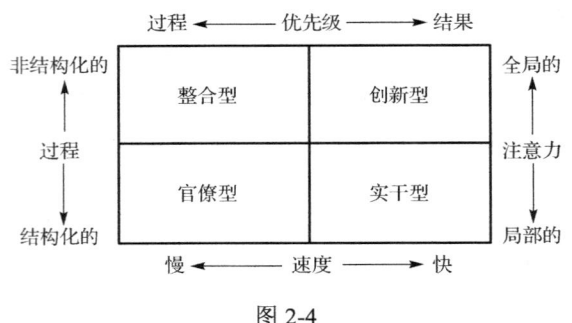

图 2-4

① 创新型上司的特征。创新型的上司，在沟通过程中性格比较外露，当他们不同意某种主张时，他们总是形于声色，即使赞成，他们也会表现出来。创新型的人凑在一起时，喜欢争论，好像彼此都不赞同，但实际上他们却是在加强彼此的观点，一旦当他们听了某个观点后保持沉默，很大的可能是他们已经同意了你的观点。在创新型人的字典里，"是"和"不"的含义有他们自己的解释。"是"往往意味着也许，说"不"则表明了他们明确的态度。从处事风格看，创新型的人具有全局性的眼光，动作很快但却是非结构化的。这类人往往是急性子，他们总是先从自己出发开始考虑，关注的是"如何告诉对方'我为什么要这样做'"，而不是"他会怎么想"。当这类人去跟他人会面时，往往边走边在考虑问题，可能当他刚进会见方办公室时，他的脑子还在以接近光速的速度在思考。

创新型上司不喜欢约定时间，他们一有了主张就想去处理。他们可能会事先不打招呼就往他人办公室里跑，而官僚主义者最恨的就是这样的人。在他人的观念中，创新型上司没有时间概念，或者说，他们的时间概念与众不同。创新型上司有很强的感觉力，他们一天到晚在思考新的点子，他们不关心问题，把很大的注意力集中到机会的发现，但他们往往拿不出解决问题的办法。

② 官僚型上司的特征。从图 2-4 中看出，官僚型特征的上司，无论在管理上，还是在相互沟通过程中，强调结构化的模式和风格。如在与人约会时，官僚型上司会在每次约会（不管是否正式）前就打电话预约，并很守时。在交谈时，他会喋喋不休地谈论问题的来龙去脉，好像不知其历史你就不理解这个问题一样。等到切入问题的主旨时，发现时间已经过去两个小时了。然后，他会对问题可能带来的结果做全面剖析，最后的结论往往是"太困难了！这件事简直没法干"。

正因为官僚型上司强调结构化的风格，他们非常强调整个过程。在面临某个事件，无论是常规事件，还是偶发事件，他们会细心规划整个事件的处理过程，他会认真去考虑可能出现的各种可能问题，然后分析如何去解决问题。因此，可能的结果，等官僚型的人找出最佳的解决途径时，事情已经过去了。

由于官僚型上司在决策过程中非常谨慎，他们不会轻易就某个事作出决定，他们往往会这样告诉你：“你的想法不错，但能否实施，如何实施，还有待我们研究研究。”因此，官僚型上司，制定决策比较慢，瞻前顾后，反应也比较慢。关于官僚主义者有一个笑话，"你最好不要在星期五对官僚主义者讲笑话，因为他们有可能要到星期天中午吃午饭时才笑得出来"。官僚型上司的慢性子不是因为他们笨，而是因为他们正在考虑对方会说什么，在思考他们所主张的反应是什么。因为要把每一个主张都条理化需要花点时间，因此，当他们碰到与具有创新精神的人的主张发生冲突时，那情形就如雪崩一样。他们处理起来确实会比较困难。对每一个创新型上司的主张，至少会有10个让官僚型的人觉得重要的反应，于是官僚型的管理者会觉得不堪重负，也无法处理这种速度，于是，他们会很快放弃思考和倾听，让这些主张成为耳旁风，心里却在嘀咕"这个人怎么这样头脑发热、异想天开，还不快点走"。

③ 整合型上司的特征。整合型上司处事灵活，没有结构化程式的限制，能够根据不同的情形采取相应的沟通方式，而且当他说出某句话后，可以从不同的角度解释这句话的含义。整合型上司对人的感觉比较敏感，但对于现实的需求并不敏感。他一般不会轻易地说"是"或"不"，如果说了，可能是迫于压力使然。今天说了"是"，可能在明天他能解释为"也许"。

整合型上司很看重沟通的过程，他会在沟通的过程中取得相互之间的平衡，至于结果对他来讲并不重要，因为结果对他来说无关紧要（下面的例证作了说明）。由于整合型的人要考虑各种关系人的平衡，所以全局观强，在没有弄清一个事件的全局影响之前，是不会轻易表达自己意见的，而等到他有意见时，也就不是什么意见了。

与整合型特征的上司沟通，内外部政治关系的处理非常重要。整合型上司习惯于考虑他人（尤其是上司的上司）是怎么想的，而不愿意自己做主去决定某件事，他们总是设法圆滑地摆平各方面的关系，因此，这类人往往被称为是"老狐狸"、"跟屁虫"。

④ 实干型上司的特征。在根据气质分类法中已经谈到了实干型上司的一些特征。从图2-4看，实干型上司的思考过程具有结构化特点，他们习惯于直线型的思维方式。实干型上司像铁路工程师，他们会说，"你只要知道轨道往哪儿走，别的就别管了"。

实干型对象的另一个特点是追求快速反应，他们往往是快速决策者，他总是恨不得马上有个结果。他们最见不得他人干事拖拖拉拉，拖泥带水。在工作现场他们最喜欢说"需要你干什么你们去干吧。我们有事干就行。少废话，多干事"。

也正因为实干型对象的结构化风格和快速反应作风，他们没有多少时间去不断考虑事情的结果是什么，在他们的心目中，"只要把过程老老实实地做好了，结果是不会错的"，所以他们会把每个细节都做得很好，有很高的效率；而对效益则不太关心。

由于不同类型对象的不同风格，在沟通时，要能够正确去判别他人沟通的语言表达方式。这里特别就不同类型的对象所说的"是"和"不"的定义差别做解释。对于创新型特征的人来说，"是"意味着也许；说"不"的时候，他们是肯定的。相反，对于官僚型特征的人来说，说"不"的时候，只是意味着也许，你还可以回头去说服他们，但一旦当他们说"是"的时候，他们的决心就已经定了。对于实干型的人来说，"是"就是是，"不"就是不，然而，对于整合型的人来说，无论说"是"还是"不"，都只能理解为"也许"，所以，这类人往往被称为是"政治动物"，如表2-3所示。

表 2-3　四类不同上司的特征

类型	特征	是和不的含义	较适合的工作
创新型	有全局性眼光、动作快、非结构化风格	是——也许；不——不	市场营销部门、高层管理部门
官僚型	结构化风格、动作慢、关注过程与细节	是——是；不——也许	办公室、会计部门
实干型	动作快、结构化风格、关注细节和结果	是——是；不——不	生产部门、技术开发部门
整合型	动作慢、非结构化风格、关注过程导向、有全局眼光、能够变革并适应变革	是——也许；不——也许	党政职能部门

(7) 不同上司的沟通策略制定。根据不同上司的特征，就可以采取相应的策略以实现与不同对象的有效沟通。在与创新型特征的上司沟通时，由于他们很希望在每个事情的处理上留下他们的痕迹，并且对各种机会有他们独到的认识，应该让他们参与到问题解决中来。在沟通时，不要带着"最后"答案去见他们，而应该让他感觉到"问题还处在未决状态"，因此，在信息组织上，可以这样说"我建议……"、"我一直在想……"、"您怎么认为"，这种表达方式不但对你的上司有用，对同级、下属一样有效。

与官僚型上司沟通时，应记住"方法比内容重要"的原则，你必须使自己的风格适应他的风格。具体说，你要十分注重形式。比如，跟他有事情相商，你老老实实地打电话预约一下，千万不要做不速之客。同时，沟通时还要放慢速度，控制自己的情绪。在沟通过程中，如果你是创新型的人，要注意不要把没有成熟的观点一股脑儿地倒给他，这样，你反而会什么答案都得不到。

与整合型上司沟通时，注意的策略应该是把所有相关的背景资料都准备好，把有可能要他承担责任的问题，先处理好。当你就某个问题请教他时，他会告诉你，你要注意影响，要注意他人的看法，然后，他会告诉你，要注意谁谁谁的看法。对于问题的过程和方式如何，他不太关心。

与实干型特征的上司沟通，你要注意主动性。由于他们一般不会授权于你，你要采取主动的行动。而且在问题的提出上，要直接从问题的结果出发，要使他感觉到问题的压力，甚至让他觉得问题不解决是一种潜在的危机，以引起他的注意，让他马上觉得这个事情确实非办不可。如果你与实干型下属沟通，注意要肯定他们踏实勤奋的工作作风，但要有意识地引导他们在工作过程中考虑效率问题，你可以这样问"你认为这件事的结果会怎样"。

特别说明的是，上面对上司管理风格的分析也适合你的下属，所建议的策略对不同的下属也有对应性。

2.3　信息策略

信息策略的制定，关键在于怎样强调信息、如何组织信息两个方面。

2.3.1　怎样强调信息

根据记忆曲线的研究，信息的开头和结尾部分最易为受众记住，因此在信息的组织上，可以采用以下两种策略。

(1) 开头策略，在开头就阐述重点，又称为直接切入主题。若采用这种策略，沟通者先将最后的结论放在开头。这种策略的优点有以下几点。

① 增进对全部信息的掌握。受众一开始就了解结论，有助于人们吸收和理解全文内容。

② 以受众为导向。直接切入主题强调分析的结果或最终的做法，使得整个沟通面向受众，而不是以沟通者自我为中心。

③ 有利于节省时间。

由于直接切入主题的结构能更快、更容易地被接受，所以在商务场合中应尽可能多地采用。这种策略主要适合在以下场合使用：对于无感情倾向的不敏感信息的处理；对于受众具有正面倾向的敏感内容的处理；对于受众更为关注结论时对敏感信息的处理；沟通者可信度特别高时对敏感信息的处理。

(2) 结尾策略，在结尾说明重点，又称间接切入主题。该策略指在记忆曲线末端才列出结论，包括先列举各类论证后以结论或总结收尾。这种策略的优点有以下几点：

① 循序渐进，以理服人；

② 缓和因观点不同可能引起的冲突；

③ 以逐步转变受众的态度，步步推进，达到"推销"自己观点和主张的目的。

这种策略可以在以下状态采用：信息中含有敏感内容（含主观情感成分）；这种内容对受众有负面影响；受众很注重分析过程；沟通者的可信度较低。

2.3.2 如何组织信息

如果你是市场营销部门经理，你与市场部门的下属员工进行沟通，你可以这样来厘清目标、战略、策略和任务之间的关系。

目标（Objective）：提高产品的销售量。

战略（Strategies）：要下属意识到这次沟通的战略意图是为实现更高的持续性发展前景。

策略（Tactics）：获取部门发展的新出路。

任务（Tasks）：向高层领导提出预算建议。

沟通者在每次沟通之前，可能会遇到很多素材和信息，这些素材和信息中有好的、坏的、完整的、零碎的、论据性的、结论性的……如何组织好这些信息是沟通者沟通策略制定的关键组成部分。只有当沟通者强调并组织一个清晰的概念传达给受众时，才能实现有效的沟通。这个清晰概念的组织包括确定目标、明确观点、安排主体内容和结构三个方面。

(1) 目标确定。每位沟通者在沟通之前必须要有一个明确的目标。沟通目标可以是规定一个问题、使你的建议被采纳或赢得下属（同事或领导）的尊重。所有的目标可以归结为两大类：

① 指导性策略要求受众接受沟通者的观点或产生所预期的行为或结果；

② 咨询性策略为了获取某种信息、得到某个结论、或者是得到对方的支持。

(2) 观点明确。沟通中最困难的问题是说服你的反对方最后赞成你的观点。在观点的明确上，沟通者要把自己的观点融入到行动中去，因此要注意以下几个提出观点的基本要求：

① 明确自己的立场，并分析反对方的立场；

② 就评价一种状态提出发现和建议所蕴含的愿景；

③ 提供可靠的信息；

④ 提供不同的（常常是冲突的）价值观和利益；

⑤ 其他观察者和参与者的意见;

⑥ 要着眼于事实、价值、意见,不能采取中性的态度。

(3) 内容和结构。信息内容组织的两个基本原则是:

① 以最简单的语言告知你的目标,让他人能理解并能与你沟通;

②"沟通是你被理解了什么而不是说了什么",即要求沟通者根据不同对象修正沟通的信息表达方式和内容的结构安排。

在信息结构的安排上,要分析内容、论证和结构的组合和统一。具体地说,要从信息的论证分析,提出具有说服力的论据(如事实和数据、共同知识、普遍认同的例子和权威观点等),并对信息结构进行合理安排。

2.4 环境与渠道策略

2.4.1 内部环境分析

2.4.1.1 内部环境分析的要素

组织内部因素包括有形环境和无形环境两个方面,有形环境如组织内部结构和组织有形环境(包括技术环境、物质环境和人力资源等);无形环境如组织文化和组织无形资源(如价值观、思维方式和经营理念等)。具体地讲,组织内部的环境可以从内部组织结构、内部组织文化和内部技术环境三个方面来考察。

(1) 组织结构。企业内部组织结构反映了组织成员的权力关系、信息沟通渠道和业务流程等,它在本质上反映的是组织内部人与人之间的关系和联结方式。为了更好地解决好权力关系、保证信息沟通的顺畅和业务流程的优化,就需要采取有效的沟通技能。如根据组织结构的形成条件、过程和作用机理的不同,可以分为正式组织和非正式组织两类。为此,需要针对这两种不同的组织选择相应的策略。

(2) 组织文化。组织文化是组织内部全体员工共同遵守的行为规范、思维方式、意识形态、风俗习惯等,组织文化的本质是组织内部的价值观。由于每个组织及其子组织都有自身的文化或子文化,也需要结合不同组织内部文化环境的特点选择相应的策略。

(3) 技术环境。在技术环境(这里只指狭义的生产管理工具和技术手段)方面,自20世纪70年代末出现个人电脑以来,组织广泛应用计算机系统协助解决组织内部问题,在20世纪80年代中后期,组织出现崭新的沟通方式——网介沟通(Computer-mediated Communication)。近年来,网介沟通迅猛发展,并有预言,网介沟通在21世纪将成为组织最活跃的沟通模式。这一发展趋势一方面得益于组织内部、组织之间信息交换在空间上的不断扩展,使组织虚拟化生存成为可能和必然;另一方面,是由组织管理从刚性的制度、规则管理走向个性化、柔性化管理所致。有人把组织的这种管理变迁归结为组织从"社会人"走向"文化人"的过程。从这个意义上讲,网介沟通不能被简单地作为"新观念传播"或"新媒介"来看待,它所改变的可能是沟通的一块基石。事实上,随着企业因特网、局域网的普遍采用,正在根本上改变着人的沟通模式。

从组织内部上述三个方面考察环境的变化,可以帮助我们采取针对性的沟通策略。从管理沟通的角度讲，由于沟通对象是非常明确的人，而人所存在的直接环境是组织，因此，在内部沟通技能上，重点在于解决不同组织环境及其文化环境下的沟通策略。

2.4.1.2 内部环境分析的必要性

内部沟通的必要性在于内部沟通是员工的需要。

经常有员工这样抱怨：我们公司内部甚至部门内部，人与人之间都戴着面具，相互之间存在很大隔阂。可以说，这是一种比较常见的现象，但这种现象越来越使我们伤心，它撕碎了现代人的心，也使现代人生活在压抑、沮丧的环境中，使人产生被遗弃感和孤独感。这种感觉强化了员工与企业的貌合神离，被隔绝的员工由于不了解企业，也就无法和企业建立亲密的关系，也正是由于这种原因，员工们的奉献精神减少了，互相不关心和不信任的现象抬头，整个公司的生产力陷于停顿。

那么，是什么导致上述局面的呢？几乎每一个员工(包括自己)刚到公司时，都是那么的充满热情，觉得自己是这个新组织的一员，应该要好好干，也会告诉自己，要把自己的全部时间、精力和心思投入到公司的发展中去。事实呢？如果你来到了一家与你的预期相吻合的企业里，那么，即使在企业碰到困难时，你也会和公司取得相互理解，会奋不顾身地为公司目标奋斗，你会尽最大努力去做好自己的工作，因为你觉得自己是企业的一部分。但结果往往是你来到了一家与你的预期很不吻合的企业里工作，因为企业内部管理者关心更多的不是你的心境和愿望，而是企业的利润或者自己的利益。他们总是说没有时间与你交流，他们往往很少对你给予足够的关注，使得你对组织越来越失望。

现在，假设你终于走上了管理岗位，成为一名管理者，你又是如何考虑组织内部的沟通的呢？是否还记得你在作为普通员工时的期望？是否还关注你的下属的期望？正如你自己一样，普通员工也在渴望着和公司的紧密相连，他们也在希望自己和公司的关系不是一张工资单的关系；他们也在希望自己成为"圈内人"，能深入到公司内部，对公司各部门情况有所了解；他们更希望自己不只是被雇用的一双手或仅仅是机器上的一个零件，随时可以被更换；他们期待着来自组织坦诚交流而产生的那种结合在一起的特殊感觉。解决好这些问题，寻求组织内部有效沟通的技能是成为成功管理者所必须面临的课题。

2.4.1.3 内部沟通障碍分析

要寻求有效的内部沟通技能，首先要分析常见的内部沟通障碍。一般来讲，内部沟通环境中的障碍包括主观障碍、客观障碍和沟通方式障碍三个方面。

1. 主观障碍

主观障碍来自以下六个方面。

(1)个人的性格、气质、态度、情绪、见解等的差别，使信息在沟通过程中受个人的主观心理因素的制约。

(2)信息沟通中，如双方在经验水平和知识结构上差距过大，就会产生沟通的障碍。

(3)信息往往是依据组织系统分层次逐级传递的。而在按层次传达同一条信息时，往往会受到个人的记忆、思维能力、价值观等的影响，从而降低信息沟通的效率。

(4)对信息的态度不同，使有些员工和主管人员忽视对自己不重要的信息，不关心组织目标、管理决策等信息，而只重视和关心与他们物质利益有关的信息，使沟通发生障碍。

(5)主管人员和下级之间相互不信任。这主要是由于主管人员考虑不周，伤害了员工的自尊心，或决策错误所造成的，而相互不信任则会影响沟通的顺利进行。

(6)下级人员的畏惧感也会造成障碍。这主要是由于主管人员管理严格，咄咄逼人和下级人员本身的素质所决定的。

对于主观障碍存在影响管理沟通质量的迹象，提出了四个方面的识别建议，如表2-4所示。

表2-4 识别建议

识别问题	建议思路
1. 员工能畅所欲言吗	当你和员工交谈时，他们能畅所欲言。他们知道他们的意见能起作用也能被重视
2. 你常与员工联系吗	经常受到联系的员工深信自己能及时知道有关本部门和全公司的重大情况
3. 你与员工有深层次的思想交流吗	交流使员工积极承担义务而不是听从指挥。除非经理们努力设法和员工们交流思想，否则员工们能做的往往只是服从命令。员工们如果感觉不到自己和公司心心相连，就不会竭尽全力
4. 你知道员工需要什么吗	当你知道员工们需要什么时，正是你和他们有了联系时。只有公司和员工们之间有了相互了解，才能达到高质量、优质服务和丰厚的利润。只有员工们才是质量、服务和利润的推动力

2. 客观障碍

客观障碍主要包括以下两个方面。

(1)信息的发送者和接收者如果在空间距离太远、接触机会少，就会造成沟通障碍。社会文化背景不同、种族不同而形成的社会距离也会影响信息沟通。

(2)组织机构过于庞大，中间层次太多，信息从最高决策层传递到下级基层单位，中间过程易产生失真，而且还会浪费时间，影响其及时性。这是由于组织机构不完善所带来的障碍。

3. 沟通方式障碍

沟通联络方式的障碍可以概括为以下两个方面。

(1)沟通方式选择不当，原则、方法使用不灵活所造成的障碍。沟通的形态和网络多种多样，它们都有各自的优缺点。如果不根据组织目标及其实现策略来进行选择，不灵活运用有关原则、方法，沟通就不可能畅通进行。在管理工作实践中，存在着信息的沟通，也就必然存在沟通障碍。主管人员的任务在于正视这些障碍，采取一切可能的方法消除这些障碍，为有效的信息沟通创造条件。

(2)语言系统所造成的障碍。语言是沟通的工具。人们通过语言、文字及其他符号将信息经过沟通渠道来沟通。但是语言使用不当就会造成沟通障碍。这主要表现在以下三个方面。

① 误解。这是由于发送者在提供信息时表达不清楚，或者是由于接收者接收失误所造成的。

② 歪曲。这是由于对语言符号的记忆模糊所导致的信息失真。

③ 信息表达方式不当。这表现为措词不当、词不达意、丢字少句、空话连篇、文字松散、句子结构别扭、使用方言、土语、千篇一律等。这些都会增加沟通双方的心理负担，影响沟通的进行。

人际冲突在组织中是客观的、无处不在的。现实中，大量的企业都趋向于劳动力的多样化、全球化，合资企业大量涌现，因此，来自不同组织和文化背景的管理者走到一起时，如何处理好内部沟通已日益成为一个重要的问题。任何一个内部存在过度不和谐因素的组织，都将在竞争的环境中处于难堪的境地(组织内的成员过于强调完全一致，以致懒于去适应变化的外部环境，或者过于强调对上级的服从而没有看到要改进现状的需要，都属于不和谐的状态)。事实上，适度的冲突正是活跃的、有进取性的、有激励的组织的生命血液，它能够激发出人的创造力，激发整个组织的创新精神。为此，就需要管理者在正确看待内部沟通障碍的前提下，运用适当的策略建设性地做好内部沟通工作。

2.4.2 内部沟通策略

2.4.2.1 内部沟通渠道策略

沟通渠道的选择是指对传播信息的媒体选择。过去，这一策略的选择基本上局限于两种渠道：口头和笔头。现在，还包括传真、电子邮件、语音信箱、电子会议、电话、电话会议、电子公告板、新闻小组等。这些新的渠道改变了我们对于沟通渠道的传统认识。因此，当分析沟通渠道策略时，除了考虑口头和书面策略外，还应考虑现代技术发展背景下的新型沟通渠道的开发和利用。

(1)书面沟通和口头沟通渠道。书面沟通一般发生在沟通信息需要记录和保存、处理大量细节问题、采用精确的用词或让受众更迅速地接受信息时采用；而口头沟通一般发生在需要更为丰富的表达效果、在严格与持久性方面的要求较少、无须永久记录时采用。

(2)正式沟通和非正式沟通渠道。正式渠道一般适用于法律问题的谈判或关键要点和事实的表达，它具有精确、内敛、技术性与逻辑性强、内容集中、有条理、信息量大、概括性强、果断、着重于行动、重点突出、力度大等特点；非正式沟通渠道适合于获取新的观念和新的知识的场合，它具有迅速、交互性强、反馈直接、有创造力、开放、直接、流动性强、较灵活等特点，包括电子邮件、通知、个人之间的口头交流(面对面交流、语音信箱)等。

(3)个体沟通和群体沟通渠道。个体渠道适用于个人关系的构造，获知他人的反应，获取属于隐私或机密的信息，具体形式有当面交流、电话沟通、传真和电子邮件等；群体沟通则适用于团体形象和关系的构建，取得团队反应，防止排除某人并确保团体中的每个成员都同时接收了你的信息，如各种会议形式。

 **案例**

人人公司被称为中国版Facebook，上市时融资总额达7.434亿美元。人人公司旗下拥有中国最大的实名制SNS网站"人人网"、商务社区"经纬网"、国内首家实名制汽车问答网站"车问网"及全国首家和最大的独立研发并运营网页游戏的"人人游戏"。但自2011年以来人人公司主营业务乏力，持续运营亏损。人人公司在2014年所实现的几次盈利，主要来自于投资收益和业务转卖。在出售旗下糯米网、56网后，人人公司的收入已连续萎缩8个季度，缩水幅度超70%。2015年6月，曾经头顶"中国的Facebook"光环在纳斯达克高调上市的人人网，市值却从最高时的70亿美元跌到10亿美元，衰退之势毋庸置疑。

人人公司董事长陈一舟曾多次表示人人网的衰落归结为外部竞争因素，如以即时通讯为核心基因的微信的出现。然而细细梅理一下可以发现，人人网并没有错失移动互联网时代任何一个热点，团购大热的时候成立糯米网；页游和手游火爆的时候有了人人游戏；职场社交

第 2 章 基本策略 ▶ 43

与匿名社交成为热点时，经纬网、哔哔随之成立。这些散乱的产品布局导致人人自身社交平台定位混乱，用户从人人网身上找不到一个清晰的定位，离开成为必然。与此同时，人人公司大部分的融资金额被公司高层大量外投，尤其是投资网络借贷平台 SoFi、炒股社交网络雪球、匿名应用 Yik Yak 等创业企业。不仅在互联网金融领域，在智能交通、二手车电商、社交等其他投资领域，人人公司均有涉猎。早在 2014 年 6 月，人人公司战略发展副总裁杜悦就宣布离职，并在一封内部邮件中炮轰人人董事长陈一舟，称其作为领导和为人都"非常负面"。近期陈一舟被曝与另一名副总裁杨慕涵也发生冲突，陈一舟指责杨慕涵为人不忠，口蜜腹剑。一位前人人公司高层曾对新浪科技表示，陈一舟对业务发展缺乏耐心，内部曾经生长出几十种新产品，但均在短暂投入后被陈一舟砍掉，这曾经引发人人网的离职潮。2015 年 3 月，人人公司的业绩显然让股东们大为不满，有投资者甚至在分析师会议上向陈一舟直接喊出"下课"请求。

人人公司内部沟通问题重重，尤其是上下级之间由于经营理念的不同产生了一系列的冲突和矛盾。公司董事会与股东之间也存在着信任危机，组织内部信息不对称、沟通不畅是引起人人公司人心涣散，并逐渐走向衰弱的重要原因之一。

组织中的内部沟通分为纵向沟通和横向沟通。

2.4.2.2 纵向沟通策略

纵向沟通指沿着组织结构中的直线等级进行的信息传递，包括自上而下、自下而上两种沟通。纵向沟通中，从上至下进行下行沟通是纵向沟通的主体，而自下而上的上行沟通是纵向沟通的关键。下行沟通是管理沟通的主体。公司管理层所涉及的种种活动，基本上依赖下行沟通去实现。而上行沟通则开辟了一条管理人员听取员工意见、想法和建议的通路，提供员工参与管理的机会，从而减少了员工因不能理解下达的信息而造成的损失。

上行沟通策略包括以下几项。

① 建立信任。

② 适当采用走动管理，安排非正式的上行沟通。非正式沟通采用的形式多为社交性活动的形式，如一起参加晚会等。与正式沟通相比，来自信息接收方的障碍低得多，沟通效果也非常好。

③ 维护领导层的内部一致性，请示、汇报工作严格按照职责分工进行，不越级，不在背后发议论。

下行沟通策略如下：①制订针对性的沟通计划（优秀的秘书应及时有效地在授权范围内对可以下达的信息进行筛选、促进沟通）；②精简沟通环节；③减轻、分流沟通的任务（排队原则、关键时间原则）；④提倡简约的沟通；⑤启用反馈；⑥多种沟通渠道组合。

2.4.2.3 横向沟通策略

横向沟通指的是沿着组织结构中的横线进行的信息传递，它包括同一层级的管理者或员工进行的跨部门、跨职能沟通，与纵向沟通的差别在于：横向沟通双方均为同一层级的同事，不存在上下级关系。

横向沟通的策略如下：①树立内部顾客的理念，像对待外部客户一样耐心讲解公司政策和预计结果；②换位思考，各方耐心倾听而不是自顾自地叙述；③选择正确的沟通方式；④定期召开有员工参加的部门会议，介绍公司发展的战略和蓝图，力陈部门协调配合的利弊。

案例

某大型公司所有部门都卷入一场内讧，大家彼此指责对方。产品研发部对营销部大为不满，认为他们没有为新产品提供详细的计划书，他们对销售人员也不满，认为销售人员没有向他们反馈客户对新产品的意见。生产部，认为销售部的人员只关心他们的销售额，不惜以牺牲公司利益的方法来推销产品。同时，他们也信不过市场营销部的人，因为他们缺乏准确预测市场趋势的能力。另外，市场营销部则认为，生产部的人思想保守、不愿冒险，他们对生产部的不合作和无休止的诽谤非常愤怒。他们也看不惯产品研发部的人，认为他们动作迟缓，对他们的要求根本没反应。而销售部的人则认为营销部的人没有工作能力，有时在电话上跟生产部的人大吵大闹，指责生产部的人对客户提出的售后服务的要求置之不理。请问该如何解决？

2.4.3 外部环境分析

2.4.3.1 外部环境分析的要素

组织外部因素可以从宏观因素和中观因素两个方面分析，其中宏观因素可以分为政治法律（Politics）、经济政策（Economy）、社会文化（Society）、技术进步和技术政策（Technology）（这四个环境因素有时也称 PEST 分析）和自然环境五个方面；中观因素一般是指行业环境。

2.4.3.2 外部环境分析的必要性

（1）从国际商务发展趋势看，无论是制造业还是信息产业，已变得越来越全球化，在全球性经营活动过程中，常碰到很多跨文化沟通的问题，因此，管理者应该清楚了解其他文化的行为准则。例如，尽管现在英语正接近于成为国际通用语言，但是美国和英国在个人行为与社交方面的评判标准仍差别很大，更不用说英国和中国之间的差距。在一个国家，邀请别人共进晚餐可能被认为是人们所期望的一种礼貌表现，但在另一个国家，可能就是对别人私有时间的侵犯。问候某人的家人，在一个国家可能是必要的，而在另一个国家可能是对别人严重的冒犯。如在美国，邀请人家到自己家里吃饭可能是很高的礼节，但在中国如果你只是在家里请他人吃饭，他人会认为你对自己不够重视，而到酒店吃饭，他们会觉得你非常客气。

（2）从国内不同地区之间的市场经营活动来看，即使都是在国内市场的开拓上，广告商们为了在同类产品竞争时取胜，也不得不采取差异化的广告策略。例如，他们在东部地区采取的广告策略与西部地区就不一样；在上海的广告策略与在北京的广告策略也不相同。如同样的手机产品，在某些地区宣传的是它的方便，在另外一些地区宣传的则是它的身份象征。

（3）从不同组织的沟通目标上看，由于本身性质的不同，其所采取的沟通策略也不一样。如在宣传目标上，政府机构或非营利性组织总是希望自己的服务对象包括所有不同阶层、不同民族以及不同信仰的社会群体；而对于娱乐业的营销人员，他们总是希望倡导"时尚一族"的特有文化，并专门为这些"时尚弄潮儿"提供服务。所有这些因素，都是组织在考虑其产品定位和服务定位时应充分考虑的。

2.4.4 外部沟通策略

组织要生存和发展，离不开和外部其他相关组织如上下游企业、顾客、社区、媒体等进行相互沟通和信息交流，不仅要和上下游企业建立良好的供销关系，让顾客满意，也要通过各种公关活动树立良好的企业形象，积极主动地与政府和广大媒体进行沟通，获得政府和媒体的支持，扩大企业在公众心目中的正面影响。

与上下游企业沟通要遵循"顾客至上"、"合作双赢"的原则，将本企业与上下游企业看作利益共同体，建立通信网络，可以互派人员参与彼此的重大决策，深入了解对方工作的实际需要。

与顾客之间的沟通主要是通过企业提供产品和服务进行的，同样，要秉持"顾客至上"的原则，了解顾客的需要，倾听顾客的意见，提供优质的产品和优良的服务。

与社区之间的沟通要本着相互扶持、同舟共济的理念，主动保持与社区的沟通，深入社区，为社区提供必要的资金协助，组织参与各类社区活动，使社区成为企业的可靠依托。

与媒体的沟通应遵循诚信为上、尊重双赢的原则。一方面，积极配合媒体，满足社会公众的知情权；另一方面，有意识地引导和利用媒体的报道，树立企业良好的公众形象，尤其是在企业面对危机时，与媒体保持良好的沟通是化解危机、渡过难关的重要途径。

2.5 文化背景策略

每一个沟通策略的制定都要受到国家、地区、行业、组织、性别、人种、工作团体之间不同文化内涵的影响。管理沟通基本策略中的主体策略、客体策略、信息策略和沟通渠道策略，无一例外地要受到文化因素的影响。因此在文化背景的分析思路上，要分析沟通对象的文化背景、沟通者的文化背景、信息中包含的文化背景和渠道选择中的文化背景。关于沟通的文化问题，将在第 10 章做具体阐述。

2.5.1 跨文化沟通的意义

不同文化背景的人，由于价值观念、行为、心态、习惯等的不同，在交往中往往会产生讹谬、误解，产生信任和理解的障碍，这就需要掌握沟通的技巧和方法。与来自其他文化背景中的人进行有效地沟通，对于一个国际企业的管理者来说是十分重要的。对于其他从事国际贸易、国际谈判以及涉外的工作人员来说，也同样是十分重要的。

(1) 从管理角度看。一项研究"管理者每天都在干什么"的报告指出，管理者每天大约 75%的时间都花在沟通上。这些沟通的方式包括写报告、与人谈话、听取报告等。事实上，全部的管理活动都可以归结为人与人之间的相互沟通与信息转换。这种沟通与转换的有效性几乎全部依赖人与人之间，管理者与管理者之间的相互理解。

有着国际企业管理经验的人或是有着涉外事务经历的人都有一个共同的感觉，在国外的环境中生活和工作会遇到很多困难和问题，跨文化的沟通是十分困难的。人们在习惯、行为和价值观念等方面的不同和差异，是产生这些困难和问题的根本原因，这些只能通过跨文化的沟通加以解决。来自不同文化背景的人们往往要花费更多的时间和精力才能彼此相互理解和沟通。

文化和沟通是不可分割的，因为文化不仅决定了一个人说什么、向谁说、怎样说，而且还决定了人们在何种情况下发出或不发出信息以及如何解释这些信息。事实上，我们全部沟通行为的先后次序在很大程度上依靠于我们所处的文化环境。文化是沟通的基础，当文化变化以后，沟通的方式也随之而变。

(2) 从全球发展趋势看。从20世纪60年代后期到70年代前期，是全世界在空间距离上全面拉近的时期。人们难以再互相回避或坚持闭关自守的孤立主义政策。不断增强的流动性，现代化的交通电讯技术的发展，以及对全球范围的共同问题的意识，似乎在迅速打破不同文化间的时空关系。整个世界的经济正在日益趋向于一体化和区域集团化。各国经济正在从多个领域多种渠道突破国界的限制，加速相互间的渗透、融合、利用和影响，实现地缘、人缘、物缘的结合、流通和转移。闭关锁国正在全球最大限度地减少。一国资源可以多国联合开采，一种产品可以多国分工完成，一项工程可以多国集结竞投，一宗贸易可以透过多国协作进行衔接。在全球范围内，正在形成一股共同占有资本、开发资源、使用劳力、分工生产、协作营销的大趋势。

这种趋势最明显的特征是20世纪90年代区域性集团的不断崛起。20世纪的最后几年，欧共体的政治经济联系显得更加紧密，共同体内部已经形成统一的市场，以欧共体国家为核心，加上北欧7国和南欧、东欧诸国，将形成新欧洲经济区。阿拉伯共同体市场和中美洲共同体市场正在形成，表现为相对独立的经济区域。在亚太地区，美、加、墨拟组建世界上最大规模的自由贸易区。东南亚各国、日本、亚洲"四小龙"也正趋于形成东南亚的经济合作圈。

上述事实表明，随着科学技术与经济的飞速发展，人与人之间、不同文化群体之间的距离越来越近，需要人类共同解决的问题也越来越多，持有不同世界观、价值观、语言、行为的人们需要越来越多的相互理解和交往。因此，跨文化的沟通是一个不可避免的过程。"人们越来越清楚地看到，误会(缺乏相互理解)的情况比我们预想的要深刻、复杂得多。我们常常在经受了痛苦之后才认识到，有些文化群体具有与我们不同的生活方式、价值观念和宇宙观"。

(3) 从管理者个人角度看。美国学者萨姆瓦认为，成为一个善于跨文化交往的人，对个人本身也有一定的好处，包括心理上的愉悦直至经济上的效益等诸方面。在跨文化沟通的研究中，个人能够从以下四个方面受益。

① 谁都知道，对新事物的发现，总是伴随着很大的乐趣和满足。同样，对其他人文化上特点的发现，也有其乐趣和满足。

② 跨文化沟通的知识能够帮助我们预见并解决在交往中将会出现的问题，说到底，只要真正理解跨文化交往中的不同成分，许多麻烦问题都是可以避免的。

③ 跨文化沟通的领域提供了广泛的就业机会。跨文化观念和跨文化理解能力，对许多职位上的工作人员来说，不但是有益的，而且是必不可少的。

④ 跨文化沟通的研究将极大地改善人们的自我认识和理解。在试图弄清其他文化的过程中，我们会更好地理解我们自己和我们自己的文化。更为重要的方面，诸如我们的许多陈见和偏见，都能通过跨文化的沟通而得到理智的审度。

一名在秘鲁子公司担任生产经理的美国人坚信美国式的民主管理方法能够提高秘鲁工人的生产积极性。他从公司总部请来专家对子公司各车间的负责人进行培训，教他们如何征求工人的意见，并从中找出合理的部分加以采纳。这种民主管理的方法推行不久，秘鲁工人就纷纷要求辞去工作，另谋出路。这位经理问工人为什么这样做，工人回答说："我们的上司缺乏能力，他不知道该做些什么，总是问我们要做些什么。上司无能，公司就没有希望，我们要在公司破产前离职，以便及时找到新的工作。"这就是陷入文化误区所导致的管理失败。在拉美文化中，人们敬重权威。工人们把上司看作是自己的主人。他们服从上司，并要求上司对他们的生活和福利负责。那位生产经理应维持领导的尊严，不然的话，就会被下级和工人误认为是软弱和缺乏能力。从另一个角度看，这也是缺乏跨文化沟通的知识和技巧所致。

2.5.2 跨文化沟通的障碍分析

跨文化沟通的障碍无处不在，国家间的文化差异、组织间的文化差异、个体的文化差异都对管理沟通带来影响。无论是国家、地区的文化差异，还是组织、个体之间的文化差异，归结起来不外乎价值观的差异、信仰差异、习俗差异、思维方式差异，并由此而带来的语言和表达风格的差异、生活和行为上的差异、非语言方法的差异等。由于这些差异导致的文化冲突，演变成跨文化沟通障碍。

从文化表现形式考察，跨文化障碍主要有观念冲突、制度冲突、行为冲突。

(1) 观念冲突，是对问题本质认知的不同而导致的信仰和价值观(成员意识、外在和内在动机取向、道德观)的冲突。这些冲突从根本上影响甚至决定了人们的行为和人与人之间的正式或非正式关系。如有的国家或地区主张个人主义至上，有的国家主张集体主义至上等。这种价值取向受所在国家和地区的主流文化意识和习俗的影响，而主流文化意识又是在相当长的历史背景下形成的，要转变几乎是不可能的。为此，要真正消除跨文化沟通的障碍，在不了解对方的主流文化背景和习俗情况下，是不可能的。从事国际经营活动的人，想到国外去推销产品，管理跨国公司，了解对方的文化非常重要。

(2) 制度冲突，狭义的理解是规范人们行为的标准、规则上的冲突。由于"游戏规则"不一样，最后表现在不同文化背景下个体的工作风格、工作效率、工作方式也不一样。

(3) 行为冲突，是指不同文化背景下的个体在待人处事的方式方法上的冲突。它往往是由观念的不同、制度的不同而导致的。

2.5.3 跨文化沟通模型

所谓跨文化沟通，是在这样一种情况下发生的：即信息的发出者是一种文化的成员，而接收者是另一种文化的成员。在沟通过程中，信息的发出者和接收者，编码和解码都受到文化的影响和制约。来自不同文化的沟通双方的行为方式、价值观、语言、生活背景都存在着很大的差异，这些给沟通造成了很大的困难。以语言的沟通为例，人们在说话时的主次关系，说话内容和先后顺序等都是由文化决定的。如日本人比较含蓄，不轻易对事物和问题表达自己的看法，特别是表达自己的反对意见，这同欧美文化中的人是不同的。事实上，文化在很大程度上影响和决定了人们如何将信息编码，如何赋予信息以意义，以及是否可以发出、接受、解释各种信息的条件。我们全部的沟通行为，几乎都取决于我们所处的文化环境，文化是沟通的基础，有不同的文化，就有不同的沟通实践。

萨姆瓦等人曾提出了一个较权威的跨文化沟通的模型。如图2-5所示。

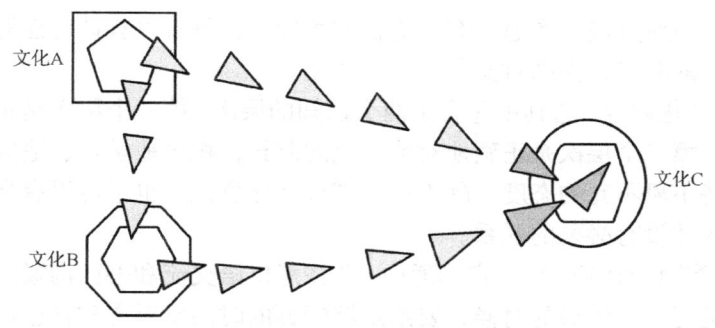

图 2-5 跨文化沟通模型
Source: L. A. Samovar, R. E. Porter, and N. C. Jain, Under-standing Intercultural Communication. Belmont, CA: Wadsworth, 1981, p.29, Reprinted by permission.

按照萨姆瓦等人的解释,这个模式说明了这样几个问题。

(1)在模式图中,三种文化由三种不同的几何图形来表示。文化 A 和文化 B 是比较相近的文化,而文化 C 与文化 A 和文化 B 有较大的差距。这种较大的差异由文化 C 的圆形及其与文化 A 和文化 B 的较大距离来表示。

(2)在每一种文化图形的内部,各有一个与文化图形相似的另一个图形,它表示受到该文化影响的个人。代表个人图形与影响他的文化的图形稍有不同,这说明:①在文化之外,还有一些其他的因素影响个体的形成;②尽管文化对每一个人来说都是有主导性影响的力量,但对个人的影响程度不同。

(3)跨文化的编码和解码由连接几个图形的箭头来说明。箭头表示文化之间的信息传递。当一个信息离开它被编码的那个文化时,这个信息内含着编码者所要表达的意图。这在图表中由箭头内的颜色与代表编码者个人的颜色的一致性来表示。当一个信息到达它将被解码的文化时,发生了一个变化的过程,解码文化的影响变成信息含义的一部分。在跨文化沟通的解码过程中,原始信息的内涵意义就被修改了。由于文化的差异,编码者和解码者所拥有的沟通行为及其意义在概念和内容上也是有差异的。

(4)文化对跨文化沟通环节的影响程度是由文化间差异的程度决定的,在图表中用箭头里面的颜色变化程度来表示。文化 A 与文化 B 之间发生的变化远比文化 A 与文化 C、文化 B 与文化 C 之间的变化要小。这是因为文化 A 与文化 B 之间有着较多的相似性,所以,两者之间在沟通行为及其意义在概念和内容上更相似,解码的结果与原始信息编码时的内涵意义就更接近于一致。然而,在文化 C 方面,由于它与文化 A、B 之间有相当大的差异,解码结果也就与原始信息有较大的差异。

(5)从图表的模式中可以看出,在跨文化沟通中,文化间的差异是广泛多变的。这在很大程度上是由于环境和沟通方式造成的。跨文化沟通可以在许多不同情境下发生,可以在文化差异极大的人之间,也可以在同一主流文化中的不同亚文化群体的成员之间发生;可以有跨人种的沟通,也可以有跨民族和国际间的沟通。

2.5.4 跨文化沟通策略

(1)培养跨文化意识。具体来说,就是导入要进行跨文化沟通对象的文化要素,树立文化差异的意识。在有了这个意识的基础上,要主动地学习对方的语言、句式、文化,联系听说能力,以便更好地与对方进行沟通。有了语言的基础后,就可以有针对性地比较沟通对象的文化与自己母文化的差异,提高对文化差异的察觉。

(2)正确对待文化差异。这其中包含了两个认知的层次。第一个层次是正确地意识承认有文化差异的存在。第二个层次是正确地对待文化的差异,积极地学习、适应、包容它。这一个过程要注意保持不卑不亢的态度。既不能有霸权文化意识,也不可以有自卑意识。文化与国家或地区的强弱并没有必要的联系。

(3)熟悉掌握沟通的技巧。在语言沟通中,要注意口语交流和书面沟通的不同层面的不同作用。在与对方进行语言沟通的时候,要给足够停顿的时间给对方和自己进行语言交换。此外注意在沟通时,不能先假设对方已经理解,反而应该先假设对方不能理解你的意思,通过不断的检查来估计对方对你的话语的理解能力。

(4)培养非语言的沟通技巧。在进行跨文化沟通的时候应该留意对方的身体语言。我们可以借助观察对方的手势、面部表情等身体语言来了解他的意图;另外,我们也要熟悉地使用身体语言,一方面可以运用身体语言更好地表达我们的意思,弥补语言沟通的障碍,另一方面可以避免有歧义的身体语言的出现造成不必要的误会,如手势。

本 章 小 结

1. 根据管理沟通的要素分析,管理沟通的策略框架包括主体策略、客体策略、信息策略、环境和渠道策略及文化背景策略。

2. 沟通主体分析是解决"我是谁"和"我在什么地方"这两个基本问题,即界定好自我认知与自我定位。沟通者确立沟通目标,进而确定沟通策略。

3. 自我沟通是成功管理沟通的前提,提升自我沟通的技能可概括为"三阶段七艺术"。

4. 沟通者要站在对方的立场思考问题,需要分析沟通对象的特点。沟通的受众策略即客体策略,建立在对受众类型分析的基础上,采取相对应的沟通策略。

5. 信息策略。信息策略的制定,关键在于怎样强调信息、如何组织信息两个方面。在信息的强调上,可以采用开头策略和结尾策略两种策略。信息的组织包括确定目标、明确观点、安排主体内容和结构三个方面。

6. 环境与渠道选择策略。沟通渠道的主要类型有书面沟通或口头沟通渠道、正式沟通或非正式沟通渠道。

7. 文化背景策略。在文化背景的分析思路上,要分析沟通对象的文化背景、沟通者的文化背景、信息中包含的文化背景和渠道选择中的文化背景。

思 考 练 习

1. 请阐述沟通主体目标和策略及二者之间的关系。
2. 自我沟通的意义是什么?请结合实例说明如何运用"三阶段七艺术"提升自我沟通技能。
3. 请阐述沟通客体分析的内容和层次。
4. 请结合实例分析受众类型及沟通策略。
5. 在中国文化背景下,如何做好与上司的沟通?
6. 在沟通时,应如何强调信息和组织信息?
7. 结合实际讨论组织内部、外部有效沟通的作用。
8. 全球化背景下,简述企业跨文化沟通的意义。

第3章
面　谈

学习要点：
1. 面谈的概念和性质、面谈的分类；
2. 面谈的程序和步骤；
3. 招聘面谈、绩效面谈和离职面谈的要点。

 导入案例

李林在爱声公司担任培训师已经十余年了，她当年找工作时爱声公司才创办两年，规模也大不如现在。当时爱声公司给她的反馈是"虽然我们眼下不打算招聘培训师，但你还是可以马上把简历寄过来的，因为我们总是在挖掘人才"。翌日，在爱声公司刘总的办公室里，秘书拿来了李林的简历，并说："我告诉她和您面谈的话得预约，可她执意要见您。"刘总扫了几眼简历，发现还不错，但没有什么过人之处，他感觉此人有点咄咄逼人，但出于礼貌，他还是接见了李林，就在他见到她的一瞬间，他发现这个女孩本人比简历更能打动人。她的从容淡定、明亮的嗓音、充满朝气的举止、优雅的姿态和真诚的笑容，无一不流露出自信，体现出才能。就在见面握手的那30秒钟，刘总感觉，自己已经进一步了解了超过简历之外的那个李林。他们面谈了半个小时，两个月后，李林如愿以偿地被录取了。为什么之前爱声公司不打算招聘培训师，而后来却录取了李林？这就体现了面谈的重要性。

3.1　面谈的概念和性质

3.1.1　面谈的概念和特征

面谈是指任何有计划和受控制的、在两个人（或多个人）之间进行的、参与者至少有一人是有目的的且在进行过程中互有听和说的谈话。简而言之，面谈就是"有计划的交流"。面谈能否成功，依赖于彼此间能否建立有效的互动关系。

管理者们总是在进行各种不同的面谈：绩效评估、雇用、劝说、离职、解决问题和提供信息等。无论何种情况，其过程是一种密集的沟通交流，其目的是获取和分享某些预定的信息。

面谈具有以下几个特征。

（1）目的性。参与面谈的一方或双方有明确的目的。谈话者通过谈话要达到一定的目标，并且希望对方做出期望的行为。

（2）计划性。管理沟通面谈体现管理的实质，需要对面谈进行计划，确定谈什么（What）、何处谈(Where)、何时谈(When)、与谁谈(Who)、如何谈(how)的计划安排。

(3)控制性。至少有一方处于控制地位，或者由双方共同控制。面谈是一个互动的过程，在这一过程中双方担任的角色是不同的，因此他们的地位也就不同，一般情况下，面谈通常由参加面谈的某一个人控制、组织和实施，他在整个过程中处于主动地位，而面谈的另一方处于被动地位。被面谈者通常拥有更多的信息，面谈中面谈者通过适当的方式引导与激发对方将信息展示出来。

(4)双向性。面谈必须是双向的而非单向教训和批评。面谈者提出问题，被面谈者回答问题，在双方的互动交流的过程中达到收集与发布信息、解决问题的目的。

(5)即时性。面谈要求沟通双方即时对沟通信息做出反应，反应速度快。

(6)策略性。面谈的过程需要遵循一定的原则，与笔头沟通相比，面谈需要掌握必要的技巧和策略。

3.1.2 面谈的类型

按照不同的标准，可以将面谈划分为不同的类型。

(1)按照面谈的结构化程度，可以分为结构化面谈、非结构化面谈和半结构化面谈三种类型。结构化面谈是指按照事先设计好的问题进行提问的面谈，这种面谈可以避免遗漏一些重要的问题，但是缺乏灵活性，不利于对某些问题进行深入了解。非结构化面谈指根据实际情况随机进行提问的面谈，这种面谈方法的优缺点正好和结构化面谈相反。半结构化面谈是指将前两种方法结合起来进行的面谈，它可以有效地避免结构化和非结构化面谈的缺点。

(2)按照面谈的组织方式，可以分为陪审团式面谈和集体面谈两种类型。陪审团式面谈是指多个面谈者对一个被面谈者进行的面谈，这种方法可以对被面谈者做出比较全面的评价，但是却比较耗费时间。集体面谈则是指由一个面谈者同时对多个被面谈者进行的面谈，它虽然可以节省大量的时间，但由于面谈者要同时观察多个被面谈者的表现，容易出现观察不到位的情况。

(3)按照面谈的过程，可以分为一次性面谈和系列面谈两种类型。一次性面谈是指和被面谈者只进行一次面谈就做出决策的面谈；系列面谈则是指根据面谈目的被面谈者依次进行几轮的面谈，然后再做出决策的面谈。

(4)按照面谈的目的，企业中的面谈种类主要有信息收集面谈、招聘面谈、绩效面谈和辞退面谈等类型。信息收集面谈是收集关于某个话题的事例或在能解决问题的情况下需要帮助时所进行的比较像谈话的面谈；招聘面谈是为挑选组织新成员而进行的面谈；绩效面谈是以绩效为中心，给员工以正确的导向，指出其长处与不足，最终起到激励效果的面谈；辞退面谈是在辞退员工时进行的面谈。

 **案例**

主管和员工的面谈

该面谈发生在公司部门主管郭靖(以下简称郭)和部门职员袁晓悟(以下简称袁)之间。

郭："袁，我一直想找时间与你谈谈关于你在某些工作方面的事。也许我的话并不都是你喜欢听的。"

袁："你是我的领导，既然你找我谈，我也没有太多的选择。请说吧。"

郭:"我不是什么法官,也不可能给你什么判决,我只想要你认真对待这次谈话。"

袁:"可是……是你安排了这次会谈。继续发你的牢骚吧。我还记得有一次我们吃午餐时,你告诉我你不喜欢我那身褐色套服和蓝色衬衫的打扮。我觉得那有些无聊。"

郭:"我很高兴你提到仪表。我不想你给客户留下一个不合规范的印象。一个技术服务人员看上去应当是精明的。你给人的印象好像是你买不起好衣服。你的裤子是松的,你的领带也不合时宜,并经常沾满油渍。"

袁:"公司可以向顾客要价很高,但我的报酬不允许我购买绚丽的衣服。我对把自己装扮得使客户感到炫目这一点几乎没有兴趣。而且,我从来没有听说过来自他们的抱怨。"

郭:"然而,我想你的仪表应当更加稳重一点。好,让我们再谈谈另一件事。在对你的例行审计中发现的一件事,我认为你做得不对。你连续三个星期三请一个客户吃晚饭,但你填写的出车单表明你每周三都是在下午三点回家。那种行为是不符合职业要求的,对于这三次离奇的晚餐费用报销你怎么解释?"

袁:"出车单可以说是下午三点,但我出去后可以去约见客户,既然约见客户就不妨请他们吃饭,公司不是规定如果有工作需要,可以在500元范围内自己做主请客户吃饭吗?"

郭:"但你是怎样在下午三点吃晚饭的呢?"

袁:"我认为所有在下午1点以后吃的饭都是晚饭。"

问题:该谈判是成功的面谈还是失败的面谈,为什么?如果你安排这次面谈,将如何进行?应做什么准备?如何实施面谈?采取什么策略?

3.2 面谈的步骤

有效的面谈是一个有计划受控制的过程,面谈双方都应把握这些基本规律。面谈作为有目的的沟通活动,不是自然发生的,而是参与一方或双方认真计划和准备的结果。

3.2.1 面谈准备

3.2.1.1 确立面谈的目的

任何有计划的沟通活动,首先要清楚地确定面谈的目的。若要成功地进行某个面谈,或者使自己成为一个有效的沟通者,在每次面谈之前要通过以下问题来检验目的:第一,为什么谈;第二,想达到什么结果;第三,需要什么样的信息,是新的信息、劝说、提供建议还是对业绩进行评估;第四,如何处理与被面谈者之间的关系。这些问题解决了,才能够进一步确立面谈的策略、时间、地点等问题。

案例

《爱丽丝漫游奇境记》中有这样一段对话:"请您告诉我,在这里我应该走哪条路?"爱丽丝问。"这完全取决于你要到哪里去。"卡特说。"我根本就不在乎到哪里去。"爱丽丝说。"那你走哪条路都无所谓。"卡特说。

凡事要先确定目标,在这里指的是确立面谈目的。面谈的四个基本目的是:①信息的传播;②寻求信念和行为的改变;③解决问题和对策;④探求与发现新的信息。

3.2.1.2 问题设计

(1)开放式问题,是没有标准答案和回答范围的问题,目的是让被访者感到谈话过程很轻松,有利于发展面谈双方相互之间的关系。但开放式问题很难控制面谈进程。开放式问题适用场合:了解被访者优先考虑的事情;找出被访者喜欢的结构;让被访者无拘束地讨论他的看法;明确被访者的知识深度,弄清被访者表述能力怎样。

(2)封闭式问题,是有标准答案和明确的回答范围的问题,目的是控制被面谈者,得到特定的信息。封闭式问题适用场合:节省时间、精力和金钱;维持、控制面谈的形势;从被访者处获取非常特定的信息;鼓励被访者完整描述一个特定事件;鼓励腼腆的人说话。

(3)中性问题与引导性问题。中性问题中不含有任何有关面谈者偏好的暗示,被面谈者的回答真实性很高,所获信息也比较可靠,如"你对这个问题怎么看";引导性问题是指面谈者的提问带有一定的倾向性,常常有意无意地将被面谈者的反应导向自己期望的方面,如"你同意我刚才的观点,对吗"。在面谈中,使用该类问题进行提问应非常慎重,避免造成信息的扭曲与偏差。

(4)引诱性问题。此类问题比引导性问题具有更强的诱导性,从表面上看这题的提问很正常,但其实对被面谈者具有一定的欺骗性,通常被用在需要了解被面谈者情感的场合,面谈者通过这类问题配以适当的语气向被面谈者施加一定的压力。在需承受较强的压力的岗位应聘者的面试时可以使用。

(5)追踪性问题。追踪性问题通常是基于被面谈者对前一个问题的回答而提出的,目的是为了更多地了解被面谈者在前一个问题回答中涉及的细节。它有助于面谈者对被面谈者加深认识,也有助于进一步了解被面谈者对问题所持的观点,有时也可以帮助面谈者辨别被面谈者回答问题的真实性。

3.2.1.3 安排面谈结构

确定了目的、设计好问题后,面谈准备的下一个步骤就是确定面谈内容的结构。为此,要考虑三件事:面谈指南、问题提问和过渡。面谈指南是一份关于你想涉及的话题和子话题的提纲,通常在每个标题下列举一些特定的问题。当你在构思面谈指南的时候,还需要注意问题的顺序,即它们将怎样结合。最常见的两种提问顺序是"漏斗型顺序"和"倒漏斗型顺序"。"漏斗型顺序"从一般性问题开始,然后移向特定性问题。"倒漏斗型顺序"颠倒了这个次序,从特定的问题开始,然后移向更开放的问题直到结束。

面谈结构还可以分为结构化面谈和非结构化面谈。结构化面谈也称定向面谈,按预先确定的问题次序对面谈者进行提问。非结构化面谈也称非定向面谈,在面谈中随机提问,无固定程式。

3.2.1.4 安排面谈环境

面谈地点会对面谈的气氛和结果产生较大影响。如果在办公室或单位会议室进行面谈,所创造的是一种正式的氛围。如果在一个中立的地点(如餐馆)进行面谈,气氛就会轻松些。环境的选择取决于面谈的目标。最重要的一点是在所有可能的情况下,应当努力在一种有助于实现交流目的的环境中进行面谈。

3.2.1.5 安排面谈问题

当你在准备面谈时,应当考虑可能会遇到哪些问题;被访者可能怎样回答你的提问;他(或她)会提出什么异议或问题;被访谈者的个性及在面谈中的地位(支配地位还是被支配地位);预计需要多长时间提问等。每一次面谈都会遇到从未有过的问题,如果你能对这些问题做些安排,在实际面谈时其结果就会比仓促上阵要好得多。

案例

你是一位正在就读的 MBA 学员,在参加一门课程的学习时,大家对这门课程的老师的教学方式不太满意,你作为班级学习委员会负责人,受全班同学的委托,去与这位老师进行沟通,希望他能改进教学方法。那么你打算如何开始这次面谈?

3.2.2 面谈过程的控制

(1)营造和谐气氛。面谈的氛围是指面谈的语气和面谈中的气氛。无论哪种面谈,在面谈组织过程中,必须仔细策划面谈的开始方式。尽管面谈开始的方式可以多种多样,但要坚持原则:一是尽量开诚布公;二是尽量以"建立和谐的关系"开始。面谈应该是一种建设性的相互影响,参与者感觉能自由准确地交流。作为访谈者,要在整个面谈过程不断分析面谈的氛围。当你感到气氛已经不再是建设性时,应适当地将谈话从实质性内容,暂时引向其他相关的、轻松的话题,除非面谈的目的就是向被面谈者传递压力的情况。

引子是建立和维持一种支持性交流的氛围的常用方法。面谈者可以不急于切入主题,以利用几分钟的时间互相问候、探讨没有争议的社会话题等。问候之后,你需要鼓励被面谈者乐意参与面谈。通常的方法是请求被面谈者的帮助,或者告诉被面谈者为什么会选择与他面谈或以他作为信息的来源。引子部分应当包含对整个面谈的定位。你应当告诉被面谈者:面谈的目的;他(或她)将怎样有助于达到那个目的;将怎样利用面谈中获得的信息。引子部分结束时应当以一个过渡进入面谈的主体部分。使用一个过渡性陈述,如"现在,让我们从……开始吧"或"既然你知道在接下去的几分钟内将会发生什么,那我们就转到问题上去吧",告诉被面谈者真正的面谈即将开始。

(2)提问与回答。前续工作完成了,面谈就进入实质性步骤——提问与回答阶段。面谈的主体部分应该用来提出和回答问题、寻求问题的答案、努力说服被面谈者接受你的观点或产品。由于不同的面谈目的、类型和时间限制,面谈主体部分的时间安排是各不一样的。

在非结构化面谈中,面谈者只要简单考虑面谈的目的,对可能涉及的问题或领域做一些思想准备。这种面谈比较适合于交流性、劝告性的面谈。在非结构化的面谈中,容许被面谈者成为面谈的主导者。在一般结构化的面谈中,要准备好计划和要回答的主要问题的框架。若需要进一步了解情况,则要准备一些进一步的问题。在结构化的面谈中,面谈者必须支配和控制进程。

在高度结构化的面谈中,所有的问题都是事先安排和准备好的。这些问题以完全相同的方式提给每一位被面谈者。有些问题可能是不受限制的,但这类面谈一般主要采用限定性的问题。即使面谈者明确了面谈的目的,也对面谈的过程做了精心准备,在实际过程中,仍要注意克服以下一些问题:

① 没有把握住面谈时间,时间过长,也缺乏时间控制技巧;
② 把大把时间放在讨论细枝末节的问题上;

③ 面谈(或被面谈者)说得过多，不让另一方插嘴；
④ 面谈没有取得预期的效果，使你感到不满意，并表形于色；
⑤ 当你就问题与对方进行的面谈结束时，对方仍不知面谈的真正目的是什么。

(3) 结束面谈。面谈的第三阶段是做出结论。当你结束面谈时你应当达到四个目的。首先，你一定要明确表示面谈即将结束。说一些如"好吧，我的问题就这些"或"你帮了很大的忙"之类的话，这使得被面谈者知道如果他(或她)有什么问题，应该现在就问。其次，试着总结一下你得到的信息，用来检查一下刚刚得到的信息的准确性，如果有误，被面谈者能纠正你的印象。再次，让被面谈者知道下一次将干什么，如你们还要再次会面吗？你要写一个报告吗？最后，通过对他(或她)拿出时间并仔细回答表示谢意，确保继续保持良好的关系。

结束面谈后，应及时检查自己是否记录了所有重要的信息。尽管你可能很好地计划了这次面谈，提出了所有正确的问题和深究性问题，然而，如果你不能准确地记住得到的信息，这次面谈不能说是成功的。因此，你一定要在面谈结束后立即写出总结，你还可以使用面谈指南作为总结的基础，回顾面谈的问题并写出被访者的回答。

记住信息的一个更好的办法是在面谈中做些笔记。一定要告知被面谈者你要做记录。做记录要尽量能不引人注目，不要让被面谈者感到不安。要学会怎样在做笔录时仍然保持目光与被访者接触。这是一个很难掌握的技巧，但如果能熟练地运用这一技巧，将有助于面试取得成功。

3.2.3 招聘面谈

3.2.3.1 招聘面谈的过程

不同的企业对面试过程的安排也会有所不同，一般来说都要按照下面几个步骤来进行面试。

(1) 面试准备。面试准备阶段要完成以下几项工作。

① 选择面试者。这是决定面试成功与否的一个重要因素，有经验的面试者能够很好地控制面试进程，能够通过对应聘者的观察做出准确的判断。面试者一般由人力资源部门和业务部门的人员共同组成。

② 明确面试时间。这可以让应聘者提前做好充分准备，更重要的是可以让面试者提前对自己的工作进行安排，避免与面试时间发生冲突，以保证面试的顺利进行。

③ 了解应聘者的情况。面试者应提前阅读应聘者的相关资料，对应聘者的基本情况有一个大致的了解，这样在面试时可以更有针对性地提出问题，以提高面试的效率。

④ 准备面试材料。这包括两个方面的内容：一是面试评价表，这是面试者记录应聘者面试表现的工具，一般由应聘者信息、评价要素及评价等级几个部分组成；二是面试提纲，对于结构化和半结构化面试来说，一定要提前准备好面试提纲，即使是非结构化面试，也要在面试之前大致思考一下准备提问的问题，以免在面试过程中离题太远。面试提纲一般要根据准备评价的要素来制定。

⑤ 安排面试场所。面试场所是构成面试的空间要素，企业在安排面试场所时应当尽可能让应聘者易于寻找。此外，面试场所应该做到宽敞、明亮、干净、整洁、安静，为应聘者提供一个舒适的环境。

案例

一天早上,技术部的小王正在专注于自己的工作,人事部的电话匆匆将他叫到小会客室,参与技术人员的招聘面试。由于事先小王对此事一无所知,所以在面试过程中,他总是在不断翻阅应聘人员的资料,低头专注于阅读简历,然后提出相应的问题,之后又忙于下一位应聘者的情况,就这样一上午过去了,六位应聘者的面试结束了。小王的任务也完成了。请问这个面试过程存在哪些问题?

(2)面试实施。这是面试的具体操作阶段,也是整个面试过程的主体部分,一般又可以分为以下几个阶段。

① 引入阶段。这一阶段主要是缓和应聘者的紧张情绪,考官一般从应聘者可以预料到的问题开始提问,如从应聘者的教育背景、工作经验等方面开始发问。应聘者刚开始进行面试时往往都比较紧张,因此,面试者不能一上来就切入主题,而应当经过一个引入阶段,问一些比较轻松的话题,以消除应聘者的紧张情绪,建立起宽松、融洽的面试气氛。比如,"你今天是怎么过来的呀","我们这里还好找吧"等。

② 正题阶段。经过引入阶段,面试就可以切入正题正式开始了。在这一阶段,面试者要按照事先准备的提纲或根据面试的具体进程,对应聘者提出问题,同时对面试评价表的各项评价要素做出评价。提问的方式,一般有两种:一是开放式提问,就是应聘者可以自由发挥回答的提问,如"你认为一个人成功需要具备什么条件"。二是封闭式提问,就是让应聘者做出"是"与"否"的选择的提问,如"你是否能够经常出差"。在这个过程中,面试者要特别注意提问的方式,提问应当明确,不能含糊不清或产生歧义;提问应当简短,过长的提问既不利于应聘者抓住主题,还会挤占他们的回答时间;提问时尽量不要带感情色彩,以免影响应聘者的回答;提问时尽量不要问一些难堪的问题,除非是某种特殊需要。

此外,面试者还要注意自己的态度举止,尽量不要出现异常的表情和行动,如点头、皱眉等,这些体态语言会让应聘者感到面试者在肯定或否定自己的答案,从而影响应聘者的回答。

③ 收尾阶段。主要问题提问完毕以后,面试就进入了收尾阶段,这时可以让应聘者提出一些自己感兴趣的问题让面试者解答,以一种比较自然的方式结束面试谈话,不能让应聘者感到突然。

(3)面试结束。面试谈话结束以后,并不意味着面试就结束了,还有一些工作需要完成,主要是面试者对面试记录进行整理等,以便全部面试结束后进行综合评定,做出录用决策。面试后即为面试评估,面试资格人根据面试情况对应聘者的素质和能力做出判断,写出评估意见。评估过程应坚持以下几条原则。

① 重要性原则。面试者在面试过程中会得到重要性各不相同的事例,应该选择重要的事例作为评估的对象。例如,应聘者可能会提供一个很好的实例来解释说明他/她在分析思维方面的能力。但是,这个实例是能基于一种并不重要的情景之中的。如果应聘者给出另一个例子,在一个关键时刻的分析思维能力非常糟糕的话,对这个应聘者的评分就应该以第二个更重要的实例为基础。

② 新近性原则。用最近的行为最能说明将来的行为。例如,一个应聘者给出几个十年前的消极行为实例,然而又为说明同样的能力提供了若干最新的积极的行为实例,那么,你应

该在评分时更偏向于最新的实例。即评分应该更多地以最新的实例为基础。

③ 相关性原则。与应聘岗位相关的实例更加能说明将来的工作能力。例如，一个应聘推销职位的人详细描述了在一次社会活动中的杰出创造性的实例，但又提供了他以前的销售工作中创造性很差的实例。这时面试者就要多考虑以前那个与销售有关的实例。因为应聘者在销售工作中的行为表现与现在他应聘的职位关系更密切。

④ 一致性原则。应聘者所给出的实例是否前后一致能说明实例的真实性。

 小技巧

面试前的准备

在正式面试应聘者之前，你需要考虑整个过程的各方面及怎样为各个阶段做好准备。

- 收集并审阅应聘者的简历、申请，以及任何其他能使你了解应聘者过去的工作表现和经验的材料。
- 复阅并确保自己清楚有关需聘岗位的用人标准。
- 估计面试过程中了解每一项素质和技能需要的时间。
- 就招聘人员及应聘者员做出时间安排（人力资源部与各部门干部配合），落实面试小组成员。
- 为应聘者提供面试休息地点。
- 安排机动时间，以防面试时间比预定时间要长。例如，可以让应聘者阅览公司文摘等。
- 确定可能影响应聘者的动机合适度的外部因素（例如，家住得很远等）。
- 指定专人（或部门）负责应聘者来公司的接待工作。
- 保证负责应聘者接待的工作人员都明白自己的职责，并能使应聘者感到舒适，提高公司形象。
- 确保能清楚了解应聘者基本素质和专业技能的步骤。
- 保证应聘者提前收到动身前来应聘的通知（如，坐车路线、住宿、推荐的餐馆等），人力资源部将负责这项工作。
- 准备好让应聘者了解所聘岗位的具体情况和公司的有关部门情况（包括企业文化、工作环境等）。

3.2.3.2 招聘面谈技巧

(1) 问的技巧。

首先面试人要编制面试提纲。面试提纲是整个面试过程中的问话提纲。面试人根据面试提纲向应聘者提出问题，了解应聘者素质和能力，控制面试进程。面试提纲必须围绕面试的重点内容来编制。提问的题目应具体、明确，提问的问题有封闭式问题、开放式问题、假设式问题和连串式问题，如表3-1所示。

表3-1 面试提问的方式

提问的方式	适合范围	备 注
封闭式问题	需要对方很快作出回答的情况	通过应聘者回答的答案为"是"或"不是"来引导应聘者回答接下来的开放性的问题

续表

提问的方式	适合范围	备注
开放式问题	需要对方给出大量的事例，从而考核应聘者的素质水平	要注意应聘者实际做什么工作 事例是否前后一致
假设式问题	了解应聘者的反应和应变能力	应聘者回答问题的快慢 回答问题的准确性
连串式问题	适用压力面试，也可考察应聘者的注意力、瞬间记忆力、情绪稳定性、分析思维、演绎思维	应聘者回答问题的快慢 回答问题的准确性

面试提纲由若干面试项目组成，如"公关能力"、"专业知识"、"敬业精神"等。每一面试项目均应编制相应的提问提纲以便面试时有针对性地提问、考察，如表3-2所示。

表 3-2 招聘面谈的问题范例

教 育	工作经历	自我评价
·你的专业吸引你的地方在哪里 ·在大学里对你最有影响的经历是什么 ·对你来说最难掌握的学科是什么？为什么 ·假如你从头上大学，你会选择什么课程 ·你与同学和教员们相处时，你遇到哪些困难 ·你从课外活动中学到了什么	·你是怎样得到现在的工作的 ·什么职责占用了你的大部分时间 ·对于你的工作，你最喜欢和最不喜欢的部分是什么 ·你碰到的最大的挫折和最大的愉悦是什么 ·你的主管的哪些方面是你喜欢和不喜欢的 ·你的工作曾受到哪些批评	·对于我们的行业和公司你知道哪些 ·我们的产品或服务有什么地方使你感兴趣 ·你的长期职业目标是什么 ·你的强项和弱点是什么 ·你曾做过什么 ·你认为在一个好的公司里是什么决定了一个人的进步 ·今年你自我提高的计划是什么 ·在你的生活中，最重要的三件事是什么

(2)看的技巧。面试过程中观察应聘者的行为与反应是很重要的。面试人通过应聘者给出的实例，结合应聘者的身体语言来进行评估。需要遵循以下原则。

① 目的性原则。面试者事先明确面试的目的、面试的问题及观察和评价的标准。关键点在于面试人的观察应该围绕面试的目的进行。

② 客观性原则。面试人不要带任何主观意志，一切都应实事求是，从应聘者的实际的行为表现出发。关键点在于面试人应该选择带有显性的外部特征为观察的基础，不要去想象和猜测应聘者的行为。

③ 全面性原则。面试应多方面去观察把握应聘者的素质和能力，从整个行为反应中系统地、完整地去评价。关键点在于面试人一定要系统、全面地去观察，不要受某一方面素质和能力的影响。

④ 典型性原则。面试人应抓住应聘者的从本质上反映素质和能力的行为表现作为观察的重点。关键点在于面试人明确用人标准。

(3)听的技巧。

首先要善于发挥目光接触、点头的作用。关键点在于：不要俯视、斜视、直视着听应聘者回答问题，这样将使应聘者感到不平等、紧张，产生一种压力感；目光大体在应聘者的嘴、头顶、脸颊两侧范围内活动，让对方感到你很认真友好。听的过程中伴以适当的点头，因为点头是一种双方沟通的信号。在面试人紧张的时候，点头能表明你在认真地聆听对方说话，并且能鼓励对方继续说下去。

其次要把握与调节情绪。在倾听应聘者说话的过程中，面试人应该善于把握与调节面试的气氛，尤其是应聘者的情绪。关键点在于：适当时候可以重复一下应聘者的说话，表示你在认真听；做面试记录。

从言辞、音色、音质、音量、音调等方面区别应聘者的内在素质水平。

(4) 控制面试的技巧。

① 确定面试时间。面试人在面试前估计考核应聘者的每项素质和能力需多长时间，确定面试时间表，如表3-3所示。

表3-3 面试时间表

开场白	2分钟
素质和能力考察 （提问计划好的问题，考察素质和能力的问题）	15分钟
了解应聘者的动机	3分钟
关于公司及职位介绍	3分钟
结束语	2分钟

② 控制面试局面。针对应聘者的类型运用相应的技巧。我们可以把求职者分为几种类型：沉默紧张型、滔滔不绝型、言不达意型和啰唆型。

第一种，沉默紧张型（表现为少说话，并且说话很拘谨）。

可以用点头、微笑，创造一种亲近、轻松的气氛，鼓励对方继续讲述自己的经历。言谈中对应聘者的某项工作表示诚恳的祝贺。例如，"李先生，你能将工作做得这么细致，我想你在这方面是能胜任工作的，你可以给我在提供另一个相关的事例吗"。

对应聘者过去的不利的事例表示理解。例如，"我也有过类似的处境，我的上司不知道我怎样努力的工作，并且事情是多么的乱，我明白你的感受"。

第二种，滔滔不绝型（表现为某一情况提供大量的事例，试图取悦面试人）。

有礼貌地打断应聘者，强调答案的简洁。例如，"很好，李先生，这恰好是我所需要了解的情况，很清楚。下面我们将讨论另一个问题，由于时间关系，你只要告诉我事情是在怎样的情况下采取怎样的方法来处理，并取得了哪些成绩就可以了。下面我们讨论……"。

有礼貌地打断应聘者，转变话题。例如，"请原谅打断一下，你刚才提到了××的开发工作，我需要具体地了解这项工作，请简要地描述你开发最成功的一次经历"。

第三种，言不达意型（表现为回答问题切不中要害）。

礼貌地打断应聘者，并暗示应聘者你需要了解真正的问题是什么。例如，"因此，你负责给顾客发货，我想稍后我会同你讨论这个问题，但是现在，我想讨论的是……"。

说清误解的问题和应聘者的回答。例如，"陈先生，可能刚才我的意思表达的不太清楚，其实我想重点了解一下……"。

第四种，啰唆型（表现在回答问题时逻辑性不强，语序颠三倒四）。

礼貌地打断应聘者，暗示分步骤来回答问题。例如，"陈先生，所有这些重要的问题，我们都可以讨论，我想你如果按事情发生的原因、处理过程、处理结果三步骤来讲可能会既清楚又节约时间，以便我能了解你更多的情况"。

当然，面试是一项复杂的工作，需要我们在工作中不断总结经验。除了上面几种情况外，运用沉默也是一种技巧。保持沉默可以从应聘者那里引导出更多的信息，保持沉默意味着你需要聆听更多的信息，最富有价值的答案往往来自面试人保持一段沉默之后。

3.2.3.3 招聘面谈的误区

在面试过程中，有以下几个误区，是必须注意避免的。

(1) 光环效应。不少面试人心中有一个理想的应聘者形象，或称为典型。如果发现了某人在某方面符合自己的理想，就好像给这个人套上一个光环一样，误以为他在所有方面都是好的，因此影响面试人对应聘者做出客观正确的评价。这种现象亦可称为"光环效应"(HaloEffect)。

(2) 近因效应（"大型交响曲"效应、先入为主效应）。根据心理学的记忆规律，面试人往往对面试开始时和结束时的内容印象较深。这好像在听一首大型交响曲时，有些听众会集中欣赏开头及结束部分，对中段较为陌生。若应聘者懂得在开场白及综合发言时多下一点工夫，他取得良好印象的机会便会提高。相反，那些按秩序渐进，在中段表现良好，但结束前又归于平淡的应聘者，可能会被评为表现平平。

(3) "坏事传千里"效应。不少面试人在聆听应聘者陈述之后，会倾向较为相信负面性的资料，而对正面性资料的相信程度调低。与俗语所谓"好事不出门，坏事传千里"吻合，即人们对负面的事物有较深印象，也有兴趣知道更多。在招聘面谈时，这个现象会令面试人"偏听"，做出招聘决定时会有偏差。

(4) "脱线风筝"现象。不自觉地与应聘者谈一些与工作无关的内容，令面谈失去方向，这样，就有机会让应聘者占有面谈主动，向着对自己有利的方向发展下去。这种现象也往往使与面试人谈得投契的应聘者占优势。

(5) "只听不看"现象。面试人把精力集中在记录应聘者的回答，而忘记了观察应聘者本人。面试人要全心全意地观察应聘者的反应行为，来印证他说话的内容，检查两者是否一致。

3.3 其他类型面谈

3.3.1 绩效面谈

绩效面谈是绩效管理中的一个非常重要的环节，但如何进行有效的绩效面谈在很多企业里是个难题，之所以说绩效面谈是个难题，主要是因为很多企业的管理者缺乏绩效面谈的技能。如果主管想提高自己绩效面谈的技能，则必须了解绩效面谈的目的、面谈的内容及面谈中的技巧。

3.3.1.1 绩效面谈的目的

作为一名管理者应该明白绩效面谈的目的有以下三个。

(1) 评估业绩，即总结上一绩效周期内的工作，评估绩效结果和绩效标准的差距，从而界定下属的业绩达成情况，并在面谈中见评估结果与下属进行沟通。

(2) 改善业绩，即结合上一个绩效周期内下属的业绩达成情况，展望下一个绩效周期提出改善绩效的策略和新的绩效标准。

(3) 提供指导，结合下属在上一绩效周期内的绩效表现和行为表现，为下属的个人发展提供建议和指导。

所以在开始进行绩效面谈时，主管就应该向下属明确面谈的目的，以便下属能够清楚面谈的意义，以及面谈的内容。在阐述面谈的目的时，主管应尽可能使用比较积极的语言。比如，"我们今天面谈的主要目的是改善绩效，使我们能够共同达成目标"。

3.3.1.2 绩效面谈的内容

绩效面谈的内容应围绕员工上一个绩效周期的工作开展，一般包括四个方面的内容。

(1) 谈工作业绩。工作业绩的综合完成情况是主管进行绩效面谈时最为重要的内容，在面谈时应将评估结果及时反馈给下属，如果下属对绩效评估的结果有异议，则需要和下属一起回顾上一绩效周期的绩效计划和绩效标准，并详细地向下属介绍绩效评估的理由。通过对绩效结果的反馈，总结绩效达成的经验，找出绩效未能有效达成的原因，为以后更好地完成工作打下基础。

(2) 谈行为表现。除了绩效结果以外，主管还应关注下属的行为表现，如工作态度、工作能力等。对工作态度和工作能力的关注可以帮助下属更好地完善自己，并提高技能，也有助于帮助下属进行职业生涯规划。

(3) 谈改进措施。绩效管理的最终目的是改善绩效。在面谈过程中，针对下属未能有效完成的绩效计划，主管应该和下属一起分析绩效不佳的原因，并设法帮助下属提出具体的绩效改进措施。

(4) 谈新的目标。绩效面谈作为绩效管理流程中的最后重要的环节，主管应在这个环节中结合上一绩效周期的绩效计划完成情况，并结合下属新的工作任务，和下属一起提出下一绩效周期中的新的工作目标和工作标准，这实际上是帮助下属一起制订新的绩效计划。

3.3.1.3 绩效面谈的过程

(1) 充分准备。绩效面谈目的是给员工以正确的导向，指出其长处与不足，最终起到激励的效果。自己不准备，也不让下属做准备，就匆匆忙忙将下属招来面谈，是导致面谈失败，甚至绩效评估失败的原因之一。绩效面谈应做好以下四项准备。

① 回顾绩效标准和期望，此处需要留心《职位说明书》、《绩效评估表》、《工作计划书》有无脱节之处。

② 收集相关资料。最主要的信息来源应是平日的绩效观察、绩效跟踪记录。如果收集的信息中还有其他人的评价，应注意两点：一方面，只有工作中的评价才可以作为有价值的"其他人评价"，闲聊中的评价切勿采用；另一方面，其他人的评价中可以利用的是他们评价所依据的事实，而不是他们的评价本身。

③ 在面谈前，对下属的绩效做出自己的评估，并就绩效成绩的等级做出评判。

④ 准备面谈提纲。中层管理人员往往忽视管理的细节，无论这些细节对下属有多么重要。此处考核人常犯的错误是，认为没有必要、太麻烦，或者面谈之前脑子里有个思路就可以了。如果中层经理的准备工作不充分，很容易出现以下几种结果：不满、争吵，无所谓，气氛和谐，问题潜伏。还有一种情况是只考虑"刺头"怎么谈，而对于其他人员，不准备面谈提纲，认为"好谈"，没有什么准备的必要。

(2) 绩效面谈的步骤。

第一步，陈述面谈目的。注意事项：①严肃；②陈述公司政策；③准确说明面谈目的。

第二步，告知下属评估结果。注意事项：①简明、扼要、准确、直接、清晰，不模棱两可；②定性和定量并重；③不要过多地解释和说明，要给下属开口说话的机会；④利用事先设定的目标和绩效标准评价。

第三步，商讨下属不同意的方面。①评价时既要指出进步又要指出不足，应避免使用极端化的字眼，如总是、从来、完全、太差、绝不等。②通过问题解决方式建立未来绩效目标，采用上司与下属共同讨论的模式，让下属高度参与，要使用建议性的语句，如"你说说看"等，主动倾听下属的意见。③注意非语言的沟通。面谈空间不宜过大，上司与下属距离不宜过远；上司身体姿势的选择是下属平时所见到的自然状态；上司不应长时间凝视下属的眼睛，也不应目光游移不定，这些都会给下属造成心理上的负担。比较好的方式是将员工下巴与眼睛之间的区域作为注视范围。

3.3.1.4 绩效面谈的技巧

(1) 建立彼此信任的氛围。信任是沟通的基础，绩效面谈实际上是上下级之间就绩效达成情况的一次沟通，所以，同样需要在面谈双方之间建立信任的氛围。信任的氛围可以让下属感觉到温暖和友善，这样下属就可以更加自由地发表自己的看法。信任首先来自平等，所以，在面谈中双方尽量不要隔着桌子对坐，利用一个圆形的会议桌更容易拉近与下属的距离。信任还来自尊重，当下属发表意见时，主管要耐心地倾听，不要随便打断，更不要武断地指责。

(2) 鼓励下属充分参与。一次成功的绩效面谈是互动式的面谈，在面谈过程中双方应进行有效的互动沟通。主管应避免填鸭式的说服，即使对下属工作有不满意的地方，仍需要耐心倾听下属内心的真正想法。如果下属是一个非常善于表达的人，就尽量允许他把问题充分暴露出来。如果下属不爱说话，就给他勇气，多一些鼓励，同时尽量用一些具体的问题来引导下属多发表看法。

(3) 关注绩效和行为，而非个性。人无完人，每个人的个性都有所不同。在面谈中要坚持"对事不对人"的原则，下属可能在某些个性方面有欠缺，但在绩效面谈中主管应重点关注下属的绩效表现，如果下属个性方面的欠缺和工作无关，则尽量不发表意见。

(4) 以事实为依据。如果主管发现下属在某些方面的绩效表现不好时，尽量收集相关信息资料，并结合具体的事实指出下属的不足，这样不仅可以让下属心服口服，更能让下属明白业绩不佳的原因，有利于更好地改进工作。以事实为依据要求主管平时要注意观察下属的行为表现，并能够养成随时记录的习惯，从而为绩效面谈提供充实的信息。

(5) 避免使用极端字眼，造成伤害。如果下属的业绩表现欠佳，一些主管在和下属面谈时容易情绪化，甚至使用一些非常极端化的字眼，极端化字眼包括"总是、从来、从不、完全、极差、太差、决不、从未、绝对"等语气强烈的词语。例如，"你对工作总是不尽心，总是马马虎虎"、"你这个季度的业绩太差了，简直是一塌糊涂"、"你从未让我满意过，照这样下去，绝对在公司没有任何发展前途"等。极端化字眼用于对否定结果的描述，一方面下属认为主管对自己的工作评价缺乏公平性与合理性，从而增加不满情绪；另一方面，下属受到打击，会感到心灰意冷，并怀疑自己的能力，对建立未来计划缺乏信心。因此，主管在面谈时必须杜绝使用这些字眼，多使用中性字眼，而且还要注意用相对缓和的语气。

(6) 以积极的方式结束面谈。面谈结束时，主管应该让下属树立起进一步把工作做好的信心。同时，要让下属感觉到这是一次非常难得的沟通，使他从主管那里得到了很多指导性的建议。这就要求在面谈结束时，主管要使用一些技巧，用积极的方式结束面谈。例如，可以充满热情地和员工握手,并真诚地说"我感觉今天的沟通非常好,也谢谢你以前所做出的成绩,希望将来你能够更加努力工作,如果需要我提供指导,我将全力帮助你"。

案例

2014年11月28日,阿里巴巴开了一个国内大型企业前所未有的会议——离职员工大会。在阿里的公司文化中,同事间互称"同学",员工离职称"毕业",所以这场大会又叫"阿里校友会"。马云曾表示:"阿里的工号是保留的,每个工作过的员工都有自己的工号,哪怕只工作过1天。我一直相信,会有这么一天,外面的阿里人比公司里的多。阿里和阿里人谁都不欠谁的,大家是有缘分的!"马云甚至打趣地把离职员工比作"敌前、敌后的5万外援","即使你今天加入腾讯、百度、京东等任何竞争对手,阿里对你不会有任何怨言,只希望你把阿里'让天下没有难做的生意'的使命感带过去。我不相信你去了那边会破坏阿里的生态系统,我们要有这个气度。"

3.3.2 离职面谈

员工的辞退面谈工作,恐怕是让人望而生畏的工作,也是人力资源工作中最需要综合技巧的工作之一。

3.3.2.1 辞退面谈时应有的信念

(1)辞退员工是管理工作的其中一个部分。人力资源从业人员在与被辞员工面谈时,主要面对的是一些心理和情绪等方面的冲突,为了更好地解决问题,一定要坚持一个信念,那就是辞退员工是你工作的一部分,不要退缩,这就像士兵在战场上要有取得胜利的顽强信念一样。

(2)尊重客观事实。面谈时,人力资源的从业人员一定要尊重客观事实。要用事实来说话,不能存一己之私,要尽量地做到公平、公正、合理。

(3)尊重员工的心理感受。尊重员工的心理感受是人力资源的从业人员与被辞退员工面谈时必不可少的信念,只有做到了这一点,才能有效地化解员工因被辞退而产生的忧郁、焦急情绪,才能帮助员工树立重新开始的信心,从而自根本上化解可能出现的矛盾冲突。

(4)树立企业文化。与被辞退员工进行面对面会谈时,树立良好的企业文化比面谈工作的本身更重要。例如,当公司发现对员工存在不公平现象时,应该设法请方方面面的人士为其进行职业指导,或做一些法律法规方面的顾问,还可以对他的家庭进行一些必要的跟踪与协助。这就是一种企业文化,通过这样的企业文化,可以促使问题的平缓解决。

案例

三国时期,刘备创业前期的首席谋士徐庶因为老母亲被曹操扣留,不得不向刘备提交辞呈,刘备百般挽留无果,只得进行最后的离职面谈。面谈气氛恳切感人,刘备不仅放声大哭,还亲自为徐庶牵马,送了一程又一程,不忍分别,让徐庶感动得热泪盈眶,挥手道别走了好几里后,忽然想起一件至关重要的事,急忙打马回转特意向刘备推荐接替自己的最佳人选,也就是更胜自己一筹的诸葛亮。这就是"徐庶走马荐诸葛"的美谈,也是刘备所创造的经典离职面谈案例,送走一个员工,但又推荐了一个更为优秀的继任者。

3.3.2.2 辞退面谈的前期工作

(1)选好辞退的合适时机。在正式辞退员工之前，一定要考虑目前是否处于一个特殊的时间段，如重大节日、员工生日、员工结婚纪念日等。或者此阶段对于被辞退员工来说是否是一个比较艰难的阶段，如刚刚失恋、离婚、亲人故去、个人财务陷入危机等。如果是第一种状况，建议重新选择一下时间，避免在一个原本喜庆的日子里给员工造成巨大心理压力；如果是第二种状况，假如企业必须进行辞退，为避免给拟辞退员工造成雪上加霜、逼上绝路的感觉，建议尽量采取温和的方式，前期可先与其家人或朋友取得沟通，规避他因情绪问题导致不理智行为的发生，同时通过其他渠道为其开辟新的求职机会。

合适的辞退时机，最好选择在员工求职比较容易的时间段，如春节之后，一般三四月份是企业招聘的高峰期，也是人才流动的高峰期，这个时候跳槽的人多，就业的机会相对也多。如果在这一阶段进行辞退，被辞退员工比较容易找到新的工作，辞退工作的难度也会相对减小。

(2)辞退依据必须充分、合理。如果员工是因为绩效不达标或工作能力不胜任而被辞退，则一定要提供不达标或不胜任的书面证据，这时候岗位说明书、工作手册、绩效考核记录、绩效面谈记录等资料就变得相当重要。如果员工是因为严重违反公司规章制度而被辞退，则规章制度中必须有明确详细的说明，例如，相关制度及劳动合同附加条款中有明确规定"每月迟到超过 6 次为严重违反公司制度"，或"给公司造成 3000 元以上经济损失的为严重经济损失"，或"请假手续没有获得上级审批而私自休假的行为视同旷工，每月旷工 3 天视同严重违反公司考勤休假制度"……有这样明确详细的界定及员工签字确认的书面证据后，辞退工作的开展就变得有理有据。

(3)防范风险。对公司管理、核心部门、销售、财务等关键岗位人员，在辞退前还要做好风险的防范。因为这些关键岗位人员掌握公司一定的商业机密、核心技术、财务状况等，一旦公司准备辞退这类岗位的员工，在有充分的辞退理由、确凿的辞退证据，以及按照相关法律法规支付的补偿金之外，还必须签订《同业禁止协议》，防止公司商业机密的外泄。有些特殊行业会采用这样的处理办法，就是提前一段时间进行岗位或工作内容的调整，对拟辞退人原来经手的一些核心业务进行隔离，以防范风险。

案例

李小姐是一家 IT 公司的业务骨干，因为觉得自己一直表现突出，应该加薪，可是在公司调薪时间过去后才发现自己的工资单一如既往，于是她马上去找经理理论，经理告知其工资一直高于其他同事，所以这次调薪没有考虑。李小姐觉得这个道理说不过去，一气之下和经理争论起来，并提出辞职。经理在李小姐提出辞职后感觉事态严重，马上向分管副总汇报，该副总找到李小姐，指出经理的说法不全面，并向她解释了本次调薪的具体标准和比例，然后委婉指出李小姐虽然工作很努力，但最近两个季度的考核结果都是 B，所以没能列入调薪员工行列；然后再对她提出一些改进工作思路的建议。听了分管副总在情在理的说明，李小姐先前的火气早已消了一大半，也认识到以前的自我认识过于主观，还要通过加倍努力来证明自己，也就打消了辞职念头。企业绝不应该把员工离职面谈看作是一种包袱或例行公事，而应该高度重视，并纳入员工关系管理体系之内，使员工离职后仍然能够成为企业的人力资源。

3.3.2.3 进行辞退面谈

(1) 面谈时间的选择。除了前面"辞退时机"所讲的要点，在具体操作时，面谈时间点的选择最好不要是周一、刚刚上班或马上就要下班的时间。要预留足够的面谈时间、对方反应和接受的时间，以便将对辞退员工产生的负面影响降到最低。

(2) 面谈地点的选择。辞退面谈是比较严肃的事情，要选择在正式的会议室或面谈室进行，绝对不能选择在其工作座位上、前台接待区或是走廊等很随意的地方。

(3) 面谈参与人员。辞退面谈由谁来负责，每家公司的情况不同，有些公司会先安排直接上级与其面谈，再安排 HR 进行面谈；有些公司全权由 HR 来负责。不管公司是怎样安排的，有一点必须注意，如果拟辞退的员工平日里比较强势、态度强硬、斤斤计较，那么在辞退面谈时就不能只派一个经验不多的 HR 新人，而是要安排有经验的面谈人员，面谈成员可以为：直接上级、HR 经理，必要的话可以安排法务人员参与。原则就是保证在面对强势的面谈者时，确保面谈人员能够控制总体局面，不但能疏导被辞退员工的情绪，还能在一些涉及劳资双方权利的法律问题方面进行妥善回答与处理。

(4) 面谈开场。在沟通中，好的开始是成功的一半，辞退面谈也是如此，合理的开场会决定整场面谈的氛围与基调。有些 HR 觉得难于开口，绕来绕去说了很多无关紧要的话，还是不能直达主题，这就造成面谈上的心理弱势。有些 HR 则过于直接，对方刚坐稳就直接告知公司将对其进行辞退。这种由于缺乏同情而过于直接的方式，会激怒对方，为后续的面谈埋下阴影。合适的开场应有简单的寒暄、适当的铺垫，尽力营造一个不太尴尬的氛围。随后，简单说明理由，并询问对方的感受和要求。如对方产生质疑，再详细说明辞退理由，并出具相关证明。态度真诚并且坚定，表明解除劳动关系是公司研究决定的结果，虽然辞退事项本身没有太多商量余地，但要照顾对方情绪，甚至要给对方足够的表示不满和发泄情绪的时间。这样的开场，就有高屋建瓴之势。

(5) 面谈的关键点。一般情况下，辞退面谈会围绕两个关键点来进行：一个是辞退理由；另一个是辞退条件，即经济补偿的条件。

对于辞退理由，HR 必须有合理的解释、充分的说明和有力的证明。如果前期准备工作做得比较到位，一般不会产生太大的问题。

对于辞退补偿的条件，往往成为辞退面谈中最关键的环节。在这种情况下，HR 必须站在比较公正的立场，从法律的角度来说服公司决策者，因为如果不按照相关法律法规的要求支付补偿金，一旦产生劳动争议，不仅企业需要支付的成本更多，而且会带来非常大的负面影响，往往后患无穷。

同时，很多拟辞退的员工在这时的心理状况也会发生比较大的变化，有些员工往往会因为自己工作的特殊性质或掌握了一些核心信息而对企业狮子大开口，漫天要价。此时，HR 一方面要做好各方面风险防范的准备，另一方面要严格按照相关法规进行补偿金的核算。当然根据企业文化的不同，有些企业为了展现对员工的关怀，或者由于辞退员工的个人情况较为特殊，企业乐意为此支付一些额外的费用，那也未尝不可。不过大多数企业，在与这样的拟辞退员工面谈时，最好坚持原则，必要时可以准备两套经济补偿方案，让其选择。

(6) 情绪的控制。有些员工在遇到被辞退的状况时，会显得情绪异常低落、沮丧，会当众号啕大哭甚至以死相要挟。HR 这时应该尽量安抚其情绪，开导劝慰，必要的话可以在面谈时简单地帮他进行一下职业生涯的规划，提供一些就业的渠道和机会，帮其建立信心。

当然也会有一些态度极为愤怒和嚣张的员工，对 HR 恶言恶语，进行人身攻击。对这样的员工，如果 HR 耐不住性子，情绪失态，则很容易谈崩，甚至引发劳动争议；如果表现得不知所措，似有被他吓到之状，则后面的谈判将非常被动。遇到这种状况，HR 应保持镇定、自信，不被激怒，给对方一个发泄情绪的时间，等对方情绪平稳后，再进行谈判。

本 章 小 结

1. 面谈是有计划的交流，面谈具有目的性、计划性、控制性、双向性、即时性和策略性的特点；可以按照面谈结构化的程度、组织方式、面谈过程和面谈的目的将面谈进行分类。

2. 有效的面谈是一个有计划控制的过程。在面谈准备阶段，要确立面谈目的、设计问题、安排面谈结构和环境；在面谈控制阶段，要注意营造和谐气氛，进行提问与回答；在结束面谈阶段，要确保已实现面谈目的，并获得重要信息。

3. 招聘面谈要做好面试准备，面试实施分为引入阶段、正题阶段和收尾阶段。招聘面谈有问、看、听和控制的技巧，注意避免光环效应、近因效应等误区。

4. 绩效面谈是绩效管理中的一个非常重要的环节。绩效面谈的目的有三点：评估业绩、改善业绩和提供指导。绩效面谈的内容一般包括工作业绩、行为表现、改进措施和新的目标四个内容。

5. 做好离职面谈应持有合理的信念。辞退员工面谈时要选择适当的时机、充分阐述辞退理由和注意防范风险。

思 考 练 习

1. 什么是面谈？面谈有哪些类型？
2. 如何理解"有效的面谈是一个有计划控制的过程"？
3. 面谈应该如何进行有效的提问？
4. 请结合实例说明招聘面谈应该注意哪些问题？
5. 绩效面谈的目的是什么？应该围绕哪些内容展开及如何有效地进行绩效面谈？
6. 离职面谈有何意义？如何做好离职面谈？

第4章
演　讲

学习要点：
1. 演讲的分类、过程和特点；
2. 演讲者的目的；
3. 听众分析，包括听众的特点及其构成；
4. 演讲构思中的确定论题、处理材料、营造结构、锤炼语言；
5. 演讲中克服怯场的技巧、演讲表达技巧、演讲的控场技巧。

 导入案例

告　别
——华中科技大学校长李培根2013年毕业典礼讲稿

亲爱的13届毕业生同学们：

你们好！首先，向你们完成学业表示最热烈的祝贺！

过几天，你们中间的大多数就要告别大学生活，告别你们的同学、老师，告别华中科技大学。

你们即将告别抢座位的日子，告别没有空调的宿舍，告别你怎么都不相信没赚你们一分钱的食堂；告别教室里的乏味，告别图书馆中的寻觅，告别社团中的忘我；告别留下你浪漫、青涩的林间小道和石凳；告别你至今还未看懂、读懂的华中科技大学，告别你们背后的靠山——喻家山。

同学们，不知道你们是否真正懂得为什么而告别？还应当告别什么？

你们应当为了成人而告别。

你的大学生活也许一帆风顺，成绩优异，运动场上吸引过不少异性的目光，社团中也不时留下你的身影。你觉得自己成人了，其实未必。也许，不久的将来你恰恰就会告别一帆风顺。你可能已有鸿鹄之志，志向满满没什么不好，但谨防志向成为你人生的束缚和负担。不妨让自己早一点有告别一帆风顺的思想准备，让志向成为你人生的一种欣赏、一种尝试。

要离开学校了，也有少数同学突然发现要成人的恐惧。想着终将逝去的青春，自己似乎还未准备好，懵懵懂懂怎么能一下子走向社会？睡懒觉的时候很香甜、玩游戏的时候很刺激、逃课的时候很自在、挂科的时候很无奈、拿不到毕业证时两眼发呆……可生活还得继续，只是要永远告别游戏人生的态度。

为了成人，你们需要自由发展，这是华中科大教育的真谛。在日后寻求自我的过程中，你们要告别浑浑噩噩，告别人云亦云，告别忽悠与被忽悠。保持一份独立精神，那才不枉在华中科技大学学习过这几年。

为了成人，你们又得告别过分自我，别太把自己当回事。在华中科大这几年，你可能不觉得受到过学校的呵护甚至宠爱，你可能就像天之骄子。可是，真正到社会上，没有人再把你视为天之骄子，社会甚至会让你面目全非！为了成人，你们需要告别过分的功利、过分的精明。

我相信，你们的告别更多的是为了相约和再见。很多同学踌躇满志、跃跃欲试。你们相约十年、二十年再相见。那时候，你们可以交流服务国家、社会的心得，可以交流奋斗的体会，可以分享成功的喜悦；那时候，你们再来瑜园，让母校以你们为荣。告别了，有一天，与老师相约、与母校相约、与同学相约、与初恋相约！有些告别特别艰难。

告别某些风气或习俗也很艰难。尽管如今有拼爹的现象，但毕竟不是成功之道。有一个"好爸爸"，不妨告别对你爸的依赖；没一个"好爸爸"，那就告别羡慕嫉妒恨。过几年你们可能面临谈婚论嫁。要结婚是否一定要有自己产权的房子？有些年轻人为此而不惜"啃老"。华中科大的小伙子们、姑娘们，千万要告别"啃老"、告别"俗气"。

在物欲横流的世风下，很容易忘记人的意义与生存价值，忘记信仰和独立精神等。中华民族的复兴可不能仅仅是经济的跃进，还需要精神的崛起。同学们，希望你们要有告别麻木、告别粗鄙、告别精神苍白的自觉，为国家、为你们自己！

虽然人生在不断地告别，但有些东西是不能告别的。

亲情是不能告别的。我的一个已经去世的工人朋友，有一个儿子，上了大学，出国了，多年不与母亲联系。他可是告别了亲情啊！我就不明白亲情是在什么情况下能告别的呢？

学习是不能告别的，你们可以告别学过的知识，但不能告别学习的习惯。

努力奋斗是不能告别的，不然，你一生大概都会不断地告别机会。

改革与开放是不能告别的，如果你们尚有家国天下之情怀，一定要铭记于心。

同学们，关于告别，很难说尽，关键还得靠你们自己体悟。

不多说了，我也要向你们告别啦！让我们告别，其实也将是各自新的抵达！

4.1 演讲概述

 案例

竞聘科研室主任的演讲

各位领导、各位同志：

  大家好！

  参加竞聘之前，我一直在想：我应不应该参加这次竞聘？思索再三，我想，我愿意把这次竞聘当成争取多尽一份责任的机遇，更愿意把这个竞聘过程当作我向各位老师学习、接受各位评判的一个难得的机会。因此，我是鼓着十二分的勇气，参加竞聘来的。（开宗明义，点名竞聘的目的，而且谦虚得体。）

  我知道，要成为一名合格的科研室领导不容易，要成为转型期的科研室干部更不容易。我之所以鼓起勇气参加科研室主任的竞聘，首先缘于我对教育科研事业的热爱和执著。我相信，一个人，只要他执著地爱自己的事业，他就一定能把他的事业做好。当然，也如各位所知，我也有过一些科研管理工作经历，积累了一些工作经验。有人说，经历是一笔财富，而我更愿意把自己的经历当作一种资源，一种在我今后工作中可以利用、可以共享、可以整合的资源。

当然，我更清楚，成绩也好，经验也罢，它只能说明过去，并不能证明未来。（对优势与成绩的阐述，简单而又不乏说服力，给听众留下不炫耀、不浮夸的好印象。）

假如我能竞聘成功，我将努力扮演好以下几种角色：

一是以身作则，当好科研兴校的"领头雁"；

二是立足本职，当好领导决策的"参谋者"；

三是脚踏实地，当好教师科研的"服务员"；

四是与时俱进，当好学校科研的"管理员"；

五是甘为人梯，当好青年教师的"辅导员"。

（对今后工作角色的总结体现出务实的态度和求实的精神，颇具感染力和说服力。）

说到这里，我想起了阿基米德的一句名言："给我一个支点，我可以撬起整个地球。"但在这里，我不敢高喊这类豪言壮语，我只想表达一个愿望，那就是：给我一个舞台，我会为学校的发展尽一份责任。（结尾处充满激情和号召力，为竞聘演讲画上了一个圆满的句号。）

资料来源　吴言明：《竞聘校科研室主任的演讲》，载《演讲与口才》，2004(12)。

演讲，在古希腊被称为"诱动术"，其含义是劝说鼓动听众。演讲作为一种社会实践活动，必须具备三个条件：演讲者、听众、当时的环境。演讲是有声语言与态势语言的统一，再加上演讲者的形象来作为传播信息的手段的。只有"演"与"讲"这两个要素和谐地、有机地统一在一起，才能构成完整的演讲，这才是演讲的本质属性，是区别于其他现实口语表达形式的关键所在。

综上所述，演讲可定义为：演讲者在特定的时间、环境中，借助有声语言和态势语言的手段，面对听众发表意见，抒发情感，从而达到感召听众的一种现实的带有艺术性、技巧性的社会实践活动。

4.1.1 演讲的分类

根据演讲方式的不同，演讲可以分为以下几类。

(1)照稿宣讲。就是在演讲的时候，演讲者照着讲稿逐字逐句念讲，不做任何解释和说明，不做任何修改和补充。这类演讲的关键是要有一份完备的演讲稿。这种方式适合于政策性强、法定性强或内容重要、场合严肃的演讲。

(2)脱稿背讲。就是有稿不用稿，先熟记在心，演讲时背稿进行。这种方式适合于演讲的准备时间长，演讲稿较短，演讲者的记忆力好，又追求演讲现场效果的演讲。如应聘时的自我介绍、到新单位的就职讲话等。

(3)按提纲讲。就是演讲没有讲稿，只有提纲，以这个提纲为依据进行演讲。所谓提纲主要是内容要点和结构安排。这种演讲方式，常出现在演讲者临时决定做演讲，但受时间限制，来不及写出讲稿，在允许的时间内，只能把他的构思、设想的演讲蓝图浓缩在一个提纲里。

(4)照腹稿讲。所谓腹稿是一种仅在心里构思着的想象之中的演讲稿，来不及诉诸文字，甚至连提纲都没有。这种方式，多数是在演讲者与会以后，受到邀请，临时决定演讲时出现的。照腹稿讲要求演讲者要有良好的演讲心理素质，有相当的演讲经验，有即兴演讲的训练，并且在他的头脑里已经形成了演讲稿的思维模式。

(5)即兴演讲。就是在没有腹稿的情况下，现想现说。通常，这种方式需要有相当丰富的经验和娴熟的技巧，才能使演讲激动人心、精彩、成功。

案例

莫言就职开场白

2013年1月,诺贝尔文学奖获得者莫言受聘成为母校北京师范大学文学院的教授,同时收到一份特殊礼物,当年在学校的所有档案材料。拿到教授聘书时,莫言说:"这也是我获得北师大的本科入学通知书。不管什么时候我都是农村作家。"

4.1.2 演讲的特点

我们要学习、准备演讲,首先必须弄清它的特点、性质。演讲有如下三个特点。

(1)它可以言简意赅地讲清问题,能较快地见到效果。

(2)它是一种面对面的宣传鼓励形式。这种形式使得演讲者的发言更富于鼓动性、感染力、灵活可变且易于调整,另一方面又要求演讲者本人要诚恳和有耐心。

(3)它具有艺术性。演讲是运用语言和体态来影响听众,因此演讲内容的哲理化、语言的文学化、姿态的戏剧化都不同程度地存在于各类演讲中。

案例

一篇关于矿工的演讲是这样表述的:"在徐州的百里煤田,有大量的薄煤层,许多矿工在不到0.8米的薄煤层里摸爬滚打!""0.8米,大家可以想象到这个实在称不起'高度'的高度,它还不及这话筒架高度的1/2,上是岩石,下是岩石,就在这岩石夹缝中我们的矿工在那里采着煤炭"。"一镐一镐地开采着煤炭。那里'没有鸟语花香',更难享受阳光普照,大自然甚至剥夺了他们坐直歇息一下的权利,他们的膝盖上,胳膊肘上都磨出厚厚的老茧!"演讲中对矿工的感情自然会感染每一位听众,增加演讲的效果。

4.1.3 演讲过程

演讲通常是由演讲者"告知"听众的单向过程。然而,演讲实际上是一个双向过程,如图4-1和图4-2所示。经验丰富的演讲者(Tx)能够根据反馈的信号判断出他与听众(Rx)交际沟通的效果。反馈的信号包括眼神、身体姿态、疑问和其他有关听众兴趣和注意力的表现形式。在演讲过程中,听众的身体姿态、眼神将向演讲者反馈这样的信息:听众是否在聆听他的讲话。然而,演讲中经常要鼓励听众提出问题。

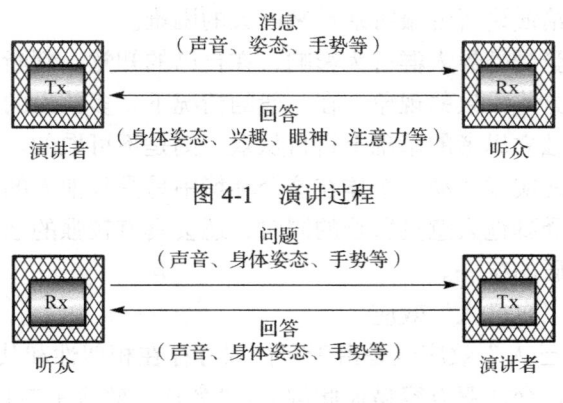

图4-1 演讲过程

图4-2 演讲后的问题

4.1.4 演讲者的目的

一般来说,演讲者有四种主要目的。

(1) 说明情况。主要是用来传递信息。在当今社会,即使是最简单的事情,人们亦应彼此合作,因而,他们首先必须相互了解。语言是了解的主要传递媒介,所以必须精确地使用它,尤其是演讲手段。

(2) 说服听众。这种演讲是为了说服某些态度冷漠或持有相反意见的听众转变观点,甚至赞同并采取实际行动以支持演讲者的观点。在这种演讲中,要运用感情感染力和逻辑感染力,以使听众同意演讲者的观点。对顾客的说服也可属于这种目的的演讲。

(3) 激励听众。主要是激励听众,进一步强化他们对某一事业的认同感,更加积极地去努力实施相关措施。这类演讲中常用激动人心的语言,它的有效性在于听众与演讲者的观点基本一致。

(4) 娱乐听众。这种演讲的目的主要是在轻松愉快的气氛中,演讲者通过幽默诙谐的话语使听众获得欢乐和教益。这种演讲的中心议题由一连串幽默话组成,偶尔也涉及一些真实可靠的信息。在欢庆胜利的宴会上,会有这种娱乐性的演讲。

经理的演说多数属于前三种目的。

4.1.5 听众的特点

4.1.5.1 听众心理的特点

① 听众对信息的接受具有选择性。

选择性注意。他们一般只注意那些他们熟悉、有兴趣、与他们有关或他们渴望了解的演讲内容,而那些关联性不大的内容则被他们略去。

选择性记忆。指在演讲中,听众在记忆信息时有明显的感情色彩和倾向性。他们根据自己的爱好、经历、兴趣等特点,容易记住与自己生活较为贴近、与其爱好相同的信息。

选择性接受。每个听众都有强烈的自尊感,总愿意接受那些与自己意见一致的观点,从而保持心理的平衡感。而那些与自己看法不一致的内容往往会被听众屏蔽掉。

② 听众心理是独立意识与从众心理的矛盾统一。

独立意识是指听众独立思考、独立判断的意识。随着人们文化水平的不断提高,人们的独立意识不断增强。这给演讲者说服听众带来巨大的困难。

从众心理是指个人受到外界人群行为影响,在自己的知觉、判断、认识上表现出与公众舆论或大多数人的行为方式一致的现象。在一般的情况下,多数人的意见可能是正确的。但自己在缺乏分析、不做独立思考的基础上盲目从众,则是不可取的。

演讲是群众性很强的实践活动,个体在这个环境中易受到他人的影响,出现少数服从多数的从众现象。在人们受到他人意见影响的同时,还会具有较强的独立意识。听众的心理是独立意识和从众心理矛盾的统一。

③ "名片"效应与"自己人"效应。

"名片"效应和"自己人"效应就是由于交往双方存在相似性和共同之处,因此使各自的信息容易被对方所接受,交往双方容易彼此沟通。"名片"效应主要指双方观点一致,"自己人"效应不光是观点一致,而且增强了亲密感,信息传播者对接收者的影响更大。

管理心理学认为,"如果你想要人们相信你是对的,并按你的意见办事,那就首先需要人们喜欢你。否则,你的尝试就会失败"。也就是说,要引导别人,首先要缩小彼此之间的心理距离,产生"名片"效应和"自己人"效应。

④ 首因效应和近因效应。

首因效应是指"第一印象"在人际知觉中所具有的主导性质。因为在人们的潜意识中,总认为第一印象是最正确的,近因效应是指新形成的印象对人际知觉所具有的重要意义。

心理学中的首因效应是指在短时间内以片面资料为依据而形成的印象,也被称为"第一印象"效应。心理学研究发现与一个人初次见面45秒钟内就能产生第一印象。这一印象在脑海中形成并占据着主导地位。这种先入为主的第一印象是人的普遍的主观性倾向,会直接影响到以后的一系列行为。

正因为有了首因效应的影响,演讲者必须要有精彩的开场白来引起听众的兴趣,建立良好的印象。

4.1.5.2 听众的构成

① 目的。要充分考虑听众听您演讲的目的何在。一般来说,听众有这样几种目的:因仰慕您的名声而来;因明了您讲演主旨而来;因想知道您演讲的结论而来;因出于礼貌不得不来;因被要求参加而不能不来;因想一睹您的风采而来;因心中疑惑于某个问题为寻找答案而来等。只有针对听众的实际需要来决定演讲的题目、内容、语气,您才会有成功的演讲。

② 人数。一般说来,听众人数越多,越容易接受"群体影响"的支配。所以,在听众较多的场合,更需要变更说话的语调,提高内容的感情成分。

③ 性别。听众是男性还是女性,或者男女比例各占多少,假如是女性多的场合,应更多地用温和的声调,更注重感情沟通。

④ 年龄。要注意听众的年龄结构。当今时代的青年大多具有热情冲动、有理性、较挑剔的特点,中老年人则较含蓄、稳健。由于听众年龄结构不同,思维方式、价值理念皆有很大的不同,这一点尤其要重视。

⑤ 知识水准。对知识水准较高的听众应要言不烦,而对不同职业和教养水准较低的听众,就应先从通俗易懂的内容出发,然后再往深处适当发挥。

4.2 演 讲 构 思

案例

2016年基本功大赛即兴演讲稿:教师应该是春雨

尊敬的各位评委、各位同行以及未来的教师们:

大家下午好!

抽到这个题目,我笑了。

我笑，不是因为这个题目容易，而是因为开学初的一次见闻曾让我思考过这个问题。开学第一天，我站在校园里，看到我们学校管理花草的老师在花台里修剪花草，只见他把花用了一个假期的时间才长出来的枝条统统剪掉，让所有花草变成一个"发型"、一个"Pose"。这让我想起了"教师是园丁"这个比喻，我突然发现这个比喻含有贬义，还挺讽刺。

每一棵树木，因为地质、光线、养料的不同，会长出不同的形状。同样的，每一个学生的内心也是一个独特的世界。我们要改变他，也应该在尊重他的情况下，走近他、读懂他，然后再引导他。

我们班有个学生特别调皮，上课特爱捣乱。许多任课教师都向我反映他的情况。通过了解，我知道这个学生原来是个生活在单亲家庭的孩子。他从来没见过自己的母亲。(观众似乎很怀疑)他父亲外出打工，结识了他母亲。他出生后就被送回老家了，而后来，他的父母就离异了。所以他从来没见过自己的母亲。后来，他生病时我只是给他买买药；头发长时，带他去理理发，他就喜欢我了。他喜欢上我的课，还喜欢上其他科教师的课了。

我们班里还有一个男生特喜欢打架。我三天两头就得去德育处领人。后来，我发现这个学生打架竟然是因为暗恋班里的一个女生。我告诉他，现在的女孩子都不喜欢打打杀杀、刀光剑影的侠客形象了，男人的魅力应该由内而外散发出来。从此，我们班多了个好人(观众特别是女观众发出惊叹笑声)，多了个老师的得力助手。

各位老师，咱们别做园丁了，那太残忍！我们也别做红烛了，那太悲壮！

让我们做春雨吧，无论我们的学生是参天大树还是翠嫩小草，让他们在我们爱的滋润下茁壮成长，让祖国的大好河山变得绚丽多彩！

我的演讲结束，谢谢大家！

注意：

这是标准的三段式框架。

第一部分：揭题。简单地对演讲题目内涵做出解释，或对其意义作用进行阐述。揭题要简洁明了，旗帜鲜明地亮出演讲的主题和观点。

第二部分：案例+自己观点。根据演讲的时间要求，用典型事例论证自己的主题和观点。

第三部分：呼应。即演讲的结尾，或发出倡议，或表示决心，或展望未来，再次呼应第一部分的主题。

要做一次精彩而成功的演讲，就要事先做好演讲构思的工作。"凡事预则立，不预则废"。盖楼房先要设计蓝图才能进行施工，军事家需运筹帷幄才能决胜千里。演讲也一样，需要事先进行构思，才不至于想到哪里说到哪里，无边无际，使听众一头雾水不知所云，演讲者自己也往往乱了方寸。

那么，在演讲之前，要进行哪些构思工作呢？演讲构思主要有以下四个方面的工作：确定论题、主题提炼、处理材料、营造结构。

4.2.1 确定论题

叶圣陶老先生曾经说道："一场演说，必须是一件独立的东西……写文章也好，总得对准中心用功夫，总得说成功、写成功一件独立的东西。不然，人家就会弄不清楚你在说什么、写什么，而你的目的就难以达到。"这个"独立的"东西即为演讲的主题。

我们把演讲中讲什么叫作选题，把演讲中所要表达的中心思想叫作主题，而演讲的选题或主题的扼要概括，在演讲术语中便称为论题。演讲的主题不仅是演讲者关心的，也是听众注目的。题目是演讲者与听众的最初连接媒介，是听众选择是否听讲的依据，是一篇演讲稿不可缺少的组成部分。题目的确定与演讲的内容、形式、风格、情调息息相关。一个新颖而富有影响力的题目，不仅能在演讲前激发起听众的听讲欲望，而且在演讲之后仍会给观众留下深刻的印象，甚至成了一个警句而广为流传。可见，题目的选择对一个演讲起到了画龙点睛的作用。那么怎样来拟定演讲的题目呢？

(1) 题目与内容的关系。

海因茨·雷德曼是德国著名的演讲学家，他在《演讲内容的要素》一文中指出："在一次演讲中不要期望得到太多。宁可只有一个给人印象深刻的思想，也不要 50 个听完即忘的观点。宁可牢牢地敲进一根钉子，也不要松松地按上几十个一拨即出的图钉。"

所以说一篇演讲稿最好只有一个主题，演讲者可以围绕着这个主题层层展开。如果一篇演讲稿涵盖了较多的主题，在有限的时间内既不容易把每个主题都阐述清楚，还可能出现重点不突出的问题，使听众失去兴趣。演讲的整个过程，要突出和强化这个主题，才能使听众把握演讲者的观点，从而达到演讲的目的。

综上所述，主题要鲜明、正确、新颖。演讲的题目至关重要，通常可以从三个方面来选取主题。

① 选取大多数人普遍关心的问题来演讲。在选取这种"焦点问题"作为演讲的主题时，演讲者一定要把握好国家有关的方针、政策，切不可马虎大意。

② 选取能带给听众新的信息、新的知识、新的思想观点来演讲。这些信息和知识能满足听众的求知欲望，能激发听众兴趣，这样的演讲很少失败。

③ 选取适合自己的身份、适合演讲时间、适合听众实际水平的内容来演讲。让一个农民来讲《艾滋病的危害与预防》、在一个五分钟演讲中选择《21 世纪的全球经济政治格局展望》、向街道里的老太太做《论相对论》的报告，都是不恰当的。

(2) 题目的拟定。

① 标题要富有建设性。在实事求是的基础上，标题要选择那些给人以希望的、积极向上的、令人振奋鼓舞的文字。同样的内容，不同的标题会产生不同的效应。与其用"自学并非容易"，不如用"自学可以成才"，前者固然不无道理，后者却给人以信心。

② 标题要新奇醒目。古人说"语不惊人死不休"，演讲的题目总是最先和听众见面的，要像磁石一样，一下子把听众紧紧吸引住。鲁迅的演讲标题很是讲究，很有先声夺人、振聋发聩的吸引力，如《老而不死论》、《魏晋风度与文章及药与酒之关系》等，这样一类的标题，必然会在大量雷同、陈旧、平庸、司空见惯的演讲题目中脱颖而出，受到听众的关注。

③ 标题三忌：忌冗长、忌深奥、忌空泛。题目简洁，便于记忆，冗长的题目不易醒目。当然，简洁不能只用字数衡量，上面鲁迅先生的《魏晋风度与文章及药与酒之关系》，字数多、结构复杂，但这个题目无一字可删，且紧扣演讲内容乃至演讲风格，乃不失"简洁"二字；题目令人费解，弄得艰深晦涩，读来别扭，就引不起听众的兴趣；题目空泛，内容势必不集中，听众无法猜度你所要讲的内容，自然就无从产生兴趣了。

 小贴士

标题三忌

一忌　　冗长难记
二忌　　深奥难懂
三忌　　内容空泛

4.2.2　主题提炼

(1) 主题应该是现实生活中急需回答的问题。无论是从生活经验中思考得来的，还是从书本知识中悟出来的，都必须有的放矢。那种不痛不痒、空对空的说教，永远得不到听众的欢迎。唯有解决人们普遍关心、急于得到回答的问题，这样的主题才有启迪作用，才有价值。

(2) 主题应该是演讲者有独创之见的思想观念。"唯陈言之务去"，切不可老生常谈，人云亦云。一次具有真知灼见的演讲，就其社会价值而言，千百倍地胜过那些拾人牙慧、平庸无奇的演讲。

(3) 演讲主题要集中，要有重点。企图面面俱到，结果必然蜻蜓点水，不深不透，搔不到痒处。"伤其十指，不如断其一指"。应紧紧围绕一个主题，把问题讲深讲透，从而使演讲重点突出，给听众留下深刻的印象，取得良好的效益。

4.2.3　处理材料

演讲的材料指的是为演讲提供内容、表达主题的事物与观念。处理材料，具体地说，就是占有材料、筛选材料和使用材料。

(1) 占有材料。

在明确了演讲的主题和标题之后，演讲者要寻找、选择合适的材料对演讲内容进行丰富和补充。演讲者要根据一定的原则收集、筛选和使用素材。

占有足够充分的材料，在演讲中才能左右逢源、游刃有余；否则，难免捉襟见肘，穷于应付。演讲的材料分为直接材料、间接材料和创见材料三种。直接材料指人们从生活中观察、调查、体验所获得的材料；间接材料指的是从书刊文献等资料所获得的材料；特别值得重视的是创见材料，所谓创见材料，是在前两者的基础上归纳、分析、研究而得出的新的材料。前面说过，演讲的材料包括事物和观念两方面，既然观念是演讲的材料，创见材料这种经过思想活动重新"制作"的新的材料就顺理成章、水到渠成了。材料的占有，要依靠平时的积累，希望一蹴而就是不可能成功的。

(2) 筛选材料。

① 材料要服务于主题，演讲者要把最典型、最生动、最真实、最有说服力的材料奉献给听众，而不应将自己所掌握的材料随意拼凑，滥竽充数。面对大量素材时不可只注重材料的趣味性而忽视了其与主题的匹配度，只有使主题和材料有机统一，方既有吸引力，又有说服力。

② 要选择针对性强的材料。这些针对性包括：针对不同场合、不同听众的具体特点爱好使用不同的材料；针对听众的心理要求使用与听众切身利益相结合的材料。

③要选择演讲者力所胜任的材料。要掂量一下，哪些材料自己拿得起来，哪些材料自己拿不起来。只有当你选择的材料在你的能力范围之内，你才可能在演讲时滔滔不绝、条理分明。

 案例

维德摩迪的选题方法

美国19世纪大演讲家维德摩迪在选择了一个题目后，就把题目写在一个大信封上。他有许多这样的信封，倘若他读书时遇到了好的材料可以用作演讲时参考，他便把这些材料抄写下来放到适当题目的信封内。他还经常带着一本记事本，在听别人演讲时，把切合他题目的内容写下来，也放进相应的信封内。有时这些材料存放很长的时间也用不上，但是一旦需要，即可随时取出派上用场。

(3)使用材料。

演讲中材料使用的先后次序、详略安排都要得体。例如，适当安排趣味成分的材料调节演讲的变化层次，以集中听众的注意力；对于抽象的专业术语尽量用通俗的语言加以解释和说明；对于统计数据的使用要严肃认真。

4.2.4 营造结构

合理的结构安排是一次演讲成功的基础。只有精心营造演讲的结构，在演讲之前对于如何开头、如何结尾、何处为主、何处为次、怎样铺垫、怎样承接早已了然于胸，在演讲时才能思路清晰、顺理成章；中心突出，铺排严谨；首尾照应，浑然一体。这样不仅利于演讲者在有限的时间内讲更多的内容，也有利于演讲者克服怯场。古希腊著名演说家科拉克斯提出一个好的演讲结构应包含开场白、正文和结尾。

(1)开场白要巧妙

中国有句俗语"良好的开端是成功的一半"。对于演讲来说也是如此。开场白对整个演讲极为重要，如果一开始就没有吸引住听众，会为稍后的演讲带来更大的困难。所以掌握开场的技巧是每个演讲者所必备的。

开场白可以简单介绍此次演讲的背景，或是演讲者当时的内容感受。成功的开场白就如好文章的开头，能够为整篇文章奠定感情的基调，还可以自然地引出演讲正文的分析和阐述。

一个良好的开场白应该达到两项目的：迅速和听众建立良好的关系；迅速使听众抓住演讲的主题。

只要符合这两项要求(甚至只完成其中的一项)，就是一个成功的开场白。至于每一个开场白怎样组织、怎样构思，那就要根据具体演讲、具体对象、具体时境，灵活掌握、随机安排，真可谓"法无定法"，没有一定之规、没有现成的公式、没有既定的格局。我们平日多留心一些成功的演讲，可以从中有所借鉴。

例如，可以开门见山，由题目、主题讲起；可以介绍背景，由演讲的缘由讲起；可以先声夺人，以名言警句或惊人的意外事件讲起；可以设问发问，从听众的兴趣点讲起；可以引而不发，从某个悬念故事讲起；可以平易近人，从一些幽默笑话讲起；可以联系听众，从现

场的情景讲起；可以出奇制胜，从实物表演开始等。不管什么样的开场白，从形式到内容都要有新意，要有独创性，要有特色。不管怎样新奇的开场白，都要为打开局面、点明主题这两项目的服务。好的开场白需要演讲者在实践中反复寻觅，努力探索。但要提醒的是，同样的演讲，此时此地的好开场白到了彼时彼地不一定用得上；即使是好的开场白，时境不同、对象不同，也还得另起炉灶，重新寻觅。

在演讲的开头切忌讲一些毫无必要的客套话，貌似谦虚，实则虚伪。诸如"同志们，我没什么准备，实在说不出什么，既然让我讲，只好随便谈谈"之类的话只会弄烦听众。在演讲的开头东拉西扯、离题万里也是万万要不得的。开场白还要注意紧扣主题，适合听众心理和时境，切不可为追求新奇而故弄玄虚。

 **案例**

提　　问

"我想问一下在座的诸位，哪位知道过去24小时里在中国有多少企业倒闭？"

"我想知道，如果我告诉您，您的计算机在买进时已经过时，您有何感想？"

事　实　陈　述

"今天，我们市又有30个孩子的父亲因工去世——这类死亡本可得到预防！"

提　　及

"今天，这里的每位都记得，当我们听到9·11事件时的震惊和悲痛。"

主　　题

"我今晚要给您讲述令人激动振奋的XR5多用程序，然后告诉您这种电脑将如何改变您的经商方式。"

引　　用

"一位伟人说：'每个人的经历远远超过他的想象范围。'不过，正是经验而不是想象，才影响人的行为。"

感　染　情　绪

"好心的人们，您只要掏五毛钱，就可以使这个孩子活下去，直到下年的收获季节，那时他就可以养活自己。"

西方人的演讲喜欢用幽默开头。例如，澳大利亚前总理陆克文2008年4月访问中国时，在问候"女士们、先生们"之后，又加了个"学生们"，然后无厘头地问："你们为什么不去上课？"场下学生笑倒一片。他接着说："校长说我说流利的普通话，客气了，我的汉语是越来越差。中国有句话叫'天不怕，地不怕，就怕老外说中国话'。"陆克文的一句调侃，让本来活跃的气氛更是轻松，同学们又一次给他以热烈的掌声。说到北大历史，他说"贵校的历史比澳大利亚联邦的历史还要长三年"，"北京大学是中国最有名的大学，别告诉清华大学"。陆克文再次赢得了同学们的掌声。

 **案例**

吸引听众的几种演讲开场法

良好的开端是成功的一半,演讲的开场白极为重要。然而"万事开头难",要想用三言两语的开场白瞬间抓住听众的心,并非易事。如果演讲一开始就不能赢得听众的好感,不能吸引听众,则后面再精彩的言论也将黯然失色。因此,有经验的演讲者,总是创造出新颖独特、有奇趣、显智慧的开场白,以吸引听众,控制现场,为接下来的演讲内容顺利地搭梯架桥。常用的方法主要有:

1. 欲擒故纵开场

开场先顺着听众的情绪讲,待听众的情绪稳定之后,再慢慢陈述自己的观点,使听众在不知不觉之中,逐步接受演讲者的观点。例如,佩特瑞克·亨利在弗吉尼亚州议会上的演说,是这样开始的:"诸位可敬的先生们已向议院提出了请愿,我比任何人都赞赏他们的才干和爱国之心。然而,对同一事物往往各人有各人的见地。虽然我的观点与他们截然不同,但当我毫无忌讳、畅所欲言时,但愿不被认为是对先生们的不恭。现在不是客气礼让的时候,议院所面临的问题是我们国家正处于兴败存亡之际。我认为……"演讲者欲抑先扬,巧妙自然地引入了正题。

2. 幽默自嘲开场

在开场白里,用谈话的语言巧妙地自我介绍,会使听众倍感亲切、无形中缩短了与听众间的距离。例如,胡适在一次演讲时这样开头:"我今天不是来向诸君做报告的,我是来'胡说'的,因为我姓胡。"话音刚落,听众大笑。这个开场既巧妙地介绍了自己,又体现了演讲者谦逊的修养,而且活跃了场上气氛,沟通了演讲者与听众的心理,可谓一石三鸟,堪称一绝。

3. 奇谈妙论开场

人云亦云的论调是很难引起听众的兴趣的,倘若说人未说、发人未见,用别人意想不到的见解引出话题,造成"此言一出,举座皆惊"的艺术效果,使听众急不可耐地听下去,就能达到吸引听众的目的。

一上台就开始正正经经地演讲,会给听众生硬突兀的感觉、难以接受。不妨以眼前人、事、景(天气、心情、会场布置、某个发言等)为"媒介"、巧妙过滤,把听众不知不觉地引入演讲之中。例如,一位司仪主持婚礼时,这样开头道"阳光明媚,天降吉祥,在这美好的日子里,在这金秋的大好时光,我们迎来了一对情侣幸福的结合……"这里,司仪就眼前的天气说起,把听众很自然地引入正题。

4. 讲述故事开场

用形象性的语言讲述一个故事开场,会引起听众的莫大兴趣。例如,1962 年,82 岁高龄的麦克阿瑟回到母校——西点军校。一草一木,令他眷恋不已,浮想联翩,仿佛又回到了青春时光。在授勋仪式上,他即席发表演讲:"今天早上,我走出旅馆的时候,看门人问道,将军,你上哪儿去?一听说我到西点时,他说:'那可是个好地方,您从前去过吗?'"这个故事，情节极为简单，叙述也朴实无华，但饱含的感情却是深沉的、丰富的。既说明了西点军校在人们心中非同寻常的地位，从而唤起听众强烈的自豪感，也表达了麦克阿瑟深深的眷恋之情。接着，麦克阿瑟不露痕迹地过渡到"责任——荣誉——国家"这个主题上来，水到渠成，自然妥帖。讲述故事时要遵循这样几点原则：要短小，不能成了故事会；要有意味，促人深思；要与演讲内容有关。

5. 制造悬念开场

人都有好奇的天性，一旦有了疑虑，非得探明究竟不可。在开场白中制造悬念，往往会收到奇效。例如，我党的早期革命家彭湃，一次到乡场上准备向农民发表演讲。怎样才能吸引来去匆匆的农民呢？他想出了一个好主意。他站在一棵大榕树下，突然高声大喊："老虎来啦！老虎来啦！"人们信以为真，纷纷逃散。过了一会儿，才发现虚惊一场，于是都围上来责怪他。彭湃说："对不起，让大家受惊了。可我并没有神经病，那些官僚地主、土豪劣绅难道不是吃人的老虎吗？"接着，向大家宣讲革命道理。

吸引听众的演讲开场法还有很多，如讲述新闻式、赞扬听众式、名言式、实物式等。总之，演讲者只有因具体语境灵活、创造性地运用最恰当的方式，才能创造出赢得听众的开场白。

(2) 正文要层次清楚、重点突出。

正文是演讲的主要部分，演讲质量的好坏、论题是否令人信服，都取决于正文的阐述。正文在结构安排上离不开提出问题、分析问题和解决问题。但它又不是一成不变的刻板的公式。我们要根据主题的需要，恰如其分地安排好正文的层次结构，做到层次清楚，逻辑紧密；重点突出，内容连贯。在安排正文的结构时还要注意到，演讲的结构不同于文章的结构，不能肆意铺排，不可太复杂。文章可以反复看，结构复杂一些，读者反复揣摩也会弄通；演讲一遍过，结构过于复杂，听众会抓不住纲目，始终不得要领。

4.2.5 演讲的正文部分的要求

(1) 紧扣开场白。

(2) 划分段落。构段时，要注意内容的统一与完整，并有内在联系。统一，就是一段集中表达一个意思；完整，就是一个意思要在一段里集中讲完。各段之间有内在联系，是指各段之间内容连贯，上下段之间在内容上有逻辑联系，体现出下一段是上一段意思的必然发展。演讲稿划分层次的方式有以下几点。

① 并列式。它是横向地从各个不同角度或侧面去分析论题的结构形式。其主要特征是把演讲的主题所涉及的若干主要问题并列起来讲述，各个层次之间的关系是并列的，相对独立而又有联系。

② 递进式。演讲者抓住某个问题，步步深入，层层推进，鞭辟入里地进行分析，使演讲的结构呈现出递进的形式。这种结构的主要特点是在论述主题时，各层意思之间一层接一层，一环扣一环，最后水到渠成。

③ 总分式。演讲者首先概括阐明自己的观点、见解或评价，然后围绕这些论点分出层次加以论述。这种总分式的特点是使人首先获得总体印象，然后通过分别论述，可以加深听众对演讲内容的全面理解。

④ 对比式。这种讲述层次是，把分论点与分论点之间、段落与段落之间形成一正一反的对照，使听众从两种事物的不同或对立之中明辨是非，认识中心论点的正确性。

(3) 注意过渡与照应。

过渡一般有这样几种情况：①讲述的问题由总到分或由分到总时；②由一层意思转到另一层意思时；③由议论转为叙述或由叙述转为议论时。

照应也有三种情况：①行文和演讲题目的照应；②论点和表现中心思想的关键词的照应；③提出问题和解决问题的照应。

(4) 锤炼语言。

深刻的主题、动人的材料、精巧的结构都需要用语言来表现出来，语言的表达水平直接影响演讲的质量。具体地说，演讲的语言表达有下列几个基本要求。

① 要口语化。稿子写完后要念一念，请人听一听，看看是否上口、顺耳。这里推荐几种方法：把长句改成适合听的短句；把单音词改成双音词，如：应——应该、如——如果；把听众不易听懂的文言词语、方言改换掉。

② 要通俗易懂。要采用通行的说法和规范化的语言。把生僻的词改成常用的词；不用生造的词语；多举例，来说明听众陌生的事物；用具体形象的语言解释抽象的理论。

③ 要生动感人。用形象化的语言，包括运用各种修辞手法；发挥语言的音乐美，即声调的和谐和节奏的变化；运用幽默的语言。

④ 要准确朴实。郭沫若在全国科技大会上发表的《科学的春天》的演讲，就是语言锤炼的一个绝好范例。他在结尾时讲道："'日出江花红似火，春来江水绿如蓝'，这是人民的春天，这是科学的春天！让我们张开双臂热烈地拥抱这个春天吧！"

4.3 演讲技巧

 案例

1941 年 6 月 21—22 日是苏联最难忘的两天。那两天，德国军队突破了苏联边境，之后五六天，德军深入苏联国土 150～200 千米。

这期间，斯大林发表了几个令俄罗斯人永远难忘的全国讲话：

"同志们！同志们！兄弟姐妹们！我们的陆海军战士们！我的朋友们，我在向你们讲话！"(他通常这样开头，没有华丽辞藻，姿态是朋友和领袖，描述了所处的困境，每个字句都迸发出不可动摇的决心)

"这一群丧尽天良、毫无人格、充满兽性的人恬不知耻地号召消灭伟大的俄罗斯民族，消灭普列汉诺夫和列宁、别林斯基和车尔尼雪夫斯基、普希金和托尔斯泰、格林卡和柴可夫斯基、高尔基和契诃夫、谢切诺夫和巴甫洛夫、列宾和苏利科夫、苏沃洛夫和库图佐夫的民族！德国侵略者想对苏联各族人民进行歼灭战，他们就一定会得到歼灭战！我们的任务就是把他们一个不剩地歼灭掉，决不留情！"

这些充满斗志的话在武装部队中"唤起了巨大热情"，一位将军写道："我们一下子感到强大了许多。"斯大林铿锵有力的语音语气更增强了演说效果。

演讲技巧指的是在正式演讲过程中所运用的一些吸引听众、提高演讲效果的方式。要做一次有效的演讲，首先要选择一个合适的话题和表述角度，并围绕这个话题和角度选取材料，形成演讲稿；然后还要记忆演讲稿的框架和内容，并了解听众、分析听众、熟悉演讲环境；为了熟悉演讲稿、避免在演讲过程中出现失误，在正式演讲之前，还要进行演练，做好充分的准备。这些都是做好一次演讲不可或缺的前提。但这并不意味着就能进行一次有效的演讲。除此之外，在演讲过程中，还要注意一些技巧的运用。

4.3.1 克服怯场

任何人在大庭广众面前都会产生紧张情绪。其表现是面红耳赤，说起话来声音颤抖变调，心里发慌。企业家发表演讲经常是在一些较大的场合，出现怯场是很正常的。这里介绍几种克服怯场心理的方法。

(1)选择熟悉的题目进行演讲。对于一个您已经演讲过的题目或已经从事过研究又十分感兴趣的题目，往往会有助于您顺利地开始，如讲讲企业怎样经营、怎样注意产品质量、怎样做好广告等。

(2)熟悉讲稿。要克服紧张情绪，首先要熟悉讲稿。确定自己熟悉、感兴趣、有材料可写的选题，形成讲稿后要由框架到细节加以记忆、背诵。如果一面对听众就紧张，则应在脑海里迅速回忆演讲大纲，以缓解紧张情绪。

(3)要有充分自信。既然您被请去演讲，那就是对您的信任，您就是在这个问题上最有发言权的"专家"。

(4)不要把听众当成是专来取笑您的"捣蛋鬼"，而要把他们看作是自己的朋友。从一开始就要寻找那些对您注视、微笑、点头、仔细倾听的听众。首先面对他们讲话，就能克服慌乱情绪。待紧张情绪消除后，再转向其他听众。

(5)在演讲前可以做几次深呼吸，活动一下脖子或与身边的人小声说一两句话，有利于消除紧张情绪。

4.3.2 有声语言表达技巧

声音是演讲稿的载体，演讲要依靠声音传递给听众。作为一种强有力的沟通手段，声音又是连接演讲者和听众的桥梁。声音的表达力度要比演讲稿中词汇的表达力度强得多，声音的高低、快慢、抑扬顿挫都是表达信息的一部分。听众对演讲者的不满通常表现为，清晰度差、语速太快、听起来不自信和表达欠充分。这些都是有声语言运用方面的问题。演讲依靠有声语言来传达思想感情。一次成功的演讲还需要把握有声语言的运用技巧。

(1)发声技巧。古希腊的亚里士多德在《修辞学》一书中指出"什么时候说得明亮，什么时候说得柔和，或者介于二者之间；什么时候说得高，什么时候说得低，或者不高不低……都是关系到演讲成败的关键问题"。演讲时，明朗浑厚的中低音比较受人欢迎，演讲的语速以每分钟150字左右为宜。同时演讲者还应注意加强声音的共鸣，这样能使声音变得洪亮圆润，传送得远，蕴含感情。

(2)巧用重音。在演讲中，根据表情达意的需要，有意突出强调某个词或词组，而和其他词或词语形成对比处理，这种技巧便是重音。有的时候，读得比其他词轻，也能起到突出的作用。确定重音主要根据演讲者的目的、理解、心境、感情等综合因素。

(3)停顿的技巧。停顿有语法停顿、逻辑停顿和心理停顿。前两种是根据语法和逻辑结构来处理语言的手段，其目的是保证语意清楚明确、重点突出。而心理停顿则是演讲停顿技巧中最活跃的一种。心理停顿清楚明确、重点突出。而心理停顿则是演讲停顿技巧中最活跃的一种。心理停顿是有意识安排的，停顿时间比语法停顿、逻辑停顿长，听众可以明显感受到它的效应。具体说它有以下作用：

① 给演讲者和听众整理思路、体会情感的时间，从而达到"沟通同步"；
② 有利于内容的进一步展开、推动主题；
③ 体现设问和暗示的作用；
④ 用于引起听众的好奇、注意，令听众产生悬念。

(4)把握节奏的技巧。演讲中的节奏是由演讲者言语过程所确定的，是演讲者为适应内容的需要和感情的需要而造成的叙述过程中的抑扬顿挫、轻重缓急的对比关系。演讲节奏可分为以下几种类型。

① 轻快型：适于致欢迎词、宴会祝词、友好访问词等较随和的场合。
② 持重型：适于理论报告、纪念会发言、严肃会议开幕词、工作报告等。
③ 舒缓型：适于科学性演讲和课堂授课。
④ 紧促型：适用于紧急动员报告或声讨发言。
⑤ 低抑型：适于追悼会等具有哀伤气氛的场合。
⑥ 高扬型：适于誓师会、动员会、批判会等。
⑦ 单纯型：适于简短的演讲。
⑧ 复杂型：适于内容复杂、费时较长的演讲。

(5)语气语调的运用技巧。语气语调在沟通中也占有举足轻重的地位。实验证明：即使没有实在内容的声音形式也可以沟通感情。在演讲中"气徐声柔"可以表达爱；"气促声硬"可以表达憎；"气沉声缓"可以表达悲；"气满声高"可以表达喜；"气提声凝"可以表达惧；"气短声促"可以表达急；"气粗声重"可以表达怒；"气细声粘"可以表达疑。除了语气以外，语调的运用也可表达不同的感情。一般来说，平调表示严肃、平淡、压抑、悲痛；升调表示疑问、反问、愤慨、呼唤；曲调表示讽刺、暗示、欢欣、惊讶；降调表示感叹、请求、肯定、赞扬。

4.3.3 体态语言表达技巧

演讲是一种语言艺术，但绝不仅是语言艺术。一次成功的演讲，除了要运用好有声语言外，还要重视体态语言这一表达手段。体态语言通常包括表情、眼神、手势、站姿等内容。体态语言能够引起听众的注意，使用动作的演讲者比那些站着不动的演讲者可能吸引更多的注意；它能够配合有声语言，强化演讲效果，有人曾经列出这样一个公式：感情传达=7%的言辞+38%的声音+55%的面部表情。对一次演讲虽然不能进行如此准确的量化分割，但它确实反映出体态语言的表意作用。

(1)善用表情和眼神。面部表情是人的思想感情最复杂、最准确、最微妙的"晴雨表"。演讲中表情贵在自然，切忌拘谨木然、精神慌张或故作姿态。面部表情应随演讲的内容和演讲者情感的变化而变化，一笑一颦、一展一蹙都要和演讲的内容合拍。"眼睛是心灵的窗户"演讲表情中最重要的是眼神，所以在演讲中要尽量看着听众说话；多和听众的目光构成实在性接触;注意眼神运用的灵活多样,以便"美目流溢,顾盼生辉"。

(2)姿态和手势的运用技巧。不少演讲家提倡在演讲中使用站姿。站立的姿态,一般提倡两腿略微分开,前后略有交叉,身体的重心放在一只脚上,另一足则起平衡作用。这样,便于站立,也便于移动,身姿和手势也可以自由摆动。长时间的演讲可以采取坐姿与站姿相结合。一般来说运用坐姿,可以使演讲显得随和,适"拉家常"式的演讲。手势是身体姿态中最重要的表达手段。在演讲中,自然而安详的手势,可以帮助演讲者平静地陈述和说明;急剧而有力的手势,可以帮助升华情绪;柔和、平静的手势可以帮助抒发内心炽热的情感。在演讲中,手势的运用要有变化,要服从内容的需要,符合听众的习惯,简单明了,适当有节。

  案例

鲁迅先生在《在上海中华艺术大学的演讲》结束时说:"以上是我近年来对于美术界观察所得几点意见。今天我带来一幅中国五千年文化的结晶,请大家欣赏欣赏。"说着,他一手伸进长袍,把一卷纸慢慢从长袍中拿出,打开一看,原来是一幅病态丑陋的月份牌。顿时全场大笑。鲁迅先生借助恰到好处的道具表演,与结束语形成鲜明的对比。

4.3.4 控场技巧

虽然演讲活动一般都在充分准备的基础上进行,但出乎意料的因素总是难免发生。在这种情况下,当机立断,酌情控场与机变,就显得十分重要与必要。

(1)控场和机变要注意的原则。

① 观察要敏锐。要善于捕捉听众各种细微的情绪变化和反应,做出准确的判断和迅捷的措施。

② 处变而不惊。当会场上出现不安和骚动时,演讲者应冷静、沉稳,要有一个震慑全场的气概,始终保持充分的自信,以毅力和韧性克服一时的骚动。

③ 有理有利有节。在一般情况下,绝大多数听众是通情达理的,至于个别听众的问题,要分清问题的性质、原因和责任,采取适当措施,把事变消灭在萌芽状态。有时演讲者也可以采取视而不见的办法。

(2)演讲中意外情况的处理。

① 发现内容多、时间少。拖延时间是演讲大忌,所以在这种情况下,应果断压缩内容,删除某些句段和事例。妥善使用概括语,注意保持整个演讲体系的完整性,切忌虎头蛇尾,草率收兵。

② 演讲者发生失误。发生失误以后,最重要的是要处变不惊,其次是果断采取应急措施,及时调整自己的演讲。

③ 对听众当场递条子或口头质疑的处理。遇到这种情况,不管是善意质询还是恶意诘难,演讲者都要头脑冷静、保持清醒,切忌感情用事。采取灵活的处置,保证演讲顺畅进行。有时可以抓住这一时机,进一步深入地阐述自己的观点。

④ 发现听众反应冷漠、缺乏合作。演讲者应迅速冷静地分析出可能的原因,根据实际情况调整演讲内容,切不可敷衍了事,草草收兵。

⑤ 对听众持对立观点的处理。在这种情况下,演讲者应在一开始就努力缓和对立情绪,创造一个宽松、和谐的气氛,便于逐步阐述自己观点,最终说服听众。

> **案例**
>
> **小布什幽默解尴尬**
>
> 美国前总统小布什曾就读于耶鲁大学，由于学习成绩不好，差点未能毕业。其母校邀请他在一次毕业典礼上演讲："我当年从耶鲁大学毕业……"话未说完，台下就有人接着说："Barely（几乎未能）。"顿时全场发出一阵哄笑。小布什一怔，接着说："我要对今天以优异成绩毕业的同学们说，干得漂亮！而那些成绩稍差的，你们也不要气馁，说不定某一天你也可以成为总统。"全场一片笑声，并报以热烈的掌声。小布什停了一下，接着说："不过能够毕业和毕不了业的差别可大了呢，毕不了业的话也许只能当副总统。"

4.3.5 视听辅助手段

不管演讲者对演讲的内容如何充分准备，也不管其非文字的表达技巧如何高，由于演讲者说话的速度总是跟不上听众听的速度，因此，演讲者要运用视听辅助手段来填充由于听众信息接收速度和演讲者输出速度差所带来的时间空隙。同时，运用视听辅助可以帮助理清思路，使得接收的信息更有条理。另外，视听辅助手段还有助于提示听众理解演讲的内容，增强信息的接收量，加深印象。视听辅助手段的设计应注意以下四个方面的技巧。

(1) 列出演讲内容的议程图表。议程图表就是演讲的"提纲"、"基本框架"。议程图表是演讲的目录。仔细研究设计议程表并确保后面的图表都是由议程表引出。

(2) 列出证据支持图表。支持性图表是为了支持你的观点。议程表中的每一部分都要一系列图表的支持。支持图表可以是文字，也可以是图形或图解。

(3) 使用标题信息。使用标题信息的目的在于帮助听众直观地理解图表的含义。使用标题信息的方式，可以是信息标题，也可以是主题标题。当演讲者需要表达某个观点时，应该用信息标题；如果演讲者不在乎听众从图表中去获得某一结论，如果需要由他们自己去理解，则只要用主题标题就可以了。一般来说，应采用信息标题，这样更准确、易于理解。

(4) 做好图片之间的联结。做好图片之间的联结，就是要让听众从图表中看出上下层图表之间的直观联系。如议程图表和支持性图表之间的联结。

另外，演讲者在制作演示图片时，要注意制作要领——KISS 原则(Keep It Short and Simple，简单明了)和 KILL 原则(Keep It Large and Logic，字体大，内容逻辑强)。

本 章 小 结

1. 根据演讲方式的不同，演讲可以分为以下几类：(1)照稿宣讲；(2)脱稿背讲；(3)按提纲讲；(4)照腹稿讲；(5)即兴演讲。

2. 演讲的特点：(1)它可以言简意赅地讲清问题，能较快地见到效果；(2)它是一种面对面的宣传鼓励形式；(3)它具有艺术性。

3. 演讲者的目的：(1)说明情况；(2)说服听众；(3)激励听众；(4)娱乐听众。

4. 听众的特点。(1)听众心理的特点包括：听众对信息的接受具有选择性；听众心理是独立意识与从众心理的矛盾统一；"名片"效应与"自己人"效应；首因效应和近因效应。(2)听众的构成：目的、人数、性别、年龄、知识水准。

5．确定论题时，要考虑两个问题。(1)题目与内容的关系，主题要鲜明、正确、新颖。演讲的题目至关重要，通常可以从三个方面来选取主题。①选取大多数人普遍关心的问题来演讲。②选取能带给听众新的信息、新的知识、新的思想观点来演讲。③选取适合自己的身份、适合演讲时间、适合听众实际水平的内容来演讲。(2)拟定题目的要求。①标题要富有建设性。②标题要新奇醒目。③标题三忌：忌冗长、忌深奥、忌空泛。

6．主题的提炼要考虑：(1)主题应该是现实生活中急需回答的问题；(2)主题应该是演讲者有独创之见的思想观念；(3)演讲主题要集中，要有重点。

7．处理材料的步骤。(1)占有材料。在明确了演讲的主题和标题之后，演讲者要寻找、选择合适的材料对演讲内容进行丰富和补充。(2)筛选材料。①材料要服务于主题，演讲者要把最典型、最生动、最真实、最有说服力的材料奉献给听众，而不应将自己所掌握的材料随意拼凑，滥竽充数。②要选择针对性强的材料。③要选择演讲者力所胜任的材料。(3)使用材料。演讲中材料使用的先后次序、详略安排都要得体。

8．营造结构时：(1)开场白要巧妙；(2)正文要层次清楚、重点突出。

9．演讲的正文部分有以下几项要求：(1)紧扣开场白；(2)划分段落；(3)注意过渡与照应；(4)锤炼语言。

10．克服怯场的讲技巧：(1)选择您所熟悉的题目进行演讲；(2)熟悉讲稿；(3)要有充分自信；(4)不要把听众看成是专来取笑你"捣蛋鬼"，而要把他们看作是自己的朋友；(5)在演讲前可以做几次深呼吸，活动一下脖子或与身边的人小声说一两句话，有利于消除紧张情绪。

11．有声语言表达技巧包括：(1)发声技巧；(2)巧用重音；(3)停顿的技巧；(4)把握节奏的技巧；(5)语气语调的运用技巧。

12．体态语言表达技巧包括：(1)善用表情和眼神；(2)姿态和手势的运用技巧。

13．控场和机变要注意的原则：(1)观察要敏锐；(2)处变而不惊；(3)有理有利有节。

14．视听辅助手段包括：(1)列出演讲内容的议程图表；(2)列出证据支持图表；(3)使用标题信息；(4)做好图片之间的联结。

思 考 练 习

1．演讲的特点和形式有哪些？
2．演讲的过程可以细分为哪几个步骤？
3．演讲构思的内容有哪些？
4．如何克服演讲时怯场？
5．请回忆在过去生活中一次演讲失败的经历，分析原因并提出改进对策。

第5章

倾 听

学习要点：
1. 倾听对管理者和沟通的重要性；
2. 倾听的环境障碍分析；
3. 倾听者障碍分析及克服策略；
4. 提高有效倾听的技巧；
5. 倾听中的提问技巧；
6. 倾听中的沉默技巧；
7. 积极倾听。

 导入案例

老板该如何去倾听

小马里奥特是万豪国际酒店集团的董事长和CEO，喜欢走动式管理，以四处巡视旗下酒店为乐事。他有一次巡视酒店，注意到顾客对餐厅女招待的服务评分不高。他问问题出在哪里，经理说不知道。但是，小马里奥特注意到经理不安的身体语言，接着问女招待的待遇是多少。得到回答之后，他接着问为什么待遇比市场标准低。经理说加薪要总公司决定，而他不想提出来。

对话不过30秒，但是小马里奥特发现了三个严重的问题：第一，总公司管得太多；第二，高层重视利润胜过顾客满意度；第三，经理不敢提加薪要求，说明他的上级是糟糕的倾听者。当然，小马里奥特解决了这三个问题。

这是关于怎么做决策的完美案例，但是在小马里奥特看来，这更是一个关于倾听的案例。他说："我所做的，只是改变这位经理什么都不说的习惯，并且告诉他，有人愿意倾听他的问题——这是他的上级主管显然不愿意做的事。"

小马里奥特很重视倾听，也善于倾听。他至少有十点经验值得其他经理人学习。

① 倾听基层员工。
② 倾听对方的身体语言。
③ 善用自己的身体语言。
④ 保持适当的沉默。
⑤ 不要以表达方式是否迷人来判断信息是否准确。
⑥ 不要选择性倾听。
⑦ 要主动倾听，也就是说要提问。
⑧ 倾听顾客。
⑨ 化倾听为行动。

⑩ 要知道什么时候该停止倾听。

小马里奥特，带着善于倾听的本领，使其公司进入了《基业长青》一书赞誉的"高瞻远瞩的公司"的行列，跟IBM、通用电气、花旗银行、迪士尼、索尼等公司排列在一起。

5.1 倾听概述

有关倾听的小故事

琳达•施莱德准备见她最后一位病人，结果她的丈夫乔尔打来一个电话。"你猜怎么着？"他大喊，"我早早地办完了事情，提前下了班，好回家准备一顿美美的晚餐。顺便说一句，还记得你妹妹那天做的那个叫人难以相信的巧克力饼吗？"

"那是当然。"琳达说，"秘密在于蛋白要分开搅，但是微波炉坏了。我昨天试过，温度控制器坏了。"

"我只需要知道在哪里能找到配方就行了。"乔尔答道，"我相信是放在一本菜谱里的。"

"如果你真想知道。"琳达对他说，"我想是放在《美国地方菜谱》里面的，就是封面有一所老房子照片的那一本。就在橱柜的第二格上，跟其他烹调书放在一起的，就是跟烹饪酒料和佐料放在一起的那一格。"

"我肯定会找到的。"乔尔大声说，"那本书里有很多很好的食谱。但是，我得赶紧忙了，等你回来的时候正好做好，再见。"

"等一下，乔尔。"琳达说，"你到底准备怎么做蛋糕呢？"

"怎么做蛋糕？"乔尔吃惊地问，"当然是用微波炉烤。"一说完就挂了。

在沟通中，你首先必须成为一个优秀的信息接收者，因此，良好的信息接收策略是必不可少的。尤其是当你需要学习，需要听取他人的意见、想法，需要或想要他人全心投入并由他们提供信息内容时，你更应该注意运用两种策略：倾听和阅读。

5.1.1 倾听的含义

在上述案例中小马里奥特是一个能说会道善于口头表达的人，也是一个善于倾听的总裁。在口头沟通过程中，不仅要会说，而且还要会听。有人对经理人员的沟通做过分析，结果发现，一天用于沟通的时间约占70%，而其中撰写占9%，阅读占16%，言谈占30%，倾听则占到了45%。口头沟通中，"说"与"听"是管理者随时需要担当的责任。说好与听好都很重要，也都不容易做到。但有调查显示，就如同案例中的经理，管理者往往不是一个好听众。或者说，对于管理者，做一个好听众比做一个好演说家更难。而在日常生活中也是如此，如图5-1所示。

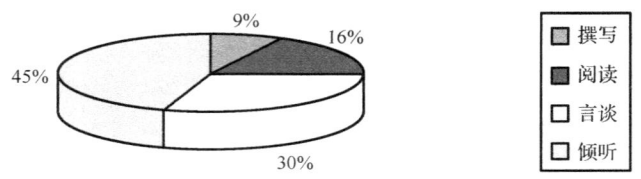

图5-1 倾听在沟通时间中所占的比例

那么，倾听真有那么难吗？这要从倾听的含义说起。

国际倾听协会这样对倾听定义：倾听是接收口头及非语言信息、确定其含义并对此做出反应的过程。要理解这个定义，必须注意以下几个方面。

(1) 倾听不等于"听"。

"听"是与生俱来的，是一个生理过程。它是听觉器官对声波的一种单纯感受，是被动地面对信息和信息传递者。倾听则不仅是生理意义上的听，更是一种积极的有意识的听觉与心理活动，是信息接收者对信息进行积极主动的搜寻的过程。通过倾听，不仅可以获得信息，而且还能了解情感。从沟通的角度讲，倾听则具有很强的技巧性。听与倾听的区别，如表5-1所示。

表 5-1　听与倾听的区别

听	倾听
用耳朵接收声音的方式	接收声音并获取信息的行为
有意识或无意识的	有意识的，主动地
主要取决于客观接收	主要取决于主观意识
不一定有信息的接收	必须有信息的接收

(2) 倾听是一个主动参与的过程。

在这个过程中，倾听者不仅要接收、理解别人的语言信息，而且也要接收、理解别人的手势、体态和面部表情等非语言信息。同时，要从中得到信息，抓住说话人的思想和感情，并做出必要的反馈。

倾听的主动参与性对管理者来说尤为重要。美国的企业家亚科卡曾对管理者的倾听有过精辟的论述："假如你要发动人们为你工作，你一定要好好听别人讲话。这一点就是能否造就一家高明公司的关键。作为一名管理人员使我感到满足的莫过于看到企业内公认为一般的或平庸的人，因为管理者倾听了他遇到的问题而发挥了他应有的作用。"而是否善于倾听不仅是一种技巧，更是一种意识，要主动地倾听并且获得信息。但凡成功的管理者都是主动倾听并且善于倾听的人。

(3) 倾听是耳到、眼到、心到的综合行为。

从生理学角度分析，倾听比说话更易引起疲劳，因为它要求脑力的投入，要求集中全部注意力。国外有人分析，一般人们说话的速度是每分钟150个词汇，而倾听的能力则是每分钟可接收1000个词汇。两者之间的差值显然给大脑留下了充足的时间。但是，倾听能力的充裕并不意味着倾听行为的轻松。

事实上，倾听是一种耳到、眼到、心到的综合行为。具体地说，倾听时，首先要求运用听觉器官"耳朵"仔细听取对方的语言信息。同时，要求运用视觉器官"眼睛"去观察对方的动作、表情等非语言信息。在此基础上，运用中枢指挥系统"大脑"对眼睛和耳朵捕捉到的各种信息和对方潜藏的内在动机、情绪等加以分析判断，这样的一个综合性的整体行为才构成倾听。

 **案例**

倾听的价值

古希腊哲学家阿那克西米尼晚年的时候声望很高，拥有上千名学生。一天，这位两鬓花白的老者蹒跚着走进课堂，手中捧着一摞厚厚的纸张。他对学生说："这堂课你们不要忙着记笔记，凡是认真听讲的人，课后我都会发一份笔记。一定要认真听讲，这堂课很有价值！"

学生们听到这番话，立刻放下手中的笔，专心听讲。但没过多久就有人自作聪明——反正课后老师要发笔记，又何必浪费时间去听讲呢？于是开起了小差。临近下课时，这些学生觉得并没听到什么至理名言，不禁怀疑起来：这不过是一堂普通的课，老师为什么说它很有价值呢？

课讲完了，阿那克西米尼将那摞纸一一发给每位学生。领到纸张后，学生们都惊叫起来："怎么是几张白纸呀！"阿那克西米尼笑着说："是的，我的确说过要发笔记，但我还说过请大家一定要认真听讲。如果你们刚才认真听讲了，那么请将在课堂上所听到的内容全部写在纸上，这不就等于我送你们笔记了嘛。至于那些没有认真听讲的人，我并没有答应要送他们笔记，所以只能送白纸！"

学生们无言以对。有人懊悔刚才听讲心不在焉，面对白纸不知该写什么；也有人快速地将所记住的内容写在白纸上。后来，只有一位学生几乎一字不落地写下了老师所讲的全部内容，他就是阿那克西米尼最得意的学生，日后成为古希腊著名哲学家的毕达哥拉斯。阿那克西米尼满意地把毕达哥拉斯的笔记贴在墙上，大声说："现在，大家还怀疑这堂课的价值吗？"

阿那克西米尼一贯主张，人生最大的财富是倾听。只有乐于并善于倾听，才可能成为知识的富翁，而那些不愿意倾听的人，其实是在拒绝接受财富，终将沦为知识的穷人。

(4) 倾听需要有感情因素的投入。

这主要表现为，在倾听的过程中，倾听者必须对说话者有感情因素的投入，能够接收、理解对方的感情流露，并从面部表情或言语等方面对说话者的情感表示同情或其他的情绪。这样，说话者就会感到自己得到了认同，因而产生进一步沟通的欲望，就会更加热心地倾诉自己的思想和情感，更加认真地发表自己的意见。在实际交谈中，倾听者不一定要用言语表达自己的倾听情感，有时一定的面部表情（如关切的目光、倾听的姿态等），也能让对方感到亲切、真实并且产生良好的互动。总之，倾听是一种有意识、有情感地接收语言或非语言信息并且对此做出反应的过程，是具有主观能动性的行为。

5.1.2 倾听的重要性

(1) 倾听对管理者的重要性。

倾听也是管理者必备的素质之一，理论与经验都告诉我们，是否善于倾听是衡量一个管理者水平高低的标志。成功的管理者，一般来讲，大多是善于倾听的人。日本"松下电器"的创始人松下幸之助把自己的全部经营秘诀归结为一句话，首先细心倾听他人的意见。松下先生是用自己的实际行动来证实倾听的重要性的。在商品批量生产前，他要充分倾听各方面人员的设想和意见，在此基础上确立下一步经营目标。由于松下先生能充分认真听取各个层次的意见，所以处理问题时总是胸有成竹、当机立断，表现出敏锐的判断力。

在畅销书《亚科卡传》中，亚科卡先生也曾对管理者的倾听有过精辟的论述："我只盼望能找到一所能够教导人们怎样听别人讲话的学院。毕竟，一位优秀的管理人员需要听到的至少要与他所需要说的一样多，许多人不能理解沟通是双方面的。"他认为管理者必须鼓励人们积极贡献，使他们发挥最大干劲，虽然你不可能接受每一项建议，但你必须对每一项建议作出反应，否则，你将听不到任何好的想法。他总结说："假如你要发动人们为你工作，你就一定要好好听别人讲话。一家蹩脚的公司和一家高明的公司之间的区别就在于此。作为一名管理人员，使我感到最满足的莫过于看到某个企业内被公认为一般的或平庸的人，因为管理者倾听了他遇到的问题而使他发挥了应有的作用。"从这些实业家的经验之谈中，我们可以看到，倾听是管理者成功的首要条件。

一位擅长倾听的领导者将通过倾听，从同事、下属、顾客那里及时获得信息并对其进行思考和评估。有效而准确地倾听信息，将直接影响管理者的决策水平和管理成效。

倾听是由管理工作特点决定的。科学技术在飞速发展，社会化大生产的整体性、复杂性、多变性、竞争性，决定了管理者单枪匹马是肯定不行的。面对纷繁复杂的竞争市场，个人难以做出正确的判断，制定出有效的决策方案。法国作家安德烈·莫洛亚说："领导人应善于集思广益，应当懂得运用别人的头脑。"他援引希腊谚语说，"多听少讲有利于统治国家"。对领导者与管理者要求虽有区别，但重视倾听这一点应该是一致的。唐代贤臣魏征在劝谏唐太宗时更一针见血地指出："兼听则明，偏信则暗。"

管理过程就是调动人的积极性的过程。善于倾听的人能及时发现他人的长处，并使其发挥作用。倾听本身也是一种鼓励方式，能提高对方的自信心和自尊心，加深彼此的感情，因而也就激发了对方的工作热情与负责精神。美国最成功的企业界人士之一的玛丽·凯·阿什是玛丽·凯化妆公司的创始人。现在她的公司已拥有20万名职工，但她仍要求管理者记住倾听是最优先的事，并且每个员工都可以直接向她陈述困难。这样做的好处就是沟通了彼此的感情，倾诉者要求被重视的自尊心得到了满足，在很多情况下，倾诉者的目的就是倾诉，"一吐为快"，并没有更多的要求。日本、英美一些企业的管理人员常常在工作之余与下属职员一起喝几杯咖啡，就是让部下有一个倾诉的机会。

(2) 倾听在沟通中的重要性。

也许有人想"现代社会的管理者都很忙，时间也异常宝贵，可谓一寸光阴一寸金，哪有那么多空闲去听人瞎侃呢"？而实际上，在每天的沟通过程中，倾听占有重要的地位，我们花在倾听上的时间，要超出其他沟通方式许多，如读、写、说。

综上所述，倾听的重要性具体体现在以下几方面。

① 倾听可获取重要的信息。

倾听也是获得信息的主要方式之一，报刊、文献资料是了解信息的重要途径，但受时效限制，倾听可以得到最新信息。交谈中有很多有价值的信息，有时它们常常是说话人一时的灵感，而自己又没意识到，对听者来说却有启发。实际上就某事的评论、玩笑、交换的意见、交流的信息、各地的需求，都是最快的信息，不积极倾听是不可能抓住的。所以，一个随时都在认真倾听他人讲话的人，在与别人的闲谈中就可能成为一个信息的富翁。

通过倾听，我们可了解对方要传达的消息，同时感受到对方的感情，还可据此推断对方的性格、目的和诚恳程度。

透过提问，我们可澄清不明之处，抑或是启发对方提供更完整的资料。耐心地倾听，可以减少对方自卫的意识，受到对方的认同，甚至产生同伴、知音的感觉，促进彼此的沟通了解。倾听可以训练我们以己推人的心态，锻炼思考力、想象力、客观分析能力。

② 倾听可掩盖自身弱点。

俗话说"沉默是金"、"言多必失"，静默可以帮助我们掩盖若干弱点。如果你对别人所谈问题一无所知，或未曾考虑，保持沉默便可不表示自己的立场。

③ 善听才能善言。

让我们回想一下，在听别人说话时，你是否迟滞发呆、冷漠烦闷？你是否坐立难安、急于接口？我们常常因为急欲表达自己的观点，根本无心思考对方在说些什么，甚至在对方还未说完的时候，心里早在盘算自己下一步该如何反驳。以一种消极、抵触的情绪听别人说话，最终自己的发言也会毫无针对性和感染力，交谈的结局可想而知。

④ 倾听能激发对方谈话欲。

让说话者觉得自己的话有价值，他们会愿意说出更多更有用的信息。称职的倾听者还会促使对方思维更加灵活敏捷、启迪对方产生更深入的见解，双方皆受益匪浅。

⑤ 倾听能发现说服对方的关键。

如果你沟通的目的是为了说服别人，多听他的意见会更加有效。你能从中发现他的出发点和他的弱点，是什么让他坚持己见，这就为你说服对方提供了契机。让别人感到你的意见已充分考虑了他的需要和见解，他们会更愿意接受。

⑥ 倾听可使你获得友谊和信任。

人们大都与你一样，喜欢发表自己的意见，如果你愿意给他们一个机会，他们立即会觉得你和蔼可亲、值得信赖。作为一名管理者，无论是倾听顾客、上司还是下属的想法，都可消除他们的不满和愤懑，获取他们的信任。

5.2　倾听中的障碍

 案例

倾听于耳

在约翰被破格提升为公司高级管理人员的当天，董事长在办公室里给他讲了个故事："在一个仓库里，几个人把一块手表弄丢了，大家竭力寻找，却怎么也找不到，后来……"

约翰没想到的是这样一个老掉牙的故事，就插言道："后来一个孩子趁这几个人休息的时候来到仓库，趴在地下，找到了那块手表，因为他用耳朵听到手表嘀嗒嘀嗒的声音……"

"很好，因为你听过这个故事，但是你明白这个故事吗？"

"当然知道，就是要我们学会倾听，倾听可以发现许多意想不到的事情！"

"没错，但是你在倾听我说吗？孩子，自信是商人成功的标志，但自信和自负是不同的。你现是公司的高级管理人员，如果你不去倾听来自员工的话，你将和市场脱节，懂吗？"

从此，这个故事一直跟随着约翰，他要求自己具备自信的同时，更要具备亲和力，倾听来自不同群体的意见。

问题：

1. 约翰为什么会牢记这个故事？

2. 为什么说"倾听可以发现许多意想不到的事情"？

倾听可以帮助我们获得很多信息。倾听的方式和态度也有所讲究。正如故事中的年轻人，光关注于工作室是不够的，更需要透过表面挖掘深层的社会，倾听下属的意见，工作才会变得轻松。

尽管我们用于沟通的时间惊人的多,但效果却往往不尽如人意。因为沟通是由编码、传递、解码三个主要过程构成的,在整个沟通过程中有无数复杂的因素影响着沟通的效果。我们都做过列队传话的游戏:十来个人排成一列,由第一人领来纸条,记住上面的话,然后低声耳语告诉第二个人;第二人将听到的句子再耳语给第三人,如此重复,直至最后一人,将他听到的话写出来。这最后的句子与开头纸条上的句子往往是天壤之别。

事实上,我们应该珍惜获得的每一条信息,因为我们听到的每一句话都是冲破了重重障碍,才得以"平安"传递到我们心中,哪怕是最简单的一句"你好吗"也是如此。沟通的障碍来自环境、信息发送者和信息接收者三方,而倾听的障碍则主要存在于环境和倾听者本身。如何认识到可能出现的阻碍,并有效地预防和克服,将直接影响到倾听的效果和信息的价值。

5.2.1 环境障碍

良好的环境对双方的交流很重要,环境干扰是影响倾听者常见的原因之一。交谈时的环境千差万别,时常使人的注意力转移。来回过往的事物,常常会分散人的注意力,从而影响专心倾听,交流环境周围发生的奇闻怪事更会分散人们的注意力。环境布置、气候状况、双方的衣着,也会使人分心。几个人谈话,也可能相互干扰。有人做过实验,一个人同时听到两个信息时,他会选择其中的一个,而放弃另一个。所以,荀子说:"不能两听而聪"(《劝学篇》)。抵抗环境干扰是很困难的事,需要倾听者细心克服。

(1) 环境主要从两方面施加对倾听效果的影响。

① 干扰信息传递过程,消减、歪曲信号。布局杂乱、声音嘈杂的环境将会导致信息接收的缺损,例如,在嘈杂的环境里你就很难听清对方的讲话。

② 影响沟通者的心境,对人的听觉和心理活动产生影响。环境中的声音、气味、光线及色彩、布局都会影响人的注意力和感知。也就是说环境不仅从客观上,而且从主观上影响倾听的效果,这正是人们很注重挑选谈话环境的原因。在会议厅里向下属征询建议,大家会十分认真地发言,但假若是在餐桌上,下级可能会随心所欲地谈谈想法,有些自认为不成熟的念头也在此得以表达。反之亦然,在咖啡厅里上司随口问问你西装的样式,你会轻松地聊几句,但若老板特地走到你的办公桌前发问,你多半会惊恐地想这套衣服是否有违公司仪表规范。这是由于不同场合人们的心理压力、氛围和情绪都大有不同的缘故。

(2) 环境的主客观三因素。对于环境的分析可以从以下三因素来考虑。

① 封闭性。环境的封闭性指谈话场所的空间大小、光照强度(暗光给人更强的封闭感)、有无噪声等干扰因素。封闭性决定着信息在传送过程中的损失概率。

② 环境的氛围。环境的氛围是环境的主观性特征,它影响人的心理接受定势,也就是人的心态是开放的还是排斥的,是否容易接受信息,对接收的信息如何看待和处置等倾向。环境是温馨和谐还是火药味浓、是轻松还是紧张、是生机勃勃的野外还是死气沉沉的房间,会直接改变人的情绪,从而作用于心理接受定势。

③ 对应关系。说话者与倾听者在人数上存在着不同的对应关系,可分为一对一、一对多、多对一和多对多四种。人数对应关系的差异,会导致不同的心理角色定位、心理压力和注意力集中度。在教室里听课和听同事谈心、听下属汇报,是完全不同的心境。听下属汇报时最不容易走神,因为一对一的对应关系使听者感到自己角色的重要性,心理压力

也较大，注意力自然集中；而听课时说者和听者是明显的一对多关系，听课者认为自己在此场合并不重要，压力很小，所以经常开小差；如果倾听者只有一位，而发言者为数众多的话，如原被告都七嘴八舌地向法官告状，或者多家记者齐声向新闻发言人提问，倾听者更是全神贯注，丝毫不敢懈怠。

从以上的论述可以发现，环境障碍对倾听效果的影响是十分重大的，我们必须想办法加以克服。

简要分析管理者通常所处的几种倾听环境，主要从以上三个因素来分类，并指出该环境中影响倾听效果的主要障碍来自何处。

对应关系：指管理人员作为倾听者，与发言者的人数对应关系。

讨论会：指深度会谈、头脑风暴会议或专家小组会谈等讨论会形式。

非正式场合：指餐厅、咖啡厅、家中等。

按照这种思路，还可以分析更多的场合，掌握不同场合的特征和影响倾听的主要障碍源，有助于我们选择适合的场所交谈，并主动地防止可能的障碍影响，如表5-2所示。

表 5-2 环境类型特征及倾听障碍源

环境类型	封闭性	氛围	对应关系	主要障碍源
办公室	封闭	严肃、认真	一对一，一对多	不平等造成心理负担、紧张，他人或电话骚扰
会议室	一般	严肃、认真	一对多	对在场他人的顾及，时间限制
现场	开放	可松可紧、较认真	一对多	外界干扰，事前准备不足
谈判	封闭	紧张、投入	多对多	对抗心理，说服对方的愿望太强烈
讨论会	封闭	轻松、友好、积极投入	多对多，一对多	缺乏从大量散乱信息中发现闪光点的洞察力
非正式场合	开放	轻松、舒适、散漫	一对一，一对多	外界干扰，易走题

(3) 如何营造环境氛围。

环境氛围也就是倾听的氛围，是环境的主观性特征，它影响着人的心理接受定势，即对人的心态的开放性或排斥性、接受信息的容易与否、如何看待和处理接收到的信息等问题产生影响。氛围温暖和谐或剑拔弩张，场所生机勃勃或死气沉沉，都会直接影响到人的情绪，从而作用于倾听者的心理接受定势。

在管理沟通的倾听过程中，倾听氛围的营造是非常关键的。有研究显示，倾听者的两种习惯会破坏倾听的氛围："说话时，他帮我说完剩下的话"；"我进来时，他没有放下手头的工作，把注意力完全集中到我身上"。很多倾听效果不好是因为这样的行为而导致的，这样会使讲话人产生"正在传递的信息不是很重要"的感觉。所以倾听应该给予讲话者充分的重视。

从管理者的角度而言，倾听氛围的营造主要通过管理者的行为和风格来体现。当管理者在现场而不是在办公室里倾听员工时，他们创造了这样的气氛："我在这儿倾听你讲话。"有了良好的倾听氛围，就会使员工说出自己的心声，进而为管理沟通的效果提供良好前提和条件。

具体而言，管理者可以通过以下途径创造积极的倾听氛围：第一，对创造良好倾听氛围予以重视，在日常工作中创造倾听机会，如可以经常到咖啡厅或休息室这样的非正式场所去走走；第二，经常组织非正式会议，如组织一些"小型会议"或自发聚会讨论一个问题。但是，管理者在倾听过程中一定要有平等的姿态，把官衔和权威的象征降到最低，使员工不觉得自己地位低微，这时他们会更愿意交谈。

5.2.2 语言表达障碍

不同的人有不同的沟通和交流的能力。语言表达能力的不同及不适当的语言表达会造成沟通的障碍，这些障碍主要表现在以下几个方面。

(1) 使用过分精确的语言。过分精确的语言，往往使听话人难以全部接收并记住。例如，向对方提供电话号码时一口气说完数字，将会使任何倾听者都很难一次全部记下来。

(2) 不适当地使用省略语。不适当地使用省略语不仅会造成沟通的困难，有时还会闹出笑话。例如，"上吊（上海吊车厂）"、"开刀（开封刀具厂）"等，往往会令听者不知所云。

(3) 不恰当地使用专业术语。在一般的沟通中，人们都习惯使用日常用语。除非是专业人员的专业对话，应尽量使用大家熟知的语言。比如，对大多数人来讲，"氯化钠"也许陌生，但说"盐"则几乎人人皆知。

(4) 在太短的时间内接收太多的信息。太多的信息，很难让人在短时间内接收，在相声"报菜名"中，恐怕很少有人能记住其中的三分之一。

(5) 口头语与体态语不相符。当你与别人谈话时，你想说"3"，而此时却伸出 5 个手指。如果听者注意到你的动作，必然会产生疑问。

(6) 口语或方言的不恰当运用。不同的国家、地区、种族，不同文化背景的群体在长期的生活中形成了特定的口语和方言。如果在不恰当的场合运用它们，就有可能造成倾听障碍。

 **案例**

仔细倾听，记住人名

人类最关心的是自己，假如你能尊重并记住别人的姓名，就表示你在乎他。尤其在初次见面时，彼此会互道姓名，这时，作为一个善于倾听者，要借助各种方式和手段，努力记住对方的名字。

- 用心仔细听。把记别人姓名当作重要事，每当认识新朋友时，一方面用心注意听，另一方面要牢牢记住。若听不清对方的大名，请立刻再问一次。要知道每一个人对自己的名字，比全世界的人名总合起来还关心。
- 利用笔记。别信任自己的记忆力，在取得对方名片后，必须把他的特征、嗜好、专长、生日等写在名片背后，以帮助记忆。当然，若能配合照片另制资料卡，则效果更佳。
- 多次使用。重复一个人的姓名，能够帮助记忆。因此，在初次谈话中，应故意多叫几次对方的大名。如果对方的姓名很少见或奇特，不妨请教其写法与取名经过。此种以姓名为话题的交谈方式，更能加深对其名字的印象和记忆。

5.2.3 倾听者的主观障碍

倾听者本人在整个交流过程中具有举足轻重的作用。倾听者理解信息的能力和态度都直接影响倾听的效果。所以，在尽量创造适宜沟通的环境条件之后，倾听者要以最好的态度和精神状态面对发言者。来自倾听者本身的障碍主要可归纳为以下几类。

(1) 不专心。人们常在倾听时关心演讲者的着装、姿势和修辞水平，也常常被一些噪声所打扰，对演讲者所传达的思想反倒不太在意。这是最常见的倾听者方面的障碍。

> **案例**

煮熟的鸭子为何飞了

有一次,一位顾客向酒店订宴席。服务员小张接待了他,并向他推荐了一种经济、实惠又体面的排场,顾客很满意,打算先付定金。但就在这时,顾客却突然变卦,掉头离去。顾客明明很满意,为什么突然改变了主意呢?小张想了一个下午,仍然没有头绪。到了晚上,他忍不住按照联系簿上的电话号码打电话给那位顾客。"您好,我是某酒店的小张,今天下午您来我们这订宴席,明明都谈好了,您为什么突然改主意了?""哦,你真的想知道原因吗?""是的,我检讨了一下午,实在想不出哪里出了错,因此特地打电话向您讨教。""很好!你现在在认真听我说话吗?""非常认真。""可是下午的时候,你根本没有用心得听我讲话。就在我决定付定金之时,我提到是为我儿子考上大学而庆祝的,我以他为荣,但你毫无反应,而是在专心听另一个同事讲笑话。"

(2)先入为主。先入为主的观点在行为科学中被称为"首因效应",它是指在进行社会知觉的过程中,对象最先给人留下的印象,对以后的社会知觉产生的重大影响。也就是我们常说的,第一印象的关键作用。人们在倾听过程中,会对说话者首先提出的观点印象深刻,同时也会有自己的预期,会对对方所说的话有一定猜测和判断,如果对方与其最先提出的观点或与倾听者的观点大相径庭,倾听者可能会产生抵触的情绪,而不愿意继续认真倾听下去。

另外,人们习惯关注自我,总认为自己才是对的。在倾听过程中,过于注意自己的观点,喜欢听与自己观点一致的意见,对不同的意见往往是置若罔闻,或者会对听到的信息做出错误的理解。例如,一个平常很爱开玩笑的人某次很郑重地说一件事情,很可能被认为是开玩笑。而我们熟知的《狼来了》的故事则是另一个典型事例。

(3)急于发言。美国一位参议员曾说:"我们都倾向于把他人的讲话视为打乱我们思维的烦人的东西。"人们都有喜欢自己发言的倾向,容易在他人还没有说完的时候,就迫不及待地打断对方,或者在心里早已不耐烦了,也就很难领悟到对方话语的真正意思。更有甚者,会影响整个沟通过程的质量。

(4)选择性地听。选择性地听通常是由于排斥异议造成的。大多数人都喜欢听和自己意见一致的人讲话,偏向于和自己观点相同或相似的人。同时,在倾听时倾向于只注意自己最想知道的信息,这种行为看似倾听对方,实则只是在"倾听"自己的心声。如下面的对话:

业务员:"经理,我认为这次的客户索赔案是我们的责任……"

经理:"没错没错,确实如此!"

(5)厌倦情绪。由于我们思考的速度比说话的速度快很多,我们很容易在听话时感到厌倦。尤其是当谈话者说的是枯燥无聊、空洞无物的言论时,更会使听者产生厌恶情绪,进入拒绝接受的心理状态。这时,听者往往会"寻找"一些事做,占据大脑空闲的时间,这是一种不良的倾听习惯。

还有一些人因为情绪焦虑而不能很好地倾听,如我们通常都有过这样的经历:到一个陌生的地方,自己却迷路了,在走了很长时间也没有发现什么标志物时,开始感到紧张,于是停下来问路,可是别人告诉你的线路你根本没听进去。这就是焦虑、紧张造成了倾听障碍。

(6) 个人偏见及心理定势。个人偏见，是指倾听者对说话者在倾听之前就存在的某种心理认知，一般都是偏颇的或极端的。在一次国际会议上，以色列代表团的成员们在阐述其观点时，用了非常激烈的方式，他们抱怨泰国代表对会议不表示任何兴趣或热情，因为他们"只是坐在那里"，而泰国代表则对以色列教授非常愤怒，因为他们"用了那么大的嗓门"。所以，在团队中成员的背景多样化尤其是倾听者和说话者来自于不同文化背景时，最大的障碍往往就是倾听者对信息传播者存在偏见，无法获得准确的信息。

曾经有一个女孩做了一个实验，她走上讲台，同时邀请一位观众作为伙伴。然后她在碎纸片上写了一些东西，小心地把纸折起来，并对她的伙伴说："我要进行一项传心术的实验。请你列举出一种家禽，一种长在脸上的东西和一位俄罗斯诗人的名字。"这位伙伴说道："母鸡、鼻子、普希金。"女孩微笑着说："现在请你将刚才纸条上的内容念出来。"这位伙伴大声念道："母鸡、鼻子、普希金。"，正好是他刚才自己说的词语！

其实这个实验正是一个心理定势的缩影。人类的全部活动，都是由积累的经验和以前作用于我们大脑的环境所决定的，我们从经历中早已建立了牢固的条件联系和基本的联想。

由于人都有根深蒂固的心理定势和成见，所以很难用冷静、客观的态度接收说话者的信息，这也会大大影响倾听的效果。

 **案例**

林克莱特访问一名小朋友

美国知名主持人林克莱特有一天访问一名小朋友，问他说："你长大后想做什么呀？"小朋友天真地回答："嗯，我要当飞机的驾驶员！"林克莱特接着问："如果有一天，你的飞机飞到太平洋上空时，所有引擎都熄火了，你会怎么办？"小朋友想了想："我会先告诉坐在飞机上的人绑好安全带，然后我挂上我的降落伞跳出去。"当在场的观众笑得东倒西歪时，林克莱特继续注视着这孩子，想看他是不是自作聪明的家伙。没想到，接着孩子的两行热泪夺眶而出，这才使得林克莱特发觉这孩子的悲悯之心远非笔墨所能形容。于是林克莱特问他说："为什么你要这么做？"小孩的答案透露了这个孩子真挚的想法："我要去拿燃料，我还要回来！"

当你听到别人说话时，你真的听全听懂他说话的意思了吗？要真正听懂，就要克服心理定势，请听别人说完吧。这就是"听的艺术"，听话不要听一半；不要把自己的意思，投射到别人所说的话中。

(7) 自我中心。自我中心，刚愎自用。人们习惯于关注自我，总认为自己才是对的。同时，会想尽一切办法拒绝反对意见，例如，会歪曲事实、大喊大叫、责难别人或百般辩解。听不进批评意见或不同意见，坚持错误，拒不改正，这样的人不仅不是一个好的倾听者，而且也将只能是一个持续犯错者。

(8) 消极的身体语言。你有没有习惯在听人说话时东张西望，双手交叉抱在胸前，跷起二郎腿，甚至用手不停地敲打桌面？这些动作都会被视为发出这样的讯息：你有完没完？我已经听得不耐烦了。不管你是否真的不愿听下去，这些消极的身体语言都会大大妨碍你们沟通的质量。

先是吸收信息符号，然后是解码和理解信息。在前一过程中"不够专心"是主要障碍。比如，在与客户的会谈之后，咨询者还等着客户提供更多资料，以便自己能草拟一份正式提议书。结果发现客户认为下面该由咨询人员负责完成了。双方虽然进行了面谈，却没有接收到统一的信息。

 **案例**

用倾听来化解客户的抱怨

这是一个真实的故事，是德第蒙德尼龙公司创始人德第蒙德先生亲身经历的，他的公司后来成了世界服装行业最大的毛料供应公司。

有一天早上，一位怒气冲冲的客户闯进了德第蒙德先生的办公室，因为德第蒙德公司信用部接连给他发了好几封催款函，要求他归还拖欠的15美元。尽管他不承认有这笔欠款，但德第蒙德公司知道确实是他错了，所以坚持要他还款。

在收到最后一封催款函之后，这位客户来到了芝加哥，怒气冲冲地闯进德第蒙德先生的办公室。下面就是他们的对话：

德第蒙德："你好，汉尼，你怎么来了？"客户："太过分了！我不但不会支付那笔钱，而且今后再也不会订购你们公司的任何货物。"德第蒙德先生见对方的火气很大，于是就没有说话，而是脸露微笑地静听着对方要说什么。

"我和你们做了这么多年的生意，竟然还会欠你们15美元……我可不是一个喜欢赖账不还的人。"

在客户发牢骚的过程中，德第蒙德先生虽然有好几次都想打断对方来为自己解释，但是他知道那样做并不能解决问题，所以他就干脆让对方尽情地发泄。

当客户最后怒气消尽，能够静下心来听取别人的意见时，德第蒙德先生才开始平静地对他说："你到芝加哥来告诉我这件事，我应该向你表示感谢。你帮了我一个大忙，因为我们信用部如果让您感到了不愉快的话，那么他们同样也可能会使别的顾客不高兴，那对我们来说可真是太不幸了，一定是我们的工作方式出了问题。所以，你一定要相信我，我比你更想听到这件事。"对方可能怎么也没有料到德第蒙德先生会这样说，他可能还会有一点失望，因为他到芝加哥来，本来是想和德第蒙德先生大吵一番的，可是德第蒙德先生却不仅没有和他争吵，反而还向他表示了感谢，这当然大大出乎了他的意料。

德第蒙德先生明白地告诉客户说："我们要勾销那笔15美元的账，并忘掉这件事。因为你是一个很细心的人，而且只是涉及这一份账目，而我们的员工却要负责几千份账目，所以和我们的员工相比，你更不会出错。"

听他这么一说，客户就更不知如何回答德第蒙德先生了。

德第蒙德先生又告诉客户："我十分清楚你的感受，如果我处在你的位置，我也会和你一样的。既然你以后不想再买我们的产品了，我就再给你推荐其他几家公司如何？"

客户感到更不好意思了，就没说什么话。

以前每当这位客户来芝加哥时，德第蒙德先生总是要请他吃饭，所以那天他照例请这位客户吃午餐。客户也勉强答应了。但是当德第蒙德回到办公室的时候，为了回报德第蒙德先生的宽厚对待，这位客户却订购了比以前多出许多倍的货物，然后平心静气地回去了。

返回后，这位客户又特意检查了一遍他的账单，结果他找到了那张15美元的账单，原来是自己弄错了，而且还因此跑到对方那里大吵大闹，想到这里他的心里感到羞愧不已，而且此时他更感受到了德第蒙德先生的善解人意与宽厚的胸怀。于是，他立即给德第蒙德公司寄来了一张15美元的支票，并向德第蒙德先生表达了他的歉意。

从此以后，这位客户就成了德第蒙德先生的朋友和忠诚客户，直到22年以后去世为止。后来，这位客户生了一个男孩，他就为儿子取名叫德第蒙德。德第蒙德先生给所有的推销员上了非常生动的一课：即使你能肯定客户百分之百是错的，但是一旦客户坚持他们没有错时，那么你就不妨耐心地去倾听，给他们发泄和抱怨的机会，等他们平静下来后，再推心置腹地给予同情和合理的答复，就像德第蒙德先生那样去做，这不但可以消除客户的抱怨，还能赢得客户，使他们最终成为你的忠诚客户。

5.2.4 如何克服倾听者的障碍

以上的倾听的障碍在我们与别人的交流中随处可见，极大地影响了交流的效果。这就要求我们必须时刻注意这种现象，要能够针对性地找出倾听中的障碍，并因地制宜地克服。在实际工作中，可以通过以下几个方面来努力。

(1) 领导者要充分认识到企业内部进行有效沟通的重要性，并把这种思想付诸行动。

企业的领导者必须真正地认识到与员工进行沟通对实现组织目标十分重要，要领导企业建设良好的沟通文化，营造健康的沟通环境。如果领导者通过自己的言行认可了沟通，这种观念会逐渐渗透到组织的各个环节中去。

(2) 提高沟通的心理水平。

要克服沟通的障碍必须注意以下心理因素的作用。首先，在沟通过程中要认真感知，集中注意力，以便信息准确而又及时地传递和接收，避免信息错传和接收时信息的损失。其次，增强记忆的准确性是消除沟通障碍的有效心理措施，记忆准确性水平高的人，传递信息准确，接收信息也准确。第三，提高思维能力和水平是提高沟通效果的重要心理因素，高的思维能力和水平对于正确地传递、接收和理解信息，起着重要的作用。第四，培养镇定情绪和良好的心理气氛，创造一个相互信任、有利于沟通的小环境，有助于人们真实地传递信息和正确地判断信息，避免因偏激而歪曲信息。

(3) 正确地使用语言文字。

语言文字运用得是否恰当直接影响沟通的效果。使用语言文字时要简洁、明确，叙事说理要言之有据，条理清楚，富于逻辑性。措辞得当，通俗易懂，不要滥用辞藻，不要讲空话、套话。非专业性沟通时，少用专业性术语。可以借助手势语言和表情动作，以增强沟通的生动性和形象性，使对方容易接受。

(4) 在沟通过程中沟通双方应学会有效倾听。

有效地倾听能增加信息交流双方的信任感，是克服沟通障碍的重要条件。要提高倾听的技能，可以从以下几方面去努力：

① 使用目光接触；
② 展现赞许性的点头和恰当的面部表情；
③ 避免分心的举动或手势；
④ 要提出意见，以显示自己充分聆听的心理提问；
⑤ 复述，用自己的话重述对方所说的内容；

⑥ 要有耐心，不要随意插话；
⑦ 不要妄加批评和争论；
⑧ 使听者与说者的角色顺利转换。

(5) 缩短信息传递链，拓宽沟通渠道，保证信息的双向沟通。

信息传递链过长，会减慢流通速度并造成信息失真。因此，要减少组织机构重叠，拓宽信息渠道。另外，管理者应激发员工自下而上的沟通。例如，运用交互式广播电脑系统，允许员工提出问题，并得到高层领导者的解答；公司内部刊物设立有问必答栏目，鼓励员工提出自己的疑问。此外，在利用正式沟通渠道的同时，可以开辟非正式的沟通渠道，让领导者走出办公室，亲自和员工们交流信息。坦诚、开放、面对面的沟通会使员工觉得领导者理解自己的需要和关注，取得事半功倍的效果。

(6) 避免粗心大意。

① 尽早先列出你要解决的问题。如此项目何时到期？我们有什么资源可供调遣？从对方的角度看，该项目最重要的是哪方面？在谈话过程中，你应该注意听取对这些问题的回答。

② 在会谈接近尾声时，与对方核实一下你的理解是否正确，尤其是关于下一步该怎么做的安排。

③ 对话结束后，记下关键要点，尤其是与最后期限或工作评价有关的内容。

(7) 避免误解障碍。

① 不要自作主张地将认为不重要的信息忽略，最好与信息发出者核对一下，看看指令有无道理。

② 消除成见，克服思维定势的影响，客观地理解信息。

③ 考虑对方的背景和经历，想想他为什么要这么说？有没有什么特定的含义？

④ 简要复述一下他的内容，让对方有机会更正你理解的错误之处。

除此几方面之外，还要从其他角度入手，如选择最适宜当前谈话的环境，安排最恰当的时机，以消除阻碍倾听的种种客观因素，创造最有利的外部条件。

在克服倾听的障碍的基础上，还应该进一步争取提高倾听的效果。积极的倾听者不仅要做到主动吸收、理解对方传递的信息，还要做出种种回应，以鼓励说者更加有信心和兴趣说下去。

自 我 测 评

"倾听"技能测试

上天给了我们一张嘴，两只耳朵，目的就是为了让我们少说多听。充分倾听是正确判断的基础。在我们日常生活中，经常可以看到或遇到性急之人，不等别人说完就马上下结论。当然，也会遇到性子慢的人，别人说完却不见他开口，又是怎么回事呢？

所谓善听者善言，通过下面的测试，可以知道自己是什么样的倾听者？

（几乎都是——5，常常——4，偶尔——3，很少——2，几乎从不——1）

1. 你喜欢听别人说话吗？
2. 你会鼓励别人说话吗？
3. 你不喜欢的人在说话时，你也注意听吗？

4. 无论说话人是男是女、年长年幼，你都注意听吗？
5. 朋友、熟人、陌生人说话时，你都注意听吗？
6. 你是否会目中无人或心不在焉？
7. 你是否注视说话者？
8. 你是否忽略了足以使你分心的事物？
9. 你是否微笑、点头及使用不同的方法鼓励他人说话？
10. 你是否深入考虑说话者所说的话？
11. 你是否试着指出说话者所说的意思？
12. 你是否试着指出他为何说那些话？
13. 你是否让说话者说完他(她)的话？
14. 当说话者在犹豫时，你是否鼓励他继续下去？
15. 你是否重述他的话，弄清楚后再发问？
16. 在说话者讲完之前，你是否避免批评他？
17. 无论说话者的态度与用词如何，你都注意听吗？
18. 若你预先知道说话者要说什么，你也注意听吗？
19. 你是否询问说话者有关他所用字词的意思？
20. 为了请他更完整解释他的意见，你是否询问？

将所得分加起来：
90～100 分，你是一个优秀的倾听者；
80～89 分，是一个很好的倾听者；
65～79 分，你是一个勇于改进、尚算良好的倾听者；
50～64 分，在有效倾听方面，你确实需要再训练；
50 分以下，你注意倾听吗？你迫切需要改善。

5.3 倾听反馈

 **案例**

来访者(一位 35 岁的寡妇，两个小孩的母亲)："我丈夫去世了，令我整个生活都崩溃了。我一直不敢相信我有能力自己生活并抚养孩子们。以前我丈夫总是替我做所有的决定，他每个星期都带钱回家。现在我已经很长时间没有睡过好觉了，而且酗酒，有时简直不能直接思考。我的亲戚尽可能地帮助我，但是我仍然感到恐惧。"

咨询者进行非言语的"鼓励"：点点头，示意来访者可以继续说下去。

咨询者进行"澄清"："你是说你现在面临最艰难的事情之一是要建立自信心，是吗？"

咨询者进行"释义"："自从你丈夫去世后，即便你有亲戚的帮助，但你自己仍然要承担更多的责任，并需要自己做决定。"

咨询者进行"情感反映"："你担心自己是否具有能够肩负起整个家庭责任的能力。"

咨询者进行"总结"："你丈夫已经去世，你面临一些十分困难的事情……要承担家庭责任，自己做决定，自己照顾自己，并且要处理随之而来的恐惧。"

当员工们未能及时得到反馈时，他们往往会向最坏处设想。例如，当你的女儿或儿子出去赴约迟了一小时尚未回家，你将怎么想呢？你是否猜想他们安然无恙正和朋友们一起欢笑呢？或者像我们大多数人那样，设想着发生了什么祸事呢？也许车子坏了使他们进退两难？也许有事被逮捕了？更糟的是也许出了车祸已被送往医院急救室？我们视未知的情况往往会从最坏的方面去想象。

不及时反馈情况还会产生谣言。你是否意识到多数谣言从何而来？谣言往往由于不能及时得到准确消息，由此产生不全面的猜想。及时反馈就能把谣言减少到最低限度，及时反馈可以缓和由于谣言引起的紧张关系。准时报告和及时反馈能建立领导和员工们之间的有力联系，更能防患于未然。

所以，我们在克服倾听的障碍的基础上，我们还应该进一步争取提高倾听的效果。积极的倾听者不仅要做到主动吸收、理解对方传递的信息，还要做出种种回应，以鼓励说者更加有信心和兴趣说下去。这就是倾听中的反馈。

反馈是有效倾听的一个重要组成部分，如果只是"倾听"而毫无反馈，对于信息提供者来讲，就好比是"对牛弹琴"。有效反馈是有效倾听的体现，管理者通过倾听获得大量信息，并及时做出有效反馈，这对于激发员工的工作热情、提升工作绩效具有重要作用。

5.3.1 常见的反馈类型

反馈有多种形式：语言的与非语言的、正式的与非正式的等。其中，语言形式的反馈常以口头或书面的方式对所获信息做出反应；非语言形式的反馈是以一系列的形体语言对所获信息做出的反应。这类反应可以是有意识的，也可以是无意识的。正式的反馈常以报告、会议等方式来表现；而非正式的反馈则可借助闲聊的方式做出反应。常见的反馈类型包括以下几种：判断、分析、提问、复述和忘却。

(1) 判断。即对所获信息加以评价和判断。

(2) 分析。即对所获信息加以剖析。例如："你所指的是……""我理解你的意思，主要强调……"

(3) 提问。即借助提问以获取更多的相关的信息。

(4) 复述。即通过对有关信息的复述，以核实所获信息正确与否，同时也有助于向信息提供者表达自己的兴趣所在。例如："你刚才主要讲了两点……对吗？""如果没有听错的话……"

(5) 忘却。即对所获信息不做任何反应。所持的态度是"忘掉它吧"。

5.3.2 反馈的特征与技巧

我们每个人每天都在要求别人给予反馈，也都在对别人做出反馈。但其实很多反馈都是无效的，无法帮我们达到目的的，这是因为我们还没有掌握"反馈"的要点。反馈不应该是单向的信息传递，应该是双向的，要求双方的投入、责任感和既定的期望结果。

有活力的双向反馈具有三个特征：语义明确、心灵相通和探究咨询。

(1) 语义明确。语义明确的反馈是较为详细的，而且应该是被核实甚至有记录。意思明确、具体可以防止过于抽象，或者带有某种成见的感情色彩，更重要的是，它可以避免在指出错误时变成对对方的人身攻击。比如，你对你的下属说："你写的字像小鸡刨米一样，重做之后，争取在最后期限内把它交给印刷商。"这样的反馈不仅没有明确地告诉下属你要他怎么完成命令，而且还令他感到难堪和羞辱。不如这样说："我在考虑你手写的字是否够清晰。把你的观点打印出来给印刷商好吗？"后一种说法更清楚地指示了下属该如何操作，不留有误解的余地。

明确的反馈可以是肯定的，也可以是否定的，但都可以使评价更具建设性。比方说，你想对同事的工作给予积极、肯定的反馈，你说："你工作干得好极了！"他也许会搞不清你究竟想说什么，因为这样的反馈太不明确了。

同样的，一个人被评价说："你任务完成得可不好啊！"这是个否定的反馈，但却同样含义不明，它不是负有责任感的、有明确目标导向的评语。

在这里人们实际上犯了单向反馈的错误，只顾说出自己的结论或感受，诸如"小王，你的计划不管用啊"或"小林，很抱歉我们不能采纳你的建议"。却丝毫不认为有义务提供更多细节，使自己的反馈更加有效。

如果我们接收到这样的不明反馈，可以采取措施引导谈话向更有利于信息交流的方向发展。如上例中的小王，可以这样反馈："你认为好的计划应该有些什么特点呢？""你能提供一些指导建议供我重新编制计划吗？"进行有效的反馈是双方共同的责任，也可使双方受益，我们能共同获得对事物的更深认识，并改进我们的认识、改进我们的行动。

(2) 心灵相通。心灵相通指交流双方采取支持的、坦诚的态度交换意见。它体现出反馈过程人性化的一面，建立起理解和信任的关系。

比方说，一位内部简报编辑当着众人的面对一位投稿职员反馈道："我不能用你这篇文章。看了两遍也不明白中心思想是什么，而且仅第一页上就有两个拼写错误。"这样的评论是够明确具体的，但未免太不照顾对方的感受了。

欲体会他人的感受，与对方融汇思想，你必须将心比心，从对方的参照系出发，来体会他在某个特定情形下的想法和感觉。能与他人心灵相通的人善于建立坦诚、开放的人际关系，他们将对方视为同等的个体，而不是客体或定型。

两个心灵相通的人在一起谈话，彼此可分享信任，分享共识，这是一种真正的双向反馈交流，不会有任何一方试图主导或评审彼此的交流。

(3) 探究咨询。探询就是探求对方的观点和看法。它在反馈的三个特征中最接近双向沟通的实质。提一些诸如"你对我的评述有何看法"或"我的建议可行吗"之类的问题，借此打开双方沟通的渠道。

"探询"应该是开放性的。它必须给予对方足够的空间自由发表现点。通过探究和咨询，可以了解到别人是否理解和赞同所谈问题，如果不赞同，他们的看法如何。

如果会谈的气氛较为紧张的话，有些人会对他人的行为、语调或话语产生防卫性反应。解决方法之一就是用开放性、友好的问句代替"为什么"型的问题。简单地问一问"为什么"，易被看成是威胁性的。换句话说，为避免造成紧张的防卫气氛，我们可以不用"你为什么没准时来"来责备对方，可以说"由于你没能准时到场，我们误了车。以后如果再有类似情况，你事先通知我们一声好吗"。

防卫性气氛没有积极作用，它往往将人们导向批判的、对立的价值体系中去；相反，支持性气氛却是建设性的，它鼓励人们用积极的态度，努力寻找解决问题的思路。

开放坦诚的探询还有助于调解冲突矛盾。因为在建设性的、满意度较高的气氛中，尽管人们持有不同意见，他们可以对事不对人，共同向需要解决的问题挑战。与你观点和经历不同的论点，往往是增长新知的契机。探询和反馈的过程常常也是向旧观念挑战的过程，最终可能成为新变革的催化剂。

除了这三条基本要领之外，如果能很好地把握下面几个小诀窍，那你的反馈就会更加事半功倍。

(1) 努力树立自己的可信度。

人们倾向于严肃对待他们认为可信的反馈。如果信息的来源受听者的尊重或信赖，就会更具可信度。一般来说，建立可信度的方式有丰富知识面、提高判断力、熟悉当前问题，以及善于做出有技巧的反馈。

(2) 把握适宜的反馈时机。

一般情况下，在对方刚表现出某个观点时应及时给予反馈。及时反馈往往有利于问题的及时解决，否则也许矛盾逐渐累积，会越发不可收拾。"及时反馈"并不意味着反应越快越好，最佳的时机还需要你灵活地捕捉。聪明的人善于识别对方言语中真实的感情流露与虚伪的表面情绪，只对他真诚的情感进行反馈。倾听者对自以为是的虚伪情感开始猜测往往徒劳无益，甚至是危险的。

(3) 应注意传达反馈的方式。

一句话怎么说有时比话本身的内容更为重要。很多人都缺乏选择最佳方式表达意向的能力。他们本应给予明确的提供信息反馈，却很遗憾地采取了过硬或过软的态度；有时或许是想弥补反馈技巧的缺乏，而故意表现得强制、权力欲和命令式。例如，一个消极被动的人可能不愿发表相反意见，以免卷入争论的漩涡之中；相反，有些人表现得野心勃勃，过分积极，实际上可能只是因为他们缺乏一系列反馈技能来探索双方真实的想法和感受。

5.3.3 反馈的障碍源

由于反馈是一个双向反复回馈的过程，要维持有效的反馈并不简单。在此让我们分析一下有哪些主观心理因素和技巧缺乏造成的反馈受阻，看看我们能做些什么。

(1) 造成上下级反馈不畅的主要原因是他们之间的上下级关系。这种关系潜藏着权力、影响力和决策权的不平衡。老板们或许认为双向反馈是没有必要的，他们常常主导谈话，造成单向的下行反馈；而下级也往往不敢向上级要求进行双向反馈。

(2) 影响反馈的障碍来自双方的竞争感。彼此存在明显竞争感的同事很难建立起坦诚信任的关系，而信任正是双向反馈的基础。很多时候，雇员们不愿征求他人对自己行为的反馈，因为他们害怕面对那些令自己尴尬的错误，更害怕在竞争对手面前丢脸。

(3) 同事之间常常因为一些左右为难的事情，无法有效地进行反馈。

① 沟通一方或双方认为没有反馈的必要，因为彼此没什么需要相互学习的。

② 两人都以为别人会提供反馈。

③ 双方存在竞争感，低信任度导致信息无法共享。换句话说，他们感到一股驱动力促使他们保护自有的信息和"地盘"。

④ 文化背景不同造成的反馈障碍。不同文化传统下成长起来的人习惯用不同方式给予反馈，如果对对方的文化不熟悉，就会带来误解。有一个典型的笑话，一对中国新人在举行婚礼，席间一名西方客人对新郎夸奖道："你的新娘真漂亮。"新郎忙回答："哪里，哪里。"谁知这种传统式的谦虚引起了麻烦。外国客人以为问新娘哪里漂亮，心生诧异，

只好硬着头皮答道:"眼睛漂亮、鼻子漂亮、嘴也漂亮。"这里的双向反馈因文化差异显然已进入了误区。

⑤ 当对方提出他遇到的困难时,我们常常立即回应,开始分析或试图解决问题。而遇到问题的人其实希望我们首先理解和同情他们,明白他们正处在艰难时期。我们的种种建议、命令甚至责备则会导致谈话不愉快地阻断。下面列举了一些典型的阻碍反馈的回应。

☆命令,威胁:
"我不管你怎么去做,但你必须在周五前将报告放到我桌上!"
可能的积极回应:
"你是说你在周五之前没时间完成报告,是吗?"
☆劝诫,批评:
"你该知道将本部门的问题拿到全体会议上去渲染是不明智的。"
可能的积极回应:
"听起来你部门的问题令你非常困扰。"
☆审问:
"为什么不告诉我你没明白指令呢?"
可能的积极回应(陈述自己的感受):
"我很失望工作还没完成,而且担心是否能如期交工。"
☆将问题缩小:
"你认为那项任务很糟糕,但你看看我这周得做些什么?"
可能的积极回应(要求提供信息或澄清问题实质):
"任务的哪些部分看来最难解决?"
☆建议:
"哦,你为什么不把每件要做的事都列一清单,然后看看哪些项目最重要呢?"
可能的积极回应(帮助共同解决问题):
"有什么我能帮忙的吗?"

⑥ 有些因素会阻碍小组,而不是个人之间的反馈交流。小组之间权力的不平等、经历和等级的不平等,都会影响反馈的双向性。另外,小组内意见不一、新成员的加入,也会对交流的有效性施加影响。

在有些小组,缺乏成员之间支持型纽带关系,无法取得团体"协同"(Synergistic)效应,在会议或其他相互作用的场合根本就没有双向交流的气氛。

对成员双向反馈的意识和技能进行培训,是向双向沟通的效果迈出的第一步。

5.3.4 怎样进行有效反馈

倾听过程中,有效反馈可以起到激励和调节作用。当然,要使反馈有效,首先沟通双方应建立起相互信任的关系,创造良好的沟通氛围;其次,反馈必须适度。因为不适当的反馈会让对方感到窘迫,甚至产生反感,若以判断方式做出反馈,这类判断应持中立态度,不要简单地评论:"这简直是大错特错!"另外要记住的是,反馈只能是反馈,不能直接作为建议除非对方有这样的要求。

5.4 倾听技巧

 **案例**

球王贝利

在足球王国巴西，不会踢足球的男孩子，绝对不会招人喜欢。在那里，富人家的孩子有自己的足球场，穷人的孩子也有穷人的踢球方式。贝利球王就出生在贫寒的家庭里，他的父亲是一个因伤退役、穷困潦倒的足球队员。

贝利从小就显现出非凡的足球天赋，他常常踢着父亲为他特制的"足球"——用一个大号袜子塞满破布和旧报纸，然后尽量捏成球形，外面再用绳子捆紧。贝利经常光着黑瘦的脊背，在家门前那条坑坑洼洼的小街，赤着脚练球。尽管他经常摔得皮开肉绽，但他仍然不停地向着想象的球门冲刺。

渐渐的，贝利有了点名气，许多认识或不认识的人常常跟他打招呼，还给他敬烟。像所有未成年人那样，贝利喜欢吸烟时的那种"长大了"的感觉。

终于有一天，当贝利在街上向人要烟时被父亲看见了。父亲的脸色很难看，贝利低下头，不敢看父亲的眼睛。因为，他看到父亲的眼睛里有一种忧伤、有一种绝望，还有一种恨铁不成钢的怒火。

父亲说："我看见你抽烟了。"

贝利不敢回答父亲，一言不发。

父亲又说："是我看错了吗？"

贝利盯着父亲的脚尖，小声说："不，你没有。"

父亲问："你抽多久了？"

贝利小声解释："我只吸过几次，几天前才……"

父亲打断贝利的话："告诉我，味道好么？我没抽过烟，不知道到底是什么味道？"

贝利："我也不知道，其实并不太好。"贝利说话的时候，突然肌肉紧绷，不由自主地捂住自己的脸。因为，贝利看见面前的父亲猛然抬起了手，但是，父亲给他的并不是预想的耳光，而是一个紧紧的拥抱。

父亲把贝利搂在怀中说："孩子，你有踢球的天分，可以成为一个伟大的球员。但如果你抽烟、喝酒、染上各种恶习，那足球生涯可能就到此为止了。一个不爱惜身体的球员，怎么能在90分钟内一直保持较高的水平呢？以后的路怎么走，你自己决定吧。"

父亲说着拿出瘪瘪的钱包，掏出里面仅有的几张纸币说："如果你真忍不住想抽烟，还是自己买的好。总向别人索要，太丢人了，你买烟要多少钱？"

贝利感到十分羞愧，眼泪几乎要夺眶而出，可当他抬起头时，发现父亲的脸上已是泪水纵横。后来，贝利再没有抽过烟，他凭着自己的勤学苦练，终于成了一代球王。

正是因为父亲当年并没有使用一种偏激的方法教育贝利，反而站在贝利的角度思考这种未成年人想要通过抽烟"长大了"的感受。父亲选择沟通与引导的方式来教育他，这件事情多年以后，贝利仍不能忘怀当年父亲那个温暖的拥抱，他回忆说："父亲那个温暖的拥抱，比给我多少个耳光都更有力量。"

5.4.1 如何提高个人的倾听技能

我们所谈及的"倾听"是在相互交谈中的倾听,双方是在交流思想和观点、联系感情,而不是辩论。有效的倾听要求倾听者不但要积极努力地理解谈话内容,还得支持和鼓励对方畅所欲言,保障谈话的顺利进行。提高倾听的效果需要贯彻在倾听的各个阶段,每个阶段有不同的技巧。

自 我 测 评

你的倾听技巧怎么样

1. 你在倾听别人讲话的时候会选择某个位置以便自己能够听得清楚吗?
2. 在你倾听过程中你是关注讲话人的主要看法和事实吗?
3. 在倾听过程中你能做到不受对方的外表影响而只关注讲话人的谈话吗?
4. 在倾听过程中你是既看讲话者又在听他说话吗?
5. 你会不以自己的好恶和情感来评价讲话者的话吗?
6. 你在倾听过程中一直将注意力集中在主题并以此为线索领悟讲话者的思想吗?
7. 你在倾听过程中会注意分析讲话者所讲的内容是否符合逻辑吗?
8. 当听到对方所讲内容有误时,你能克制自己不插话吗?
9. 你在讨论问题时愿意让其他人做出最后的结论吗?
10. 你在讨论、反应或回驳别人的观点以前能够分析对方所提出的观点的理由吗?

如果你的答案中"是"的选项不到 5 个,说明你在倾听技巧方面还存在很大的问题,需要认真学习并加以提高。

5.4.1.1 在倾听过程中提高倾听技能

沟通有效与否关键取决于信息能否在双方之间被充分地表达和接收。对于倾听这个环节来说,就是信息的充分接收。那么,如何在倾听过程中充分接收信息呢?

(1)完整、准确地接收信息。沟通有效与否关键取决于信息能否在双方之间被充分地表达和接收。对于倾听这个环节来说,就是信息的充分接收。那么,如何在倾听过程中充分接收信息呢?

① 一定要带着目的去倾听。人们在接收到沟通对象所表达的信息后,都要在头脑中进行思维重组,转换成自己所理解的意思。然而在思维重组过程中,把对方表达的所有信息一字不漏地反映给你的大脑,是否就能够更好地理解对方的意图呢?实际上,如果你过多地去关注对方表达中的细节,则最不容易把握对方的真正意图。所以,在沟通前要先问自己几个问题:我为什么要与对方进行沟通呢?我想从对方那里获得什么呢?如果你能够对这些问题做出明确回答的话,那么你就知道了自己的倾听目的了。

当你去参加一个你很崇拜的专家的学术报告,演讲的内容你非常感兴趣,但是自己平时在这方面的研究并不是很深入。这个时候,如果你在去听报告之前没有查阅相关资料,了解最新发展动态之类的,只是带了两只耳朵去参加报告会的话,当报告人讲到比较深入的问题的时候,你可能会感到力不从心了,当然你也没办法与之交流自己的思想了。如果因为自己事先没有做好准备而失去了和专家交流思想的机会，是不是很遗憾呢？在倾听中，有意识地重点针对问题来接收信息，然后进行相应的信息重组，有利于我们加深对所倾听内容的理解。

② 要适应对方的谈话风格。有人用高音，显得很兴奋；有人用低音，显得很沉稳，有人说话语速太快，显得很干练；有人说话语速缓慢，显得很严谨。当倾听与你的谈话风格不尽相同的人的谈话时，一定要尽量适应对方的风格，把自己的倾听节奏调到与谈话者相同的节奏上，这样信息在同一频率上传输就更顺畅。例如，如果对方说话节奏很慢，而你又是个急性子，如果按照你的谈话习惯，肯定会对对方的谈话在心理上产生反感，打消了倾听的积极性。在这个时候，你要压制自己的急躁情绪，给自己一些积极的心理暗示来帮助自己的接收频率，尽量使之与谈话者频率相同。这样才能接收到更多、更全面、更准确的信息。

③ 要全身倾听。语言的信息都是通过耳朵来获取的，语速、语气、语调的变化都能提供一定的信息，捕捉这些微小的变化都要依靠耳朵。但是仅用耳朵倾听是远远不够的，还需要全身上下的积极配合，共同捕捉和解读对方所传达的信息。

通过眼睛可以和对方保持目光上的交流，传达一些微妙的思想和情感。观察对方的姿势，也能分析出一些有用的信息。在对方谈话时，采取措施积极配合，才有可能使对方传递出更多的信息。

与此同时，倾听者在倾听过程中应尽力排除干扰，并努力倾听说话者信息中的要点。采用良好的坐姿，使自己保持在清醒和兴奋状态，帮助自己在倾听时克服分心，另外，适当记笔记也是保持注意力集中的好方法。

 小贴士

人的身体的姿势也会暗示出对谈话的态度和兴趣。

自然开放性的姿态代表着接受、容纳、尊重与信任。

所以倾听者在交谈过程中要使自己身体放松，避免使用攻击的、恳求的或不悦的声调，以及弯腰驼背、手臂交叠、跷脚、眼神不定等肢体语言，因为他们代表并传递着负面信息，并影响着沟通效果。

(2) 正确地理解信息。受思维定势的影响，一个人对问题的理解总是依据以往的经验来推测未来的发展趋势，这往往会导致误解的产生。为了防止误解的产生倾听者应注意做到以下几点。

① 从对方的角度出发，考虑他的背景和经历，想想他为什么要这么说，他希望我听完之后有什么感受，既要努力进入他的内心，也要努力掌握他的真正意图。

② 消除成见，克服思维定势的影响，客观地理解信息。我们需要关注的是内容，当我们听别人讲话时，不要受自己对说话者的评价影响而忽视了他所要表达的内容。例如，说话者的着装、口音、手势、所持立场可能不被倾听的人所接受。倾听者越是想到这一点，他就越觉得不满意甚至厌恶。试想，一个人带着心理定势，带偏见去听，那么他永远也不可能真正欣赏或是理解说话者所讲内容的要点所在。

③ 不要自作主张地将自己认为不重要的信息忽略，最好与信息发送者核实一下自己对信息的理解是否存在偏差。

(3) 恰当地给予反馈信号。倾听是一个相互的交流过程。试想，在倾听过程中只有"听"

而没有反馈，对于信息提供者来说，就好像是"对牛弹琴"。有效反馈是有效倾听的一种外在表现形式，通过倾听来获取大量信息，并及时做出有效反馈，对激发他人讲话的热情是有很大帮助的。

倾听时，可以做出一定附和，这样可以显示出你在认真倾听，对方会感到自己得到充分的关注。除了语言上的附和以外，还可以通过眼睛的交流来完成。眼睛是心灵的窗口，科学研究表明，70%以上的信息是通过眼睛来获取的。目光接触，真诚地注视对方，表明你正在集中注意力，并尊重对方；同时，你的眼睛也在"倾听"他的身体言语。但应避免长时间盯视，应适当地转移视线，再继续目光接触，如此间隔循环是恰当的目光交流。

呈现恰当而肯定的面部表情。作为一个有效的倾听者，应通过自己的身体语言表明对他的所言表现出兴趣。肯定性点头、适宜的表情并辅之以恰当的目光接触，也表明你正在用心倾听，利用皱眉、迷惑不解等表情，给讲话人提供准确的反馈信息以利于其及时调整。值得注意的是在倾听过程中，要避免出现消极情绪的动作。如果说，肯定性点头、适宜的表情显示出你正在倾听，那么看手表、翻报纸、玩弄钢笔等动作则表明你很厌倦，对交谈不感兴趣，不予关注。在倾听过程中利用各种对方能理解的动作与表情及时给予呼应和反馈。如用赞许性的点头、积极的目光接触相配合，与恰当的面部表情，都向说话人表明你在认真倾听。不管你用什么样的形式进行反馈，只要让别人知道你在倾听，而不是让他人觉得自己在"对牛弹琴"，这有助于对方明白自己的意思是否表达清楚。

(4)正确倾听"弦外之音"。倾听者不仅要听说话者说出来的信息，还要听懂说话者的言外之意。人们在进行语言表达时，常伴有一定的肢体语言。语言是人们表达感情的重要媒介，然而动作往往比语言更加有效。有时对方的语言表达并非他的本意，如何在倾听过程中把握对方的"弦外之音"呢？因为非语言行为往往透露出说话者的真实意图，所以倾听者尤其要注意那些与语言表述相抵触的非语言行为，这样才能避免接收信息的偏颇和遗漏。

① 应该判断语言信息与非语言信息是否一致。在倾听对方的谈话时，除了用耳朵倾听语言信息外，还要充分调动身体的各个部位进行全身心的倾听，以捕捉除了语言之外的其他各种有用信息。如果听到的语言信息和感受到的非语言信息相背离，那正好说明语言传递的信息并非说话者的本意。

② 要结合特定背景。语言具有很大的模糊性，要弄清楚一句话的确切含义，必须结合使用语言的特定背景，了解其意图和具体内容。看看下面简单的例子。

 案例

回答一句问话的学问

一个新进入公司的员工在公司的非办公区遇到领导，领导很随便地问了一句："最近工作忙不忙？"对于这样一个简单的问话，应怎样回答需要分析下具体的背景。下面是一些可能的场景。

领导想了解你适应工作是不是很快。如果回答"很忙"，领导据此判断你的适应能力、解决问题的能力很差。如果回答"不忙"，领导可能据此判断你的适应能力、工作能力很强，能够在很短的时间内熟悉业务，并且能够很高效率地完成工作。

领导想要了解一下你的工作兴趣和热情程度。如果回答"很忙"，领导可能认为你对工

作很有兴趣，总能给自己找到可以做的事情，是个好苗子。如果你的回答是"不忙"，领导可能认为你的工作热情不是很高，眼里没活，因而才不忙。

领导手头刚好有一件谁都不愿做的工作，看看能否把这件事情交给你这样一个新人来做。如果回答"很忙"，领导可能认为还是不打扰你现在的工作进度为好，也就不派你去做这个工作。如果回答"不忙"，领导可能认为可以派你去做这个工作。

想额外给你一些锻炼和学习的机会，但不知道你目前是否有精力。如果回答"很忙"，领导可能会认为还是让你做好本职工作为先，不要拔苗助长，结果你失去了这个工作机会；如果回答"不忙"，领导可能认为刚好可以把这个锻炼和学习的机会给你。

此时，如果你不了解领导问话的背景，你的回答就是对自己不利的。这时，你可以采取提问的方法来确认对方意图。因此，你可以事先反问一句："有什么事情需要我来做的吗？"这样你可以使领导讲出事情的背景，然后确定如何应答。

在上面的例子我们可以看出，这位新进的员工在回答领导的一句简单的问话时，有很多种备选选项，究竟哪种回答的方式更得体呢？这就要通过具体的语言背景来判断领导说话的意图了。

(5)适时适度的提问。倾听者在倾听之后，提出紧跟其话的话题，能让说话者知道你很关注他的讲话。提问有多种目的，可以用来提示、暗示观点；可以用提问来引导对方思考；也可以用来获取信息，把没有听到的或没有听清楚的事情彻底掌握，同时也利于讲话人更加有重点陈述、表达，同时还可以借助提问来建立感情，表达自己想要参与的诚意。在提问时，应注意以下几个问题。

① 提问要适时。不是任何时候提问都可以取得较好的沟通效果的，如果提问的时机把握得不准确，很有可能使沟通中断，或者达不到最终的沟通目的。同时也会影响对方对你的印象，所以提问时一定要把握好时机。

提问的前提肯定是要正确理解对方的讲话内容，体会对方所表达出的情感，有时甚至还要听出言外之意。但即便是这样，你可能还是会有一些疑惑不解或者要向对方确认是否理解正确的问题。这时，提问一定不要急，要在对方充分表达完后再提出来。

这样可以表示你对对方的尊重，同时也避免了打断对方的思路。提问的时机也不宜过迟，如果某个话题说了很长时间了，你再提问，势必会影响对方的思路，认为你没有认真倾听，这样就不利于沟通的有效进行。

② 提问要适度。这里所讲的适度包含四个方面的意思。第一方面，即提问的内容要适度。提问要结合对方的谈话，要和对方的谈话主题紧紧相关，如果你提出的问题和对方的谈话内容无关，或者关系不大，对方可能会认为你没有认真倾听，会对你产生不好的印象。即使对方不会介意这些，但是一些漫无边际的问题，也会延长沟通时间，还可能使接下来的沟通偏离主题，这些显然没有达到沟通的预期效果。第二方面，提问的数量要适度。提问的数量不宜过多，问题过多会让对方感到厌烦，问题也不能太少，问题太少会让对方觉得你对这个问题没有进行深入的思考。如果没有疑问，可以把自己的理解用问题形式表现出来，以得到对方的确认。第三方面，提问的语气要适度。说话的语气也能传递出一些重要的信息，提问时语气的轻重缓急能够表达出你当时的心情和感受，无形中传递给对方更多的信息。所以，一定要将自己的语气和将表达的思想感情相吻合，这样才能使得提问更有效。第四方面，提问的方式要适度。提问有开放式和封闭式。开放式提问给对方更多的回答问题的空间，能得到

比较多的信息，但是回答的时间也比较长。封闭式提问只用简单的"是"与"否"来回答问题，得到的答案比较明确，回答的时间也比较短。所以在提问时，可以根据具体需要和时间来决定自己的提问方式。

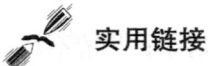**实用链接**

更多的提问小技巧

1. 开放性提问。通常用"什么"、"为什么"、"如何"等词来发问，让对方就有关问题进行详细的阐明。

2. 鼓励对方继续说下去。直接重复对方的话，或仅用如"嗯"、"讲下去"、"还有吗"等词语，来强化、鼓励对方继续解释和澄清。

3. 旁敲侧击。记者和律师都知道这个窍门。虽然你并不指望得到答案，但是你还是要提问，借以观察对方的反应和态度。有时候，他不回答本身就是最好的回答。

4. 短暂静默。在开始谈话之前，请给说话者几秒钟呼吸或组织思想的时间，他（她）可能还要继续讲话；在发出者信息结束后，短暂间隔会给你留下做出反应的时间。沉默就像是乐谱上的休止符，运用得当，含义无穷，真正达到"此时无声胜有声"的效果。

5. 抑制争论的念头。当自己的意见和看法与别人不一致的时候，倾听者一定要抑制内心争论的冲动，要时刻牢记，倾听的关键是"多给人耳朵，少给人声音"，倾听的目的是了解而不是反对或争论。

5.4.1.2 构建积极的倾听文化

倾听文化作为一种倡导人文精神的具体形式，是对市场经济条件下以利益驱动为本、人际关系冷漠现状的批判，是对尊重个性、真诚理解的社会沟通氛围的概括。其本质是反对权威和训导意识，反对习俗道德判断尤其是流言蜚语，追求人性宽容和温暖。

(1) 创造与支持倾听的氛围。

社会媒体或团体应弘扬宽容豁达的人际风尚，鞭挞吹毛求疵、流言中伤的社会习俗，消除人人自危的不良心理。一个充满宽容的社会，会增强人的自我价值感，也会提高组织的绩效。积极的倾听氛围对一个组织来说也是不无裨益的，B&Q（百安居）是欧洲最大、世界第三的仓储式家居装饰建材连锁超市。Grassroot Meeting，直译过来叫"草根会议"，是百安居独具特色的会议。在会议上任何一个员工都可以提出他们的问题和建议，公司高层领导会分别参加各个会议，面对面地了解员工的想法，公开对话。

会上提出的问题，管理层要和相关部门制订行动计划，然后去推进解决。这种倾听员工心声的机会，使得 B&Q 获"英国最佳雇主"称号。

(2) 培养有效的倾听特质。

倾听特质既是一种观念，又是一种技术，有效的倾听特质包括如下方面。

① 无条件尊重，尊重对方的境况、价值观、人格和权益，并予以接纳、关注和爱护，这是建立良好沟通的前提。无条件尊重对方，可以营造一个安全、温暖的氛围，有助于对方最大程度地表达自己的情感，而且可以使对方获得一种自我价值感。对那些急需接纳和理解的人而言，尊重具有明显的助人效果。

尊重意味着完整地接纳一个人，不仅接受对方的优点和积极情感，更要接纳对方的缺点和消极情感。不管对方的年龄、相貌、地位和文化程度如何，都予以尊重，并始终以实现进行主动观察和迅速应答的能力。倾听者要走出自己的角色，进入对方的内心，把自己放在对方的处境上来体会他（她）的喜怒哀乐。

表达共情也要注意适时适度，因人而异。共情过度，让人感到过分渲染情绪；共情不足，则让人觉得缺乏理解，不但要用言语行为去匹配对方的反应，而且要用非言语行为来匹配对方的反应，如别人悲痛时，倾听者要皱眉头等。

在表达共情时，也要注意方式和方法，要克服以下障碍：直接的指导，如"你应该这样做，那样做是错的"；简单的判断和评价，如"我认为那是错的"；空洞的说教和劝诫，如"你应以学习为重，现在不要谈情说爱"；贴标签和诊断，如"你有自卑情绪"；排斥消极的情感，不能接纳对方的全部情感，如"人不应该悲观沉沦"。

② 真诚，真诚是指沟通过程中，倾听者应以"真正的自我"出现，没有防御式伪装不戴假面具，不是在扮演角色或完成例行公事一般，而是表里如一、真实可信地投入到交流中。倾听者的真诚，一方面可为对方提供一个温暖的气氛，可以自然地表露自己的软弱、过错或隐私；另一方面又为对方提供一个良好的校样，使对方备受鼓励，从而以真实的自我与倾听者交流，在情感宣泄中发现和认识真正的自己。

 实用链接

沟通秘籍——有效倾听的7个关键

对于沟通，我们花了许多时间学习表达自己的技巧，但有谁学过倾听呢？对任何经理人来说，倾听都是一项非常重要的技能，在指导部属时，更是如此。让我们检视这7个能帮助你成为更好倾听者的基本技巧。

1. 预做准备

优秀的记者在采访之前，做好背景研究，了解对方的基本资料，才能问出正确的问题，并对对方的回答有所了解。经理人应该翻阅人事数据，浏览每季报告更新信息。事实上，只要花2～3分钟准备，就能减少彼此时间的浪费。

2. 排除其他事情

你所能给予对方最好的善意，就是你的全神贯注。若要有效倾听，就需要100%的专注。

3. 保持眼神接触

透过双眼，人能表露出更多的感受与理解。如果你觉得很难与对方进行眼神接触，可以试着把视线焦点放在对方两眼间的鼻梁上。

4. 先把对方的话听完

不要预设对方的话应在何时停止、谈话内容应朝哪个方向发展，也不要认为你知道对方的句子会如何画下句点。即使你非常善于猜测，也不要把猜想说出口，就算你猜对了，这样的举动还是错的。你应该保持耐心、专心倾听，不要打断对方的话。最重要的是，对于对方所提出的问题，请不要在一开始时，就先设定回答的框架。如果你已经听完员工所讲的每一件事，却仍然不了解，此时应该怎么办？有智慧的经理人会把任何的沟通问题都归因于自己。基本上，谁对谁错并不重要，目标应该放在如何促进有效的沟通上。

5. 记笔记

笔记能让你保持专注，也能让你保持清醒。对部属而言，笔记也有正面意义，它代表你重视这个话题、重视说话的人，而且你会记下正确的信息。如果你能以轻松的态度记笔记，就能让对方感到自在，更有效进行倾听。

6. 察觉对方的情绪

和部属对话时，可能超出事实信息或个人观点，而涉及情绪的层面。涉及感受问题时，不要先做任何预设与猜测就显得格外重要。每个人都背着自己的情绪包袱，包袱里的东西可能毫无预警地掉出来，因此请不要预设你知道对方在职场之外曾发生过什么事。既由询问对方的感受，就能让员工知道他们的感受对你是重要的，也能避免某些言辞交锋的危机。

7. 适度容许沉默的存在

两人间的沉默是非常具有恫吓性的，因此别把沉默当做迫使对方说出更多事情的武器。如果短暂的沉默是为了保持你的尊重，好让部属有足够的时间思考并做出响应，则这是一种正确的沉默。

在平时的生活中我们做到了以上 7 点吗？

5.4.2 创造良好的倾听环境

倾听环境对倾听的质量有巨大的影响，例如，讲话人在喧闹的环境中讲话要比在安静环境中讲话的声音大得多，以保证沟通的顺利进行。又如，如果谈话内容属于私人事或机密信息则最好在安静、封闭的谈话场所，同时环境也影响倾听的连续性。

空间环境也影响倾听，进而影响人与人之间的交流。1980 年，社会学者在对工程设计院的一项调查表明，由于各种因素的干扰，相距 10 米的人，每天进行谈话的可能性只有 8%～9%，而相距 5 米的人，这一比率则达到了 25%，有效倾听的管理者必须意识到这些环境因素的影响，以最大限度地消除环境对倾听的障碍。

美国学者在一个更为宽泛的意义上提出环境的概念，它不仅包括社会因素，而且包含人的心理、生理因素，他们认为良好的倾听环境应包括以下五方面。

(1)非威胁环境。在这种环境中，双方有一定安全感，并有与他人平等的感觉，这种环境可为非正式的；谈判场所也可以选择非正式的，如在酒吧或咖啡厅。

(2)适应的地点。必须保证不受打扰或干扰。

(3)反馈和行动。可用眼睛或面部表情来进行。

(4)时间因素。选择适宜的时间，同时保证沟通谈话的次数。

(5)正确的态度。倾听有百利而无一害，拒绝倾听就是拒绝成功的机会。

5.4.3 提高倾听的效果

5.4.3.1 如何提高有效倾听

对提高有效倾听较为全面的总结如下七点。

(1)要有良好的精神状态。在许多情况下,之所以不能认真倾听对方的讲话往往是由于肌体和精神准备的不够,因为倾听是包含肌体、感情、智力综合性的活动。在情绪低落和烦躁不安时,倾听效果绝不会太好。

(2)排除外界干扰。在与别人交谈时要排除有碍于倾听的环境因素,如尽量防止别人的无谓打扰及噪声打扰等。

(3)与讲话人建立信任关系。记住,在双方关系紧张的情况下,双方不会相互真诚地传递宝贵的信息。

(4)明确倾听目的。你对你要倾听的目的越明确,就越能够掌握它。事先的考虑促使我们积极参与人际交流,你的记忆更加深刻,感受更加丰富。

(5)使用开放性动作。人的身体姿势会暗示出他对谈话的态度。自然开放性的姿态,代表着接受、容纳、尊重与信任,根据达尔文观察,交叉双臂是日常生活中普遍的姿势之一,一般表现出优雅富于感染力,使人自信十足。但这常常自然地转变为防卫姿势,当倾听意见的人采取此势,大多是持保留的态度。

(6)及时地用动作和表情给予呼应。用各种对方能理解的动作与表情,表示自己的理解,如微笑、皱眉、迷惑不解等表情,给讲话人提供准确的反馈信息以便其及时调整,还应通过动作与表情,表示自己的感情,表示自己对谈话和谈话者的兴趣。

(7)适时适度的提问。有利于把自己没有倾听到的或没有倾听清楚的事情彻底掌握,同时也利于讲话人更加有重点的陈述、表达。

有效的倾听是一种技巧,能够通过学习来掌握。但是,真正能力的培养还需要实践中的锻炼。

5.4.3.2 提问使倾听更具含金量

在倾听过程中,恰当地提出问题,往往有助于我们的相互沟通。我们的沟通目的是获得信息,是为了知道彼此在想什么,要做什么,通过提问的内容可获得信息,同时也可从对方回答的内容、方式、态度、情绪等其他方面获得信息。倾听中的提问要做到:数量要少而精,太多的问题会打断讲话的思路和情绪,恰当的提问往往有助于双方的交流。要紧紧围绕谈话内容,不应漫无边际提一些随意而不相关的问题。

提问应掌握一些必要的技巧有以下七点。

(1)理解。作为管理者,设身处地地理解别人,是必备素质之一,以理解的态度交谈,就能认真倾听,就能诚恳而准确地提出一些双方都能接受的问题。从而更有利于双方的沟通。提问要注意对方特点。应适应对方的年龄、民族、身份、文化素养、性格等特点。有的人率直热诚,你也应坦诚直言,否则他还会不喜欢你的狡猾、不坦率;相反有的人生性狡黠多疑,你最好旁敲侧击,迂回进攻,否则很可能当即碰钉子。

(2)时机。倾听中提问的时机十分重要,交谈中遇到某种问题未能理解,应待双方充分表达的基础上再提出问题。过早提问会打断对方思路,而且显得十分不礼貌,过晚提问会被认为精神不集中或未能理解,也会产生误解。

(3)提问内容。提问就是为了获得某种信息,问什么要在倾听者总目标的控制掌握下,把讲话人的讲话引入自己需要的信息范围。

(4)用范围较窄的问题促成协议。范围较窄的问题给人回答的余地也小,如果你希望用问题引导对方接受你的决定,最好用窄范围问题。比如,饭店服务小姐问顾客:"要加一个鸡蛋，还是加两个鸡蛋？"效果肯定比问"要加鸡蛋吗？"好得多。

（5）用范围较大的问题获取信息。开放式问题可给予对方发挥的余地。"你为什么愿意到本公司工作"比"你愿意加入本公司吗"更有助于获取应聘者的信息。

（6）注意提问的速度。提问时话说得太急，容易使对方感到咄咄逼人，引起负效应，说得太慢，对方心里着急，不耐烦。

（7）不想要答案也要提问。记者和律师都知道这个窍门。虽然你并不指望得到答案，但你仍要提问，借以观察对方的反应和态度。他不回答本身就是最好的回答。

5.4.4 必要的沉默

在沟通中"沉默"具有一定的重要性，因为"沉默"就倾听人来讲，代表着不同的含义，从而使讲话得到的反馈有很大的不同，进而对交流质量有很大的影响。

（1）"沉默"可被理解为感兴趣。

倾听人如果长时期对讲话人的谈话没有反应，且目光游离不定，那么，给人的印象是他对谈话毫无兴趣。

支持和信任。当倾听人沉默不语但保持良好的目光接触且不时点头或以微笑相回应时，这时，讲话人的感觉是倾听者对我支持或信任。

受到讲话人的打动。当倾听人长时间沉默不语，但目光较长固定且表面与讲话人所要表达的情感相符合时，十有八九倾听者被打动了。

沉默就像乐谱上的休止符，运用得当，含义无穷，真正达到以无胜有之效。但一定要运用得体，不可不分场合，故作高深而滥用沉默。而且，沉默一定要与语言相辅相成，不能截然分开。

（2）在倾听当中适时地运用沉默，可获得如下效果。

沉默能松弛彼此情绪的紧张。若对方情绪化地说了些刻薄之词，事后往往会内疚、自省，但若你当场质问或反驳他，犹如火上浇油。这时若利用沉默战术，有利于平复双方情绪，也给对方自省的时间，继而改变态度，甚至聆听我们的话。

沉默能促进思考。适时创造沉默的空间，有利于引导对方反思或进一步思考，在对方说谎时此举尤其能引起其恐慌。此外，沉默片刻能给双方真正思考的时间和心灵沟通的机会。

沉默可控制自我情绪。在自己心生怒火的时候，开口极容易失言，影响谈话气氛和自身形象，保持沉默可渐渐克制自己激动的情绪。

沉默有诸多有益的作用，但也有消极的作用。这时倾听者要努力打破沉默，使会谈健康、正常地开展下去。

（3）消极的沉默可能由以下几种原因造成。

对方对话题不感兴趣。可以转换话题，或创造机会让对方引导话题，谈一些他乐于讨论的事情；如果对方是由于事前没准备，则可以提供一些简明的启发性话题，活跃对方的思维。

过于谦让。唯一的办法是增强交谈的竞争气氛，制造欢迎新意见的环境，用热烈紧张而有趣的话题激发沉默者介入交谈。

双方关系。如果双方不了解，可主动介绍自己，谈及广泛的话题从中发现共同点；如果双方曾有隔阂，应主动热情攀谈，多涉及双方意见一致的话题。

自己言多。努力加强倾听的技能和素养，主动征求他人的看法，营造真正的"双向"沟通。

5.4.5 积极倾听

倾听是指用心、用眼睛、用耳朵去听。真正的倾听是暂时忘却自己的思想、期望、成见和愿望,全神贯注地理解讲话者的内容,与讲话者一起去亲自感悟、经历整个过程。

倾听有多种水准,为了积极的深入的倾听,列出干扰我们倾听的方式,并发展积极的倾听。

5.4.5.1 倾听的方式

(1)用一只耳朵去听。用一只耳朵听实际上是非常有害的。我们的身体语言表明,我们边听边干别的事,显得三心二意,这使得讲话者没有信心再讲下去。

(2)表情呆滞地听。木呆呆地听或被动地盯着讲话者(没有任何非语言信号鼓励讲话者),好似电视观众,这样也会使讲话者无法继续下去,实际上继续下去是非常困难的。

(3)感谢式倾听。从感谢式倾听中,我们可以收集到双倍的信息。当讲话者讲话时,我们点头示意,不停地发出附和的声音,这使得讲话者知道我们是在跟随他的思路,鼓励他继续讲下去而不被打扰。这种感谢式倾听的主要问题是我们发出的不是我们对所讲内容的理解的反馈。

(4)积极倾听。积极倾听是最高水准的倾听,尽管这种技巧难度很大,但我们需要努力实践它。积极倾听能够带给我们更多的信息、更好的理解和交流的效果。积极倾听能够激发讲话者和听众的灵感,使双方积极参与到交流中来。首先,它需要听者积极的心理活动来理解讲话者的内容。把这种理解反馈给讲话者,同时也给予听者检查听的效果和理解程度的余地。其次,积极倾听的反馈能够帮助讲话者澄清思想,使交流更加准确。有些思想讲话者本身也不清晰,他们很难精确地解释其含义。积极倾听的反馈能帮助讲话者发展他们的思想,给予他们机会澄清想说的内容或激发他们做进一步的补充。积极倾听需要我们的身体语言与讲话者身体语言的配合。

5.4.5.2 积极倾听的技巧

根据人们在平时沟通过程中倾听技巧的总结,积极倾听的技巧主要有以下五种。

(1)解释。倾听者要用自己的词汇解释讲话者所讲的内容,从而检查自己的理解。例:

讲者:我觉得很压抑,因为我自愿加班加点,尽了最大努力,按时完成了项目,但是好像人人都不赞同我。

听者:看上去你很失望,你没有得到足够的支持。

讲者:是的,正是这样,并且……

(2)反射感觉。向对方表达你对他感受的认同。当有人表达某种情感或感觉显得很情绪化时,传递你的神入。例:

讲者:我真是厌烦极了。这项预算非常不精确,他们希望我严格管理。我花费了大量的时间熟悉它们,发现错误,却耽误了我的工作。

听者:是的,真是够烦的。

讲者:你别开玩笑,关键是还有许多事要做。我需要有人去做,我的大脑需要休息。

听者:听起来你确实厌烦极了。

讲者:我建议……我宁愿……

(3)反馈意思。把讲话者所说的内容、事实简要概括。例：

讲者：你不在时发生了许多事情。李撞了车，需要几天才能治好；王患了流感；张扭伤了脚腕子。此外，我们必须有一份临时计划，不知谁故意把我们的主要文件弄丢了。你回来了我真高兴。

听者：听起来你做了大量的工作，而且一直忙到现在，对吗？

讲者：我要说的是，如果由我自己来做，我会把一切管理得井井有条，并且我已经在做了。

(4)综合处理。把讲话者的几种想法综合为一种想法。例：

讲者：第一件事主要是政策改变，没有人能够预言；第二件事是我们最好的一个技术员辞职了；第三件事是这个项目的最后期限到了，我建议检查一下，看看我们应该做些什么？

听者：你的意思是有一系列的障碍使得我们这个项目的完成更加困难了。

讲者：你别开玩笑，我认为最关键的是政策的变化，如果政策不变，我们会有机会。

听者：你好像觉得一切都失去了。

讲者：不是所有都失去，而是我们肯定还会有机会。

(5)大胆的设想。从讲话者的角度大胆地设想。例：

讲者：我真不知道该如何选择，每项活动都有赞成和反对两种意见，而且反应都相当强烈。

听者：如果我处在你的位置上，我想我宁愿慢些做出决定，以免得罪某一方。

讲者：是的……我想我需要更多的信息，或许应该再收集一些意见，向有这方面经验的人请教。

 **案例**

倾听的四个层次

有效的倾听是可以通过学习而获得的技巧。认识自己的倾听行为将有助于你成为一名高效率的倾听者。按照影响倾听效率的行为特征，倾听可以分为四种层次。一个人从层次一成为层次四倾听者的过程，就是其倾听能力、交流效率不断提高的过程。下面是对倾听四个层次的描述。

第一层次——心不在焉地听

倾听者心不在焉，几乎没有注意说话人所说的话，心里考虑着其他毫无关联的事情，或内心只是一味地想着辩驳。这种倾听者感兴趣的不是听，而是迫不及待地想要说话。这种层次上的倾听，往往导致人际关系的破裂，是一种极其危险的倾听方式。

第二层次——被动消极地听

倾听者被动消极地听所说的字词和内容，常常错过了讲话者通过表情、眼神等体态语言所表达的意思。这种层次上的倾听，常常导致误解、错误的举动，失去真正交流的机会。另外，倾听者经常通过点头示意来表示正在倾听，讲话者会误以为所说的话被完全听懂了。

第三层次——主动积极地听

倾听者主动积极地听对方所说的话，能够专心地注意对方，能够聆听对方的话语内容。这种层次的倾听，常常能够激发对方的注意，但是很难引起对方的共鸣。

第四层次——同理心地听

同理心积极主动地倾听，这不是一般的"听"，而是用心去"听"，这是一个优秀倾听者的典型特征。这种倾听者在讲话者的信息中寻找感兴趣的部分，他们认为这是获取有用信息的契机。这种倾听者不急于做出判断，而是感同身受对方的情感。他们能够设身处地看待事物，总结已经传递的信息，质疑或是权衡所听到的话，有意识地注意非语言线索，询问而不是辩解质疑讲话者。他们的宗旨是带着理解和尊重积极主动地倾听。这种宗旨仍保持着倾听者应具备的一份亲切、一份平和、一份耐心。

事实上，大概60%的人只能做到第一层次的倾听，30%的人能够做到第二层次的倾听，15%的人能够做到第三层次的倾听，达到第四层次水平上的倾听至多只有5%的人能做到。我们每个人都应该重视倾听，提高自身的倾听技巧，学会做一个优秀的倾听者。人的倾听方式在形成良好人际关系方面起着极其重要的作用。作为优秀的倾听者，通过对员工或他所说的内容表示感兴趣，不断地创建一种积极、双赢的过程。

5.4.5.3 建立集思广益的日常倾听制度

仅培养个人的倾听技能还远远不够，管理者的倾听工作不应是随机的、偶然性的。只有设计出有效的项目，将对顾客、对员工等的"倾听"制度化、日常化，才能做到主动、有序地全面倾听。以下列举的是一些知名企业"日常倾听制度"的成功范例。

(1) 数字设备公司，为了与客户建立联系和交流，将其自动化客户服务系统取消使用，代之而起的是350名咨询代理人。现在，客户不再需要从下载的一张菜单中机械地选择(这也曾是顾客抱怨最多的地方)，咨询代理人会接听电话并给予指导服务。这种制度尊重个性、体现对人的关怀，看似"复古"，实则体现了服务观念的进步。

(2) Abbott实验室发现推销员与顾客交谈时太具侵略性、强性，伤害了许多顾客的感情。1995年，他们发起了一个"赢回生气的顾客"的项目。分为四个步骤。

① 理清问题：与顾客会谈，评估关系破损程度。要集中时间和注意力确定形势。尤其重要的是，尽量让高层领导参与倾听、承担责任和掌握全部情况。

② 制定现实可行的战略：投资于修复顾客关系，重拾旧宠。

③ 全员教育：一旦恢复了与顾客的感情，别忘了对每个员工进行教育。公司内广泛开展了全员有组织的学习，而不仅仅是市场部、销售部的事。

④ 激励销售代表：Abbott向讨论顾客问题的销售代表提供财务鼓励，每季度从六个区的代表中选出"赢回生气的顾客"项目表现最佳的一名，奖励1000美元。这是该公司首次针对顾客服务提供物质奖励。

该项目至1997年10月，已改善了200多户顾客关系，增加销售额900万美元。

(3) 芬兰诺基亚集团自1995年年初决定让250名员工参与战略审核以来，在蓬勃发展的电信业中一直以70%的年增长率迅速发展。公司高层管理班子每月按照战略日程碰一次面，战略制定已从过去以年度为周期，变为经理人员日常工作的一部分，而且广泛吸纳了更多基层人员的智慧。

（4）通用电气公司董事长约翰·韦尔奇于1983年解散了计划部门，将战略决策的责任下放到12个部门负责人身上，每年夏天与高层管理班子碰面，诉说各自计划所做的事、感兴趣的新产品和面临的竞争情况。与诺基亚相似，通用电气逐步在推进其战略制订程序的民主化，更多地倾听内部员工的心声。

（5）Kinko's 组合公司邀请外部咨询专家进行"沟通审讨"，以期发现公司与员工之间沟通的问题。公司使用广泛的问卷调查员工对沟通状况的想法，同时在全国各区域开展个人面谈和视听会议。

（6）微软将 E-mail 作为与员工交流的主要手段，此外公司还办一份内部周报，送至全国每位员工的桌前。报纸经常征询读者意见改变内容，在报上开展辩论，鼓励来稿，读者都知道自己的意见被认为是有价值的。

（7）Starbucks 公司开通网上建议节目，为开展当面会谈，每季度都由高层人员发布三小时消息，一段简短的录像，并留有大量时间回答问题。员工参加踊跃，很多人宁愿牺牲业余时间也不肯放弃机会。

（8）罗森勃路斯旅游公司不定期地寄给员工们一包东西，里面有建筑用纸和一匣颜色笔，让他们画图描述公司在他们心目中的形象。许多员工设计出积极振奋的图，体现出对公司共同远景的理解，有时却反映出深深隐藏的心中不满。

（9）柯达公司在创业初期便设立了"建议箱"制度，公司内任何人都可以对某方面或全局性的问题提出改进意见。公司指派一位副经理专职处理建议箱里的建议，收效甚大。第一个提建议被采纳的是一位普通工人，他建议软片仓库应该常有人做清洁，以切实保证产品质量，公司为此奖励了他20美元，公司共为采纳这些建议付出了400万美元，但也因此获利2000万美元。

建立企业日常"倾听"制度的模式并不是一成不变的，各企业应根据自己特定的目标、特别的条件创造出有新意的节目，最终的意义只有一个：充分调动一切内部、外部资源，满足顾客、员工的多种需求，使企业通过经营活动为国家、为社会、为顾客，更为每一位企业成员尽可能多地创造福利。

本 章 小 结

1. 倾听定义为：通过视觉、听觉媒介接收、吸收和理解对方思想、信息和情感的过程。倾听的过程可分为四个阶段：接收信息、选择性注意、赋予信息含义、记住信息。

2. 倾听的重要性有：倾听可以调动人的积极性；积极倾听可以使管理者做出正确的决策，对缺乏经验的管理者，倾听可以减少错误；倾听也是获得消息的重要方式之一；注意倾听是给人留下良好印象的有效方式之一。

3. 倾听中的障碍包括环境障碍、语言表达障碍、倾听者的理解能力和态度及生理差异。

4. 常见的反馈类型有：判断、分析、提问、复述、忘却。

5. 反馈的特征与技巧有：语义明确、心灵相通、探究咨询。

6. 反馈的障碍源包括：造成上下级反馈不畅的主要原因是他们之间的上下级关系；影响反馈的障碍来自双方的竞争感；同事之间常常因为一些左右为难的事情，无法有效地进行反馈。

7. 有效倾听的技巧包括：提高个人倾听技能、创造良好的倾听环境、提高倾听的效果、必要的沉默、积极倾听。

思 考 练 习

1. 什么是倾听？倾听的过程可分为哪几个阶段？
2. 结合自身工作实际，论述倾听的重要性。
3. 在倾听中，来自倾听者本身的障碍有哪些？
4. 结合自身工作实际，论述有效倾听的技巧。
5. 在倾听中如何适度提问？

第 6 章 写 作

> **学习要点：**
> 1. 写作的重要性；
> 2. 写作的基本原则；
> 3. 写作的过程；
> 4. 报告等商务文书的撰写；
> 5. 简历写作的基本技巧。

 导入案例

口头传递产生的信息障碍

1. 2016年3月某日，我给新来的总经理助理曹小姐布置了一个任务，要求她向各个部门下发岗位职责空白表格，并要求各个部门在当天下午两点之前上交总经办。我问曹小姐，是否明白我的意思？她说完全明白，于是就去执行。

结果到了下午，事情出来了：到了交付的时间，技术部没有按时上交。我问曹小姐："你向技术部怎么传达的？"曹小姐说："完全按正确的意思传达的。"我又问："为什么技术部没上交？"曹小姐说："技术部就是没有上交，不知道为什么。"

我把曹小姐和技术部负责人召集到总经办会议室，问这个事情。技术部负责人回答说当时他没有听到曹小姐传达关于上交时间的要求；而曹小姐说自己确实传达了，因为公司12个部门就技术部没听清楚。技术部负责人说确实没有听到。到底是曹小姐没传达，还是技术部没听到？

没有书面的东西，谁说得清楚？

2. 2016年3月某日，本公司外派维修的售后服务工程师陈某电话要求工厂售后服务部门为其在安徽维修现场发送配件一个。按规定要求，陈某应当书面传真具体的规格、型号然后发货，以保证准确性。但是陈某讲自己干了三年多，都很熟，声称要节省传真费用，且客户很急，要求电话口头报告型号。鉴于这种情况，售后服务部人员相信了陈某，按陈某说的型号发去了配件。结果发到现场后，型号错误，又要重发，造成出差费用、运输费用等增加，更重要的是影响了客户生产。

事后处理此事时，陈某一口咬定自己当初报告的就是第二次发的正确型号，而售后服务部担当人员则坚持陈某当初报告的就是第一次错误的型号。

没有书面函件，该相信谁？

当今社会是商业的社会,信息膨胀而又瞬息万变。如何以尽可能短的时间在公司内部及公司之间实现有效的沟通,成为商界精英们面临的一大难题。传统的沟通形式——写作沟通在这里显得尤为重要。相对于口头沟通,它使双方的交流有据可查。增加了表述的准确性、条理性,而且不受时间、空间的限制。进行书面沟通就需要进行写作创造,优秀的写作在明确而有效地传达信息的同时,还能为作者树立起专业干练的形象;相反,粗制滥造的书信不仅会造成信息的误传,致使商机贻误,还会破坏整个公司的信誉,成为商业活动中的败笔。为此,我们必须掌握一定的技巧使自己能:(1)高效率地进行写作;(2)克服写作中的思路堵塞问题。

6.1 写作要则

 **案例**

"还"字多音惹纷争

2000年4月,黄先生承建北京某农业发展有限公司养猪舍七栋,承包工程款总计8.4万元。双方约定工程开工时,农业公司应首付黄先生总工程款的70%即58800元,但农业公司却只付给黄先生3万元,其余款额一直未付。2002年4月7日,农业公司由其会计乔女士签名为黄先生出具一张写有"还欠黄某工程款28800元"的证明,并盖有公司财务专用章。黄先生依此欠据将农业公司告上法庭,要求其立即给付工程款28800元。

然而在法庭上,被告农业公司在承认欠黄先生工程款28800元的同时,提出此欠款已由当时经手人会计乔女士偿还了,并为黄先生出具了还款证明,"还欠黄某工程款28800元"中的"还"字应读为huán,故不同意黄先生的诉讼请求。

顺义法院认为:原告为被告承建养猪舍工程,被告应按约定给付工程款。被告为原告出具的证明,应视为欠款证明,法院对原告的请求应予支持;被告辩称此证明为还款证明,未提供相关证据证实,法院不予采信。最终判决被告北京某农业公司给付原告黄先生工程款28800元;案件受理费1162元由被告承担。

这是一起因一张证明上"还"字释意引发的扑朔迷离的承揽合同纠纷案,从中不难看出书面沟通在日常管理工作中的重要性。对于组织来说,有效的写作还有助于与客户建立良好的关系,有助于树立组织的良好形象和声誉,从而有利于组织实现其战略目标。

6.1.1 写作的重要性

我们都是先学会说话,然后再学习写作。也许正因为如此,许多管理者说的要比写的多。不过,写作是一种通过文字形式达成沟通的重要方式。写作又称为"书面语言",书面语言的形式多种多样,包括报纸、杂志、书籍、信件、报告、标语、电子邮件、传真、电视(电脑)屏幕上的文字说明、通知等。

无论是内部沟通还是外部沟通,一个组织时刻都离不开写作。组织内部和外部沟通的公文示例如表6-1和表6-2所示。

表 6-1 组织内部沟通的公文

公文	定义	目的
摘要	附在文件前的说明，告知对方发送公文的原因	传递信息；说服对方阅读文件；树立良好信誉和形象
月、季度报告	总结该时段内的利润、生产和问题的报告。用作计划下时段活动的参考	传递信息；树立良好形象和信誉（报告内容准确、完整；作者了解公司的情况）
政策、规章公报	公司政策和规定的声明（例：怎样订货等）	传递信息；树立信誉（政策和规定是合理的）
业绩评估	对职员的表现进行评估；附改进意见或提拔推荐	传递信息；说服员工不断提高自己的水平
祝贺信	祝贺获奖、升职或得到社区认可的员工	树立良好形象

表 6-2 组织外部沟通的公文

公文	定义	目的
指责说明	某一职位工作性质描述，用于业绩评估，工资评定和聘用审核	传递信息；说服有才能的人报名；树立良好形象
年度报告	总结全年的财务情况，向股东汇报	传递信息；说服持股人支持本股；说服投资者购进该股；树立良好信誉（公司健康运营）
感谢信	写给供货商、客户或任何帮助过公司和公司员工的个人或组织	树立良好形象

6.1.2 写作要则

写作中要把握的一些基本原则，可以概括为 4C，即正确(Correct)、清晰(Clear)、完整(Complete)、简洁(Concise)。

(1) 正确。正确是写作的首要原则，也就是说，写出的文章材料要真实可靠，观点要正确无误，语言要恰如其分。尤其是对文章主旨的把握，在写作前一定要下一番工夫，明了写作的意图，正确地传递想要传达的信息，从而实现有效沟通。

文章的正确性还取决于表述上的准确性，而这又由以下诸多因素来决定。

① 表述方式上，要符合文章样式的需要，如叙述要讲求事实概括，说明要直接提出要求，界限明确，是非分明，议论要直接表述事理。

② 文字表达上，要概念明确，判断恰当，推理合乎逻辑，如使用概念要明确其内涵和外延，使用简缩语要坚持约定俗成的原则，判断要性质明确、恰如其分，推理要符合事物内部的固有规律，避免牵强与武断。

③ 文字书写上要符合一定的标准，如用左及右横排书写，简化字要符合规范，不随意自造，使用数字要规范，正确使用标点符号。

写作"不正确"，是一个通病，表现在观点不正确，逻辑混乱，或没能用适当的语言文字来表达，有时候连自己也不知道要表达什么，这都使得沟通变得很困难。

 **案例**

法律文书中的歧义

周某于 2009 年 8 月进入某电子公司担任车床操作工，月薪 2500 元。

2010 年 10 月 25 日凌晨，周某轮值夜班，同事王某用周某的笔记本电脑看电影，被主人发现。几天后，公司人事主管找到周某，说公司决定解除与她的劳动合同，并拿出一份事先印刷好的"解除劳动合同证明"签收回执单，要她看完后签字。周某马马虎虎看了两眼就签了字。

第二天，周某向劳动仲裁机关申请仲裁，要求公司支付违法解除劳动合同的补偿金 8000 元，未获支持后，周某诉至法院。

庭审过程中，公司出示周某当天签字确认的回执单。公司表示，"已悉阅并同意按照该证明内容执行"表明周某同意公司解除合同的事实和理由。周某表示，自己同意执行的是解除合同的事实，不等于同意解除的理由，公司也没有向她解释这句话的意思。

目前，青浦区人民法院依法判决，公司向周某支付违法解除劳动合同赔偿金 7500 元。

(2) 清晰。在正确表达的基础上，应该力求清晰，清晰的文章能引起读者的兴趣，更能使读者正确领会作者的含义。要做到清晰，除了上面提到的选用符合文章的样式之外，还应该注意文章的整体布置，包括标题、大小写、字体、页边距等，尤其是要留下适当的空白，若是把所有的文字都挤在一起，则很难阅读；如果是手写，则不能太潦草，这不仅影响读者的阅读，甚至还会影响到文章的正确性。在起草会议安排计划、培训安排时，一般会选择按照时间顺序的思路。

 **案例**

2014 年 3 月联合国大会第 68 届会议议程

时间	会议名称
3月1日	零歧视日(联合国艾滋病规划署)
3月6日至7日	高级别活动：2015 年后发展议程，妇女、青年和民间社会的贡献
3月8日	国际劳动妇女节
3月20日	国际幸福日
3月21日	纪念消除种族歧视国际日大会特别会议
3月21日	消除种族歧视国际日
3月22日	世界水日
3月24日	世界防治结核病日
3月25日	奴隶制和跨大西洋贩卖奴隶行为受害者国际纪念日

这个案例中会议日程安排就是按照时间顺序来组织的，可以确保没有遗漏任何环节。所以这种方法应用非常广泛。在进行书面沟通前，如果是明确了要采用对比或类比的思路，那么可以考虑将平铺直叙的文字换成各种图示的形式，如曲线图、图表、矩阵、清单、饼状图等。

(3) 完整。写作的一大优势就是使我们有充分的时间思考问题，完整地表达想要表达的思想、观点，完整地描述事实，"完整"是写作的一个要则。在电话或是当面交谈时，常常会遗漏很多想要交流的事项，这是由这些沟通方式的特点决定的，在写作时，为了完整地表述，应该反复检查思考，不断增补重要的事项。

(4) 简洁。"简洁"似乎与"完整"是一对矛盾，这其实是一个"度"的把握问题，"完整"是为了表达想要沟通的重要方面，但并不意味着要把所有的事实、观点罗列纸上。可以通过排序的方法，把不太重要的事项删除，也可以对每个字进行评估，把琐碎的、没有太大价值的文字精简掉，使得文章言简意赅。

 **案例**

简短的表达

请看下面这个电子邮件小例子。

A：周六把你的车借给我吧！
B：您是哪位？为什么借我的车？
A：我是刘副经理啊。
B：您是哪个部门的刘副经理？
A：事业部刘副经理。

这个案例中句子虽然够短，可是没有把信息表达清楚。所以，一定要把信息表达清楚，然后再精简多余的话语，切不可一味地追求句子的简短而忽略语义表达的完整性。

上述的四项是写作中的最基本原则，为了达到良好的沟通效果，写作时做到正确、清晰，既完整又简洁，同时也需要其他的一些原则，如"创新"，没有创新的文章往往不是好文章。另外的标准如"生动活泼"。生动会使沟通的效果大大增强，其他方面也还有一些注意点，如注意读者对象，根据读者需要，尽量不对一个读者群使用另一个读者群中的行话，使得读者接受文章，从而达到作者的意图。

6.2 写作过程

 **案例**

作者在写作时要从读者的角度出发，重视读者想了解的内容，尊重读者的聪明才智，保护读者的自我意识。

(1) 不要强调你为读者做了什么，而要强调读者能获得什么或能做到什么。以正面或中立的立场，强调读者想要知道的内容，读者想知道他们会得到什么好处或受到什么影响。提供这方面情况时，信息越完整越有趣越好。

非换位方式：我与 Apex 汽车出租公司已达成协议，同意你租车时享受折扣。

换位方式：作为 Sunstrand 的雇员，如果你从 Apex 租车，便可享受 20% 的折扣。

(2) 参考读者的具体要求或指令。如果需要，列出发票和订单号。

非换位方式：你的订单……

换位方式：你定购的真丝服装……

(3) 除非你有把握读者会感兴趣，否则尽量少谈与业务无关的自己的感受，除非在慰问信和贺信中。

非换位方式：我们很高兴授予你 5000 元信用额度。

换位方式：你的牡丹卡有 5000 元的信用额度。

(4) 避免就读者的感受或反应做出判断。

非换位方式：您会很高兴听到你被公司录用的消息。

换位方式：很高兴通知您，您已通过了公司的全部考核，您被录用了。

(5) 涉及褒奖内容时，多用"你"而少用"我"，褒奖内容与作者、读者都有关时用"我们"；叙述重点放在读者方面而不是你或你的公司方面。

非换位方式：我们为所有的员工提供健康保险，包括您。

换位方式：作为公司的一员，您会享受到公司提供的健康保险。

(6)涉及贬义内容时,避免用"你"作主语,以保护读者的自我意识;用指代读者群体的名词取代"你们"和"你",以减弱抵制心理。

非换位方式:你发表任何以该工作机构为背景的文章时,都要得到主任的同意。

换位方式:本机构工作人员在发表以本机构工作经历为背景的文章时,都要得到主任的同意。

根据玛丽·蒙特的观点,笔头沟通的写作过程可以划分为收集资料、组织观点、提炼材料、起草文章、修改成文等五个阶段。不管你花多少时间或写作的难易程度如何,你都会经历这样一些阶段,只不过不同的沟通者,在每个阶段上花费的时间和精力不同而已,有时也可能会在次序上颠倒,但总体过程如此。如表6-3所示。

表6-3 笔头沟通的写作过程

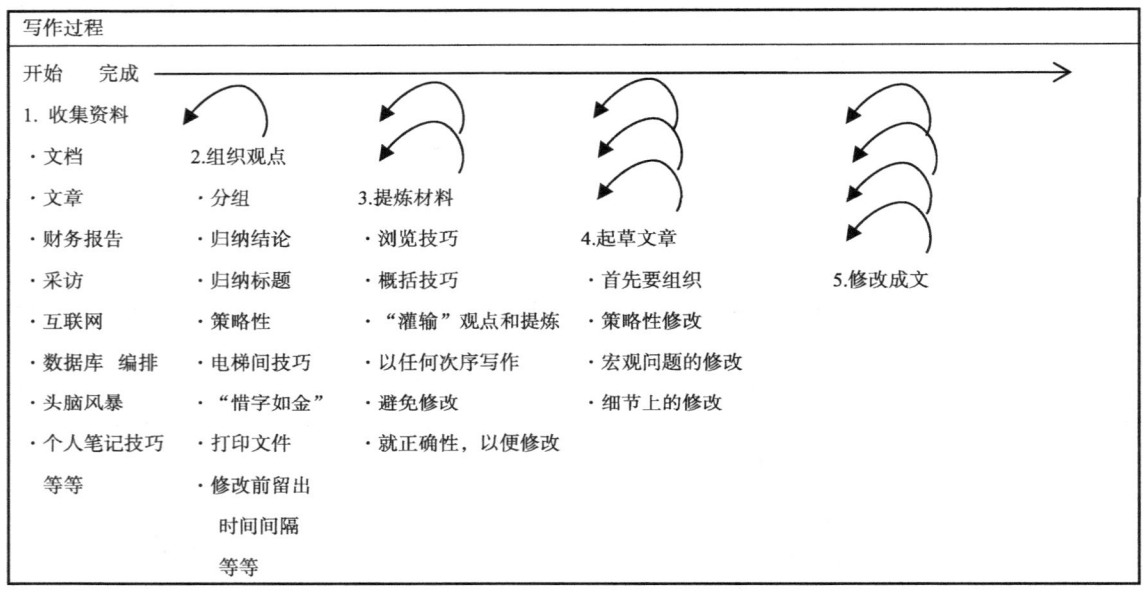

6.2.1 收集资料阶段

写作过程中第一步就是收集资料。材料的完备与否往往决定了能否作出好的文本。无论写的是正式的文章还是非正式的便条,都需要一些素材,这些材料可以来自于脑子里的记忆,但更多的需要从各个渠道收集而来,并加以归纳整理,提炼出对写作有用的那些材料,或成为写作的缘起、或成为叙述中的事实、或成为说理的论据、或成为解决问题的参考。例如,写一封回信的时候,最好能把来信找出来,并从记忆中搜寻一些与此人相关的情况,这样才能明白写回信的目标,需要解答的问题或提出的问题,才能明白哪些方面要详细地写一写、哪些地方可以随笔带一带、哪些方面不必提或不能提。然后据此安排合适的信件结构,形成合适的文风,合理措词,并以适合对方需要的态度完成写作。其他文体也是一样,无论是一般文书还是调查报告,或是理论性文章,都需要充分的材料准备。

可以从多种来源综合地收集资料:阅读以前的信件、文档、文章、书籍、财务报告或打印出来的计算结果,电话采访,亲自拜访,从国际互联网络、电脑光盘或内部数据库上得到资料。另一个收集资料的方法则更为直观:头脑风暴法(自己一人或与他人一起)、漫笔(强迫自己写一段时间,即使写出来的东西没什么用处)或翻阅相关的期刊或记录(记下在什么时候、什么地方形成了这些观点)。

在进行材料收集时,有一些技巧可以注意。

(1)明确写作目的,做好充分的准备之后再去收集。

只有在自己很清楚了为什么要写作之后,才有可能直接去收集到真正有价值的素材。即带着问题去收集、带着概念去收集,这样才能有针对性,才可能不遗漏真正重要的素材。明确写作目的,了解读者情况,考虑好了写作的方式方法,这对收集资料而言无疑具有指导性。

(2)具体收集时,可坚持"多多益善"的原则。

材料多,才可能全面、正确地反映出事物的本来面貌,防止观点的片面性;材料多,才有选择的余地,保证事实和论据的典型性和生动性。收集材料时,要不厌其多,材料多了,才能左右"渔源",游刃有余;材料少了,则会捉襟见肘,左右为难。这就需要大量地、全面地、详细地收集资料,对于较为复杂的写作,更应如此。许多人可能有这样的体验,在动笔之前,觉得收集到的资料已经够多的了,但写到一半,发现自己许多问题仍不清楚,仍需要相关材料,只有回头再开始收集,这样就影响了写作的高效进行。

(3)从身边的资料开始找起。

资料收集的次序对收集效率会产生较大的影响,一般而言,从身边已有的资料开始找起,是比较妥当的,有时无须去查找一些高深、稀罕的资料,手头的就已经能满足写作的要求,这样就节省了不少精力。

(4)尽量利用高科技手段。

现代技术对资料收集产生了重大影响,以前采用卡片、索引、剪报等形式,现在有电脑自动检索。紧跟科技发展,掌握先进的资料收集方法,从新的媒体上收集,可能起到事半功倍的效果。

(5)平时一定要注重积累。

这是关键。当我们收集一个自己比较熟悉的课题时,往往能够驾轻就熟,在一个陌生的领域里收集资料时,却往往会有无所适从的感觉,不知道哪里有这些相关资料,不知道哪些资料是有价值的,虽然可以通过关键词索引、脚注、尾注、参考文献等查到一些,但总的来说效率较低,因而注重平时的积累,并做一些卡片,提高自己的素养和能力,这往往使得进一步的资料收集变得容易起来。

6.2.2 组织观点阶段

最为重要也是最为困难的任务之一就是组织观点。如果能在起草文稿之前组织好观点,那么写作效率就将有很大的提高。当然,在写作过程中你可能还会修改组织结构,但是,如果在开始动笔之前已有了某种蓝图,那么,从长远来看你将会节省很多时间。

以下是组织观点的四个步骤。

(1)分组。将相似的观点或事实组合在一起。典型的分组方法包括借助事例或缘由;借助时间或步骤顺序;借助组成部分;借助重要性等。

(2)遴选。浏览分组的结果,并据此做出结论或提出建议。

(3)归纳标题。人类已经进入了空前活跃的信息时代,如此大量的信息,并不是也不可能是每一个读者都需要的，在大量信息面前，标题是选择所需信息的第一个窗口，一个好的标题可以使读者产生阅读的兴趣，而一个平庸的标题则会使信息沟通到此中断。

标题，是指运用语言符号传输信息的写作载体的名称，标题与正文关系密切，标题做了变动，正文也得变动，写作载体的整体性质也发生了变化。反之，正文做了变更，整体性质同时发生变化，也要求标题做相应变动。标题既是构成整体的一个因素，同时还能指代整体，这形成了标题的内在矛盾：内容的丰富性与形式的局限性。标题应该服从文本整体表达的需要，作为一个特殊的部分，担负起了指代整体的职责，要指代整体，标题就要抓住整体中有代表性的因素。

若想介绍某个信息，你的标题就是你的结论，如"A产品的潜力低"。若是想推销某个信息，你的标题就是建议，如"削减A产品的产量"。

(4) 有策略地编排。在什么地方放入标题，开始处还是结尾处，这取决于你的可信度和你的读者。比如，若对方很忙而你具有很高的可信度，你不妨向对方直陈"削减A产品产量"的建议，并附上这样做的原因。如果对方对A产品很了解而你的可信度又很低，你不妨先说明"A产品存在的问题"，由此引申到建议。

组织蓝图可以采用以下几种不同的形式。

① 线形提纲。运用传统的罗马数字标志、大写字母等。
② 环状观点图。主要点放在中央，次要点呈环状分列在周围。
③ 单向观点图。次要点分布在主要点一侧。
④ 金字塔观点团。次要点位于主论点的下方。
⑤ 任何有用的其他形式。

6.2.3 提炼材料阶段

资料丰富、观点多并不代表写作就一定能重点突出，条理分明。这需要我们撇开细节性问题，试探寻出资料的核心内容。有几种提炼观点的技巧。

(1) 设想读者只是浏览。扪心自问"读者最需要了解什么？如果他们只是进行浏览，那么至少应该让他们知道什么？"

(2) 概括你的观点。用写作专家林达·福洛尔(Linda Flower)的话来说，就是尽量概括你的观点。用很少的几句话或一句话来阐述主要观点。区分主要和次要观点，并考虑如何将它们串接在一起。

(3) 灌输你的观点。在能以一句话概括观点之后，就应该考虑怎样向他人灌输你的观点。和前一个技巧相同，这一技巧可以帮助你在读者脑中形成概念，使他能抓住要点，而不是仅仅只了解一些事实而已。

(4) 使用"电梯间谈话"技巧。另一个提炼观点的方法是设想你在顶楼的电梯里遇见了你的读者，你只有电梯下降至底层这段时间来解释你的主要观点，你应该怎样说呢？

(5) 使用"惜字如金"技巧。最后一个提炼观点的技巧是假设你得为每一个字支付一笔高昂的费用。你怎样压缩主要观点来省钱呢？

虽然写作过程是周而复始的，但一定得完成动笔之前的预先写作工作(收集、组织和提炼)前三个步骤。专家调查认为，与起草和修改工作相比，有效率的作者要把大约50%的时间花在写作前的预备工作上。

6.2.4 起草文章阶段

做到有效率起草文章的关键在于释放创造力。不要试图一边写一边修改；不要做一个完美主义者；不要想一次就写出一篇完美无缺的文章来。这里有一些能在你起草文章时给予你帮助的技巧。

(1)不要在乎写作顺序。不要强迫自己从文章的开头一直写到结尾。而应先写你最有把握的部分。不必先写序言。写序言可能是一项非常艰巨的工作。如果在写到正文部分时对你的论点和文章的结构进行了修改，那么在结束时你必须对序言也进行相应的调整。因此，很多作家都是在最后写序言的。

(2)不要边写边改。写文章时并不完全靠逻辑，还需要有创造力。在起草初稿时，不要担心具体的细节问题，不要边写边改。如果一个字想不起来，不妨留个空白在那里；如果不能在两个词之间做取舍，不妨将两个字都写下来。在令你尴尬或糊涂的章节旁边的空白处圈一下或做一个需要复审的记号，以后再仔细考虑。

(3)使用打印件。如果可能的话，将你的初稿转变成打印件，单面、两倍行距、较宽的页边距。很多人不用手写会更快。此外，很多人用打印件进行修改时速度会更快。因此，即使你自己不能打字或口述，也应该准备一份打印出来的初稿，最好是文字处理器的打印件。

(4)安排时间间隔。如果在创造性的起草文稿与逻辑性修改文稿之间留下一段时间，那么修改工作的效果就会更好，你的观点也将更清楚地得到反映。对于重要或复杂的文稿而言，你得在两个阶段之间留下一个晚上的间隔。即使你的时间非常紧张或你在起草一个例行文本时，也应给自己留下一个短暂的时间间隔：如在午饭后修改或间隔5~10分钟也好。

6.2.5 修改文稿阶段

好文章是精益求精的结果，有人说文章是改出来的。由于人们对事物的认识有一个不断深化的过程，人的思想很难一下子把它准确周密地反映出来，这样，要达到"尽善尽美"就必须随认识的不断深化修改，再修改，反复比较，反复推敲。

修改可以在写作过程中的任何时间进行，内容涉及对现有计划、目标、方法和整个文稿的重新检查修订，不过一般来说，修改是对书面文本中的不足施以改变的过程，这些改变可以针对文本内容，也可以是拼写、语法、布局等方面，通过适当的增加、删除、替换、合并、扩大等措施，使得文章在内容上、形式上发生较大的变化。

修改作为写作过程中重要的一部分，包括锤炼、校正文章主题，增删更换材料，调整结构安排，斟酌变更写作手法，推敲润色语言等多个方面。每一个方面都是作文的基本功。

可以说，文稿能够修改是写作这一沟通方式的巨大优越性，正是因为写作过程中有修改，才使得写作能达到正确、清晰、完整、简洁等要求，才使得写作中不容易产生这样那样的错误和遗漏，才使得写作成为沟通中不可替代的方式之一。

当你修改文稿时，不要立即就为标点符号和措辞而折磨自己。在你花费时间完善文稿之前，应先完成以下用于删减或修改章节的四步计划以节省时间。

(1)从策略上进行修改。

在开始修改润色之前，应据第一章讨论的沟通策略重新浏览一下你的文稿：①沟通者策略；②听众(读者)策略；③信息策略；④渠道选择策略；⑤文化策略。

(2) 从宏观上进行修改。

在对字句进行修改之前，应从整体上把握全文。用打印出来的文稿进行宏观上的修改能使你立刻通览全文而不是局限于显示屏上显示的某一部分。具体而言：①根据文章纲要浏览初稿；②阅读文章的开头、结尾及前言部分，仅侧重于核查彼此之间的一致性；③审阅文章的每一段、每一部分。

(3) 从微观上进行修改。

在从策略和宏观上修改了文章之后，开始修改词句：①避免过分啰唆和冗长的词句；②使用适当的文体；③比较你的格式是否前后一致。

(4) 就正确性进行修改。

认真校对，不要将电脑校对等同于人工校对。你不妨用电脑校对一下拼写、标点符号、句子长度、措词和语法问题。但是，电脑不能为你核对有关逻辑、流畅性、重点、语气，还会犯诸如只改变某章节的一部分或没有按要求删除单词等错误。电脑也不能校对所有的拼写错误。最后电脑也不能找出遗漏的字词。

掌握了上述技巧，在书面写作的过程中就可以大大节省时间，写出更有价值的文稿。

6.2.6 如何克服写作中的思路堵塞

在写作过程中，我们经常会遇到思路堵塞问题，无论我们怎么努力也写不出东西来。思路堵塞是指作者一时无法继续写作，坐在那里，面对着空白的屏幕或白纸，无法写出一个字来。事实上每个人都曾有过这样的经历。这时，不妨尝试以下几种技巧。

6.2.6.1 改变写作任务

(1) 先写其他部分。如果在某一部分堵塞住了，不妨把它放在一边，先写其他部分。不要强迫自己从开始写到结尾。先写那些对自己来说相对容易的部分。

(2) 先写出标题。试着先写出标题、副标题或要点，然后再回过头来在每个标题下填入相关内容。

(3) 重温一下观点图。借助视图，也许会比仅依靠文字要思考得更全面和成熟。

(4) 先做一下非文本部分的工作。做一做其他的诸如格式或图表方面的工作，使自己在再回到文本工作之前有一些成就感。

6.2.6.2 改变自己的行动

(1) 适当的休息。如果在思想或表达方法上陷入困境，休息一下通常会有帮助；来回走动一下，做做其他事情；为解决潜意识中留存的问题空出一段时间来；当再回到工作中时，通常能更有效的工作。

(2) 与读者"交谈"。坐下来，想象自己正与读者进行交谈。然后，写下或大声口述要对他说的话。一般来说，与我们自己安安静地写作相比，大声地把将要写的东西读出来会使文章的文笔措辞更加流畅。

(3) 与别人交流。这个技巧就是与其他人谈谈你的写作。谈论一下自己的观点、文章总体构架或某些具体的问题。这样通常会提高我们解决问题的灵敏性。

(4) 谈一谈或讨论一下其他的东西。谈谈其他的东西，谈论一下其他的话题，这些办法有助于开阔我们的思路。

6.2.6.3 改变自己固有的观念

(1) 放松对自己的束缚。有时作者被他们自己认定的某些规则所束缚，不许这样写，不许那样写。抛开这些规则，在草拟完稿阶段更应如此。

(2) 对计划实行分类。抛开原计划，重新组织整个写作计划，使之更加易于管理。

(3) 在每页的顶部打上"草稿"字样。在每页的顶部或每页的背面打上"草稿"字样，以提醒自己不必追求完美。

(4) 降低对自己的期望。降低对自己不实际的要求，不妨尝试一下放松自己的方法。

(5) 不要沉迷于文笔。既然只是写下来的草稿，不必过于注重完美。我们可以慢慢地不断进行修改。

(6) 预料到写作的复杂性。写作是很复杂的事情，要对可能遇到的困难有一定的心理准备。

思路堵塞造成的写作障碍原因不同，采取的应对方式也各不相同，要学会灵活地处理和对待。

6.3 商务信函

随着电信技术和网络技术的发展，人们已渐渐习惯通过电话、互联网、录音等来传递交流信息，但在商务活动中，信函仍是人们应用最多也最为普遍的沟通工具。通常用于与公司组织外的其他人进行书面交际沟通，作为一名管理者，应当具备信函书写的一般知识，掌握信函书写的技巧，努力写好各种信函，这将有助于事业的成功。

6.3.1 信函的写作技巧

6.3.1.1 开头

万事开头难，写信也是如此。一般人们不愿意看到这样开头的信："我知道我应早点写信给你，但我实在没有什么东西可写。"然而实际上，这样的句子被人经常不自觉地使用着。他们不知道，自己实际上在表露着不友善的想法。然而换个说法，友谊之门自会敞开："一次一次地要提笔写信给你，但总是被其他的事给干扰了。"而在收到信得复函时比较容易，如"收到你的信，我很高兴"或"长久以来，你的来信总是邮递员所能带给我们的最受欢迎的礼物"。在回信时切莫忘了答复对方来信中所提的问题。

"良好的开端是成功的一半"，商务信函写作也不例外。因为，开头的好坏决定了能否吸引读者阅读、能否满足读者需求、能否实现信函的目的。开头应遵循以下原则。

(1) 信函的目的和读者的需求。在肯定性的信函中应以主题和好消息开始，在负面性的信函中应以主题缓冲的表述开始，在劝说性的信函中应以主题和容易激发兴趣的陈述开始。

(2) 给人以周到、礼貌、简洁明了的感觉。一般开头段比较短，以积极的口吻，运用礼貌的谈话式语言，避免不必要的重复。

(3) 检查信函的完整性。必须从复函日期及事宜的准确性上，从句子的结构、段落本身的逻辑性上来检查开头段是否完整。

6.3.1.2 中间

中间段是在开头所提及的主要内容的基础上,对有关信函中涵盖的资料、数据进行富有逻辑性的、简要而清晰的描述。比如,投诉的准确程度、在销产品的益处、支付程度等。此外,也可以提供表格或图片以支持有关表述。

6.3.1.3 结尾

除了对整篇信函做全面归纳之外,信的结尾一般应向收信人表示友好的祝愿,有人这样做结束语,难免失之轻率:"好了,我猜你也看腻了吧,我最好就此搁笔了。"这样的结尾,自以为很自然,不同凡响,实则笨拙无益。

结尾的主要作用是简明扼要地从 5W 和 1H 出发,阐明撰写者希望读者采取的行动,即何时(When)、何处(Where)、由谁做(Who)、做什么(What)、为何做(Why)、如何做(How)。应鼓励读者付诸行动,如支付有关款项、订购某种产品、接受某项服务或满足加薪的要求等。由于行动陈述是商务信函的整个理由,因此采取行动的要求一般出现在信函结尾处以达到加深印象的效果,最后应表示真诚的赞扬并以友善的口吻结束。

私人信函可以不必拘泥于标准形式的结尾:"一两天后再给你写信"等。结尾之后,要再写上一两句祝颂、共勉的话,如"工作顺利,生活愉快""祝好""等候佳音""盼望来信"等。

6.3.1.4 信封书写

信封有一定的格式,一般应按规定格式写。信封地址要写得工整、清楚。字迹潦草模糊、涂涂改改,不仅影响信件的投递,对于收信人来说也是不礼貌的。书写信封一般应写明收信人的详细地址,收信人的姓名或公司、企业、团体的全名,寄信人的详细地址和姓名。

6.3.1.5 书信的风格

商务信件在很大程度上与平时生活中的信件类似,首先要提的是风格。若是呆板、生硬,那么与读者发展有效益的商务关系的可能性便会大打折扣,呆板生硬的书信件一下子把人拒之门外。把握书信风格重要的技巧在于:

(1)使用清晰、简洁而又准确的语言;
(2)避免使用陈词滥调、行话、抽象的词语和不必要的话;
(3)使用短句;
(4)使用自然、友好而又惹人喜爱的风格。

有影响力的写信风格应该是"简单而又友好的",顾客喜欢与"热情、友好、可爱的人打交道"。好的写作风格,尤其是语气,可以促使撰写者与读者之间产生一种"情绪感应",彼此影响,促进沟通。

6.3.1.6 信件的布局

日常的生活信件可以采用很随意的格式,但商务信件在这方面有一定的原则,其布局安排一般按公司组织内容信件惯例来进行。这些惯例包括:使用扉页、限定空白、规定字体大小、指定标题应用,甚至有一个或几个参考版本。

 小贴士

写信的一些技巧

为了写出好的信件以适应商务需要,完成商务上或其他方面的目的,特别应注意如下的一些技巧,这些技巧实质上也就是写商务信件时的注意事项,要提高信件的写作能力,也应从这些方面入手。

最能引人入胜的信,是侃侃而谈,读来如见其人,散发着写信人的个性,就像坐在对面恳谈一样。要使信件能达到这种亲切、自然的效果,除了上文所说的风格的几点要求外,还应做到:

(1)在私人信件中要尽量使用口语而不必拘泥于形式,更不要咬文嚼字、矫揉造作地使用一些过于正式的书面措辞;

(2)在信中适当地方偶尔插入对方的名字,可给对方一种快感;

(3)正确、巧妙地运用标点符号。标点符号可以表达出语调的变化、情感的强弱,使用得当,可以收到良好的效果。

6.3.1.7 书写字体

写信的字体应该整洁干净,工工整整。如果像幼童涂鸦,乱糟糟的一团,会使人在看信前就产生不良印象,以致会对写信者的外表、能力、性格、人品等产生不准确的推测。另外,在书写信函时,须用钢笔,表示尊重,一般不要用圆珠笔,更不要用铅笔,那样显得不严肃。如果是挚友之间一般也无妨。墨水应选择黑色或蓝色;红色则表示绝交的意思,这是尤其要注意的。

6.3.2 信函例文

 案例

谢 绝 函

尊敬的于波先生:

我对于贵公司在今年5月份即将举办的公司交流研讨会的计划非常感兴趣,同时我相信这一倡议一定会得到各公司的广泛支持和欢迎。

也非常感谢您邀请我做大会演讲。不过十分遗憾的是,今年5月份我将出访欧洲考察,因此届时不能出席研讨会。

我可否推荐我的同事张阳参加,他是另一个理想的发言人。他在人力资源部已任职8年,在此期间,曾亲自组织了数次颇为成功的活动。我相信,如果时间允许的话,他会很乐意参加此次研讨会,并做大会发言。是否采纳我的建议,请告知。如果可以的话,我将让他和您联系。

预祝研讨会圆满成功!

张 晴

2017年4月19日

 案例

投 诉 回 复

尊敬的马先生:

首先,非常感谢您购买我们的产品,同时也为我们的产品为您带来的不便感到抱歉。

另外，我们也想告诉您，也许您没有注意到我们的产品保修期是三个月，而您是去年五月份购买的。

尽管如此，我们还愿为您提供方便优质的服务，但要按保外的标准适当地收些费用。

我们衷心地希望您的问题能尽快得到解决，让您能尽情地享受我们的产品给您带来的快乐。

附：我们公司的维修站点及电话

公司服务部
2017 年 3 月 20 日

案例

致 谢 函

××公司××部×××先生：

这次请您了解××商品市场情况，承蒙您在百忙之中做深入调查了解，不胜感激。关于××商品的价格，待我公司调整修订以后再函告您。

望今后加强往来，并请给予大力支持！

特此书面表达感谢之意！

  此致

敬礼

×××敬上
×年×月×日

案例

查 询 函

××公司×××先生：

最近我公司接到贵埠××公司来函订购大量货物，该公司地址随函附上。因为此为我们与该公司的第一次交易，敝公司不知其资信及经济状况如何。请贵公司代为查明见告，贵公司所提供之情报，敝公司严守秘密。

××公司经理×××
×年×月×日

案例

求职答复函

×××先生：

您所申请的秘书职位已补满，我们刚雇用了一位从××大学毕业的×××小姐，将先予以试用，以决定其能力是否胜任。

我们很乐意把您的名字列入秘书人选档案之中,倘若将来有缺额,一定首先与您联系。

××公司经理×××
×年×月×日

6.4 其他文稿写作

6.4.1 报告

6.4.1.1 报告的类型

报告是广泛应用的书面沟通形式,而且有相当多的种类。有些报告是在分秒必争的基础上写成的,另一些则可能是一周或一月一次的常规任务。对管理人员来说,撰写报告是一项基本的工作。最普遍的报告类型,如表 6-4 所示。

表 6-4 报告的部分类型

特 别 报 告	初 始 报 告	例 行 报 告
调研报告	中期报告	操作报告
计划报告	评估报告	设计报告
可行性报告	检验报告	审查报告
建设报告	工作报告	进展报告
正式报告	目击报告	非正式报告

有些报告很短,一般不超过 2～3 张 A4 纸,有些报告则较长,常附有图表、坐标图,长达几十页。这类报告主要用于说服、影响别人,进行真伪辩论,评估备选方案,提出劝告建议及提供信息资料等。

6.4.1.2 调查报告的结构

不同的报告具有不同的篇幅、意图、风格形式,然而所有的报告都是结构完整的正式文书,其写作意图无非是记录信息、告知情况或影响他人。

调查报告是为解决某些问题而调查分析实际情况、研究对策,然后向有关部门和上级领导所做的报告。一般有两种:一是主动报告,某项工作进展得如何,以及一个企业、一个部门发生了什么事件需要有关部门掌握、了解,都需要及时写出情况报告;二是被动报告,组织因工作需要,安排人员就某个方面、某个问题进行调查研究,事后提交的报告即为被动报告。调查报告的意义在于总结经验,发现、研究、解决问题。

调查报告的标题一般有两种写法:一种是一般文章标题式写法,如"×××公司腾飞之路";另一种是公文标题式写法,如"×××产品市场状况调查分析"。调查报告的正文一般包括四方面内容,即前言、事实、分析、意见(对策和建议)。

(1)前言。前言部分要简要地说明调查目的、调查时间、调查范围及所要研究和报告的主要内容等。有的调查报告中还包括调查方法及调查的整体思路等。

(2)事实。即阐述调查得来的主要内容或主要问题。这部分是调查报告的主体,容量较大,所以要进行归纳,或以自然情况为序,或以内容的逻辑关系为序,分条列项地进行书写。每一大条都要有一个中心,或用序码标明,或用小标题的方式来概括,以使眉目清楚。具体内容的写法主要是叙述,多用事实和数据说明,做到材料和观点相统一;表达上则要灵活一些,提出论点并以充分的论据证明,或以调查材料归纳出论点。

(3) 分析。分析是调查报告的研究部分,通过分析或指出问题的性质,或找出产生问题的原因。分析可以是理论分析,也可以是实践例证。但不管如何分析,都必须基于事实和数据,要具有针对性,揭示实质,不能凭主观想象,更不能主观臆断。

(4) 对策和建议。调查研究的主要目的在于发现问题、分析问题,最终是为了解决问题。因此,在调查分析的基础上,还必须提出解决问题的对策和建议。所提对策和建议可以是原则性的或带有方向性的,也可以是具体的、可操作的。

调查报告容量较大,而且要对事物进行全面的分析、研究,从而提高人们的认识,指导实际工作,这就要求写作时不仅要具有科学的世界观和方法论,而且要深入实际,掌握第一手资料,同时还要具有驾驭题材、组织材料的能力。在具体写作时应注意以下几点。

① 要实事求是。在调查所得的全部材料中找出能揭示事物规律的结论,不论是成绩还是问题、不论是经验还是教训、不论是建议还是对策,都应是实事求是的结果,并据此来选用比较恰当的报告结构方式。决不能先入为主地用事先拟好的结论来套用或改造事实,或者为了采用某种熟知的结构方式对号入座地去找材料甚至迁就某些材料。

② 要突出本质。要在众多的由材料得出的观点中选用最能突出事物本质的观点来说明问题,并据此来选择恰当的、具有代表性的材料来作为论据。

③ 要在观点和材料的表述上下工夫,做到既要有观点,又要多提供客观的依据。比如,运用一组材料来说明一个观点,或者运用一种方法来说明一个观点,或者运用统计数字来说明一个观点。

 案例

儿童用品消费意向调查报告

商情调研室

2017年4月,××市百货公司采用问卷调查法,对独生子女消费百货商品的情况做了一次调查。共发出问卷250份,收回149份,其中数字填写较全的有112份。从这112份问卷调查表汇总来看,存在以下三方面情况。

(1) 消费水平高。

调查得知独生子女消费百货商品的数量几乎都成倍高于全市总人口平均的消费量。有些商品甚至高出2.5倍。在这112人中,6岁以下的59人,6岁的22人,6岁以上的31人。除个别品种外,6岁以下孩子的消费量又高于6岁以上的孩子。总的来说,独生子女营养好,生长快,又没有兄弟姐妹,因此,衣着用品基本上只穿一年,年年要购置。上述112名独生子女,人均年消费汗衫、背心和棉毛衫裤分别为2.62件和2.92件。明年准备购买数仍达2.51和2.10件。其他用品也有类似情况。

(2) 消费要求高。

独生子女一出生,就备受宠爱,消费要求也向高档发展。上述112人中,年消费绒线、全毛占49.6%;购中高档童车的占58.25%;所购玩具中,购每件5元以上的占23.3%。据零

售商反映，现在一两角钱一只的小玩具几乎无生意，洋娃娃是越大越好卖，玩具要求是向电动和有力型发展。

(3) 消费面不断扩大。

目前全市有近 60 万名独生子女，占儿童总数的四分之一。随着计划生育政策的深入，独生子女在儿童中的比重将逐年提高。今后出生的孩子将绝大多数为独生子女。根据市计划生育办公室提供的材料推算，三四年以后，6 岁以下的学龄前儿童就基本上全是独生子女了。因此，独生子女的消费面将不断扩大。

另外，112 份问卷调查表所反映的情况也为百货行业儿童用品的经营，指出了问题和方向。

(1) 数量少，品种少。

在问卷中，有 66.4%的家长就数量、品种上提出了意见。如毛袜、三角裤、棉毛裤、汗衫、智力玩具、儿童牙膏等用品数量品种太少。特别是童车，可以折叠，适合于上下楼携带的品种极少，很难买到。可见儿童用品必须增加数量，扩大品种，以适应市场需要。

(2) 服装用料太好，价格太高。

根据问卷调查归纳，有 69 位家长对儿童服装用料太好、价格太高提出意见，建议改革用料、降低售价。因为只有一个孩子，营养好，生长发育快，有些衣服甚至只能穿一季。所以，只要求式样新、价格低。如用料太好，价格太高，反而会造成浪费。商业企业应当引导工厂多生产一些式样新颖的"粗料"产品，以降低成本，降低售价，适应消费需求。

(3) 玩具质量差。

在调查中认为目前儿童玩具质量差的有 30 人，占 28.8%。有的家长反映，花 4.50 元买了一只小熊猫拍照，"玩了一天，发条断了，灯也不亮了，真叫孩子伤心"。玩具无处修理的现象应予以改变。因此，企业部门必须提高产品质量，并为消费者提供维修服务。

总之，儿童用品是一个广阔的市场，前景很好。但要采取措施，改革儿童用品的生产和销售，以适应不断扩大的市场需求。

附：市场调查问卷(略)。

6.4.1.3 工作报告的结构

工作报告，就是将最近发生、发展与变动的各种工作情况写出来反映给有关部门和上级领导的一种文体，属于组织内部反映情况的一种公文。工作报告的显著特点之一是时间要求比一般公文要求要高。这是因为工作报告强调的是工作动态，工作报告如果不能及时将工作情况反映出来，上级就不能及时捕捉与工作状况有关的信息，这样的工作报告也就失去了意义。

工作报告可以分为综合性报告、专题性报告和回复报告。

综合性报告是将全面工作或一个阶段许多方面的工作综合起来写成的报告。它在内容上具有综合性、广泛性，写作难度较大，要求较高的特点。

专题性报告是针对某项工作、某一问题、某一事件或某一活动写成的报告，在内容上具有专一性特点。

回复报告是根据上级机关或领导人的查询、提问做出的报告。

(1) 综合性报告的写法。

标题：事由加文种，如《关于 2016 年上半年工作情况的报告》；报告单位、事由加文种，如《阳明服装有限公司关于 2016 年度工作情况的报告》。

正文把握以下三点。

① 开头，概括说明全文主旨，开门见山，起名立意。将一定时间内各方面工作的总情况，如依据、目的，对整个工作的估计、评价等做概述，以点明主旨。

② 主体，内容要丰富充实。作为正文的核心，将工作的主要情况、主要做法，取得的经验、效果等，分段加以表述，要以数据和材料说话，内容力求既翔实又概括。

③ 结尾，要具体切实。写工作上存在的问题，提出下一步工作具体意见。最后可写"请审阅"或"特此报告"等做结语。

(2)专题报告的写法。

标题：由事由、文种组成，如《关于招商工作有关政策的报告》。有的报告标题也可标明发文机关。标题要明显反映报告专题事由，突出其专一性。

正文可采用"三段式"结构法。以反映情况为主的专题工作报告主要写情况、存在的问题、今后的打算和意见，以总结经验为主的专题工作报告主要写情况、经验，有的还可略写不足之处和改进措施；因工作失误向上级写的检查报告主要写错误的事实、产生错误的主客观原因、造成错误的责任、处理意见及改进措施等。结尾通常以"请审核"等做结语。

(3)回复报告的写法。

标题与前两种报告大体相同。

正文根据上级机关或领导的查询、提问、有针对性地做出报告，要突出专一性、时效性。

书写工作报告应注意以下几点：

① 工作报告以发布信息为主；

② 工作报告一般是一事一报，目的是将事件的进展情况说清楚，因此文字越简单越好；

③ 工作报告一般采用开门见山的写法，不对细节做过多描述，一般不加撰写者的认识和评论。

6.4.1.4 述职报告

述职报告是管理者向所属部门和员工及上级组织和领导对自己在一定时期内的任职情况进行自我评述性质的报告。述职报告的写作格式。

(1)标题有四种写法：一是只写"述职报告"四个字；二是"××年任××职务期间的工作汇报"的公文写法；三是"×××(姓名)×××(职务)××会议上的汇报[或报告)"的写法；四是新闻标题式的写法。

(2)正文包括三部分内容。①任职概况和评估。该部分包括述职范围、任职时间、工作变动情况、岗位职责、目标及对个人工作的自我评估。②尽职情况。这是述职报告的主体，主要写工作业绩、经验和问题。对于核心内容，多数是按工作性质不同分成几个方面来写，每个方面可先写业绩后再写认识和做法，也可先写认识和做法后再写业绩。但不管怎么写，都要体现个人的工作能力和管理水平，尤其是在处理敏感和棘手问题及应对突发事件和重大事件方面，要写出表现自身素质、才能和领导水平的内容。③今后的设想和信心。要从实际出发，对今后工作在科学分析的基础上做出战略性规划，以表明尽职的态度。

(3)署名及日期。署名和日期可以写在标题下，也可以写在正文后。

由于述职报告的目的在于向人们汇报自己在职期间取得的业绩和存在的问题，因此，在书写时必须紧紧围绕自己的工作来进行。写作时应注意以下三个问题。

(1) 思路清晰。述职报告是讲给别人听的，除了题目和称呼外，基本有一个较固定的"四部曲"。第一，介绍自己的职务和职责，以简短的话语拉开述职的序幕。第二，有条理地叙述自己在职期间所做的工作及所取得的业绩。这是述职的重点部分，要有理有据、有血有肉地详细介绍。第三，摆出工作中存在的不足和一些具体问题。第四，针对存在的问题，提出自己今后努力的方向和改进的措施。

(2) 以职责为中心，突出典型业绩。述职报告有很强的"自我"性，即"述"工作时要以自己的职责为中心，陈述业绩时绝不贪他人之功，而应选择那些有影响的、人们认可的典型业绩。分析存在的问题时，则要诚恳地讲出自身的不足，不能是"我们"的不足。

(3) 问题要具体。述职报告除了讲述自己的业绩外，还必须找出工作中存在的不足。讲问题时应该实事求是地讲出具体存在哪些不足，而不是用模糊性语言，说一句"当然，工作中还有很多不足之处"来搪塞。不管有多大的问题，都要向接收者具体摆出来，这样才能树立自己的形象，赢得人们的认可。

6.4.2 简历

6.4.2.1 简历的结构

无论使用哪一种类型的简历，成功的求职简历设计都至少要包括抬头、求职意向、工作经历、教育背景及其他专长这几个部分。

(1) 抬头。抬头一般包括姓名、地址及电话号码。一般都是采用居中式的抬头。这种方法对任何简历都是有效的，包括那些将会接受计算机扫描的简历。

名字是你赖以求职的"个人品牌"，在招聘者眼中名字就代表了你。所以在整张纸最显眼的地方写上名字，来加强视觉冲击力。如果在字与字之间空出一格，则会产生更加美观的效果。

电话号码通常也要安排在比较醒目的地方。电话号码的写法很有讲究，需要引起注意的有：①电话号码前面一定要加区号，如(021)；②8个号码之间加一个"-"来分节。可以按照国际上通行的电话号码分节方法，采用"三四分"或"四四分"的方法比较好，如 6613-4375；③写手机号码或者向别人通报手机号码时，要用"四三四"的分节原则，如 1365-181-6694。

(2) 求职意向。求职意向应该是对所寻找的职位的简单描述。它是简历的"主题"，必须能够回答最初的问题，"想做什么"或"能给公司提供什么价值"，因此在这一部分要给予重点考虑，并要尽量表达得简明扼要。

要避免使用通用型的求职意向。要针对不同的职位、不同的公司来撰写，避免吹嘘自己；相反，要尽量强调能为对方公司做什么。

(3) 工作经历。在大多数情况下，工作经历是简历最重要的组成部分(在读学士、硕士等例外)。工作经历应当反映出求职者所拥有的技能和知识，给对方招聘人员良好的印象。为了达到较好的第一印象，在这一部分里应该着重突出自己的职业生涯，重点强调所取得的成就。根据简历的类型，可以采用不同的方法。在时序型简历中要注意按照相反的顺序列出经历，即一般是始于最近的职位，然后回溯。

(4)教育背景。首先列出你的最高学位以后再回溯。如果你未能完成某所学校的学习，那么不要说你没有毕业，而是要写出修完的学分数即可。一般来说，教育背景和工作经历二者哪个更具优势就应该把谁放在前面。如果工作经历有限，那么教育背景的内容就应该写在简历的前面部分。如果工作经历更占据优势，那么所获得的经验、技能及成就就应该写在前面。这里需要注意的是，在写自己的学校、学院、专业、学位等时一定要写全称，不要使用缩写。

(5)其他专长。其他专长是最能反映出个人的发展潜力的，但"专长"一定要能真实反映出自己的水平，如外语水平、特殊成绩证书、专业的培训等。在写这一部分时问问自己，如果这些信息能增加获得面试的机会，那么就写进去。如果答案是否定的，或者是不清楚结果会怎样的效果，那就不要写进去。尽量使简历简单明了。

6.4.2.2 简历的种类

简历主要分两种：时间式和技能式。

(1)时间式简历按照时间顺序将从事过的工作一一总结(从最近的开始，采取倒叙的顺序)，强调学历、头衔和时间。这是一种传统的简历。在下列情况下使用时间式简历：

① 你的受教育过程和经历顺理成章地是在为现在申请的工作做准备；

② 你的头衔、办公室和荣誉非常醒目。

(2)技能式简历强调的是你具备和运用过什么技能，而非在什么工作中或什么头衔之下运用的。技能式简历可以在下列情形时使用：

① 你所受的教育和具备的经历同现在申请的工作没有直接联系；

② 你正试图改行；

③ 你想将过去全职工作、参加过的活动、志愿者工作及学过的课程等各方面综合到一起，说明自身在管理、财经、演讲等方面的综合能力；

④ 最近的工作经历容易给对方误解(例如，同现在申请的工作相去甚远，被降职或频繁地更换职业等)。

上述两种简历主要的不同在于应包含的信息和信息的组织方式不同。

6.4.2.3 精彩简历的七大要点

对于每一位求职者来说，一份好的简历可能意味着成功的一半，马虎不得。那么，怎样准备一份令人过目难忘、留下良好印象的简历呢？

其实，简历不一定非要追求与众不同，只要把握好以下七个要点，就能够写出一份精彩的简历。

(1)真实。

简历最首要、最基本的要求就是真实。诚实地记录和描述，能够使阅读者首先对你产生信任感，而企业对于求职应聘者最基本的要求就是诚实。企业阅历丰富的人事经理，对简历有敏锐的分析能力，遮遮掩掩或夸大其词终究会漏出破绽，何况还有面试的考验。

一些不甚明智的做法通常包括：故意遗漏某一段经历，造成履历不连贯；在工作业绩上弄虚作假；夸大所任职务的责权和经验；隐瞒跳槽的真实原因，如将被迫辞职说成是领导无方、公司倒闭描绘成怀才不遇等。其实任何一个有经验的招聘人员只要仔细阅读分析，鉴别履历的真实性并不难，过分渲染、天花乱坠的描述更令人反感。所以与其费尽心机，不如老老实实，只要有真才实学，总会有属于自己的机会。

(2) 全面。

简历的作用，在于使一个陌生人在很短的时间内了解你的基本情况，就好像是一个故事概括，吸引他(他们)继续看下去。因此要特别注意内容的完整和全面，以使对方对你有尽可能有比较全面的印象。

通常简历应当包括以下基本内容：姓名、年龄、性别、家庭住址及户口所在地、教育背景及学历、专业、外语、电脑水平、工作经历、在职培训经历、特长、业余爱好、简单的自我评价及其他重要或特殊的需注明的经历、事项等，最好是中外文对照。当然，还千万不要忘记写明各种联系方法和切实表明对工作的期望，并附上有关证明文件的复印件。

(3) 简练。

招聘人员每天要面对大量的求职履历，工作非常忙，一般在粗略地进行第一次阅读和筛选时，每份履历所用时间不超过 1 分钟，如果简历写得很长，难免遗漏部分内容，甚至缺乏耐心完整细致地读完，这当然对求职者是很不利的。经常有求职者觉得简历越长越好，以为这样易于引起注意，其实适得其反，淡化了阅读者对主要内容的印象。冗长啰唆的简历不但让人觉得你在浪费他的时间，还能得出求职者做事不干练的结论。言简意赅、流畅简练、令人一目了然的简历，在哪里都是最受欢迎的，也是对求职者的工作能力最直接的反映。

(4) 重点突出。

对于不同的企业、不同的职位、不同的要求，求职者应当事先进行必要的分析，有针对性地设计准备简历。盲目地将一份标准版本大量拷贝，效果会大打折扣。前面所讲的全面不是面面俱到，不分主次，要根据企业和职位的要求，巧妙突出自己的优势，给人留下鲜明深刻的印象，但注意不能简单重复，这方面是整份简历的点睛之笔，也是最能表现个性的地方，应当深思熟虑，不落俗套，写得精彩，有说服力，而又合乎情理。

(5) 语言准确。

不要使用拗口的语句和生僻的字词，更不要有病句，错别字。外文要特别注意不要出现拼写和语法错误，一般招聘人员考察应聘者的外语能力就是从一份履历开始的。同时行文也要注意准确、规范，大多数情况下，作为实用型文体，句式以简明的短句为好，文风要平实、沉稳、严肃，以叙述、说明为主，动辄引经据典、抒情议论是不可取的。

有的人写简历喜欢使用许多文学性的修饰语，例如，"大学毕业，我毅然走上工作岗位"、"几年来勇挑重担，为了企业发展大计披星戴月，周末的深夜，常常还能看到办公室明亮的灯光。功夫不负有心人……"、"虽然说有则改之，无则加勉，但领导无中生有的指责日甚一日，令我愤懑不已，心灰意冷，终挂印而去"，结尾还忘不了加上一句"我热切期待着一个大展宏图、共创辉煌未来的良机"之类的口号。这样的简历，只能让人一笑置之。

(6) 版面美观。

一份好的履历，除了以上对内容方面的要求之外，版面设计也是一个非常重要的因素，是真正的"第一印象"。要条理清楚，标识明显，段落不要过长，字体大小适中，排版端庄美观，疏密得当。既不要为了节省纸张，密集而局促，令阅读者感到吃力；也不要出现某一页纸只有上面几行字，留下大片的空白。还要注意版面不要太花哨，要有类似公函的风格，这也能体现出求职者的基本职业素养。

通常建议使用电脑打印的文稿,如果你的字写得不错,不妨再附上一篇工整漂亮、简短的手书求职信,效果会更好。

(7)评价客观。

简历中通常都会涉及对自己的评价,应当力求客观公正,包括行文中所表现出的语气,要做到八个字:诚恳、谦虚、自信、礼貌。这样会令招聘者对你的人品和素质留下良好的印象,现在已经有越来越多的企业更加重视一个人的品行、开拓与合作精神等基本素质。

总的来说,既不能妄自尊大,也不能妄自菲薄,这一点上,分寸的把握非常重要。特别要注意避免夸夸其谈,适当坦陈自己经验等方面的某些不足,反而更能赢得好感。

6.4.2.4 简历写作要领

简历的写作不像科学研究那样要求严谨。以下的原则仅是对于写简历的一个参考。

(1)长度。

简历1页就够,但是要满页。不到1页说明你没有什么值得介绍的。据求职计划顾问玛利莲·莫特·肯尼迪介绍,现在流行的简历一般为2页。但是,超过1页的简历,第2页至少应有10~12行的文字。把第1页和第2页订在一起,这样,读者看见订书钉就意识到后面还有内容。第2页应放些次要的信息。在该页开头位置标注上你的名字或页码,再一次向读者说明这些资历属于什么人,另外这只是整个简历的一部分。

(2)重点。

对下列内容应该强调:①从事过的同现在申请的职位最相关的工作;②能体现你优于其他申请人的地方;③最近信息。

(3)细节。

细节是为了证明你说的话是正确的,说服读者,将自己突出于众多的申请人之上。可以讲一讲你曾经管理过多少人,筹集或计划过多少资金。

(4)风格。

只要不牺牲必要的内容,文风越简练越好。简历中不要使用词组和不完整的句子。为了节省空间或避免听来傲慢,简历中不要使用"我"。

(5)打印和纸张。

试用不同的格式、字体和空行等,创作一份醒目诱人的简历。用打印机将简历打印出来,白纸最好,纸张稍微有点发暗也可以。

 **案例**

比较两篇简历

简历一:

姓名:×××

学校:××

学历:××

电话:××××××

邮件:××@××

教育背景
2007.09—2010.03 ××大学××学院××专业
校学生会文艺部核心干事
社区楼管会文体部核心干事
社区中秋国庆二胡独奏
2003.09—2007.07 ××(北京)××学院××专业
院三等奖学金
优秀共青团员
院二等奖学金
全国大学生英语竞赛二等奖
校第一届羽毛球混合比赛四强
学术研究
××科研项目核心成员
××科研项目核心成员
社会活动经历
参加过青年志愿者活动，从事过家教。曾在××公司、××公司、××公司等企业生产实习等。
英语4级考试优秀；熟练操作Word、Excel、PowerPoint等工作分析软件。

简历二：
×××
学校：××
学历：××
电话：××××××
邮件：××@××
求职意向：希望能在贵公司市场部门谋求合适的岗位。本人沟通能力、团队合作能力强。
教育背景
2007.09—2010.03 ××大学××学院××专业
2003.09—2007.07 ××大学××学院××专业
学术研究
××科研项目核心成员
××科研项目核心成员
社会活动经历
1999.9—至今 法国××公司动物营养部市场助理
拟定市场调查方案，提供市场预测，完成调查报告/拟定广告计划，编辑广告文字与图片并实施/组织展览、促销会议/与政府部门沟通和联络，疏通环节/其他行政事务。
1997.10—1999.7 瑞士大昌洋行行政助理
拟定市场调查方案，提供市场预测，完成调查报告/拟定广告计划，编辑广告文字与图片并实施/组织展览、促销会议/与政府部门沟通和联络，疏通环节/其他行政事务。

1997.10—1999.7　瑞士大昌洋行行政助理

汇总销售数据，完成销售报表/协调公司与北方各区分销售商关系/与政府主管部门疏通环节，解决问题/库房管理。

1996.7—1997.9　华威食品公司行政助理

协调进口食品的销售及其服务部门的协同运作/与政府部门沟通联络，疏通环节/负责进口食品的报关和检疫工作/开展新产品的市场调查/其他行政事务个人技能

个人技能

英语4级考试优秀；熟练操作 Word、Excel、PowerPoint 等工作分析软件。

院三等奖学金，全国大学生英语竞赛二等奖，优秀共青团员。

上面两个简历是同一个人的简历。通过前后对比，发现第二个简历主次更分明，并且在实习经历上的笔墨比较多，更注重实践能力。普通的简历和优秀的简历是有很多不同之处的，表6-5列出的是它们之间比较明显的不同。

每个人都应该准备一份随时可以投出去的简历，按照上表所列出的要求，准备一份满意的简历，为自己准备一个向导，为今后的职业发展迈出决定性的第一步。

表6-5　普通、优秀简历对比

对比项目	普 通 简 历	优 秀 简 历
标题	"简历"和"resume"	自己的名字
低级错误	多（包括拼写、语法、时态、字体不一致、大小不统一等）	极少
文字	不规范、大小、字体不统一	规范、统一大小、统一字体
排版	很差，不讲究	十分讲究
直接印象	杂乱无章、无主次之分	精美舒畅、有重有轻
个人信息	全面，类似人口普查或征婚启事	简单、但最主要的信息全面
求职目标	无，万能简历	有，针对性强
教育背景	很多课程名和奖励情况	少量相关课程、奖励单独进行介绍
工作经验	堆积，没有轻重之分，也不进行详细描述	有主次之分，每份工作都有详细描述
获奖情况	罗列较多，没有归纳，没有分析	除描述之外，还对奖项进行归纳、分析和交代
个人性格特点特长	罗列较多，没突出自己独特之处，不太会也列上	选择性很强，要有一定水平了才会写上去
页数	感觉像是小说	1页或很少几页
真实度	造假	艺术性的放大
文字风格	平铺直叙、大段描述	言简意赅、分点交代

 **实用链接**

名企衡量求职简历的标准

投放简历，是求职者找工作的第一步，而简历也就成了求职的敲门砖。是否有机会参加下一步的考核赢来工作的机会，全看这"敲门砖"好不好。而企业角度来看，如何对待简历又是选用人才的关键一步。那么，各大公司、企业又是如何筛选简历的呢？下面，就介绍一下名企衡量简历的具体标准。

中国移动通信集团公司：先看专业再挑学校背景

中国移动采取多种方式进行招聘，包括招聘会、报纸、杂志、猎头等，用得最多的是网

络招聘。同时，还会针对招聘项目，进行校园招聘、社会招聘和内部竞聘。移动已经将很多工作外包给专业人才网站，因而在筛选简历、笔试和面试时都遵循着一个既定的程序和标准。一个优秀人才应聘移动，需要经过以下几个程序：

软件系统筛选简历→人工筛选简历→第一轮面试→笔试→第二轮面试

自动软件系统会通过考察五个方面来挑选简历，即学校和专业、学习成绩、班级排名、英语能力和项目经验。这些都是应聘中国移动的五大拦路虎。中国移动青睐那些来自重点院校、专业对口的大学生，而名校背景，突出英语能力及担任过班长、学生会干部、社团组织者的经历，都会成为应聘中国移动的加分亮点。

ABB(中国)有限责任公司：言简意赅的简历最受欢迎

首先，ABB是根据每个职位的岗位描述和招聘需求来筛选简历的。之后，人力资源经理把选中的简历发到对应的业务部门进行第二轮筛选。在业务部门经理和人力资源经理沟通、协商之后，产生面试名单。

一份干净整洁、言简意赅的简历是最受ABB欢迎的，长度在2~3页纸比较合适。个人信息、工作经验的叙述或接近招聘职位的要求越容易赢得入围机会，而那些特别精美或花里胡哨的简历并不见得就受欢迎。简历的真实内容才是考核的重点。

对于应届毕业生的简历，ABB会比较注意对方的相关社会经历，如参加过哪些社会活动、是否当过学生干部等。而招聘社会人员时，对方的工作经验是最受关注的。实际上，ABB集团的销售人员也需要严格的专业教育背景和行业工作经验。

北京松下电子有限公司：从简历判断求职者的思维特点

对于市面上蜂拥而现的大贴艺术照和写真照的简历，北京松下电子有限公司并不赞成。企业用人是根据岗位需求和个人情况来选择的，简历再漂亮也起不到决定性作用，尤其是应届毕业生更不该如此制作简历。

至于筛选简历的根据，针对不同岗位的需求，会有不同的考察重点。比如，招聘技术型人才时，看应届毕业生的简历会比较注重其专业成绩，在校是否有过相关作品；如果招聘的是管理型人才，除了看所学专业和学习成绩外，还会注重他在校时担任的学生会工作、参加的社会活动等。看社会人员的简历时，除了硬件必须符合招聘岗位需求之外，主要看他的工作经历。

实际上，简历行文里透露出来的信息是很重要的。对方表述自己的语言，行文方式，简历撰写的层次性、逻辑性、流畅性、重点性，都能流露出作者的思维特征。

朗讯科技(中国)有限公司：书面表达与诚信

很多人发来的简历只表示希望来朗讯，却没有说明申请的职位。如果应聘者连简历都不写完整，公司会觉得不是他的能力有问题就是太过粗心，这都不是朗讯的首选人才。还有简历的性别栏中不写男女，用染色体"X、Y"来表示，让人哭笑不得。简历版面干净、符合规范、清晰明了是最好的，人力资源部通常不在意照片，但是不要太简单。

朗讯非常在意职业道德和职业诚信，通常会注意查看简历内容的完整性、真实性，应聘者工作的连续性和稳定性。朗讯并不在意应聘者有其他方面的工作经历、不够良好的教育背景和中断的工作时间，但隐瞒和欺骗则会使公司对你个人的诚信和职业道德有所怀疑。为此，人力资源专员会关注简历细节的描述是否冲突。朗讯会保存每份投来的简历，建立简历档案。很多人为没有受到很好的大学教育而感到遗憾，所以会在简历中把教育背景模糊掉。其实，他不写反而令人猜想更多。此外，很多应聘者也知道企业非常关注职业的连续性，有些人可能有一段时间没有工作，但在简历中会把时间归到某段工作中，这些都会在做背景调查时被查出来。

介绍工作经历的时候，在某公司工作的时间，应该精确到月而不是年。要写公司的全称（也可以对公司做简要介绍）、担任的职位名称及所在的部门名称、主要工作职责、主要工作业绩等。也可以简要介绍上下级关系，如直接上司的职位、所辖下属的人数等。公司更习惯于用数字说话，"非常出色"、"做出很大的贡献"这些用词都是不适合的。最好能够改成"我完成了多少销售业绩"、"联系了多少家公司"。如果数字过于敏感不适宜表达，可以用百分比，或者用企业的表彰来表达，还可以写上获得的证书。有些不像销售部门那么容易量化的部门，如行政部门，可以通过办公设备的维护和采购、降低成本、客户满意度、如何及时维修等方面做出说明；HR部门可以通过客户满意度、招聘周期、人岗的匹配、离职率等来体现。

资料来源：http: //www.lz13.cn/zhichanglizhi/4304.html。

6.4.3 建议书

建议书是针对某项具体工作或规划向领导或个人提出建议的一种文体。其包含的范围广泛，像各种精神文明活动的开展、弘扬雷锋精神、援助边远山区儿童读书等，都可以写建议书。建议书是面对群体的，虽然也带有建议，但仍然是写给大家来学习的，当然也就具有一定的号召性。

6.4.3.1 建议书的主要内容

建议书的主要内容是，首先要把现有的情况写出来，让读者对情况有个总的掌握。接着要有针对性地说明问题或困难，阐述作者的想法，进而提出相关建议。提建议的时候最好有条理地提出几点，希望读者能够采取什么样的行动，这是文章的重点部分，要着重写。

6.4.3.2 建议书的写法

（1）开头。

有说服力的开头会更容易感染读者。由于时间紧，读者可能仅用短短的几分钟就要完成对建议书的批阅。所以，开头在整个建议书中的地位至关重要。开头尽量用简短、有力、摘要性的话语。

（2）正文。

正文可以选用一些特殊句式等来设法抓住读者的注意力。写给总经理就要注意收益情况，写给党委书记就应该考虑对党的建设性。总而言之，要设法利用各种数据、事实、图表等来充实建议书的理由，清晰地表达出建议。

（3）结尾。

多采用"以上建议千虑之一得，仅供领导参考"这样的句子。这可以让读者感受到被尊重，有利于进一步交流。最后是署名，与其他公文要求是一致的。

6.4.3.3 建议书的写作注意事项

（1）认真策划建议书结构。

建议书的结构安排在写建议书的整个过程中是非常重要的。具体应考虑提出建议的目的和内容、实施这些建议的作用、提出这些建议的顺序等因素。

(2) 建议书完成后校对工作要仔细。

语气要热诚，态度要谦逊、平和，要对集体充满热爱，对前途抱有信心，内容要充实、完整，表达要清楚，语言措辞上更要避免过激。这样，有效的建议才容易被人接受。

【案例】

关注鲁甸"8·03"地震：维护灾区环境倡议书

人民网昆明8月8日电(徐前)2014年8月3日16时30分，鲁甸县发生6.5级强烈地震，给灾区人民生命财产造成重大损失。8月8日，"8·03"地震省市县环境应急联合会工作组发出倡议：维护灾区环境，确保安置点周围环境的清洁。倡议书全文如下：

2014年8月3日16时30分，鲁甸县发生6.5级强烈地震，给灾区人民生命财产造成重大损失，在此，对在地震中罹难的同胞表示最沉重的哀悼。地震发生后，党中央、国务院高度重视，习近平总书记、李克强总理第一时间做出重要指示，要求全力做好抗震救灾工作，千方百计救援受灾群众。解放军、武警官兵和各方面救援队伍赶往灾区，争分夺秒，全力抢救灾区人民的生命财产。震灾无情，人间有爱，一方有难，八方支援，来自四面八方的志愿者为灾区抗震救灾做出了贡献。

地震发生后，震中环卫设施和设备损毁严重，近几天以来，灾区尤其安置点生活垃圾遍布，给灾区的环境安全、疾病预防带来了难度。卫生无法保障，细菌、疾病极易滋生传播，容易引发疫情等次生灾害。在当前这一个特殊时期，自觉维护灾区环境卫生，是每一位公民的责任。为此，发出倡议，请灾区群众、志愿者、工作人员自觉增强保护环境的意识，维护环境卫生，确保安置点周围环境的清洁；请志愿者积极组织开展义务劳动，清理环境卫生，认真履行宣传、维护和监督义务，引导教育群众自觉维护环境卫生。

最后，让我们再次向在"8·03"地震中遭遇不行的罹难者表示深切的哀悼，向受灾人民致以诚挚的问候！我们相信灾区人民一定会战胜重重困难，重建美好家园。

"8·03"地震省市县环境应急联合工作组
2014年8月8日

6.4.4 备忘录

备忘录通常用于公司内部传递信息，将信息进行传阅。备忘录包括如下固定格式。

```
日期：
收文人：
发文人：
主题：

（正文）
```

其中收文人，在其姓名后可以加上先生、女士等，也可加上职位和部门。发文人，其姓名一般不加尊称，但姓名后同样可加上职位和部门。内容主题，应力求简明、确切，一般用词语即可。在上述字样下面空两行写正文，直入主题，用简短的句子做简略陈述列出最重要的信息，然后可以具体说明事由、情况等，最后可以根据具体情况稍做结尾即可。需要指出的是，在备忘录的末尾不需要签名，也不用结尾礼词。

6.4.5 通报

《国家行政机关公文处理办法》明确规定，通报适用于表彰先进、批评错误、传达重要精神或情况。它的内容十分广泛，不论是工作中的新问题、新动态，单位里好人好事的表彰，还是需要批评的不良行为，都可以以通报的形式公布于众。一般来说，通报对象是本单位、本部门和与本单位有关的企业。

(1) 通报的特点。

① 典型性。通报的人和事总是具备一定的典型性，能够起到告诫作用，真实地反映、揭示事物的本质，具有广泛的代表性和鲜明的个性。这样的通报发出后，才能使人引起足够的重视。

② 严肃性。通报是正式公文，是企业或政府的上级针对事实情况制发的，无论是哪种形式的通报，都是十分严肃、正式的。

③ 时效性。通报必须是用刚刚发生的事实来教育大家，要想使通报能够发挥出巨大的作用，就要抓住时机，及时对员工进行教育。

(2) 通报的分类。

根据《国家行政机关公文处理办法》的界定，通报可以分为表彰性通报、批评性通报和情况通报三种。

① 表彰性通报。用来表彰先进个人或单位，通过对典型事件的宣传来鼓励大家学习的通报。

② 批评性通报。用来批评被通报个人或单位，目的是要和大家一同吸取教训的通报。

③ 情况通报。传达重要精神和动向的通报。

(3) 通报的写作。

通报的标题一般采用的形式是由发文机关、事由和文种组成，有时可以省略发文机关。下面分别介绍这几种通报类型的写作。

① 表扬性、批评性通报的写作。

正文一般是由通报事实、评价及最后的奖惩决定、号召部分构成。这里要特别注意的是，既然是事实就一定要做到实事求是，不能任意夸大、渲染、歪曲事实。所选择通报的一定是具有代表性的事例，突出重点，使读者能够很容易地了解整个事件的来龙去脉。

分析评价过程就是要引导读者透过事情的现象，认识到事情的本质，起到倡导、警戒、沟通的作用即可，切不可夸大事实。

对于奖惩的决定，要明确具体办法。号召与倡导一定要从通报的实际内容和本单位的实际情况出发，针对当时形势需要有感而发，力求符合实际，有针对性。切不可千篇一律、喊口号、不做实事。

② 情况通报的写作。

情况通报的写作，首先是要认真负责地说明通报的信息、工作，切实把事情核对清楚，包括事情发生的时间、地点等，但也要注意详略得当，无关紧要的可一笔带过或略而不记，语言要讲究分寸，必须谨慎小心。

 **【案例】**

表扬性通报范文：

××市××区精神文明建设办公室关于表彰2014年"美德少年"的通报

各中小学校、幼儿园、片区学校会计统计室：

为贯彻落实《中共中央国务院关于进一步加强和改进未成年人思想道德建设的若干意见》（发文[2004]8号）精神，弘扬中华民族优秀传统美德，全面提高未成年人思想道德素质，切实把社会主义核心价值观融入学校教育全过程，深化文明创建及"立德树人"活动。

……

附件：2014年××区"美德少年"名单

广元朝天区精神文明建设办公室（盖章）
2014年6月9日

批评性通报范文：

关于对2014年施工监理企业在我市进行项目诚信登记的第三期通报

各县（市、区、山）建设行政主管部门、本市及外地驻市施工、监理企业：

为加快我市建立公开、公正、公平的建筑市场环境，构建诚实守信、统一开放、竞争有序的建筑市场秩序，根据《关于调整××市建筑企业诚信备案管理的通知》（九建建字[2013]103号）的要求，我们对6月1日前中标或进场的施工（监理）企业进行了诚信登记。根据诚信等级及考勤情况，现对未按求进行诚信登记的企业和未按要求进行日常考勤的人员分别处理如下：

……

附件：
1. 记不良行为企业名单；
2. 通报批评企业名单；
3. 记不良行为人员名单。

××市建设规划局（盖章）
2014年7月11日

6.4.6 通知

通知和通报，在沟通情况和传达信息方面有类似的地方，但还是存在区别的。通知一般是要求贯彻执行的，具有约束力，而通报则仅起到倡导、沟通的作用。

6.4.6.1 通知的特点

作为一个组织使用最多的通知，一般具有以下几个主要特点。

（1）时效性强。通知事项一般是要求立即执行的，不容拖延。有的通知如会议通知，就只能在一定时间范围内有效，过了这段时间，该通知立即失效。

(2)适用范围广。通知不受发文机关级别高低的限制,任何需要其他部门、组织知晓的事情,都可以选用通知这种文体。

(3)发送方向不确定性。通知可以是上级机关向下通知某项工作的实施政策,也可以用来传达给同一级的其他相关部门或单位。

6.4.6.2 通知的分类

(1)批转(转发)性通知。批转性通知是上级对下级部门公文进行发布,而转发性通知是下级对上级、不相隶属的部门给予公文的发布。

(2)指示性通知。指示性通知是对下级部门某些工作做出指示安排,要求下级部门认真贯彻执行时经常使用的一种通知。

(3)知照性通知。知照性通知主要就是用于传递相关信息,对某些人员任免、结构设置的改变等一系列公司、单位的活动情况进行公布,如会议通知、任免通知都属于这一类。

6.4.6.3 通知的写作

通知一般由标题、正文和落款三部分组成。具体写法如下。

(1)标题。

通常有三种形式,一种是由发文机关名称、事由和文种构成,如《国务院关于支持农村经济改革的若干经济政策的通知》;一种是由事由和文种构成,如《关于2015年元旦放假的通知》;一种是由文种"通知"或在"通知"前加个定语作标题,如《紧急通知》、《临时通知》等。

(2)正文。

在写正文之前,要在标题之下、正文之上顶格写出被通知对象的名称,在名称后加冒号,或将名称以"抄送"形式写于最后一页的最下方。正文由开头、主体和结尾三部分组成。开头主要交代通知缘由、根据,主体说明通知事项,结尾提出执行要求。由于通知的类型不同,正文也有所区别。

批转(转发)性通知的正文。批转性通知在这部分里要明确地指出批转机关的名称和态度,"同意"或"不同意",而转发性通知则不写转发机关的名称和态度。有些单位对于转发的文件等通知内容有补充意见以强化其部分内容,这部分应该简明扼要,让读者能够读懂要点即可。

指示性通知的正文。前言部分是按照实际需要阐述工作的作用,说明该通知的目的并指出问题所在。前言之后通常以"现就有关事项通知如下"承接。主要内容部分要表达清楚,语言要精练。要使读者明确需要解决的、领会的是什么,以便下步采取措施、行动。

知照性通知的正文。知照性通知包括很多,如机构增设、启用新印章、任免通知和会议通知等,各自都有不同的要求。任免通知里就需要写出任免决定的法定部门、任免的会议名称,有关文件名称及任免时间等。会议通知的正文则一般必须包括与会人员、会议名称、会议议题、时间、地点、主办单位等。

(3)落款。

落款需要明确发文机关名称和发文时间。如已在标题中写了机关名称和时间,这里可以省略不写。通知写作的常见问题是通知的对象的不明确和通知信息的不清楚,如时间、地点的通知没有明确等。所以，在书写通知时，一定要明确表达内容，只有这样，才能达到有效沟通的目的。

【案例】会议通知范文

关于召开全省社会主义精神文明建设工作会议的通知

各市、县（区）党委和人民政府，省直有关单位：

省委、省政府决定召开的广东省社会主义精神文明建设工作会议，现定于11月24至26日在广州召开。现将有关事项通知如下。

一、会议的议题

表彰一批在精神文明建设中取得显著成绩的文明单位和文明户标兵；研究进一步加强社会主义精神文明建设的任务、对策和措施。

二、参加会议的人员

1. 各地级市2人，其中：市委或市政府主管精神文明建设工作的负责同志1人，市文明办或市委宣传部主管精神文明建设工作的负责同志1人。

2. 各县（市、区）党委或政府主管精神文明建设工作的负责同志1人。

3. 省直有关单位负责同志，省直文明单位代表和新闻记者（名单附后）。

三、请各市以地级市为单位，省直机关以省委机关工委、省府机关工委、省委高校工委、省军区、省农垦总局、民航中南管理局、广州铁路（集团）公司为单位，将参加会议同志的姓名、职务、性别于×月×日前用书面或电传送省委办公厅第二秘书处。参加会议的同志请于11月23日到××宾馆××号楼报道。

四、各市可来一辆工作用车。其余自带车辆司机食宿自理，大会不予安排。

中共广东省委办公厅
广东省人民政府办公厅
××××年×月×日

6.4.7 协议书写作

6.4.7.1 协议书和合同的区别

协议书是社会组织或个人之间对某一问题或事项经过协商取得一致意见后共同订立的明确相互权利义务关系的契约性文书。合同即经济合同，是平等民事主体的法人、其他经济组织、个体工商户、农村承包经营户相互之间，为实现一定经济目的，明确相互权利和义务关系的合同。因此，合同和协议书两者没有本质的区别，在明确贸易双方的权益和义务方面，要求是完全一致的，因而在保证双方实现各自的经济目的的效用方面，两者都具有同等法律效力。如果一方违背协议，另一方完全可以依据协议提出异议、索赔，甚至申请有关的仲裁；但是合同与协议书之间还是有一定区别。主要表现在以下几个方面。

（1）合同适用于生产、购销等具体环节，而协议书则常用于技术、贸易合作等方面的总体构想，以及处理交易过程中出现的非常规性专门问题。

(2)合同的订约主体是平等民事主体法人、其他经济组织、个体工商户、农村承包经营户,有较为严格的限制。而协议书的订约主体却没有统一的限制。

(3)经济合同内容相对比较单一,形式也比较规范,国家颁布的有关经济合同的法律,政府机关颁布的有关经济合同的各种规章,组成了严格完善的法律法规体系。协议书虽然也在个别法律法规中有所涉及,但总体上没有像经济合同那样高的规范化程度。

(4)合同的时效期一般不长,而协议书的时效长短变化却很大。有的协议书时效长达几十年之久。

6.4.7.2 协议书的写作

协议书一般由标题、立约当事人、正文、生效标识四部分组成。

(1)标题。一般只需在"协议书"之前写明该协议书的性质即可,如"赔偿协议书"、"委托协议书"等。

(2)立约当事人。在标题下方写明协议各方当事人的单位名称或个人姓名。如果是单位,可在单位名称后注明法定代表人姓名、地址、邮编、电话号码等内容;如果是个人,可在姓名后注明性别、年龄、职务等内容。注明的项目可视协议书的性质而定。在立约各方当事人的前面或后面,一般应注明"甲方"、"乙方"等,以便使协议书正文行文简洁方便。"甲方"、"乙方"放在立约当事人名称或姓名前面时应在其后加冒号,放在后面时可加括号。

(3)正文。正文一般由立约依据及双方约定的内容两部分组成。立约依据或立约原因是正文的开头,其作用主要是引出下文。正文是协议书的主体部分,一般用条款分条列项写出双方协商确定的具体内容。不同性质的协议书包括的条款也不同,因而在协议书的写作中具体应写哪些条款要视协议书的性质和双方协商的结果而定。

(4)生效标识。协议书正文结束后,署上立约各方的当事人的个人姓名或单位姓名。如果是单位应该同时署上代表人姓名,然后署上协议书签订日期,并加盖上单位印章或个人印章。如果协议书有中间人或公正人的,也应该署名盖章。重要的协议书,可请公证处公证,由公证人员签署公证意见、公证单位名称、公证人姓名、公证日期,并加盖公证机关印章。

6.4.8 会议纪要

会议是工作中避免不了的一个非常重要的环节,通过与会人员的探讨,原本很棘手的问题往往会迎刃而解。会议纪要就是对于会议情况和议定的事项进行记载、传达的一个书面文件。这里需要清楚的是,会议纪要和会议记录不是一回事。会议记录是原始记载,与会人员怎么说就怎么写,实事求是地写,而会议纪要是在会议记录的基础上,通过分析,对发言者的主要内容进行总结,按照一定的顺序整理出来的文章。

6.4.8.1 会议纪要的特点

(1)纪实性。会议纪要是在会议记录的基础上整理出来的,不能随意增减或更改任何内容,不得写入任何不真实的材料。

(2)概括提要性。纪要,就是用文字记录的要点。所以会议纪要就需要用极为简洁精练的文字,将会议的内容进行高度地提炼和概括。

(3)条理性。在会议纪要中,通常使用分类别的方法对会议内容分层次予以归纳、概括,使得原本纷繁复杂的讨论内容等变得更加有条理。

6.4.8.2　会议纪要的分类

会议纪要根据分类角度的不同,分类方式有很多种。根据内容的不同,会议纪要可分为专题型纪要和综合性纪要;根据会议性质不同,会议纪要可分为办公会议纪要和专项会议纪要。但通常情况下,会议纪要有以下两种形式。

(1)决议性会议纪要。决议性会议纪要是阐述领导经过集体讨论所形成的决议性意见的纪要。它约束力很强,具有明确的指示性。

(2)讨论性会议纪要。这类会议纪要不具有法定的约束力,一般没有贯彻执行要求。它既可按问题类别进行整理,也可按发言人的先后顺序整理。

6.4.8.3　会议纪要的写法

会议纪要由标题、正文构成。具体写法如下。

(1)标题。例会、办公会议纪要的标题,只要求标明哪个单位、什么性质的会议。这种纪要的标题,在一个单位内是固定的。座谈会纪要主要是把会议讨论的问题简要地标出来,每次会议的内容不同,标题也不同。不论什么样的标题,都要起到使人一目了然的效果。

(2)正文。开头要写清楚会议的基本情况,要求在标题下面写明会议的主持者、出席者、列席者、时间和地点。重要的会议纪要需要写明召开会议的动因和目的。接下来主要写会议的主要内容,包括会议上与会人员所反映的情况、需要解决的问题,以及解决问题的办法等。

6.4.8.4　会议纪要写作注意事项

(1)会议纪要必须以会议的内容为基础。会议纪要的撰写者不能弄虚作假、夸大事实、断章取义,甚至歪曲事实,要实事求是地概括、提炼会议精神。

(2)会议纪要必须真正抓住要点。撰写纪要应抓住会议的中心议题,认真分析研究与会者的发言,这就需要做好准备,会议记录工作要认真对待,只要做到这些,才能有根据地反映会议的主要成果。

(3)要学会使用会议纪要的习惯用语。经常会使用"会议认为"、"会议强调"、"会议希望"、"会议提出"、"会议决定"等这样的语言。

(4)会议纪要必须注意说理性。在写会议纪要时,不能只是埋头写。会议上因为与会人员都是即兴发言,可能会出现与本意有偏差的情形,故在会议结束后对于拿不准的部分应该主动去核实,尽量完善其观点。一定要避免自己发挥,不管实际情况到底是什么只是自己臆想的现象出现。

【案例】

市政府会议纪要

时间：××××年×月×日上午八点半至十二点
地点：市政府常务会议室
主持：市长×××
出席：副市长×××、××、××、×××，办公室主任×××
请假：×××（出差）
列席：×××、×××、×××
记录：×××
现将会议讨论及决定的主要事项纪要如下：
……
会议主要研究当前外商企业在生产运作中遇到的问题，通报了第69次协调会关于退还电费保证金问题的进展，同时宣讲了近期国家出台的利好政策。现纪要如下：
一、对外商企业反映的具体问题的协调处理
（一）关于办理历史遗留工业用地手续问题
（二）关于取消电力附加费问题
（三）关于企业反映收取三资企业场地使用费问题
……

××市人民政府办公室
××××年×月×日印发

本 章 小 结

1. 写作中要把握的一些基本原则，可以概括为4C，即正确（Correct）、清晰（Clear）、完整（Complete）、简洁（Concise）。
2. 写作过程包括：(1)收集资料阶段；(2)组织观点阶段；(3)提炼材料阶段；(4)起草文章阶段；(5)修改文稿阶段。
3. 写作中克服思路堵塞的方法有：改变写作任务；改变自己的行动；改变自己固有的观念。
4. 调查报告的结构分为：(1)前言；(2)事实；(3)分析；(4)对策和建议。
5. 简历的结构为分：(1)抬头；(2)求职意向；(3)工作经历；(4)教育背景；(5)其他专长。
6. 精彩简历的七大要点：(1)真实；(2)全面；(3)简练；(4)重点突出；(5)语言准确；(6)版面美观；(7)评价客观。
7. 建议书的写作注意事项：(1)认真策划建议书结构；(2)建议书完成后校对工作要仔细。
8. 通知的特点包括：(1)时效性强；(2)适用范围广；(3)发送方向不确定性。
9. 通知可以分为：(1)批转（转发）性通知；(2)指示性通知；(3)知照性通知。
10. 会议纪要的特点有：(1)纪实性；(2)概括提要性；(3)条理性。
11. 会议纪要的分为：(1)决议性会议纪要；(2)讨论性会议纪要。

思 考 练 习

1. 写作沟通的优点和缺点是什么？
2. 有效的书面沟通的标准是什么？
3. 语气在书面沟通中的重要性如何？
4. 阐述各种商务写作的策略和方法。
5. 请写一份简历。

第7章
会　　议

学习要点：
1. 会议的特性及目的；
2. 会议的类型及会议的参与者；
3. 会议的各项准备工作；
4. 会议的控制和协调的方法；
5. 会议的主持、组织与管理技巧。

 导入案例

一次常规会议

刘军，立昌农机制造有限公司市场部经理，正驱车前往公司设在市郊的总部。他望着窗外田野美丽的风光，遐想着公司的销售前景。上周末，刘军请求他的老板——公司总经理胡娟召开会议，讨论公司下一财政年度的销售目标。当他步入会议室时，会议正要开始。其他与会者有生产部经理陈墨菲、仓储控制主管路遥、人事经理王兴涛。

刘军首先发言，回顾了市场销售的近况："我刚参加完年度销售总结会，发现去年我们丧失了比预料的还要多的市场，主要原因是工厂出现了延期交货的问题。同时我们也进行了下一年度的销售预测，认为下一年度财政年度的销售量可到达11万台。我们认为这个数字是现实的，如果做得好，还有望突破这个目标。"

正在这时，陈墨菲打断道："刘军，你是在开玩笑吧？就在3个月前，同样在这间办公室，我记得你对下一年度销售量做出预测是10万台。现在，你却将预测提高了10%。面对一个不断移动的目标靶，试问我们如何去做生产计划？"

胡娟插话说"老陈，我理解，你的担心是有道理的。但是我们必须对变化着的市场做出相应的调整，现在刚到9月，我们还未对下一个年度做出一个既定生产计划，只是讨论计划。我想利用这个最新数据，尽快做出下一年度的生产综合计划。"

刘军补充道："最近，我们与许多老顾客接触，得悉他们不断抱怨在旺季的交货滞后现象。有些人甚至威胁，如果明年还得不到好的服务，将不再订购我们的产品。我想，我们应该生产出足够多的产品，而且是适销对路产品。"

路遥表示忧虑道："我们必须降低生产成本。去年，我们的库存太多，占用了不少资金。鉴于我们高达30%的库存成本率，我认为明年不能再维持如此高的库存量。"

王兴涛接着说："若降低库存成本，采用跟踪需求的综合生产计划方案，则意味着雇员逐月发生波动，这样会引起雇佣和解雇成本上升。目前，我们招进一个人的成本是800元，解雇一个人的成本是1500元。"

陈墨菲又担心地表示："为了实现这个较高的生产目标，我们不得不增加晚班，采用二班制，因为依靠现有的一班制，即使满负荷生产也无法到达这个预期目标。我想，在做出决策增雇一班人前有必要弄清这个销售预测目标是否可行。"

在大家你一言我一语的发言中，不知不觉到了午餐时间。胡娟总结道："老陈，请根据最新的预测数据拟定一个综合生产计划，我不想在下一个旺季到来时，看到我们公司重蹈今年的覆辙。"会议暂告结束，大家用餐。

请评价会议的效率，说明理由？评价与会者的表现？

7.1 会议概述

 **案例**

袋鼠与笼子

动物园里新来了几只袋鼠，这让动物园又增添了许多游客，于是动物园的领导高度重视，并指派了管理员来专门看守袋鼠。可是有一天，动物园管理员发现袋鼠从笼子里跑出来了，经过一番"奋战"后才将跑出笼子的袋鼠归位。

因为这件事，动物园的领导们特意开会讨论，一致认为是笼子的高度过低所致。经过商讨，决定将笼子的高度由原来的 10 米加高到 20 米。

出乎意料的是，第二天他们发现袋鼠还是跑到外面去了，所以他们又决定再将高度加高到 30 米。没想到隔天居然又看到袋鼠全跑到外面了，管理员们大为紧张，于是，领导们再次开会来讨论这件事，又一次经过长时间的讨论，终于决定一不做二不休，将笼子的高度加高到 100 米。

一天长颈鹿和几只袋鼠们在闲聊，"你们看，这些人会不会再继续加高你们的笼子？"长颈鹿问。"很难说。"袋鼠说："如果他们再继续忘记关门的话！"

《哈佛商业评论》的研究报告指出，一般行政主管每周花在开正式委员会议的时间是三个半小时。另外，主管人员每周还得再花上一天时间，参加非正式会议及从事顾问工作。

学者通过对 160 个英国经理人的调查发现，一般主管花费在正式和非正式会议上的时间差不多是所有工作时间的一半，而且高级主管多比初级主管花更多的时间奔波于会场之间。大部分人对这样的说法似乎都有同感。有一次，有人问英国前首相威尔逊："内阁部长们平常都做些什么事？"他毫不迟疑地回答说："都在开会。"

由此可见，会议作为企业管理者互相沟通的一种手段，在现代管理中的作用举足轻重。但是，尽管会议在工作中变得越来越多，有句话清楚地表明许多经理对会议的态度："通常说，会议越少越好。这不只是说会议的数量，还包括与会者的数量。"

人作为社会的动物某种程度上依赖与他人的相互作用。此时，会议恰能满足人类深层次的需要，这也是为什么即使召开会议既费时，代价又昂贵，但许多人仍然把举行会议当作经常进行的活动的原因。

7.1.1 会议的概念和内容

会议，作为组织和群体中最常见的一种活动，人们几乎每天都可以看到、听到或亲身参与其中。然而，对会议的概念，人们却从各个侧面，有着不同的理解。

(1) 会议是一种群体活动。参加会议的每个人都是这个群体的一员，这个群体可能是相对稳定的，可以维持较长的时间，如某公司定期召开的董事会。也可能非常易变，其成员经常更换，如公司召开的各种产品展示会，其会员是不同的采购者。

(2) 会议是交往需要的一种。每个人参加各种各样的会议，而且他们也希望参加更多某些类型的会议。马斯洛将人的需要之第三层归纳为社会交往的需要，是基于人是社会的人，他们彼此之间存在着物质的、精神的、社会的各种联系。这种联系常常通过会议的形式表现出来。由于处于一个群体，会议参加者通常感到一种内敛力，会比群体外的人员更愿意为这个组织的目标而努力。

(3) 会议是一种权力的角逐。会议中的成员都是有等级的。这种等级或许已经确立，或许正在形成。但是一旦会议走向成熟，其成员的角色和地位也就相对固定下来。刚刚组成的一个群体召开会议，由于群体的权力架构还没有稳定，这种权力的争夺尤其显得激烈。

(4) 会议是解决问题的途径。会议比较其他的沟通方式，一个最为显著的优点就是它将众多的人聚集在一起，让他们就某个问题互相交流认识、经验、对策。这种集体的智慧，常常比一个人的思考要科学、全面得多，而且也更能解决问题。现在商界流行的一种"头脑风暴式"讨论法，将5~7个人安排在一起，要求他们每个人都要就某一问题谈一谈自己的观点看法，但是不允许互相攻击，以防偏离会议主题，浪费时间。这种讨论方式可以因为别人的发言，而激发出自己的灵感，产生某种新的创意，实际效果很好。

(5) 会议是一种易于接受的约束。会议的决议对每个参加会议的人都有较强的约束力，因为他们都是决议的参与制订者，虽然他们可能并没有对这件议案投赞成票。但是因为在任何会议中，民主集中制都是最起码的原则，不可能由于某一个人的不同意就改变整个群体的意志，所以大家都能接受并遵守作为会议整体通过的决议。会议的约束比其他类型的约束（如规章制度等）要强得多，而且效果也更好。这就是为什么主管经理要耗时费力召集员工开会讨论某一问题，而不是简单地下个命令就算了。即使是会议上的反对者，也会为会议上通过的决议而辩护。会议至少给了每个参与者表达自己意见的权力，说明群体是很尊重这个人的，这从一定程度上满足了会议参与者的部分深层次受尊重的需要。

(6) 会议是一种耗时费力的活动。会议通常给人以一种拖沓冗长的印象，议而不决，让人精疲力竭。虽然也有很多极富效率的会议可以做反证，但是会议组织者还是要尽力避免会议走向前者的结局。工业文明以来，机械代替了人手，电脑延伸了人脑，唯有会议依然比较依赖人的因素。对于其耗时费力的一面，管理者首先要研究会议的必要性，是否一定要召开会议，能否用别的沟通方式代替，如果还可以使用别的方式，就尽量不要开会。如果经理只想找一个员工谈工作，那就不必召开10多人的会议，单独谈心就可以。如果有一些简单的事情得要通知，简单到无须解释，那么也不必开会，分发一下有关的文件就可以了。其次要研究会议的成本收益对比，如果其获得的效果较小，尚不能弥补开会的成本，那么不开会也罢。

以上几种对会议的理解都从不同的侧面反映了会议的特征与功能。尽管实际上具体某一次会议可能并不会全部达到上述效果，但从总体来说，会议还是人类生活不可或缺的一项内容。现代科技发展很快，传真电话、无线通信、各种电子设备代替了很多传统的管理沟通方式，但没有任何迹象表明会议将走向消亡。反而由于其具有一些独特的优越性，而引起管理者更大的注意力。

西方工业国家的经理每天工作的1/3时间是与某个人单独会谈，还有1/3的时间是参加各种各样的群体会议。根据日本效率协会统计，全日本科长以上管理干部工作的40%以上时间是在开会。而在美国，每天召开的各种会议超过10000000次。如此惊人的数据，提醒管理者一定要注意加以利用会议的一些优越性。同时，在实践中要避免一些导致会议失败的常见错误；否则，其管理成本将是十分巨大的。

7.1.2 会议的目的

人们之所以要举行、召开或参与会议，原因是多种多样的。会议可以给与会者一个表达自己观点的机会。管理过程中，需要听取员工的意见和建议，调动职工参与管理的积极性。

而会议正可以给员工一个表达见解的平台，在这里员工可以献计献策，讨论问题的利弊；会议是集思广益的场所，大家互相交流与探讨，形成共有的价值观、目标、见解；会议可对与会者产生约束力，因为是大家共同讨论，一旦做出决策，大家就要共同遵守；会议也是职工互相认识了解、展示自己身份地位与职位的过程。举行会议的目的多种多样，但就工商业机构来说，举行会议的目的通常为下列几项。

（1）上情下达。很多会议召开仅仅是为了传达一些有关公司经营状况的信息。例如，本月的销售状况、目前公司面临的财务危机、新产品开发进度……这些会议要求与会者掌握这些信息，并进行一些讨论，以深化对这些信息的理解。否则，只要将有关文件打印出来，分发给有关人员既可以了。开会讨论一下，人家对这些信息的印象就更深。会议的主持人就突出的几个问题重点阐述一下。会议不需要形成任何决议或采取什么措施。

（2）分配任务。在每年或每月的计划工作会议中，总经理都要部署下个阶段工作的重点及每位员工的职责。类似的会议在企业中还有很多。

在会议上分配任务可以提高接受任务者的责任感，因为这毕竟是一种当众接受的任务。

另外一方面，当众接受任务也会使人有一种荣誉感。大家的目光都集中到这个人身上，这个人很自然地就会觉得受到了重视。这份激励的效果是会议独有的，非个别接受任务可以比拟。

这种分配任务的会议还有另外一个优点，就是由于全体成员的参与，可以将企业的整个目标体系理清楚，使之更加合理。大家在讨论时，可以将重叠或遗漏工作职责找出来，有利于总经理重新部署。某些员工的工作任务重大，难以负担，也可以由别的员工分担一下。

由于分配工作是完全透明的，因而有利于员工间的互相信任，保持良好的合作关系。某个人具体行使他（或她）的权力时，也可以因为这种权力是当众授予的，因而容易受到别人的支持。

（3）使经营计划顺利进行。通常公司的经营计划和各项有关的工作，只有在整个组织里交流一下才变得更有效率，不至于产生多部门擅自行动的情形。但若能使各部门每位工作人员的调配适当，在不勉强、不浪费的平衡心态下，顺利完成有效率的工作任务，对公司经营会有莫大的帮助。就这方而言，成功的会议无疑能发挥巨大的作用。所以，在具体经营方法实施之前，召集筹备会议做出整体、统一的活动计划，将可使公司节约人才，量才调配。

（4）解决问题及障碍。在进行任何计划的过程中，问题和障碍的产生是无法避免的。为寻求解决之道，最有效的方法便是会议。个人的思考能力毕竟有限。但两人以上聚在一起商讨问题则往往会有完全不同的新看法出现，经常可因此寻得解决之道。例如，销售部门讨论新产品投放市场的策略，究竟在销售渠道上还要做哪些改进，公共关系部门讨论近期举行的一次大型公益活动还要做哪些准备工作。这种会议是群体智慧的集中反映，其效果远非个人智慧的简单叠加。因为在这种会议中，大家头脑都在不停地运转，针对别人的意见、会议上反馈的信息进行综合、归纳、分析、处理，使最终得出的解决方案有可能是最优的或次优的。

(5)产生新的创意。新的构思是业务成长与发展不可或缺的因素。任何机构若长期执行某一种制度，势必导致僵化现象，新创意亦难以出现。为打破这种状况，脱离陈旧的观念，同时发掘多人的不同想法，会议无疑是最佳途径。

7.1.3 会议沟通的类型

会议有很多种类型。有些会议准备很充分，有些却显得缺乏准备。假如我们对个人和组织的效率感兴趣的话，所有的会议都要进行好好的准备。

(1)正式的大型会议。在这里，典型的例子是董事会重大会议、高管层会议、咨询顾问会议或股东大会、公司年度大会。这些会议通常需要事先做好准备，因为没有人想在这些人面前丢面子。然而，即使是这样的会议，会议前的准备也并非完美无缺。在此类会议中，没有经过充分准备的会议数量，远比人们想象得要多。

(2)日常会议。定期的董事会、经理层会议、部门会议或事业部会议都是典型的例子。在管理良好的公司里，这些会议都能够得到充分的准备。但是在很多情况下，这些会议的效率仍有大幅度提高的余地。例如，此类会议往往议程过多。经常出现的一种情况是：这种会议既要讨论公司当前的商业运作，又要讨论公司的未来和创新。

(3)对问题进行分类。清楚地区分这些问题是明智的，因为这些问题需要分门别类地加以解决。最重要的是，解决不同种类的问题所需要的时间是大不一样的。例如，可以这样规定：在定期的管理层会议中，每隔一次或每隔两次就专门或主要地讨论一次创新问题。

(4)工作小组、跨部门团队等会议。通常这些会议没什么准备，尽管它们通常比前两类会议重要。准备和主持这种会议的任务，大部分情况下由小组的领导或项目经理负责。然而，他们在会议这个领域往往没有经过多少培训，也没有什么经验。这些会议往往是最没有效率的。

(5)临时性的小型会议及讨论。这些也是会议，并且是最常开的会议，对它们的准备也是最差的。在这些会议中，经常讨论的东西部分是"即兴的"问题。临时性的小型会议和讨论受条件限制较小，可以灵活地开展，适于解决比较紧急性的问题，但在实际工作中应当注重提高效率，避免"文山会海"的产生。

 **案例**

职工恳谈会

公司成员围坐一堂，干部职工交心、议事、商大计——这种"职工恳谈会"构成 X 股份公司一道独特的风景线：以丰富的文化内涵化解矛盾、增进理解、汇聚真情，融合起振兴企业的巨大力量。这就是 X 股份公司的恳谈文化。

配线班班长已经是第 20 次来开职工恳谈会了。他记得很清楚："除了第一次实在脱不开身外，回回不落"。厂办公室楼那间大会议室几乎每次都被挤得满满的，有厂领导、有自愿前来的职工,春夏秋冬,每季一次,领导和职工围坐一起交心。

叫它"恳谈会"实际上并不确切,可不是光说不做。供应处下料工老李师傅提了意见:"贵重的原料加工的活儿应当收回来自己干,减少浪费。"不久,厂里立了一条新规矩:"贵重有色金属加工不准出工厂。"又加上一条,"供应贵重原料必须严格把关"。上半年仅李师傅省下来的边角料,就值10万多元。在X股份公司的发展中,职工恳谈会从没有间断过。知心话在这里倾诉,上情下情在这里沟通,理解和凝聚力量在这里生成。

X股份公司在这几年的快速发展,是凝聚广大员工聪明才智的结晶。X股份公司几十年坚持下来的恳谈文化,锻造出一只上下齐心、精诚团结的企业团队。企业文化创造了一个企业领导与员工的"场",创造了企业内部全方位的沟通渠道。管理者能够及时向员工传达经营策略和管理制度,员工能够为企业献计献策,充分发挥员工潜能,极大地提高了员工积极性。

根据现代管理科学研究:每个人都生活在组织的团体中,由于安全与自尊的需要,自然希望了解其所属环境发生的一切事情。如果经营管理者能够为其提供组织的有关资料和信息,使员工及时了解组织运行状况,同时积极鼓励员工对其所担任的工作上的重要问题和组织的经营决策提出个人的意见,以供经营管理者作为参考。员工自然就获得了充分的安全感,也激发了其社会责任感,进而积极参与管理。

而过去的权威管理,要求员工绝对服从,管理者不与员工沟通,员工缺乏对组织的了解,员工认为没有得到企业的信任,所能完成的任务也就受到了限制,在缺乏安全感与信任感的环境中,人们必然产生犹豫、不安的情绪,很难激发起积极性、责任感,也难以提高工作效率,所以企业建立全方位沟通渠道,实行员工参与管理制度,是企业管理的必然要求。

X股份公司的恳谈文化,让员工畅所欲言。企业也及时向员工传达经营方针,在实际应用过程中收到了良好效果。

(1) 由于管理者与员工良好的沟通,让员工参与组织内部的管理决策,取得了员工的支持,改善了员工与管理人员的关系,减少了员工对管理工作的抱怨与不满,增加了员工对企业与工作环境的认识,减少了反抗心理,员工有什么问题,都可以及时与上级主管沟通,找到解决问题的最佳方式。

(2) 增加员工的"主人翁"意识,给员工以参与管理决策的机会,会使他们感到自己是组织中的一员,感到组织对自己的信任,员工大力支持管理活动,有利于组织管理工作的顺利进行,在工作中离职、怠工、迟到、早退等现象明显减少,还能保证员工工作质量和工作效率,像李师傅那样,向组织提建议,节约生产成本,提高产品的质量。

(3) 发挥员工的潜能,员工参与管理后,其工作范围扩大,发挥潜能的机会增加。因参与管理,使员工感到自己得到领导的重视,因而会发挥其潜能,以期为组织做出更大贡献,同时增进员工的满足感,一个人受到组织和领导的重视,感到自己的地位重要,精神上会获得无限的安慰,心理上也会产生满足感和成就感,从而也就增加了员工对企业的满意度。有什么"绝活儿"、"窍门儿",都与同事一起分享。

(4) 还能够加强员工的自治、自强、自立的心理,有效地增加员工的管理能力。X股份公司员工如对厂里工作提出议案,不管什么情况,上级主管部门都必须将书面答复交到员工手里,实际上员工就是真正的"管理者"。

对于管理者来说,可以集思广益,决策更加明智,中国有句古话"三个臭皮匠,顶个诸葛亮"。企业的员工都在为企业发展献计献策,集合众人的聪明才智和创造力,可以使企业的管理制度更加完善，经营发展战略更具有创造性。良好的沟通环境和氛围是创造优秀团队的基石。广大员工拧成一股绳，就会力增百倍，就能推动企业大步前进，X 股份公司的恳谈文化值得我们借鉴。

7.1.4 会议交际沟通的模式

会议中的交际沟通对其效果有很大的影响。适当、有效的交际沟通模式，不仅可以使会议取得好的效果，也能给与会者营造一份好的心情。这些交际沟通模式，就是与以下几点有关的问题：

① 谁发言；
② 历时多久；
③ 他（她）对谁讲话；
④ 与谁交谈；
⑤ 其后面有谁发言；
⑥ 有几人。

这些问题都是应该为经理所事先明确的，如图 7-1 所示。例如，由个别成员支配的会议，其交际沟通模式可能与图 7-1(a)相类似；而由唯一一位居于交际沟通中心地位的强有力的主席主持的会议，其进行的模式可能如图 7-1(b)所示。显而易见，这两种模式可以揭示许多有关会议的信息，如与会者是否进行合作、如何合作、有无亚群体形成等。图 7-1(c)表示了会议中有充分的相互作用，这次会议所进行的交际沟通都是自然而然地进行的，不受个别人的控制；而图 7-1(a)和图 7-1(b)中的交际沟通都受到少数人的控制。虽然图 7-1(a)、图 7-1(b)所示的群体中的交际沟通仍然是双向的，但对其中的某些成员来说，可能只限于进行"身体交际沟通"。上述这些模式将确定每个会议成员处理的信息的数量和性质。即使这些模式能在所有成员间进行全面、公开的交流，即按图 7-1(c)进行，关键的问题是他们能否与下面两点相关或适应：

① 工作任务；
② 群体成员的技能。

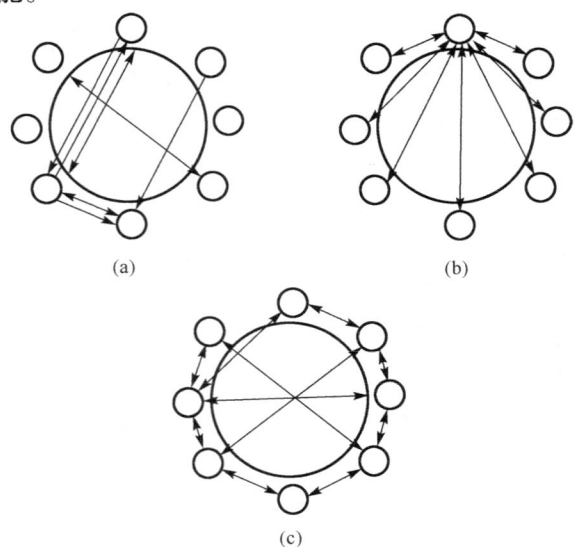

图 7-1　会议交际沟通模式

针对上面的问题,有个例子可以说明。有一项紧急任务,背景资料非常有限,但又必须做出决定。如果与会的个别成员对与此类似的任务有经验的话,委员会会议就可能实行,甚至需要实行图 7-1(a)或图 7-1(b)所示的交际沟通模式。不过,如果委员会对此任务无任何经验可言,那就需要进行创新性的决断,图 7-1(c)所示的交际沟通模式也许更适合,因为这样整个群体的资源优势可以投入运行并形成一致的决定。

7.1.5 会议沟通原则

(1) 明确目标。

会议目的,就是召开会议的原因。会议的举办是为了通过会议的影响力、特点等达到其目标,进而采取相应的策略来推动事态的发展。任何一个会议在沟通行为的发生之前,都必须明确会议的沟通目标。

(2) 明确时间约束。

开会时间长短的选择是一项不可忽视的任务。会议的主要内容应该分配给多长时间、会议进程中小的讨论时间的控制等都是时间约束的体现。会议沟通的这一原则要根据会议的具体情况具体分析,绝不能一概而论。

(3) 重视细节。

在会议总体思路、方案确定以后,工作细节决定成败。必须高度重视每一项工作、每一个细节,努力把工作做实,把小事做细。重视会议前期、中期和后期的每一个细节,力求做到万无一失。

(4) 做好准备。

会议召开前的准备工作非常重要,会议计划要处理的问题,会议议程,会议目标,时间的选择,地点的安排,会议通知函的起草、发出,房间内座位、文件、烟灰缸等,这些工作都需要会议主办方做好充分的准备。会议的准备工作是会议成功的前提条件,只有完成了这一步才可能成功地进行沟通。

7.1.6 会议的参与者

(1) 主持人。

会议中最为重要的角色当然是主持人。主持人和会议组织者可能并非同一人,但是由于大多数会议(特别是经常发生的内部小型会议)参与人数较少,分工也不是非常细,这两个角色经常是重合的。

(2) 会议组织者。

会议组织者应对会议的全过程负责,包括确定会议的主题和目标,制订会议活动计划,安排会议议程;其次还要选择会议的参与者,发放会议通知、布置会场;正式召开会议时,要进行一些介绍,包括主题介绍和会员介绍;继而进行发言和讨论,有可能的话还要进行表决;最后组织者要对会议过程、结果进行总结。

(3) 与会人员。

与会人员是指那些被会议组织者挑选来参加会议的人。与会者的准备十分重要,不经过缜密的事前思考,会议常常达不到应有深度,从而影响最终效果。会议中与会人员的有效参与也非常必要,有效参与包括贡献出有创造性的思想,能冷静地倾听别人的意见,在别人与自己观点有冲突时,要控制自己的情绪,不要发生争吵。自己发言时要简洁、清晰,不要滔滔不绝,说个没完,剥夺别人的发言机会。

(4) 记录人员。

记录人员将会议的要点记录下来,整理的资料包括参加会议的人员(包括缺席人数)、会议时间地点、会议的议程、与会者的意见、最终的决议等有用信息,这些信息为将来备查提供依据。

(5) 会务人员。

此外,还应包括会议服务人员。比较正式的会议,尤其是外部会议,需要有一定数量的人员从事服务工作,如分发文件、文具,分发水果、饮料等。

 **案例**

销售部、生产部、技术部的工作会议

宝嘉电器公司是一家中型股份制电器企业。该公司成立于1960年,具有一定的企业规模和资历。进入20世纪90年代,由于电器产品的通用性较强,市场已经进入完全竞争状态,加上公司的产品成本一直居高不下,公司发展受到局限,企业面临巨大压力。随着建筑装饰业的迅猛发展,自从1997年企业审时度势,产品转型生产室内装饰灯具,从而使其市场获得了迅速发展。但是随着消费者消费意识的增强,以及同行业的不断加入,特别是国外品牌的巨大竞争力,其市场上的许多隐形性问题也逐步显露出来,主要表现为销售成本不断增加而销售额并无明显上升,企业也进行了产品的更新换代,但是并没有得到消费者的认可,而其产品的质量投诉又不断增长,消费者有了其产品质量低劣的印象。

在透过企业市场的表面现象,深入了解是企业市场的过程中,发现企业营销部门领导者具有相当的市场营销意识,其整体规划、产品设计、促销意识、促销人员的管理与控制等都没有出现任何问题。但是在市场营销过程中发现的产品品质问题及解决这些问题方面却一直找不到一个合适的方法。随着市场销售额不断下降,销售部门说是因为产品质量有问题,是生产部门的问题,而生产部门则抱怨如果质量水平再提高,则成本自然增大,企业必然无利润可图。从而引起企业销售部门和生产研发部门之间的纷争。

其市场出现的一些具体问题如下。

1. 质量控制方面的问题

在市场的前期,靠着其产品的崭新形象和及时的促销手段,市场迅速拓展。但消费者在使用过程中逐渐出现了许多质量问题,如用一段时间开关接触就不好,包装外形的落伍,逐步引起经销商的抱怨和消费者的投诉,把问题反映到企业。因为产品成本的制约,也只是小打小闹的改进,使得营销部门对质量问题疲于应付。

2. 市场产品的定位问题

随着市场竞争的加剧,其产品的生命周期进入衰退期,但企业研发部门开发的新产品,以高档产品进行定位,改变其以前的以中等收入的家庭定位,但因为在高档市场上国外品牌的竞争,同时因为以前消费者对其产品的中档地位的认识,使其新产品很难打开市场。市场定位不准确,导致其市场产生了一定的影响。

3. 市场反应的速度太慢

企业的产品在营销过程中遇到了许多问题，这些问题反馈到企业决策机构往往要很久，因而销售部门采取补救措施，为时已晚。而生产研发部门则因为对市场需求的不了解，不清楚营销的难度，所以总认为是销售人员故弄玄虚，把他们当成二等人。产销部门的隔阂，使企业决策机构不得不在两头搞平衡，因而延误了时间。

案例点评

综上所述，对企业具体问题的剖析，可以看出这是一个典型的产销部门沟通不畅而引起的营销问题。除了综合运用其他沟通策略外，还需建立该企业群体解决问题的制度。

建立跨部门的解决问题的制度，也就是把生产研发和营销部门结合在一起，对于市场中出现的问题进行讨论。虽然上述企业也经常进行这类会议，但往往在毫无结果的争吵中结束，所以制定一个详细的解决问题的管理模型是必要的。

大卫·斯笛文斯(David Stevens)指出了利用群体原动力建立群体解决问题的制度，它以研讨会的形式，时间可以很短，但不可以太长。对于人员的选定强调了三个因素：即人员素质、思想沟通、理性判断。

这里根据案例中的实际情况提出了一些沟通方法，使其更加适合于宝嘉电器公司的情况。

成立市场开拓小组，成员由销售部、生产部、技术部组成。每月定期召开两次工作会议，讨论市场开拓、产品开发、成本控制、质量控制等具体工作。

(1)会议召开场所轮流设在三个部门，并由该部门负责主持会议；
(2)会议召开期间，由各部门通报本部门工作进展情况和需要横向协调的问题；
(3)快速获得意见(事先每人准备好，建议最好以书面形式)；
(4)轮流发言，争取时间人人是赢家，不评论；
(5)要积极客观，针对议题，一有疑问立即提出；
(6)换位思考；
(7)封闭式会议；
(8)出席人员有利益代表性；
(9)每次会议召开时间和场所报总经理办公室备案，以便绩效评定；
(10)公司领导可不定期参加会议，起到对会议的推动作用；
(11)每次会议讨论结果、会议建议和决定以会议纪要形式记录在案，并上报一份给主管副总经理；
(12)领导批示并及时反馈。

事实证明跨部门会议，对于改善组织内部沟通确实有效果，使团队精神得以良好发挥，信息沟通顺畅，最终导致工作成效显著。

参加会议者把问题摆在桌面上，使生产研发人员和营销人员了解彼此的优劣所在。经过几次这样的会议，各部门之间处在换位思考的角度，采用必要的措施，直至达成一致的决议，而企业可以利用此种模式的会议的建立，使生产与营销人员被动参加会议变主动参加会议，从而最终形成一种良好的企业文化。

7.2 会议组织

 **案例**

嘉兴市卫生局年底为表示对离退休干部的慰问，召开了迎春座谈会，会后共进晚餐。负责接待工作的秘书钟某根据上司的指示和宴会惯例，安排桌次座位。这次宴会共设3桌，餐厅正面靠墙为主桌，编1号；靠入口处为2、3号桌，摆成三角形，突出主桌。重要嘉宾在主桌。为方便来宾入席，钟某特意做了座位名签，并摆在桌上。但由于这次联谊会时间紧，与会人员名单确定得晚，钟某在抄写时漏了应该在主桌的一位离休干部，结果致使该干部入席时找不到座位，出现了十分尴尬的场面。

分析：秘书钟某在安排会议晚宴时，只注意到桌次的正确安排和名签的摆放，但忽略了对人员和名签的核对，致使重要嘉宾未能受到应有的礼遇，给工作造成了不良影响。

没有人愿意在一个无聊的会议上浪费自己的时间和精力，每个人都希望会议具有价值。但是，在实践中人们几乎都曾有过这样的经历，在繁忙的工作中抽出宝贵时间却参加了一个毫无意义的会议。在会议召开之前，进行充分而必要的准备。不仅关系到会议的成效，而且关系到与会者时间的合理利用。一般说来，会议的准备工作主要包括以下三方面内容。

7.2.1 会前的组织安排和准备

（1）明确会议的必要性。

任何会议在召开之前都必须先回答一个十分简单的问题："开这次会真的有必要吗？"事实上，有些会议效果不好的原因并不在于组织得不好、持续的时间过长或没有获得实质性的结果，而在于它从一开始就没有召开的必要。开会是为了解决问题，如果所要解决的问题通过开会不可能解决，或可以通过其他途径解决，这样就不必开会。对那些有必要召开的会议，也要能合并的合并，能压缩的压缩。总之，要做到能不开的会坚决不开，可开可不开的会尽量不开，必须召开的会尽量少开。

（2）确定会议目标。

任何会议都是有目的的，主席在会议准备时应问问自己"举行会议要达到什么目的"。这一目的应是具体的、明确的。高尔夫公司的杰利·麦克阿弗认为，会议中应使有关主题的各种意见都得到充分阐述。在确定主题、目标时也应考虑各种不同意见及客观制约因素。可能的话，还应对目标进行分类、分解。

会议的目标越明确越具体越好，如会议目标"探讨如何在10月底之前将产品不良率由目前的5%降低至3%"就比"探讨如何降低产品的不良率"更加具体、明确，这样会议讨论的效果会更好。

（3）确定会议议题。

会议议题是根据会议的目的而定的要讨论的话题或决策的对象。议题的确定可使会议的重点突出，不容易出现跑题现象。企业中常见的议题有两大类：一是讨论工作中已经出现的各种问题，分析问题原因，提出改进措施与避免措施；二是分析未来工作中可能会发生的问题，建立预警机制，防患于未然。一般来说，议题的确立要遵循以下四个原则。第一，议题必须紧扣会议目标。凡是与会议目的无关的议题都不能列入会议议程，以免分散会议主题，影响会议目标的实现。第二，议题数量要适中，既不能太多，也不能太少。议题太多，会使议题难以深入；议题太少则会浪费时间，增加会议成本。第三，各项议题之间保持有机联系，并按逻辑顺序排列，这样会议就可以在问题一个接一个均得到解决的前提下顺利进行。第四，应清楚地指出各项议题所需的讨论时间，这样可以使与会人员做到心中有数。

(4) 确定会议与会人员。

确定与会人员是非常重要的一个环节。要根据会议的目的来确定与会人员。如果需要征求全体员工的意见，需要大多数员工投票表决的会议，与会人员人数会相对较多。如果只是需要公司的几个主要股东来讨论某些问题，那么参与会议的人员相对较少。

可以根据下列标准选择与会者。

① 会议信息提供者。这些人可能是要下达精神的上级领导，也可能是团队中的某个项目负责人来组织成员研究新技术的应用问题等。毋庸置疑，这些人是必须参加会议的。

② 特殊身份者。这里的与会者，可能跟会议的主题、会议要解决的问题没有直接关系，但又是会议不可缺少的参加者。

③ 接受任务、接收信息的人员。与会人员中非常重要的一部分人员就是这些接受任务、获得信息的人员。会后他们才能按照上级领导的指示，贯彻执行任务。

 **案例**

为与会的残疾人员妥善安排整个行程

会议主办方，当在与会人员名单中有残疾人时，应该为残疾人员安排得更加周全、细致，最好事先同行动不便的与会人员取得联系，询问是否有什么特殊的要求。

对于行动不方便的与会人员，在安排车辆时，应该注意接送残疾与会人员的车辆尽量能够方便他们上下，必要时可以考虑专门为他们选择车辆；在预订机票时，尽量为他们预订直达的往返飞机票，避免转机给他们带来的麻烦。在自己的团队中尽量安排几个人专门照顾这几位行动不便的与会人员。

对于有听觉障碍的与会者，应该主动询问是否需要一个手势翻译在其左右陪同，或者提前为其准备更多的文字资料、助听器等。如需要为其安排房间，则要选择最好具备视觉指示器的房间。

对于视觉障碍的与会者，应该主动为其准备盲文的会议资料，并且为有视觉障碍的与会者在会议室、住宿等地方用盲文来做指示。对于这类与会者的导盲犬等服务性动物应该可以允许带来参加会议。

(5) 确定会议议程。

在确定会议议程时，通常要遵循以下原则。

① 主次要分明。当会议中存在比较紧急的事项时，就要先安排它们，余下的事项就可以依次排在后面。要在与会者的精力最集中的时间段里传达最重要的信息。

② 效率要高。这里需要注意的是，不要在安排会议议程时把事项安排得过于紧凑，要准

确估计讨论时间、发言的时间及突发事件等。尽量把握好时间的安排,要尽量在与会者的疲劳期来临前结束会议。

③ 背景资料要翔实。每个与会者都应该在会议前对会议的主要内容和框架有个大概的了解,对于主要发言的人物则更要事先为他们准备好相关资料,让他们了解各自在会议上扮演的角色和作用。

 案例

合肥×××公司济南现场会会议议程安排

会议内容	单位	时间	地点	参加人员	会议主持	负责人
主持人宣布会议开幕	合肥A公司	7:00~8:00	会议厅	全体人员	汪卫平	
参观企业用户	合肥A公司	8:00~9:30	用户单位	部分代表	赵梦均	何滨
三宇董事长与客户交流产品技术、企业发展、合作	合肥A公司	9:30~10:30	另行通知	部分代表		袁中杰
第三批签约客户	合肥A公司	10:30~11:30	另行通知	部分代表	汪卫平	汪卫平
自助餐	合肥A公司	11:30~12:30	餐厅	全体人员	汪卫平	

合肥A公司

会计组: 许伟 133XXXXXXXX

(6)确定会议时间。

确定会议时间,主要是指会议开始的时间、会议持续的时间这两方面。

① 会议开始的时间。选择会议开始的时间时,要考虑与会者能否按时出席,设备能否安排到位。除此之外,要注意在安排会议的召开时间时,尽量避免假期,这样与会者就不大会出现抵触心理。在一天之内的会议,是安排在上午还是下午,需要针对具体公司的情况具体分析。一般而言,会议不应该安排在早上,因为这时员工可能还没有完全进入工作状态,仓促开始会影响会议的效果。

② 会议时间的长与短。有研究表明,普通成年人能够集中注意力的时间只有20分钟,所以要尽量把重点内容在前8分钟内宣布完毕。但是如果内容比较多,不可能在前8分钟内实现,那就可以考虑使用多种演示方式,如活动挂图、投影仪等设备。

 小贴士

人们对会议时间的反映

看看多数人对待会议时间长短的反映

30分钟=基本接受

60分钟=略显烦躁

90分钟=无法忍受

(7)确定会议地点。

随着科学技术的迅猛发展,很多会议的地点选择已经不是问题了,组织者可以选择通过

电子设备进行异地会晤。这种形式的出现，使得会议沟通变得更加丰富多彩，如视频会议、电子会议等。

视频会议的优点是参加者在不同的地点却可以相互及时沟通；节省了花在路途中的时间，降低了沟通成本。缺点是缺乏非语言的沟通，如手势、眼神的交流，只能一个一个地说，会议沟通上耗用较多时间，在视频会议之前，对与会者的准备提出更高的要求。

下面着重讲述面对面的会议地点问题。

在选择会议场所的时候，必须要根据会议的目的、参会人员、与会人员的偏好等来决定会议的地点。一般是豪华型宾馆、旅游胜地、会议中心、会展中心、培训拓展中心等。

① 豪华型宾馆。世界级的著名宾馆万豪宾馆、喜来登宾馆等都能充分体现现代商务高效、快捷的内涵。在这里可以让与会人员享受到高水准的服务，如中西式餐厅、各种商店、健身房、游泳池等设施。但这样的地点，会议组织成本会较高，对于贸易展销、大型宴会等重要会议可以选择在这种场所开办。

② 旅游胜地。这样的地点是商务人士比较喜欢的会议场所。商务人士由于工作忙碌，平时没有较多时间来放松紧绷的精神。所以，如果选择旅游胜地，既可在会议之余领略自然风光，使得与会人员的心情舒畅，也会对会议的成功举办起到不小的辅助效果。

③ 会议中心。会议中心是为举办会议和活动而专门建造的会场。在大学里会有这样的建筑。出于它们是专门为会议所准备的，所以设施齐全、服务周到，是会议中心的最大特点。这为顺利开展会议、安排与会人员的作息住宿都提供了便利。

④ 会展中心。会展中心的外部设计、园林规划、内部装修都充分体现了当地特色，集休闲、娱乐于一体。会展中心的会议室、商务服务、设施服务是比较完备的。选择会展中心，最大的优点就是会议室内的布置、设备的选用等安排有序。

⑤ 培训拓展中心。把整个团队带到外面的某个培训拓展中心，不但可以为会议的召开找到一个比较安静的环境，而且有助于对整个团队的合作精神的培养。经过一个比较正式的会议后，当然希望所有成员不仅能够领会会议精神，还能够凝聚在一起来完成任务。

(8) 确定会议场所布置。

会场布置要根据会议的性质、规模和会场的大小来决定，通常会场布置包括座位布置和与会者座序安排两个方面。在座位布置上，经常采取的有剧场式、教室式、花瓣式、圆形会场、正方形或长方形会场、U型会场等多种形式。应根据会议地点的条件、会议的实际需要而选用相应的布置形式。在与会者的座序安排上，通常根据与会者的身份、所在单位及是否发言等安排顺序，如图 7-2、图 7-3、图 7-4 所示。

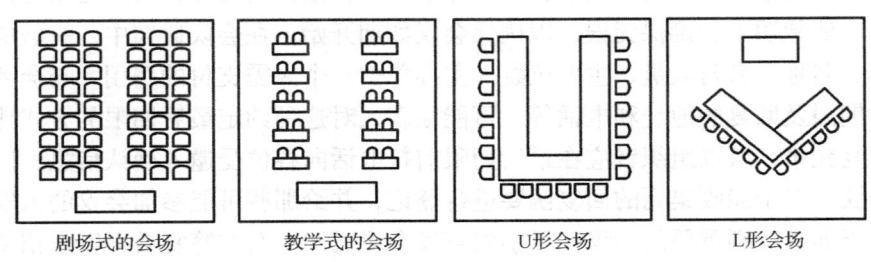

剧场式的会场　　教学式的会场　　U形会场　　L形会场

图 7-2　会场安排样例一

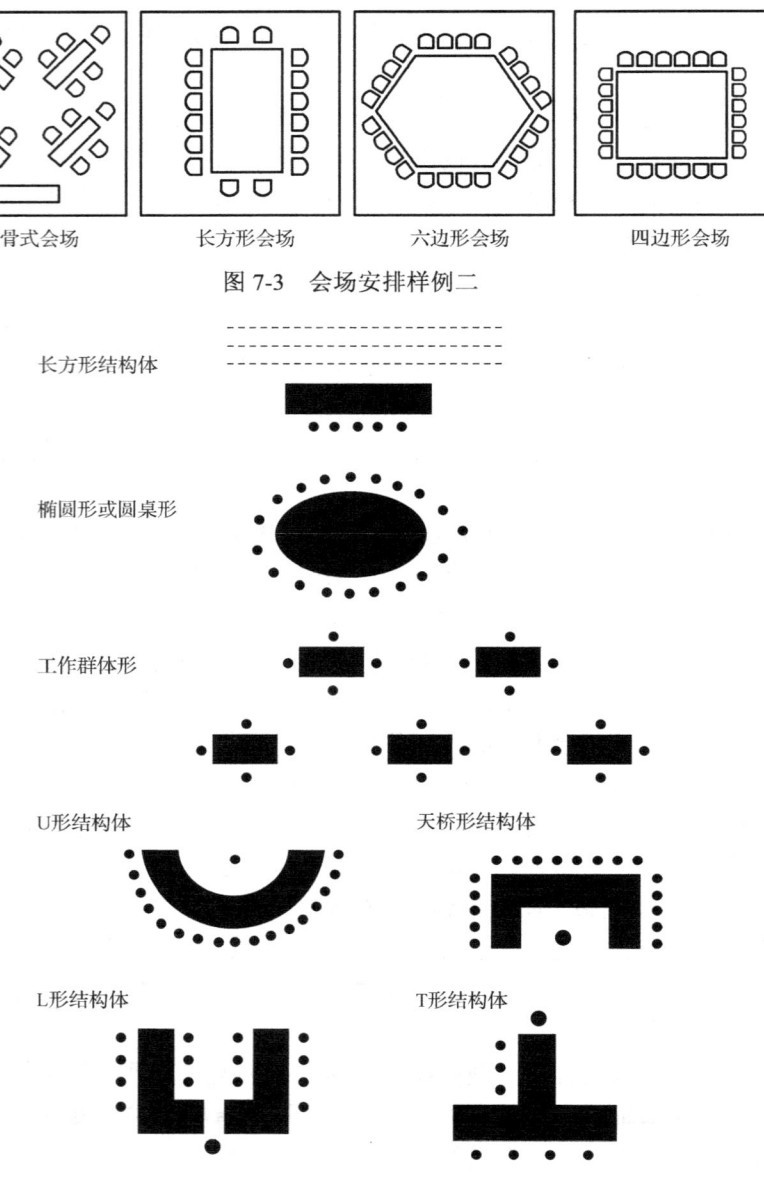

图 7-3　会场安排样例二

图 7-4　会场安排样例三

（9）发放会议通知。

在一切准备就绪后，就可以发放会议通知了。不管是以何种形式发放会议通知。都应做到简明扼要、清楚明了、确保无误，以确保会议如期开始。在会议通知中，一般应注明会议时间、地点、名称、参与人员、主要议题、主办单位、个人需支付的费用、与会者答复是否参加的最后期限及回复的地址和电话等。可能很多人对这种约定最后期限的方式比较反感。而不愿意回复允诺，所以组织者应在最后期限前打电话向各位受邀人确认信息，以确定他们是否参加会议。对于能收集到的回复函要进行登记，并给那些可能参加会议的人安排座次、食宿等。对于那些特别重要的会议，可事先寄发会议通知，对方答复后再寄发招待的请柬，这样可以表示对他们的尊重。

案例

会议通知例文

关于召开 2016 年年中工作会议通知

各部门、各单位：

  为了及时总结上半年工作，安排部署好下半年工作，确保集团公司全年各项工作目标的顺利实现。经公司研究决定定于 7 月 23 日召开集团公司 2016 年年中工作会议，现在将有关事项通知如下。

  一、时间：2016 年 7 月 23 日下午 2:45（星期一）。

  二、地点：星源会议中心三楼大会议室。

  三、人员：集团公司副总师以上领导，部门正副职，各单位正副职、副总师。

  四、会议内容

1. 党委书记张忠传达中国能建企业 2016 年半年工作会暨安全生产管理会精神。
2. 副总经理郎成做公司 2016 年上半年安全生产管理报告。
3. 总经理朱伟做年中工作报告。
4. 监理公司、星源公司、物业公司做表态发言。
5. 党委书记张忠做会议总结讲话。

  五、要求

1. 各部门、单位务必于 7 月 18 日（星期三）上午 12:00 前将参加会议人员名单书面上报总经理工作部。联系人：谢平
2. 参会人员原则上不得请假，确有特殊原因不能参加会议的要向公司主管领导请假，并告知总经理工作部。

2016 年年中工作会报名回执

序号	姓名	职务	性别	手机	备注
1					
2					
3					
4					
5					
6					

联系人：

3. 请相关单位高度重视，做好大会发言材料准备工作，发言时间不超过 10 分钟。
4. 参会人员一律穿着公司夏季短袖工装（深色裤子，浅色短袖），提前 15 分钟进入会场，按座次就座。

×××建设集团公司
二零一六年七月十六日

7.2.2 会议中控制

会议能否顺利进行，不仅取决于主持人对会议节奏和方向的有效把握，还取决于对会议过程的合理控制和协调。一般来说，会议的控制和协调主要包括下述方面。

(1) 有效控制会议议题和议程。

保证会议能够按规定的议程完成规定的议题，在开会过程中必须加强对议题和议程的控制。一般来说，控制会议议题和议程大致可按以下步骤进行。

① 明确会议议题所要达到的目标。在开始讨论任何议题时，会议主持人都应该先明确该议题所要达到的目的，并确保所有成员理解所讨论的问题及为什么讨论这个问题。所讨论的问题可能是大家熟悉的，也可能是大家并不熟悉的。对于大家不熟悉的议题，主持人要向大家做一个简单介绍，包括该议题列入议程的原因、议题的来源背景及目前的状态、调查研究的路线、需要的行动方针、争论的焦点等。

② 就会议议程顺序征求与会者意见。如果没有意见，则按原顺序进行。如果有异议，则及时调整并争取与会者同意。

③ 给每个人表达自己意见的机会。如果与会者对议题有误解或概念上有混淆，或使用了错误的概念，这时主持人应及时纠正并予以说明。

④ 控制讨论进程。当与会者的发言与议题毫不相干、离题太远，或者争论激烈又毫无意义时，主持人要及时将之引回议题上来。对那些喋喋不休者，可适当打断他的发言；对那些不善言谈、经常保持沉默的人，要引导发言，征求意见避免冷场；对那些对会议有敌意的人，要采取适当的方法引导他们理性地表达自己的见解和意见。

 **案例**

会议中的争执

某公司正在召开会议，会议议题是讨论加强各部门协作，共同开发 A 市场。但在讨论中销售部李经理和人事部王经理因为招聘业务员人数发生了争执，李经理一定要招聘 8 个人，而王经理说 3 个人就够了。

会议主持人："我得强调一下，我们此次会议的目的是加强各部门协作（用着重的语气）、共同开发 A 市场，我希望公司能够真正做到各部门协调作业。至于招聘几个人的问题，我们会后可以再讨论，现在讨论下一个议题。"

案例点评

在会议中与会者出现意见相左是非常正常的事情，当出现争论时，会议主持人不能一味当老好人，和稀泥，这样对争论是不利的。如果不能很好地解决争论，给与会者一个确定性的答复，那么会议就不能正常进行。

出现这种情况，会议主持人首先应对会议目标及双方意见有一个清楚的了解。弄清楚争论产生的原因，不管是哪一种原因。会议主持人都要提醒大家明确会议目标。谁的意见更符合会议精神，就支持谁的意见，不论支持还是反对都要注意对事不对人。大家只是所持意见不同，不能把意见冲突变成人身攻击。

⑤ 当会议上出现见解不一致而引起争论时，主持人要做过渡性的总结，即用几秒钟的发言对议题做一小结，要既能表明不同意见，又能帮助与会者理清思路、把握要点。

⑥ 控制会议时间，不要拖时，按时结束。一旦会议达成某一共识时，就要及时结束会议；否则，再拖延就是浪费时间。在下列情形下，也应及时采取措施结束会议：进一步的讨论需要补充事实和根据；本次会议没有足够的时间来审核下一议题；该议题的结论需要进一步处理；意见过于分歧，与会者情绪波动；情况发生变化，需要进一步解释决策的理由。

⑦ 每个议题讨论结束后。主持人应就已经达成一致的内容给出一个简短、清晰的概括。这样不仅有助于进行会议记录，也有助于人们理解已经在会议上取得的有价值的成果。如果在概括中包含了某一会议成员的行动，则应要求他确认自己在行动中所要承担的责任。

(2)合理控制会议成员的行为。

要使会议有效进行，就必须采取有效的方法对会议成员的某些不良行为进行控制，以便使会议做到严肃而不沉闷、活跃而不混乱。

① 严肃对待迟到行为。准时开会能使迟到者吸取教训，使他们意识到，即使没有他们，会议仍能照常进行。另外，可将迟到者和早退者列入会议记录，这种做法不仅表明在制定某项决策或讨论某个问题时他缺席了，而且在提醒他缺席的信息可能会公布于众，而人们通常不希望关于自己的这种信息被公开，因此这种做法能很好地强化未来会议的准时性。

② 控制喋喋不休者。在会议上，有些人可能滔滔不绝，喋喋不休；也有些人可能夸夸其谈，高谈阔论。对于这些人，控制他们的最好办法是中断他的发言，或者提醒他最好将自己的发言进行概括，如"在我们深入讨论之前，能否将你刚才在第一阶段说的看法概括一下"；或者将发言的机会交给别人，如"其他人对这种观念有什么看法"；也可以具体问某一个人，如"李明，你对这个问题有什么想法"。

③ 对沉默给予积极引导。在大多数会议上，多数人在多数时间里是保持沉默的。沉默可以表示同意，或者没有什么建议，或者是期待得到更多信息，对这些沉默不必担心。但如果是缺乏自信的沉默或对抗的沉默，则需要领导者来加以引导。有人想提出建议和意见，但是担心所提出的意见是否有价值、是否会遭到反对，因而保持沉默。引导这样的人表述自己的意见时，领导者应表现出兴趣和喜悦来鼓励其发言，尽管你可能并不同意这些意见。对抗或敌意的沉默，尤其是对主席的敌意或是对会议本身和决策过程的敌意，常常蕴藏着某种轻蔑的情绪，预示着某些事情的爆发。事实上，有些事情爆发要比不爆发更有利于问题的解决，因此领导者要适当引导人们理性地表达自己的意见和感受。

④ 保护下级。参加会议的下级人员可能招致上级的反对，这是很自然的事情，但是如果这种反对发展到下级成员没有权利来发表意见的地步，会议的作用和功能就被削弱了。所以，会议领导者必须尽力维护下级的权利，就其所谈内容的价值来肯定他们的观点，或者对他们的观点进行书面记录，来强化和鼓励他们的行为。

⑤ 鼓励思想碰撞。好的会议不是与会者间的一系列的对话，而是伴随着领导者的引导、思考、激励、概括，与会者以讨论、争辩的方式进行交流，最终产生有价值结果的一种过程。然而，会议必须是观点的争论，而不是人的冲突。当两个人开始变很激动时，会议领导者应该向持中立态度的成员征询意见，扩大讨论，要求他们提出纯粹的、现实的答案。

⑥ 提防对建议的压制。与会者提出的建议往往比阐述的事实和观点更容易受到嘲笑，

如果会议中有排挤现象，就更容易形成对某人的建议加以压制的现象。如果人们感到提出的建议会导致嘲笑、会被压制，他们将不会去提任何建议。尽管所提的建议不一定都会有结果，但是应该给所有的人提建议的机会。当有人提出建议时，会议领导者要特别关注并表现出足够的热情，尽可能避免其他人压制该建议的做法。例如，你可以从建议中挑出最好的部分，让其他成员加以补充和讨论；或者要求嘲笑者或压制者就该问题提供更好的建议等。

 案例

一言堂

李曼，作为某制造有限公司的总裁，十分清楚不断让员工了解公司发展的状况的重要性。最近，由于竞争激烈，公司产品价格持续下跌，她意识到公司正步入一个严峻的时期，为了保住市场份额，她很清楚必须采取降价策略。

她相信自己每月一封寄给员工的"来自总裁办公室的信"是一条很好的充分传递信息的途径。然而，现在重大危机爆发了，她召集了所有部门经理在公司装饰简朴却不失威仪的董事会议室开会，选择董事会议室本身就是向部门经理发出一个信息——他们是管理层的一员，他们正参与重大决策，关于参与此类会议大家都达成了默契，所有与会者必须在预订的时间前就座，当总裁步入会议室时，全集起立，直到总裁让他们坐下。这一次，李曼进入会议室时，点头示意起立的各位坐下。

"我之所以召集各位出席这次会议，是想说明一下我们目前所面临的严峻经济形势。我们正在与那些眼睛发绿窥视着我们市场的'狼群'狭路相逢，他们迫使我们不断降价，不断缩短发货时间，这已经让我们感到喘不过气来，如果我们伟大的公司——'一座自由企业的堡垒'，想继续生存下去，我们必须团结打拼。"

讲完开场白之后，李曼注视着每一位正襟危坐的与会者，知道他们不敢随便发言。的确，没有人讲话，每一个人都知道这种场合下，开口发言就意味着与李曼唱对台戏。

"让我进一步解释我的意思，首先，我们需要发挥想象力，我们需要积极思维，每个人都必须同仇敌忾，我们必须优化生产，绞尽脑汁，不放过任何一个环节，削减成本。为了实施这一削减成本的紧急计划，我已经在外面物色了一位高级生产经理来协助完成。"

"其次，我们要提高质量。在本公司，质量意味着一切，每一台机器、设备都要由生产主管负责定期检修，当机器轰隆隆作响开始生产，就表示主管已经对机器的质量、性能做出了认可。在质量上，没有一点东西可以被视为芝麻点大小的事，微不足道，可以轻视。"

"第三点我认为值得一提的是，要加强我们的销售队伍，客户是我们的生命线，尽管他们不一定总是对的，但是我们仍要像安抚绵羊一样温和地对待他们，我们的销售代表都要学会'推销自己'，要是每一次拜访都有建树，我们对销售代表的补偿是非常公平的，即使如此，我们将仍将努力做到'锦上添花'——对那些困难重重、进展缓慢的项目提高销售代表的佣金。我们将在董事会上讨论具体的事宜，当然，我们不会超出成本。"

"最后一件事是团队精神，这是我们首当其冲要加强的，除非我们抱成团，否则别想成功。领导风范就是团队精神，团队精神就是为实现共同的目标拧成一股绳，你们是管理层的代表，非常清楚我们的目标。现在就让我们上下同心，齐心协力，去渡过这一场危机，记住，我们是快乐的大家庭。"

当李曼结束其掷地有声的总结时,每一位部门经理马上起立,恭敬地站在椅子旁,注视着总裁收拾文件离开会议室。

案例点评

1. 你如何评价该会议的有效性?

客观地讲,这次会议对于李总裁自身是充分传达了她的期待和要求,但从会议是作为一种交互式的交流方式角度而言,并没有实现这个功能,相信在座的所有部门经理都会各怀己见,需要在会下去揣摩和观测下一步公司的发展动向。

2. 分析是什么原因阻碍了沟通的有效进行?

主要原因还是在于沟通是单向的。以强势和主导的姿态灌输并没有完全错,但就算是当成任务布置会,也缺乏执行的手段、责任人、奖惩措施等细节内容。

3. 如果让你安排这次会议并作为主席主持会议,你将如何安排、主持?

首先需要提前进行会议通知,告知会议主题、收集反馈意见和建议,如针对降成本举措、质量管控举措、一线市场信息和数据分析等,整理之后争取在会上形成决议并落实执行;会上给予每个部门经理发言机会,控制发言时间和发言范围;专人进行会议记录并会后下发,总裁总结发言以鼓舞振奋为论调,因为越是严峻的情势,越是需要激发大家团队配合的精神,作为公司文化和精神领袖的承载者,CEO需要扮演好这个角色。

7.2.3 会后跟踪

会议结束后,还应做好会后的各项工作,重点是做好落实工作。有一副对联对没有落实的会议做了入木三分的讽刺,上联是"今日开会,明日开会,天天开会",下联是"你也讲话,我也讲话,人人讲话";横批是"谁来落实"。该对联讽刺的这类会议并不少见,这样的会议大多是领导一讲了之、与会者也是一听了之,会后无人落实。为避免这种现象发生,会议应善始善终,并尽力做好下述几项工作。

(1) 整理会议纪要。在会议结束后,要派相关人员在会议记录的基础上把会议的主要内容整理成会议纪要,分发给有关部门、有关人员,以便有案备查和职责清晰地贯彻执行会议的决定。会议纪要中应包括相关部门应承担的工作任务、责任人、完成时间及验收标准等内容。

(2) 报道会议消息。如果是对外公开报道的会议,事先应邀请或通知新闻记者到会,进行采访。在征得领导同意和符合新闻单位业务报道要求的情况下,根据会议的不同情况确定发布会议消息,或进行专题报道,或配发评论、社论,会议精神的贯彻、宣传和落实。期间会议秘书要与新闻单位互相配合,撰写、修改稿件,并送相关领导部门审阅。

(3) 监督检查执行情况。

会议的决定应切实执行,并有进度报告、责任人、监督人及检查考核的时间、标准、方法等。会议纪要可以作为检查工作的一项依据。一定要明确会议是一种手段而不是目的,会议形成的某种思想必须通过贯彻落实才能真正取得实效。"议而不决"是开会的大忌,同样,"决而不行"只能助长走形式的习气,白白浪费了会议的时间,因而一个有效的会议一定要做到"议而有决、决而有行、行必有果"。

纵观会议的整个过程,可将会议概括为:可开可不开的会不开;准备不足、议题不明确的会不开；拖延时间的会不开；领导意见代替全体的会不开；跑题和重复发言的会不开；对建议压制的会不开；议而不决的会不开；决而不断的会不开。

7.2.4 会议记录

(1) 会议记录的含义和作用。

在会议记录过程中，由记录人员把会议的组织情况和具体内容记录下来，就形成了会议记录，"记"有详记与略记之别，略记是记会议大要，会议上的重要或主要言论，详记则要求记录的项目必须完备，记录的言论必须详细完整，若需要留下包括上述内容的会议记录则要靠"录"。"录"有笔录、音录和影像录几种，对会议记录而言，音录、影像录通常只是手段，最终还要将录下的内容还原成文字。笔录也常常要借助音录、影像录，以之作为记录内容最大限度地再现会议情景的保证。

记录工作由记录人员负责。记录人员在开会前要提前到达会场，并落实好用来作会议记录的位置。安排记录席位时要注意尽可能靠近主持人、发言人或扩音设备，以便于准确清晰地聆听他们的讲话内容。从某种程度上讲，记录人员比一般与会人员更为重要，安排记录席位要充分考虑其工作的便利性。

会议记录的第一个作用是可以落实会议精神，检查、督促办理事情的依据。第二个作用是记载作用，可以作为总结工作的参考。第三个作用是作为重要的档案材料。在编史修志、查证组织沿革、干部考核及落实政策、核实史实等方面起着不可替代的作用。

(2) 会议记录的基本要求。

① 准确写明会议名称（要写全称）、开会时间、地点、会议性质。

② 详细记下会议主持人、出席会议应到和实到人数，缺席、迟到或早退人数及其姓名、职务，以及记录者姓名。如果是群众性大会，只要记录参加的对象和总人数，以及出席会议的较重要的领导成员即可。如果某些重要的会议，出席对象来自不同单位，应设置签名簿，请出席者签署姓名、所在单位、职务等。

③ 忠实记录会议的发言和有关动态。会议发言的内容是记录的重点。其他会议动态，如发言中的插话、笑声、掌声、临时中断以及别的重要的会场情况等，也应给予记录。

记录发言可分为摘要与全文两种。多数会议只需记录发言要点，即把发言者讲到了哪几个问题，每个问题的基本观点与主要事实、结论，对别人发言的态度等，做摘要式的记录，不必"有闻必录"，某些特别重要的会议或特别重要人物的发言，需要记下全部内容。

(3) 记录的重点。

会议记录应该突出的重点有：

① 会议中心议题及围绕中心议题展开的有关活动；
② 会议讨论、争论的焦点及其各方的主要见解；
③ 权威人士或代表人物的言论；
④ 会议开始时的定调性言论和结束前的总结性言论；
⑤ 会议已议决的或议而未决的事项；
⑥ 对会议产生较大影响的其他言论和活动。

(4) 注意事项。

① 真实准确。要如实地记录别人的发言，不论是详细记录，还是概要记录，都必须忠实

于原意，不得添加记录者的观点、主张，不得断章取义，尤其是会议决议之类的东西，更不能有丝毫出入。真实准确的要求具体包括不添加、不遗漏、依实而记。首先是书写要清楚，其次要有条理，突出重点。

② 要点不漏。记录的详细与简略，要根据情况而定。一般来说，决议、建议、问题和发言人的观点、论据材料等要记得具体、详细，一般情况的说明，可抓住要点，略记大概意思。

③ 始终如一。始终如一是记录者应有的态度，这是指记录人从会议开始到会议结束都要认真负责地记录到底。

④ 注意格式。格式并不复杂，一般由会议名称、会议基本情况和会议内容组成。会议基本情况包括时间、地点、出席人数、主持人、缺席人、记录人。会议内容，这是会议记录的主要部分，包括发言、报告、传达人、建议、决议等。

凡是发言都要把发言人的名字写在前。一定要将先发言的内容记录于前，后发言的内容记录后于。记录发言时要掌握发言的质量，重点要详细，重复的可略记，但是决议、建议、问题或发言人的新观点要记具体详细，如表 7-1 所示。

表7-1 会议记录

会议名称					
时　间		地　址			
主持单位		主持人		记录人	
参加者					
缺席人员及原因					
会议内容					

7.3 会议技巧

 案例

沟通的智慧

Google 公司全球副总裁兼中国区总裁崔信复在一封信中讲述了"沟通的智慧"：记得我刚入苹果公司开始我的第一份工作时，公司里有一位经理叫西恩，大家都知道他是一个非常

有才华的人，尤其在开会的时候，他得体的言辞完美地呈现出他过人的才学与情商，足以让在场的所有人钦佩不已。

有一天，我鼓足勇气去向西恩讨教有效沟通的秘诀。西恩说："我的秘诀其实很简单：我并不总是抢着发言；当我不懂或不确定时，我的嘴闭得紧紧的；但是，当我有好的意见时，我绝不会错过良机，如果不让我发言，我就不让会议结束。"

我问他："如果别人都抢着讲话，你怎么发言呢？"西恩说："我会先用肢体语言告诉别人：下一个该轮到我发言啦！例如，我会举起手，发出特殊的声响（如清嗓子声），或者用目光要求主持人让我发言。如果其他人霸占了所有的发言机会，我就等发言人调整呼吸时迅速接上话头。"

我又问他："如果你懂得不多，但是别人向你咨询呢？"西恩说："我会先看看有没有比我懂得更多的人帮我回答，如果有，我会巧妙地把回答的机会'让'给他；如果没有，我会说'我不知道，但是我会去查'，等会开完后，我一定会去把问题查清楚。"

7.3.1 会议主持技巧

会议是否能顺利成功举行，会议主持人担负着十分重大的责任。所以主持人应当发挥他的智慧，控制会议的节奏和方向，确保会议结束时能对所有议题进行讨论，并取得令人满意的会议成果。

(1) 会议开始。

会议应当在一种和睦活跃的气氛中开始。大部分会议先由主持者介绍一下与会人员，主要包括与会者的姓名、身份。有必要的话，也可以介绍一下与会人员的工作经历和工作成绩。这一部分也可以由与会人员做自我介绍，这样可以调动起会议的气氛，提高与会者的参与意识。对与会人员的介绍可以按照各人职务的高低或是简单地依据座次。

介绍过与会人员后，可以由主持人重申本次会议的主题、重要性、会议议程、主要展开方式及有关注意事项。

很多主持人在会议开始时都会遇到一件令人烦恼的事，总有个别与会人员不遵守会议开始的时间而姗姗来迟。有经验的主持人对待这种状况总是毫不留情地立即开会，这样就会化被动为主动，而剩下迟到者独自尴尬了。如果专门等待那些来迟者十几分钟，甚至是半个小时，按时参加会议的人就会等得不耐烦，并在以后的会议中采取迟到对策。美国某著名咨询公司的一位资深会议主持人对待这种情况，总会打开一台录音机，录下会议开始进行的内容和开会迟到者的尴尬反应。录下的前一部分讨论内容如果有必要的话，可以让那位来迟者事后补听一遍。经过这样一次经历，就很少有人再无缘无故地开会迟到了。

讨论主题事关会议能否顺利进行和取得很好的效果，而这些都依赖主持人是否有高超的主持技巧和丰富的主持经验。主持人应当在会议之前就讨论的问题做好充分的准备，对于会议中可能会被提到的几种方案自己应有一个基本的判断。

(2) 会议中。

主持人的主持风格可能各不相同。有的主持人非常富有幽默感，让整个会议妙趣横生。有的主持人则更具有逻辑性，问题分析整理都能头头是道。但是，最起码的幽默和逻辑是每个主持人都应该具备的。缺乏幽默的会议死气沉沉。

会议的形式应力求丰富多样，如使用放映机、投影仪、各种模型、图片，主持人也可以亲自做示范，这样都会使与会者感到更生动有趣。当然会前主持人可能要做更多的准备工作。

具体说，主持人的工作主要有以下几个方面。

① 营造良好的会议气氛。主持者应当鼓励所有与会者参与。必要时要点名让那些沉默者多发言，如"杨先生，你对这个问题有什么看法"，"李经理，你对王经理的见解是否赞同"等。为了让所有人都能发表见解，不让一部分能言善辩者垄断会议是必要的。有些与会者有一种"演讲癖"，一有机会便滔滔不绝地谈天说地。倘若演讲的内容对会议有意义倒也罢了，但常常是他们说了一大通，却只是围着会议主题转圈子。这时候会议主持人应当及时而不失礼貌地打断他们的话头。

② 热烈而不失理智的辩论是必要的，有时候的确是不辩不明。但是辩论必须有一定的秩序，不能某个人还没有表达清楚他的观点，另外一个人就打断他的话，抢着发言，其实可能并没有弄清楚对方想要说什么。这样的辩论，就有些离谱了。而且由于个人的情绪都比较激动，以至于偏离会议主题，变成为辩论而辩论。这个时候，会议主持人不能忘记自己的职责，尽快结束这种争论，重申会议的主题，要求大家重新围绕着主题发表他们的高见。在争论的时候，有时候大家的意见都趋于统一了，但偏偏有个别人坚持他们的反对意见而百般辩解。如果主持人认为讨论下去已经没有什么意义了，可以运用自己的权威，结束这场辩论，转向下一个议题。

倘若主持人在会议之前就预料到，个别与会者可能为了维护他们自己的利益，而在会议上唱反调。可以预先找这些人谈谈，争取获得他们的认同，这样既可以保全他们的面子，又可以避免在会议上浪费时间。

③ 组织讨论，是达成会议结论的必要途径，会议主持人在会议开始之前就可能对会议结果有所思考。但是应尽量避免一开始就将自己的思考公布于众，这样只会束缚与会者的思维，让大家有了一种心理定势，"既然主持人是这么想的，那么我提出不同意见，他也会反对"，从而保持缄默，或尽量附和主持人的观点。可实际上，主持人的思考常常有可能是错误的。倾听别人的意见有益无害。经常可能出现的情况是别人在讨论的时候，主持人的观点会不自觉地发生改变。在别人讨论之后，主持人再取其精华，往往会得出更好的结论。这时候再支持或反对另一方，也可以因理由充分而更具说服力。

与会者讨论的情况有两种：第一种，部分与会者特别活跃，相互间进行交谈，其他人相对沉默；第二种，大部分与会者都能表达自己的观点，与会者之间沟通是交叉的、多维的，会议气氛友好而热烈。

既然讨论是为了产生新的创意，我们认为第二种方式较好。当然如若会议中讨论的话题需要较深的专业知识和业务背景，而拥有这种知识和背景的人数有限，则只有采取第一种形式。其实在各种会议中，主持人都应当事先弄清与会者个人的工作背景、特长、经历，要发挥这些潜在因素的作用，为达成会议目标创造条件。

④ 提问是一种很有效的控制方式。提问首先可以鼓励那些保持沉默者多发言，其次可以在主持人认为发言者表达不清楚时，要求对方将他的观点表达清楚。还有一点最重要的，就是主持人可以利用提问将话题逐步引向深入。提问的时间应当把握好，应该是在对方把一个问题说完之后，在讲下一个问题之前。如果对方还没有表达完，就断然插进去提问，会显得很冒失。但是若对方发言早已转向下一个话题了，主持人才想起来提问，迫使对方再转回去，无疑也会使人扫兴。

主持人对有意义的发言应当予以鼓励。这样可以使对方有一种荣誉感，激励他进一步地思考问题，如"王经理，你提出的这个方案实在高明"等。一般重复发言者的观点也可以表达会议主持人的重视，如"噢，你的意思是要开拓日本市场"。至少，这样可以表明主持人是在很认真地倾听发言者的演讲，没有什么比受到重视更令人兴奋了。

⑤ 主持人应当善于总结。总结关键是要抓住各位与会者发言的内部逻辑，将他们的意见分类整理和归纳，从而得出比较清晰的若干条结论。总结是汲取各方意见精华的过程。总结工作在会议结束时是必不可少的，要概括地列举一下本次会议究竟取得了什么成果，有什么经验、教训，哪些人要特别提出表扬。但其实在会议进程中，每个议题结束时，主持人就可以简短地做一下总结。这样可以确认大家都同意对这个议题的解决方案，同时也便于会议记录员就这个问题做一下简短的记录，方便会后整理。

⑥ 协调会议中的不同意见。在会议中，可能各方会持不同意见，相互争执。如果争论已经达到过火的程度，主持人首先应当制止这种争论。其次，应当就各方的不同意见具体进行分析。看看他们的分歧点究竟在哪里，是不是都有充分的依据，是不是有协调的可能性。倘若各方的意见都有一定的合理性，那就只能权衡各种方案的利弊，两利相较取其大，两害相较取其小，最终获得一个大家都能同意的方案。如果这种分歧实在过于复杂，难以消除，那么只能留待今后解决。为了保证能将所有的议题都讨论完，会议应当转向下一个议题。

获得结论的方法除了通过讨论每一种方案的可行性、优缺点去实现，还可以通过剔除法，某一种方案如果在某一点上无法实现，就简单地排除掉，这样可以为与会者的讨论节约很多时间。

⑦ 会议记录是会议内容和过程的真实凭证，记录的原则是符合实际、简明扼要，避免将记录者个人的好恶带进记录本。必要时可以先用录音机录下会议内容，以免做记录时会遗漏。会议记录一般要留档。如果下一次会议的内容要以这一次会议的决议为基础，那么届时主持人应当宣读此次会议的结论，以使与会者回忆起当时情况。

 **实用链接**

主持人要唱好以下三部曲

在日常工作会议上，会议主持人无疑应是会议进程的动力和导向，那些颇为成功的主持人必须掌握因势利导处理难题的艺术。这些难题有：解决争端、控制情感、传递信息。为此，主持人要唱好以下三部曲。

一、使会议进入议程

会议开头至关重要，想把握成功的机会，要遵守以下规则。

① 准时开会：不要为了某些人未到而延误开会时间，因为假如那样，下回其余的人便都会迟到。准时开会是主持人的责任和魅力所在，如果你还没有做过改进会风的事，那么准时开会就是一大改革，准时开会是准时闭会的必备条件。

② 直截了当地宣布会议的目的。通常，会议文件或通知在会前已经发到了与会人员手中。即使这样，你仍有必要强调一下会议目的。口头说明不仅有助于与会者明确限定讨论的问题，而且能够消除在会议开始时人们思绪的混乱状态，集中大家的注意力。

③ 要讲积极、有信心的话：你的开场白要表明会议定能成功；指出会议的重要性；指出

达成的决议将对人们产生的影响；充分估量会议价值，给与会者设一个目标。不要讲吞吞吐吐、圆滑消极、被动和模棱两可的话。

④ 潜心用词，妙趣横生。直接而有活力的开场白能影响会议的气氛和节奏，能给你的思想穿上明快、动人的服装。

⑤ 要简洁。开场白要限制在一分钟左右。你的任务不是表现自己，而是讲清问题、强调问题的迫切性，督促与会者开动脑筋。

二、推进会议

主持人应起指挥员或向导的作用。当与会者怒火迸发时，主持人是个消防员、裁判员，可以使用限制权；主持人也是个采购员，容纳百家之言，善于鉴别有价值的意见，并使之完善。总之，主持人既像法官，又像调解员。因此，主持人应掌握以下原则。

① 公正无私。面对面交流意见时，免不了会带些情绪。气氛紧张热烈的会议总比死水一潭好得多。主持人若采取中立态度，这样的会议也不难驾驭。主持人可以分类筛选各种信息，但不能以个人好恶偏袒任何一方。你应引导讨论，而不是强制讨论。

② 防止冷场。会上一阵沉默突然降临，每个人都在等待别人说话，如此难堪的情景令人窒息、紧张，也会导致纷争和混乱。这时，主持人要立即做些评说、提问或解释，防止冷场。

③ 控制激情迸发。很多时候，人的感情大于理智，而激情的迸发往往会导致人的失态和人与人之间的冲突，而带着情绪去争执，只能增加隔阂，失去解决问题的机会。因此，会议主持人要注意观察个别成员的情绪变化，以便及时"灭火"，把话题从"爆炸点"引开，用幽默调节会议氛围，并指出双方都有可能是正确的，只是站的角度不同，所看到的事物就不一样，紧张气氛一解除，再引导大家对待有争论的问题，就容易解决了。

④ 充分通报信息。会上，人们有一种急于解决问题的倾向，这当然好，可这又往往导致出现操之过急的现象。结论的产生，必须经过对信息的充分讨论，所以主持人首先让与会者摆出全部事实，才可讨论明确有效的行动方案，切莫本末倒置。

⑤ 让人人开口。召开会议的目的是广集群议，要尽可能让与会者特别是那些沉默不语的人讲话，鼓励过分谦虚的人表态，同时注意别让不善言辞的人"晒台"，要引导与会者交流全部信息，讲出所欲的真心话，这样能减少会后议论。例如："这个计划不通"、"那个方案听起来好，但与我们单位的情况不对号"。杜绝会后议论，这就意味着节约时间，避免重复开会，从这一点来说，主持人也应当让人参与讨论并表态。谁喜欢会后议论，主持人就盯住他，让他讲话。

⑥ 杜绝"小会"。会上的私下议论，只会引起纷争和相互不信任。主持人一定要杜绝"小会"，保证与会者一次只听一个人讲话。若是个别人私下说个没完，你就把全体与会者的注意力转向他们。你这样说："老周和老王好像谈出些'眉目'了，你们向大伙说说好吗？"众目睽睽之下，小会只好收场。

⑦ 承认分歧。认为众多的建议会相互自然吻合，那真是太天真了。不同的建议之间必然有分歧点。分歧的讨论或争论是产生成熟见解的基础。会议上的争论，是有控制的争论，这是好事。主持人不要隐藏或无视分歧，要承认它，把它搬到桌面上来，这样才有可能理智地对待它。对那些闪烁其词的人你这样问："对这一问题，你的态度是什么？"再问："你的根据是什么？"再进一步："你说该怎么办？"

⑧ 不强调分歧，强调合作。与会者大都有自己的态度和观点，这很自然。他们甚至知道有人持反对态度，这也没有什么关系。主持人要与与会者共同合作，要讲明解决问题需要与会者共同的智慧与决策，会场不是发泄个人恩怨的地方，也不是进行生死搏斗的战场，谁也不应当一意孤行。应当把个人当作决策机构中的普通一员，主持人应利用各种机会指出集体智慧大于个人智慧，方案的产生离不开合作。

⑨ 防止偏航。由提出问题到解决问题，需要一步步地引导。很多毫无结果的会议就是由于缺少这种引导造成的，主持人应对此负责。

⑩ 澄清混乱模糊的信息。要保证发言人的话能够被听众充分理解。认为讲话人向听众传递信息，既直接又充分不会产生误会，这种想法不对。怎样澄清会被误解的问题呢？以下方法供借鉴。在易误解的问题上，向发言人提问："我提个问题，这项产品的市场销售潜力怎么样？老刘，谈谈你的估计。"为了充分了解某一建议，主持人得就一些细节提问："没有提到广告费用，这会影响计划吗？"澄清词的内容，为保证听众理解无误："请打断一下，你说的这个想法很重要，你的意思是说整个方案缺他不可吗？"

⑪ 幽默能解除内心紧张。坚持自己的观点是人们的习惯。当你为自己的想法争辩的时候，很难做到有错则该，承认对方是正确的。在会上，让一个人体面迅速地转变立场是困难的。有时，即使想转变，也怕难为情。主持人应对此保持敏感，给对方一个即可转变立场又不见得难堪的机会，用幽默解除紧张气氛，幽默可以使那些顾面子的人找到台阶下。

⑫ 经常进行简短概述。简短概述如同在比赛场上翻动记分牌，能让与会者感受到会议的节奏。同时也有助于澄清分歧点，引起与会者注意。主持人的简短概述应限制在半分钟内。及时地概括、评论是占一些时间，但不会影响会议进程；相反，通过简短概述，主持人为与会者树立了一个珍惜时间的榜样。

⑬ 恪守时间。很多会议往往无端地浪费时间。主持人若扭转这一趋势，则会收到广泛的支持。主持人恪守时间，与会者就愿意会前认真准备，会上积极主动，单刀直入地表达看法。避免因迂回而浪费时间。主持人要保持按时散会，保证先前宣布的时限不予变动，一有拖时间的苗头，就发出警告。

三、会议结束

结束会议前指定或引出会议主题，在这个时刻，若没有主持人的有力领导，往往功亏一篑。在闭会阶段，要充分发挥主持人的权威。要向与会者报告已得出的结论，请记住以下三个要点。

① 通报取得的成果。简明地列出达成的协议，把它向与会者公开。

② 指出分歧。不能指望会议会在全体与会者意见一致的情况下结束。要用明确的语言指出分歧，估计它的影响并说明是多数人还是少数人的意见。

③ 明确今后的行动方法。指出哪些事情会后要得到落实，负责人是谁，感谢与会者的帮助。把会议决定的事项印成文件，发给与会者和与此有关的人。

7.3.2 会议过程中的组织技巧

(1) 会议开场。

会议开场时，主办方不能懈怠。从以下几个方面来抓好会议开场的工作，就能收到事半功倍的效果。

① 尽量准时开会。并且避免会议的开场时间过长。充分考虑路途、气候等原因对与会者的影响，尽量减少不必要的麻烦。如果会议的开场占用时间过长，就会有人对会议后面的内容不感兴趣了。

② 在开场称呼中，经常是按国际惯例称"女士们、先生们"，但要注意的是后面不必再加"朋友们、同志们"，以避免重复。

③ 开场过程中出席的领导人在介绍时要注意，主办单位的领导应该放在宾客后面，但是如果主办单位是国家领导人，则应该先报。

④ 在开场的介绍过程中，为了避免多次鼓掌而影响开场进度，应该在统一介绍完毕后再停顿，以示鼓掌。这也为翻译提供了方便，对外宾表示出足够的尊重。

⑤ 开场时主持人要使用适合自己身份的语言来介绍自己，着装要端庄、大方，这是对所有与会者表示尊重。切忌穿着不符合自己身份的衣服，佩戴不合场合的首饰、头饰等。主持人的语言要尽量照顾翻译人员，不能堆砌许多中国谚语等，以免造成翻译问题。

⑥ 与会人员要尽量准时到会。生动、热情地同其他与会人员交流，不要形成小团体聊天，在开场时，要立即停止聊天。同时要注意保持会议现场的卫生。

(2) 会议主体部分。

会议开始后，要能够时刻控制整个会议进展情况。广泛听取各与会人员的意见，对突发情况能够恰到好处地处理，不能对与会人员的意见置之不理，更不能对所提意见进行批评。如果时间允许，应该让与会人员进行讨论，以期达成共识。

会议的议程一般不应改变，但是特殊情况下应该及时上报上级部门，得到指示后再继续会议。一切与会人员应该尊重主办方、上级领导的意见。

对于会议上选举出的候选人名单，应该集中研究，仔细讨论，做好协调工作。会议的主办方应该让全体与会人员能够了解所有决定，并接受一切决定。一定要避免引起任何矛盾。

(3) 会议结尾阶段。

会议结尾阶段的工作主要是指整理会议资料，帮助与会人员离会、返程等事情。会议结束时，要检查会议场所内是否遗留了重要的资料文件，对重要文件一定要安排专人来负责，确保放在安全的地方。对于多余的相关文件资料，应该及时向上级请示并妥善处理。

与会人员如果需要会后赶往别处，要尽量帮助他们办理离会手续，住宿费、餐饮费等费用如需结算，不得耽误。要对与会人员负责，也对提供会议场所方负责。

对于结清一切费用的与会人员，要积极配合做好返程计划，安排送站人员、车辆、行程等。最好安排专人来负责一个线路，避免出现差错。

7.3.3 会议沟通管理的技巧

(1) 做好充分的会前准备。

俗话说"台上一分钟，台下十年功"，说明工作准备的重要性。其实会议也是一样，如果会议负责人能在会前花充分的时间进行会议议题和会议内容材料的准备，则会在很大程度上保证会议的顺利进行。否则可能会由于情况考虑不周、材料准备不够等导致会议拖延或会议无法达到所期望的效果。

(2) 提前将会议相关材料分发给与会者。

为了节省会议时间、提高会议效率，会议负责人或会议主持人应该将会议的相关材料提前分发给与会者，以便让与会者能有足够的时间在会前阅读和消化这些材料并形成自己初步的意见和结论。这样，正式会议讨论时，大家就能快速、完整地将事先准备好的意见和建议阐述出来，从而加快会议的进程，提高会议的效率。

(3) 会议议题不要安排过多。

我们知道，目标太多，就等于没有目标。因为目标太多就无法抓住工作的重点。会议也是如此。每次会议，会议的议题不宜安排过多，一般以 1~2 个议题为宜，尽量不要超过 3 个议题。如果议题太多，则大家讨论时的注意力很可能会分散(因为每个人重点关心的议题可能会不同)，这样就会影响结论的达成速度，从而影响到会议效率。另外，议题过多，势必导致会议时间拉长，而过长的会议会让与会者感到疲倦，从而也影响会议效率。

(4) 会议时间不要安排过长。

我们知道，一个成年人能连续聚精会神投入工作的时长大约是两小时。因此，我们举行会议时，会议的时间也不应该安排得过长(实际上这也与安排的会议议题多少有关)，会议的时长一般需要计划和控制在 0.5~2 小时。会议时间太短，不利于大家充分沟通并达成最佳结论；会议时间太长，则会让与会者"身心疲惫"，从而影响会议效率。

(5) 会议尽量安排在下班之前召开。

我们知道，有些与会者时间观念不是很强或因为个性原因，往往不到会议最后很难果断、明白地表达出自己的观点，这种情况极易导致会议的拖延。解决这一问题比较有效的措施是将会议安排在上午或下午下班前的时段。如会议的计划时长为 1 小时，则可以安排在上午 11:00 举行(假如 12:00 下班)或下午 5:00 举行(假如 6:00 下班)。安排在这样的时段，实际上已经给出了明确的时间期限，大家也就会尽快表达自己的观点和看法，从而有效地提高了会议的效率。

(6) 不邀请与会议无关的人参会。

邀请与会议无关的人参加会议，是一种极大的浪费，也是毫无意义的做法。我们经常看到一些会议，整个会议过程中有些人一言不发，其实这些一言不发的人，大部分是与会议无关的人。因此，作为会议负责人或会议主持人，一定要事先确定好哪些人需要且必须参加会议，一些可参加可不参加的人员，尽量不要邀请他们与会。

(7) 准时召开会议。

很明显，会议延迟召开是对时间和成本的浪费，其实这样的会议在我们的日常工作中非常常见。杜绝会议延迟召开的办法是：给会议迟到者适当的惩罚，时间一到即召开会议。

(8) 尽量避免讨论与会议议题无关的内容。

每次会议都已经计划好了需要讨论的会议议题。会议负责人或会议主持人需要注意控制并限制讨论本次会议没有计划的问题。否则一旦放开，则很难收回，结果不是该讨论的问题没有讨论到就是会议不得不拖延。解决这一问题的有效办法是：一定控制住不讨论与本次会议无关的议题。如在会议上确实发现了很重要的问题需要开会讨论，则可以先记录下来，另行安排一次会议。

(9) 约定与会者的发言时长。

有些与会者发言时口若悬河，滔滔不绝，完全没有时间观念。解决这一问题的有效办法是：会议正式召开之前就和与会者约定好发言的时长，让大家在发言之前都做到"心中有数"。

(10) 及时提醒发言者。

对于某些"健谈"者来说,仅仅约定好发言时长还远远不够,因为他们谈兴正浓时,根本就将时长约定抛到了"九霄云外"。如果不及时提醒发言者,他们很可能会占用过量的会议时间,从而影响会议的效率。解决这一问题的有效办法是:在与会者发言时长过半时提醒一次;到与会者发言时长还剩两三分钟时可再次提醒,以便让发言者利用剩余的时间总结自己的意见、建议和观点。

(11) 完备记录会议纪要,并分发给与会者确认。

有些会议开完后,没有任何会议纪要,实际上这样的会议与没有召开没什么两样,因为没有会议纪要(书面结论)的会议,最终是没有人去关心和执行会议决议的。因此,我们需要完整记录会议纪要(会议纪要中需要约定决议的责任人、完成时限等),在分发给与会者的同时让相关责任人签字确认。

(12) 安排专人跟进会议决议的落实情况。

有些会议,虽然有会议纪要,但没有跟进会议决定是否被执行的相关办法和措施,这样导致了会议"决而不行",使会议没有发挥应有的作用。解决这一问题的有效办法是安排专人跟进会议决定的落实和执行情况并公布,将会议决定的落实和执行结果作为对相关责任人考评的指标之一。

7.3.4 克服会议中的压力

在会议中,往往存在着巨大压力,要成员增强以个人判断为基础的群体的一致性。与此相关的是来源于群体内部的"小集团思想",这种思想对群体的"内聚性、团结一致和集体精神"评价甚高。有"小集团思想"的会议具有以下特征:

① 有不容置疑的共同感情、道义、伦理上绝对正确,过分乐观;
② 有很强的内部保护措施以防止内部成员对集体一致性的挑战或威胁,其中包括会议成员的自我检查和对不同意见者的间接施压;
③ 有集体地对潜在的问题和失败征兆进行预测的能力;
④ 有集体地发现那些愚笨无能的反对者对集体一致性不同意见或威胁信息的能力;
⑤ 有群体成员投多数赞同票实现一致性的幻想。

这种行为模式对会议有很大的破坏性影响。虽然多数的经理都有这样或那样的小集团思想,但对于会议来说,这种思想并不是固有的,而是可以避免的。对于运作良好、高效率、效果佳的会议来说,也是必须要避免的。经理可对照上面的特征,检验一下自己所在的委员会有无这种"小集团思想"并采取相应的处理措施。要解决"小集团思想"的负面影响,最有效的办法就是采取成功的会议主持、控制和领导方式。

主持会议角色通常被赋予"主席"之称,其行为包括主持、制约、仲裁、控制及领导等。实际上,主席角色的行为范围很广,包括控制正规的会议采取高度正规,甚至是程序化的仪式进程;也包括在不太正规会议上充当没有正式任命的"协调者"的角色。

主席与会议维护相关的行为被认为与群体的道义与和谐及群体相互作用的质量密切联系;而与任务相关的行为被认为与利用会议成员共同的技能与服务的能力密切联系。经验丰富、技巧熟练的主席应具有区别群体或会议维护相关的需要与那些群体或会议任务相关的需要的能力,这也是其角色行为的一大特色。一旦这些各异的需要得以确定,也就要精练的主席展现其关注哪种需要更能保证会议的效果的能力。在施行上述行为时，主席行为如表 7-2 所示。

表 7-2 主席行为

与任务相关	与维护相关
总结	鼓励参与
提问	创造信任气氛
激励	确定标准
促进信息交流	应用幽默
协调	消除私人矛盾
断定	促进沟通
评估	指挥

主席在领导会议时，应集中精力于与维护相关的行为，而不是施行他（她）所主张的任务。优秀的主席将在会前或会议中间将主张转给他人。

本 章 小 结

1. 会议的目的包括：(1)上情下达；(2)分配任务；(3)使经营计划顺利进行；(4)解决问题及障碍；(5)产生新的创意。

2. 会议沟通的类型有：(1)正式的大型会议；(2)日常会议；(3)对问题进行分类；(4)工作小组、跨部门团队等会议；(5)临时性的小型会议及讨论。

3. 会议沟通原则有：(1)明确目标；(2)明确时间约束；(3)重视细节；(4)做好准备。

4. 会议的参与者包括：(1)主持人；(2)会议组织者；(3)与会人员；(4)记录人员；(5)会务人员。

5. 会前的组织安排和准备步骤包括：(1)明确会议的必要性；(2)确定会议目标；(3)确定会议与会人员；(4)确定会议议题；(5)确定会议议程；(6)确定会议时间；(7)确定会议地点；(8)确定会议场所布置；(9)发放会议通知。

6. 会后跟踪包括：(1)整理会议纪要；(2)报道会议消息；(3)监督检查执行情况。

7. 会议沟通管理的技巧包括：(1)做好充分的台前准备；(2)提前将会议相关材料分发给与会者；(3)会议议题不要安排过多；(4)会议时间不要安排过长；(5)会议尽量安排在下班之前召开；(6)不邀请与会议无关的人与会；(7)准时召开会议；(8)尽最避免讨论与会议议题无关的内容；(9)约定与会者的发言时长；(10)及时提醒发言者；(11)完备记录会议纪要并分发给与会者确认；(12)安排专人跟进会议决议的落实情况。

思 考 练 习

1. 试述会议中各角色的作用。
2. 主持人的职责包括哪些？
3. 使会议有效果的策略是什么？
4. 联系实际列举其他影响会议的因素。
5. 在会议进行主题讨论时，会议主席应该运用哪些技巧？
6. 请结合自身的工作，对如何提高会议的实效性，提一个合理化的建议。

第8章 谈　　判

> **学习要点：**
> 1. 谈判的定义及构成要素；
> 2. 谈判的分类及基本原则；
> 3. 谈判的过程；
> 4. 谈判中各阶段的策略；
> 5. 运用谈判中的各种技巧。

 导入案例

比三个商人还要精明的人

美国有位谈判专家想在家中建个游泳池。建筑设计的要求非常简单：长30英尺（1英尺≈0.3米），宽15英尺，有温水过滤设备，并且在6月1日前建好。谈判家在游泳池的造价及建筑质量方面是个外行，但这难不倒他。在极短的时间内，他不仅使自己从外行变成了内行，而且还找到了质量好、价钱少的建造者。

谈判专家先在报纸上登了想要建造游泳池的广告，具体写明了建造要求，结果有A、B、C三位承包商来投标，他们都拿给他承包的标单，里面有各项工程的费用及总费用。谈判专家仔细地看了这三张标单，发现所提供的温水设备、过滤网、抽水设备、设计和付钱条件都不一样，总费用也有差距。

接下来的事情是约这三位承包商来他家里商谈。第一个约好早上9点钟，第二个约定9点15分，第三个则约在9点30分。第二天，三位承包商如约而来，他们都没有得到主人的马上接见，只得坐在客厅里彼此交谈着等候。

10点钟的时候，主人出来请第一位承包商A先生到书房去商谈。A先生一进门就宣称他的游泳池一向是造得最好的，好的游泳池的设计标准和建造要求他都符合，顺便还告诉主人B先生通常使用陈旧的过滤网，而C先生曾经丢下许多未完的工程，并且现在正处于破产的边缘。接着又换了B先生进行，从他那里又了解到其他人所提供的水管都是塑胶管，他所提供的才是真正的铜管。C先生告诉主人的是，其他人所使用的过滤网都是品质低劣的，并且往往不能彻底做完，拿到钱之后就不管了，而他则是绝对做到保质保量。

谈判专家通过静静的倾听和旁敲侧击的提问，基本上弄清楚了游泳池的建筑设计要求及三位承包商的基本情况，发现C先生的价格最低，而B先生的建筑设计质量最好。最后他选中了B先生来建造游泳池，而只给C先生提供的价钱。经过一番讨价还价之后，谈判终于达成一致。

竞争者都想尽自己最大的努力来争取这项工程，然而，鹬蚌相争真正得利的还是渔翁。

讨论：

这个谈判专家比三个商人还精明，请问他精明在何处？

8.1 谈判概述

 案例

小毛买电脑

大一学生小毛暑假期间决定自己组装一台电脑，在与多家营业员接触咨询之后确定了适合自己的配置，并决定购买其中一个商家的配件。回到家后，他又是上网查询报价又是对品牌、性能、参数、价格、售后服务、信誉等项目进行来回的比较评价，经过一番辛苦的折腾之后制订了一个讨价还价的谈判方案。翌日，小毛兴冲冲地来到这家商店，一进门就看到了他同学的舅舅，虽然不是很熟悉但彼此相互认识、经常见面，当得知他是此店的老板后，小毛所有准备好的方案立即全被打乱了，理不直、气不壮了，吞吞吐吐、张口结舌，最后以高出预定目标10%的价格成交。

设想一下这样的场景：购物时，为了可以接受的价格与小贩讨价还价；课堂上，与同学们进行激烈的辩论，希望对方认同自己的观点；工作时，由于薪资问题与老板协商等。其实这些都是谈判，每个人每天都在与谈判打交道，可以说谈判无处不在。有人形容生活就像一张大的"谈判桌"，那么到底什么是谈判？

谈判，是现代社会无时不在、无处不有的现象，也是各类组织和公众为双向沟通和达到某个特定的目的而采取的手段。所以说谈判是人类生活中不可或缺的社会行为和交往活动，世界就是一张"谈判桌"，我们随时都有可能是这张"桌"上的谈判者。因此，研究管理沟通，必须研究作为沟通手段之一的谈判。谈判有广义和狭义之分：狭义的谈判仅指正式场合下的谈判；广义的谈判是指一切协商、交涉活动。本章只探讨狭义的谈判。

8.1.1 谈判的定义

狭义谈判是指人们在各类贸易、合作、联合及各种经济纠纷中，为使双方（或多方）的意见趋于一致，而进行的洽商。换言之，谈判是各方在"争"与"让"、"取"与"舍"之间尝试寻求各方都同意接受的条件的过程。

谈判是实现合作与沟通的有效方法之一，是一种从不平衡转变到平衡、从无序转为有序的过程。美国谈判专家费雪（FMher）指出："每位谈判者都有两种利益：实质的利益和关系的利益。"各方的利益焦点并不是完全对立的。相互合作，互利互惠，会使谈判各方既得到实质的利益，又获得关系的利益，以合作为起点，最终将获得双赢的结局。

8.1.2 谈判的特点

通过对谈判概念的分析，总结谈判具有以下几个特征。

(1)谈判的主要目标是让对方接受己方的观点、基本利益或行为的方式,企图通过谈判来说服对方。

谈判主体中一方所要追求的目标可能并不是另一方想要追求的,同理,一些人所维护的利益可能和另一些人想要维护的基本利益正好相反。由于所处的自然环境和社会环境等因素存在差异,再加上各自的思想、文化素质、道德、心理发展等方面都有所不同,这就决定了谈判主体中各方追求的目标和所维护的基本利益可能并不一致。当一方希望自己所追求的目标和所维护的基本利益得到对方理解与接受的时候,就可以通过谈判来达到互相理解、协调。

 **案例**

分橘子的故事

一天有两个孩子得到一个橘子,于是这两个孩子便讨论起来如何分这个橘子。两个人为此争论起来,为了各自分得的橘子不比对方少最终达成了一致意见。由其中一个孩子负责切橘子,而另一个孩子拥有优先选择橘子的权利。于是,这两个孩子按照原来商定的办法各自得到一半橘子,两个人高高兴兴地拿着自己的一半橘子回家去了。

第一个孩子把半个橘子拿到家,就把橘子皮剥掉扔进了垃圾桶,把果肉放到果汁机上打果汁喝。而另一个孩子回到家把果肉挖掉扔进了垃圾桶,把橘子皮留下来磨碎了,混在面粉里烤蛋糕吃。

从上面的故事可以看出,虽然两个孩子各自得到了看似公平的一半橘子,但各自的利益并未在谈判中达到最大化。如果他们在分橘子前做了良好的沟通,彼此都很了解对方的需求,那么一个小男孩会得到所有的橘子肉,而另一个也会得到全部的橘子皮。

(2)信息交流和思想沟通是取得谈判成果的基础。

思想交流、信息交流和利益交换是谈判沟通特点所要求的,这三个方面既相互独立又相互影响。思想上的沟通依赖于信息的交流,信息交流、思想沟通的程度又同时制约或决定着谈判的结果。随着谈判的进行、信息交流的深入,谈判各方的思想会发生不断的变化。所以在谈判中,双方要及时地进行信息和思想上的交流、沟通。

(3)谈判是一个谈判各方互动的过程,单方面的行动并不能构成谈判。

谈判各方如果想要实现自己的利益、观点,必须在谈判的过程中不断地调整各方的利益关系。谈判各方都需要通过做出一定程度的妥协来达到谈判目标。否则,各方争执不下、互不相让,那么各方的利益都不可能得到实现。所以,不断地对各自利益需求进行调整是实现谈判目标的必然途径。

(4)谈判者的语言艺术在谈判信息的传递中起着举足轻重的作用。

谈判的过程就是谈判各方交谈的过程。各方通过语言阐述自己的想法和意见,同时倾听对方的观点与看法。他们把己方的信息传递给对方,同时还要把接收到的对方的信息转化吸收。在谈判中消息不仅靠语言来传递,谈判者也通过体态、表情等一系列非语言方式来传递信息,同时也通过这些非语言方式来接受、理解对方传递出来的信息。

8.1.3 谈判的构成要素

谈判的要素从静态结构上提示了谈判的内在基础。谈判人员只有从整体上认识谈判的各项要素，才能从全局上把握谈判的主动权，使己方在谈判的进程中做到有的放矢、攻防自如，从而达到谈判的预期目的。一般来说。谈判的构成要素主要包括谈判主体、客体、目的、策略和结果等。

(1) 谈判主体。

谈判主体就是指参与谈判的当事人。谈判是双方或多方利益的较量，谈判是在人与人之间进行的，谈判主体是谈判活动的主要因素。谈判主体可以是自然人，也可以是经组合而成的一个团体；可以是双方，也可以是多方；可以只代表谈判人员自身的利益，也可以代表一个组织、一个地区或一个国家的利益。谈判活动的成效很大程度上取决于谈判主体的主观能动性和创造性。谈判主体有两种出现形式：一是出现在台前，即直接上谈判桌；二是位于台后，即不直接与对方谈判，而是为台前的谈判人出谋划策或准备文件资料。

谈判主体按其在谈判中的地位可分为主动方和被动方，而双方关系是在不断进行着转换的。为了使谈判取得圆满成功，谈判人员应具备良好的素质和修养。

 **实用链接**

成功谈判者的心理要求

为了保证谈判思维活动的正常进行，谈判者在整个谈判活动中应努力使自己具有并保持下面所要求的心理状态。

1. 深沉

谈判者应冷静沉着、掩而不露、从容不迫地应对面临问题。尽量避免喜怒冲动于表、急躁心切于行。深沉可以为清晰思路创造良好的心理基础。惊恐、冲动、忙乱往往是谈判之大忌。必须指出的是，谈判者并不是要让人"感觉到"或自己"做出深沉的样子"，而是深沉体现于处理问题的每一个细微思维活动之中。这也就说明行为、表情、言语与内心思维活动之间是可以保持一定距离的。

2. 理智

谈判者对自己处理问题的能力必须非常清楚。对于自己无法处理、无法控制的问题切不可丧失理智。换句话说，能处理的问题一定要冷静地处理好；不能处理的问题必须寻求其他途径解决。有的谈判者由于无节制性，结果本来清晰的思路也被对方设置的圈套打乱。

3. 调节

谈判者必须注意根据实际情况变化和需要及时调节自己的心绪。一个人的心理平衡往往会因发布条件的变化而受到干扰甚至被打破，因此谈判者要通过相应的条件保持或重新建立起新的心理平衡。例如，对手的谈判条件发生变化、更换谈判人员、谈判环境改变、原有协议被新建议代替、双方谈判实力对比发生变化等，都会对谈判者的心理状态和思维活动产生影响。这时，尽快调节自己的心理状态，是谈判者应付外界环境变化或实现自己企图的重要心理基础。善于调节的谈判者，其思维方式虽然也会起变化，但能见机行事，能抓住那些转瞬即逝的机会，"见风转舵"，获得主动。

资料来源：张强. 谈判学. 武汉：华中科技大学出版社，2003.

(2) 谈判客体。

谈判的客体是进入谈判活动领域的议题，是谈判活动不可缺少的因素，谈判的内容就是由谈判客体决定的。谈判议题就是指在谈判中双方要协商解决的问题，是谈判者利益要求的体现。谈判议题是谈判的起因、谈判的目的、谈判的内容，因此可以说它是谈判活动的中心。没有谈判议题，谈判就无法进行。谈判议题有不同的内容，它可以属于物质方面，也可以属于资金方面；可以属于技术合作方面，也可以属于行动方式方面。它最大的特点在于双方认识的一致性，如失去这一点，就无法作为谈判的客体促成谈判。

要成为谈判的客体，要具备的三个条件：它是双方共同关心并希望得到解决的问题；具备可谈性，即谈判的时机要成熟；须涉及双方或多方的利益关系。

(3)谈判目的。

参与谈判各方都须通过与对方打交道，并促使对方采取某种行动或做出某种承诺来达到一定的目的。如果只有谈判的主体和客体而没有谈判目的，谈判仍是不完整的，我们称作闲谈。闲谈与谈判的区别在于：闲谈不涉及各方的利害冲突和经济关系，不会导致各方的尖锐对立或竞争，所以闲谈通常是轻松愉快的。而谈判恰恰是在涉及各方利益、存在尖锐对立或竞争的条件下进行的，无论谈判的表面现象是否是"轻松愉快"、"诚挚友好"、"坦率认真"的，实质上都是有关各方智慧、胆识、应变能力的一次交锋(或交流)。有无目的性和达到这种目的的手段决定了闲谈与谈判在一定条件下相互转化的可能性。

(4)谈判策略。

谈判策略是指谈判主体为解决谈判议题而依据谈判发展所采取的斗争方式和处理问题的方法及技巧。广义的谈判策略除包括具体的谈判策略以外，还包括谈判议题、谈判进度和谈判计划等的设计和安排。具体谈判策略是指谈判过程中具体采取的谈判方式和处理问题的方法及技巧。

(5)谈判结果。

一次完整的谈判都会有一个结果。结果可能是有输有赢，也可能是多赢，还可能是破裂。没有结果的谈判是不完整的谈判。陷入僵局的谈判往往容易演变成不完整的谈判。不完整的谈判一方面会降低工作效率，另一方面也会影响谈判者的信心。

8.1.4 谈判的分类

为了避免谈判的片面性，也为了有效地运用谈判技巧，从不同的角度、按不同的标准分成多种类型。

8.1.4.1 按照工商企业营销谈判的层面划分

按照工商企业营销谈判的层面划分可以分为销售谈判、原有合同的重新谈判、索(理)赔谈判等。

(1)销售谈判。这是商务谈判中最主要的类型，也是本书讨论的重点。在销售谈判中，卖主关心的是卖价的高低和销售量的多少。买主关心的是产品的质量和服务的各项条件及价格上的优惠。谈判的主要内容包括总价、质量要求、特殊服务、包装、运输、结算方式、交货时间或发运时间等。

(2)原有合同的重新谈判。由于市场风云多变，在长期合同中，一般都有一些允许买主和卖主在合同截止期前重新谈判的条款或条件。初始合同应当设定重新谈判之前必须具备的条件。这样，可以避免使购销双方陷入为"重新谈判"而谈判的困境。例如，卖主在合同截止期前,提出重新讨论合同的内容,买主必须做出决定,是取消合同并达成一个全新的协议,还是更改初始的合同。

(3)索(理)赔谈判。这是在合同义务不能或未能完全履行时,当事人进行的谈判。在商品交易过程中,往往由于卖方交货时,因品质不符、数量短缺、包装不符、延期交货,或者买方擅自变更条件、拒收货物和延期付款等,而给对方造成损失时,都可能引起索赔(或理赔)。因此,为使以上争议能够圆满解决,不轻易通过仲裁机构来裁决,就需要双方心平气和地进行商谈。

8.1.4.2 按谈判双方接触的方式划分

根据谈判各方接触的方式可划分为面对面语言谈判、电话谈判、书面谈判和网络谈判。

(1)面对面语言谈判。

面对面谈判是谈判各方面对面地用语言谈判。这种谈判方式的优点有以下三方面。①面对面谈判是一种即时谈判。谈判各方可以详尽地陈述自己的观点,认真听取对方意见,并即时地做出反应,因此谈判效率较高。②谈判各方可以察言观色,掌握对方心理,便于施展谈判技巧。③面对面谈判有利于沟通,减少误解,加强感情交流,形成较融洽的谈判气氛。面对面谈判的主要缺点是成本较高,谈判各方不得不为聚在一起谈判,花费交通费、住宿费、接待费及大量时间。

(2)电话谈判。

电话谈判指谈判各方通过电话进行的谈判。电话谈判也是一种即时谈判,因此谈判效率较高,而且电话谈判不要求谈判各方聚在一起,因此费用较低。但在电话谈判中,谈判者不能察言观色、掌握对方心理,不利于沟通和感情交流,容易造成误解。

(3)书面谈判。

书面谈判是指谈判各方利用信函、电报、电传、传真等通信工具进行谈判的一种谈判形式。在书面谈判中,谈判者不需要对对手的意见立即做出反应,有较充足的时间可进行分析研究,有利于慎重决策。但是,书面谈判比较耗时,效率较低。在进行书面谈判时要注意的是:谈判者应尽可能使用规范的书面格式和专业术语,书写内容要言简意赅,力求使对方能全面、清楚地了解己方的条件和要求,以避免因文字表达不清而引起误解。

(4)网络谈判。

网络谈判是指谈判各方利用互联网进行谈判的一种谈判形式。网络谈判几乎具有以上三种谈判形式的所有优点:①通过互联网,谈判者足不出户就可以与世界各地的企业进行谈判,而且费用低廉;②通过音频、视频等工具,网络谈判可以实现面对面谈判的效果;③互联网可以快速地传递各种文件格式,因此网络书面谈判效率更高。作为一种新的谈判方式,网络谈判还有一些不完善的地方,如安全问题、电子文件的合法性问题等,不过可以预见,网络谈判以其突出的优势将在不久的将来得到广泛应用。

8.1.4.3 按谈判的结果进行划分

根据谈判结果,可将谈判划分为对抗性谈判和合作性谈判。

(1)对抗性谈判。

顾名思义,对抗性谈判的结果必是一方获胜,而另一方失败。在谈判中双方是竞争对手关系。谈判双方非常重视眼前的竞争所带来的利益,而不在意以后的关系,因此竭力争取己方的最大利益。这种谈判又叫"零和"谈判、竞争性谈判。在谈判中，双方的目标比较没有妥协的余地，大家都追求同样的实质利益；谈判双方以后交往的机会很小。在谈判中，双方首先各自采取立场，然后一方面维护自己的立场，另一方面设法让对方做出让步，最后则在妥协的方式下达成协议，但若妥协不成，则谈判随之趋于破裂。谈判紧张而激烈，双方都想驳倒对手，削弱对手的谈判信心。

(2) 合作性谈判。

合作性谈判强调的是：通过谈判，不仅要找到更好的方案去满足双方的需要，而且还要解决责任和任务的分配问题。谈判双方不但希望在谈判中得到各自所期望的利益，更希望通过这次谈判开拓长期的合作关系。谈判结局往往对谈判双方都有利，所以又叫作"双赢"谈判。为了达到双赢结局，谈判双方都会充分沟通、互换信息，让彼此了解真实的目标和要求。谈判双方尽管有各种各样的矛盾和冲突，但双方还是把对方视为合作伙伴，努力合作与交流，为着一个共同的目标探讨相应的解决方案。在合作性谈判中，谈判双方都需要认知自身的目标及对手的目标，然后与对手共同探寻满足对方需要的各个可行途径，最后再决定是否接纳其中的一个(或几个)途径，如表 8-1 和表 8-2 所示。

表 8-1 对抗性谈判与合作性谈判比较

	对抗性谈判	合作性谈判
预期的目标	短期，双方目标不相协调，都在争取眼下的实利，无视长期关系的发展	长期，同时强调眼下实利和长期合作关系
对对方的观感	不信任、怀疑、相互提防	开诚布公，倾向于相信对方
谈判的导向	强调己方的要求和谈判的实力地位，无视对方的关系，甚至利用这种关系达到眼前的成果	设法满足对方的要求，认为这样对达到自己的目标更有利，努力增进至少不损害双方的关系
让步妥协的做法	让步越小越好	如果必须的话，愿意妥协让步，皆在促进关系
谈判时间	把时间用作谈判手段，用以压迫对方让步	把时间看作解决问题的手段，尽量和对方沟通，让对方有考虑的余地

表 8-2 对抗性谈判与合作性谈判中的谈判者比较

对抗性谈判中的谈判者	合作性谈判中的谈判者
视谈判对手为敌人	视谈判对手为问题解决者
追求的目标：获得谈判胜利	追求的目标：在顾及效率及人际关系之下达成需要的满足
不信任谈判对手	对对手提供的材料采取审慎的态度
对谈判对手及谈判主题均采取强硬态度	对对手温和，但对谈判主题采取强硬态度
掀底牌以误导谈判对手	不掀底牌
对谈判对手施加压力	讲理，但不屈服于压力
坚持立场	眼光摆在利益上，而非立场上
以自身收益作为达成协议的条件	探寻共同利益

8.1.4.4 按谈判进行的地点划分

根据谈判进行的地点，可将谈判分为主场谈判、客场谈判、主客场轮流谈判、中立地谈判四种。

(1) 主场谈判，也称主座谈判，是指谈判中的某一方选择在自己的所在地进行谈判，以自己这一方为东道主。因为不离开自己熟悉的环境，在自己做主人的情况下组织谈判，可以给主方带来诸多方便。

(2)客场谈判,也称客座谈判,是指谈判中的一方到对方的所在地以宾客的身份参加谈判。谈判人员离开了自己熟悉的环境,尤其是初次来到一个陌生的地方,会受到许多无形的阻碍和条件的限制。因此,客方在环境不利的情况下应冷静思考、沉着应战、审时度势,灵活地发挥自己的优势。

(3)主客场轮流谈判,也称主客座轮流谈判,是指在一场谈判中谈判双方交换地点的谈判形式。主客座更换,一般换座不换帅,但有的情况也可能引起将帅的更换。这种情况的出现,通常是由于交易复杂、不寻常,还有拖延的时间较长。

(4)中立地谈判,是指在谈判双方所在地以外的其他地点进行谈判。在中立地进行谈判,对谈判双方来讲无"主"、"客"之分,享有同等的谈判条件,双方的地位是对等的,有利于双方各自发挥自己的正常实力。但有可能因第三方介入而使谈判双方的关系发生微妙的变化。

8.1.4.5 按参加谈判的利益主体的数量划分

根据参加谈判的利益主体的数量,可将谈判划分为双边谈判与多边谈判。

(1)双边谈判,是指谈判活动中只有两个利益主体,不存在第三方。在这种谈判中,双方的利益关系比较明确,也比较简单。双方在谈判过程中一般只需注意明确本方及对方的利益、意图,处理好双方的利益协调问题,就可以达成较理想的协议。

(2)多边谈判,是指在谈判活动中有两个以上的利益主体参加谈判。在这种谈判中,参加谈判的每一方都是一个利益主体。他们有各自的意图和利益。实践中的多边谈判,往往先形成利益阵营,即在谈判主体之间根据大原则先分成派系,然后谈判在派系之间进行。而每一派系内部要本着求大同、存小异的原则,达成某种协议。互相配合,取得最后的成功。因此,多边谈判比双边谈判要复杂得多。

8.1.4.6 按照谈判所涉及的利益性质

按照谈判所涉及的利益性质,可以将谈判分为商务谈判和非商务谈判。

(1)商务谈判。商务谈判,其内容、议题、目的具有某种经济目的。常见的商务谈判有商品贸易谈判、代理谈判等。

(2)非商务谈判。非商务谈判是指以非经济目的为谈判内容、议题、目的的谈判。例如,外交事务谈判、家庭事务调解等都是以非经济为目的的。

8.1.4.7 按参与谈判各方代表的身份与对谈判议题和内容的准备和关切情况分

按参与谈判各方代表的身份与对谈判议题和内容的准备和关切情况,可将谈判分为正式谈判和非正式谈判。

(1)正式谈判。正式谈判中各方代表的身份象征官方或某一利益集团,并且谈判者对谈判议题和内容有着充分的准备,态度积极关切。

(2)非正式谈判。非正式谈判往往是接触性的、试探性的,对于谈判的议题和内容也许并没有做好充分的准备,一般起通报立场、情况,沟通关系的作用。非正式谈判往往为正式谈判铺路搭桥。

8.1.5 谈判的基本原则

随着谈判学理论的不断完善，现代谈判的各种原则逐步确定，谈判的技巧、策略等也不断成熟。不同的谈判原则适用于不同的谈判类型或不同的谈判内容，但是谈判的基本原则却是任何谈判都需要遵守的。

这里所指的基本原则是进行谈判的指导思想、基本准则。它决定了谈判者在谈判中将采用什么谈判策略和谈判技巧，以及怎样运用这些策略和技巧，是如何运用技巧、策略的指南。

(1) 互相合作原则。

不论是何种类型的谈判，即使是政治谈判、军事谈判，谈判的双方都是合作者，而非敌对者。人们谈判首先是为了改变现状或协商行动，在谈判中，若没有双方的合作与配合，就无法达成新的意向。即使是对抗性谈判，谈判双方也要在一定程度、一定范围、一定时间内进行合作，否则，谈判便无法进行。

因此，在谈判中，谈判者应从客观、冷静的态度出发，寻找双方合作的共同途径，消除达成协议的各种障碍。美国谈判专家费雪·尤瑞明指出："每位谈判者都有两种利益，实质的利益和关系的利益。"合作共识、互利互惠不仅使谈判双方得到实质利益，又得到关系利益。

要坚持互利合作的原则，主要应从以下几方面着眼。

① 从满足双方的实际利益出发，发展长期的互利关系，创造更多的合作机会。只有着眼于全局，着眼于未来，用发展的眼光看问题，用互惠合作的态度谈问题，谈判双方才会从长期的合作关系中得到更多的利益。

② 谈判者应态度诚恳、真诚坦率。古人云"精诚所至，金石为开"，只有双方在平等合作、坦诚信任的基础上，才能将己方的意图、目标、要求明确地摆到桌面上来，而对于对方的要求的合理部分表示理解与肯定，从而大大增加工作效率和相互信任，也增大了成功的概率。

③ 实事求是，是指谈判双方提出自己的要求、条件时要尽可能符合客观实际。同时本着公平合理的出发点去评价对方的要求、立场。

(2) 友好协商原则。

和平协商原则实际上解决的是谈判中人际关系的问题。相互信任、友好的气氛关系可以使谈判顺利地进行。给对方留下良好印象，也会使对方更加注意己方的利益。

既然是谈判，彼此间在利益问题上肯定会发生分歧甚至是冲突。所以我们常常会看到谈判的各方因为协议或合同条款发生冲突或分歧。不管分歧的程度如何，谈判的各方都应本着友好协商的精神来处理。同时还要避免使用强制、要挟、欺骗和人身攻击等不良手段。所以当冲突很深难以解决时，宁可暂停谈判，也不可以违背友好协商的原则。

在谈判实践中贯彻友好协商原则必须把握以下两点。

① 正确地提出看法，共同讨论。消除谈判中双方分歧的最好方法就是把它摆到桌面上，各自提出看法来共同讨论。只要每一方设身处地地为对方考虑，并以坦诚的态度来对待，那么双方都会冷静地考虑问题。但需要特别注意的是，不能为了保持良好的谈判氛围而在实质问题上做出让步。提出看法或观点时还要注意语言上的艺术，避免让对方感情上难以接受。

② 准确清晰地传达己方信息。由于沟通困难而使双方产生误解、误会，也常常使谈判各方感到对方缺乏诚意，有时可能还会导致人际关系的对立。因此为了清晰表达出自己的观点，

使沟通清晰有效,就要尽量使用简洁明了的语言。还应注意说明自己的感受、重申自己的看法和加深对对方看法的理解。

(3) 对事不对人原则。

所谓对事不对人的原则是指,在谈判中把谈判对手本人和谈判中所讨论的问题、观点区分开来。任何的谈判都是由谈判的主体——人来完成的,而谈判中的"人"有自己的文化传统、价值观念、喜怒哀乐等。所以在谈判时应该把人和事分开,要学会客观冷静地分析事实及相互关系,学会站在对方的立场考虑问题,不要指责对方,要理解对方的情绪。

① 要认识到理解对方并不等于同意对方的观点和看法。当对方提出方案和建议时,要从对方立场出发考虑提议的可能性,尽量了解对方的想法,掌握对方的心理,同时要克服因自己想当然地推断所造成的偏见。

② 尽量多阐述客观情况,避免责备对方。因为,我们的目的不是批评指责对方,发泄怨气和不满,而是要在谈判中寻找令自己或双方满意的解决问题的方案。尽量多阐述客观情况,在对方没有首先推卸责任的情况下,不首先提责任在谁,既避免对方不承担责任,又能调动对方解决问题的积极性。

③ 使双方都参与提议与协商。一个能容纳双方主要内容、包含双方主要利益的建议会使双方认为是自己的,同时双方的参与又使大家都切实感到他们自己是提议的参与者、制订者,那么达成协议就会变得比较容易。为了鼓励参与,可采取询问对方建议的形式,把对方有建设性的意见写进提议中,并给对方的想法、观点以尽可能的称赞。

④ 保全面子,不伤感情。伤害对方感情仅仅可能是几句话,但带来的后果是严重的。对方感情被伤害,会激起对方愤怒导致反击,或引起恐慌导致自卫,甚至采取对抗性、报复性的行动,破坏双方关系,使谈判陷入僵局。而对手在谈判中感到有面子、有尊严、有地位时,他可能会变得非常宽容大度、善解人意,有利于谈判顺利进行,提高工作效率。

 小贴士

谈判的立场:柔顺式和强硬式

柔顺式	强硬式
1. 以友相待	1. 不重视朋友关系
2. 以达成一致为目标	2. 以胜利为目标
3. 互相让步以保持良好关系	3. 要求对方退步方能保持良好关系
4. 柔顺地处理人和问题	4. 强硬地处理人和问题
5. 信任对方	5. 不信任对方
6. 灵活地改变立场	6. 以个人意见为中心
7. 提供方案	7. 做出威胁
8. 说明目的	8. 不透露目的
9. 接受不利于己的要求以便得到共识	9. 要求好处才能达成一致
10. 找出对方能接受的方案	10. 寻找自己要求的方案
11. 坚持全面认同	11. 坚持原有立场
12. 避免主观的战斗	12. 赢得主观的胜利
	13. 施加压力

(4) 提出互利选择。

谈判破裂的原因之一就是双方为维护各自的利益,互不相让。但双方的根本利益所在是

否都集中在一个焦点上,却是值得认真研究和考虑的。人们在同一事物上可能有不同的利益,在利益选择上也有多种途径。比如说,两个人都争一个橘子,但其中一人可能是为了吃到橘子,而另一人则可能是为了用橘子皮制药。一项产品出口贸易谈判,卖方关心的可能是货款的一次性结算,而买方关心的是产品的质量是否一流。因此,谈判的一个重要原则,就是协调双方的利益,提出互利性的选择。为了更好地协调双方的利益,不要过于仓促地确定选择方案,在双方充分协商、讨论的基础上,进一步明确双方各自的利益,找出共同利益、不同利益,从而确定哪些利益是可以调和的。

坚持互利原则,应做到以下三点。

① 打破传统的分配模式,提出新的选择方案。这就需要一方面广泛收集信息、资料作为考虑问题的依据;另一方面要突破传统的思维习惯,摆脱固有的心智模式,大胆发表个人见解、集思广益。

② 寻找共同利益,增加合作的可能性。谈判各方应从共同利益出发,认识到双方的利益是互相依赖、互为补充的,那么就会形成"我们怎样才能把馅饼做大,从而就可以得到更多的份额"的观念。

③ 协调分歧利益,达成合作目标。协议的签订是建立在双方分歧的基础上的。比如,股票的买卖,股票购买者认为股票看涨才买,而股票出售者正是看中股票可能要跌才卖。

以下是有关专家开列的交易双方中普遍存在的利益分歧,如表8-3所示。

表8-3 交易双方存在的利益分歧

一方关心的主要内容	另一方关心的主要内容
形式	实质
经济上的考虑	政治上的考虑
内部的考虑	外部的考虑
象征性的考虑	实用上的考虑
近期的	远期的
具体的结果	双方的关系
行动上的	思想上的
创新	守旧
名望与声誉	实际利益

调和双方利益的较好方法是在双方充分讨论协商的基础上提出互利型的选择方案。总之,如果把协调双方利益、提出互利选择的原则概括为一句话,那就是"寻求对你代价低、对对方好处多的东西"。

(5)坚持客观标准。

无论是把谈判看成双方的合作还是看做双方的较量,都无法否认谈判中双方利益冲突这一严酷现实。可见,分歧在谈判中时时刻刻存在着,而常用的调和分歧的办法是通过双方的让步和妥协来实现的。而往往出现的情况是一方做出让步,同时也要对方做出同等的让步,从而增大了达成协议的困难。

坚持客观标准能够很好地克服以上问题,有利于谈判者达成一个明智而公正的协议。所谓客观标准是指独立于各方意志之外的合乎情理和切实可行的原则。它既可能是一些惯例、通则,也可能是职业标准、道德标准、科学鉴定等。

在谈判中坚持客观标准要注意以下两点。

① 标准的普遍性。谈判双方坚持的标准应具有普遍性,如设备性能标准、技术要求指标、

交货期限规定、维修服务内容等。若没有现成的客观标准可供参考，可根据类似情况，由双方拟定出一个参考标准。

② 标准的适用性。某些谈判内容可参照的标准很多，如产品交易中的价格，既有同类产品交易的惯例价格，也有某种情况下的市场价格。双方需就此进行认真商讨，确定出适用的客观标准。若双方无法确定哪一标准最合适，可以请双方都认为公正的"第三方"建议一种解决争端的标准。

8.2 谈判的过程与策略

案例

甲、乙两个人在教堂，烟瘾来了。
甲问神父："祈祷的时候可不可以抽烟？"神父回答说："不可以！"
乙问神父："抽烟的时候可不可以祈祷？"神父回答说："当然可以！"
乙就点上一支烟抽了起来。
问话方式不同，结果不同。

谈判在当今社会扮演着越来越重要的角色。然而，想要在谈判中取得"双赢"，谈判前的准备不可忽视。下面就谈判前的准备工作（包括谈判前的信息准备，谈判主题和目标的确定及策略、谈判方案的制订）介绍如何做好谈判前的准备工作，确保谈判过程顺利进行。

8.2.1 谈判前准备阶段

谈判的准备是指在思想上、物质上和组织上为谈判进行充分的准备工作，其主要包括收集谈判信息、确定谈判目标、组建谈判队伍等。一般来讲，谈判的准备工作做得越充分，谈判的效果就会越好。同时，在谈判的准备计划阶段，谈判的各方还要就谈判的时间、地点等问题进行简单磋商，从而为下一步正式谈判打好基础。

8.2.1.1 谈判前的信息准备

在现代社会中，任何一项活动都离不开信息，我们每个人都是信息的传播体，也是信息的接受体。有了先进的科技作为基础，全世界的信息都能在短时间内获得。信息在谈判中也起着非常重要的作用。无论是对谈判对手利益需求的分析，还是对市场行情的估计，在很大程度上都取决于高质量的信息的获取。

案例

业务洽谈

某企业要向德国购买一套先进的机械设备，派一名高级工程师与其谈判。为了不辱使命，这位高工做了充分的准备工作，他查找了大量有关这个设备的资料，花了很大的精力对国际市场上该设备的行情及德国这家公司的历史和现状、经营情况等了解得一清二楚。谈判开始，当谈判购买机械设备时，德商报价230万美元。经过讨价还价压到130万美元，中方仍然不同意，坚持出价100万美元。德商表示不愿继续谈下去了，把合同往中方工程师面前一扔，说："我们已经做了这么大的让步，贵公司仍不能合作，看来你们没有诚意，这笔生意就算了，明天我们回国了。"中方工程师也没有挽留，公司的其他人有些着急，甚至埋怨工程师不该这么谈。工程师说："放心吧，他们会回来的。同样的设备，去年他们卖给法国只有95万美元，国际市场上这种设备的价格100万美元是正常的。"

果然不出所料，一个星期后德方又回来继续谈判了。工程师点明了对方与法国的成交价格，德商又愣住了，没有想到眼前这位中国商人对于价格如此清楚，于是不敢再报虚价，只得说："现在物价上涨得厉害，比不了去年。"工程师说："今年物价上涨指数没有超过6%。你们算算，该涨多少？"德商被问得哑口无言，在事实面前，不得不让步，最终以101万美元达成了这笔交易。

(1) 谈判信息的作用。

谈判信息不同对谈判过程的影响非常复杂，所以谈判信息在谈判中的作用也就有所不同。

① 谈判信息是制定谈判战略的前提。在正式谈判之前，如果缺少了信息，就无法确定谈判的方案与策略、洞悉对方情况，不能明确对手的风格和优势，这样就没有胜算的把握。

② 谈判信息是控制谈判过程的手段。能够掌握全面的信息并高效利用信息的谈判者才能控制整个谈判过程，最终控制谈判的发展方向。

③ 谈判信息是谈判双方交流的媒介。谈判过程就是相互磋商交流的过程。在磋商开始时，谈判者要明确对方开出条件的背后原因，及时对谈判形势做出判断。因此，谈判信息在双方中间扮演着中介的角色。

(2) 谈判信息搜集的主要内容。

① 谈判宏观环境的信息。一方面是国家有关政策法规的内容，详细了解有关国家或地区的政治状况、谈判双方有关谈判内容的法律规定、有关国家或地区外汇管理政策和国内各项政策；另一方面应该分析国内外市场发展形势，掌握市场容量和消费需求、销售信息、产品竞争信息，从而有助于制订谈判目标，并掌握谈判的主动权。

② 谈判对手有关的信息。可以通过对手现在或过去的雇员、曾与对手打过交道的人、文献资料来收集信息，或者直接观察来收集信息。可以从以下几个问题入手：他们为什么想和我们谈判？他们为什么要现在谈判？他们真正的动机是什么？他们和我们谈判的备选方案是什么？关于他们的可信度、道德观、文化风格，我们知道些什么？我们是否了解谈判对手的个性特点？有的谈判队伍会分派出一些组员，甚至启用咨询公司的成员。例如，美国前总统肯尼迪在前往维也纳与苏联部长会议主席赫鲁晓夫谈判之前，就通过各种渠道收集了赫鲁晓夫的全部演说和公开声明，还收集了可以获得的其他资料，如赫鲁晓夫的个人经历、业余爱好、音乐欣赏趣味等，并进行了精心研究。从而对赫鲁晓夫的心理状态、思维特点均有了较多了解。所以在两人谈判时，肯尼迪总是胸有成竹，处于主动。

③ 对谈判内容的调查。有关谈判内容的调查包括对谈判问题的预测及其相应的配套措施的拟订。在对谈判问题的预测方面可利用"黑箱理论"来分析。在谈判中，体现双方一致性的这部分利益是不会发生冲突的，但如何扩大这个共同的利益，就成为谈判双方都关心的焦点。对于体现谈判双方各自利益的部分，正是双方可协商谈判的部分，即如何在各自利益的驱动下采取合作的态度，使各自的利益转化为双方共同的利益。双方互不相容的利益部分，

将会成为谈判顺利进行的最大障碍。因此，谈判者应针对这些问题制订出应对计划，做到有备无患。

(3) 谈判信息的策略。

相关信息内容。在构建说服对方的论据时，谈判者需要确定应包含哪些主题和事实。

相关信息结构。人们所受到的影响还来源于谈判者如何安排其信息，放在陈述的开始、中间还是结尾。信息结构在这里就显示了重要的作用。

首先，注意信息的组成。例如，当某公司难以说服员工接受改变整套规则时，可以将整套规则拆分成特定规则，分别讨论在各部门间转移、工作种类的变动等。这样将复杂的问题拆分成较小的问题时，就有可能集中争论某个问题而导致谈判双方对许多问题进行换位思考，并在全面考虑后相互妥协。

其次，注意信息顺序的安排。谈判者必须在提到对方不爱听的话题之前及早表述对接受方有吸引力的信息。相反，当话题对于接受方来说不是那么有趣、不熟悉或不很重要时，最重要的观点应该放在最后说，以取得最新印象的优势，即最后提出的倾向性应该最容易记忆。但当信息接收方的当前观点可能有抵触时，最好使用这个最新印象。

再次，注意信息重复的次数。谈判中有声语言的应用表现为面对面的双向传递，所以信息重复的次数对双方都有比较大的影响。电视和电台广告的经典回放画面就说明了重复的力量，可以加强信息的理解，然而多余的重复就可能使人开始产生抵制反应。

最后，注意信息的结论。例如，有时买房者会提出许多问题，房子的采光、墙面油漆的材料、建造的时间等，在最后会让对方去得出结论，即让售房者自己去寻找结论(降低房价)，这样往往会起到很有效的作用。但是，对于思维非常古板并固执的人，不陈述结论则等于将最重要的说服工作放在一边。通常，不要假设对方会得出自己希望得出的结论且要明确向听众讲明结论，以确保对方完全理解自己的意思。

8.2.1.2 确定谈判目标

由于谈判的目标是一种主观的预测性和决策性目标，它的实现还得要参加谈判的各方根据自己利益的需要、他人利益的需要和各种客观因素的可能，来制订谈判的目标系统和设定目标层次，并在谈判中经过各方不厌其烦的"讨价还价"来达到某一目标层次。

(1) 最高目标。

最高目标是指对谈判者最有利的一种理想目标。它在满足某方实际需求的利益之外，还有一个额外的增加值。当然，在实际的谈判活动中，谈判一方的最高目标一般是单方面的可望而不可即的理想点，很少有实现的可能性。因为谈判是各方利益互相兼顾和重新分配的过程，没有哪个谈判者会心甘情愿地拱手把全部利益让给他人。同样，任何一个谈判者也不可能指望在每个场合的谈判中独占鳌头。这种最高目标，又被谈判行家们称为"乐于达成的目标"，老练的谈判者在必要时会放弃这一目标。

当然，这并不意味着最高目标在谈判桌上没有什么作用。最高目标往往是谈判开始时讨价还价的起点，也有可能起点会高于最高目标，这是谈判者常用的策略。如果一个诚实的谈判者一开始就和盘托出心中认为双方都能接受并会达成一致的目标，由于谈判者的心理需求和双方不同的利益需求的存在，他基本上不可能达到这一目标。美国著名的谈判专家卡洛斯向两千多名谈判人员进行的实际调查表明，一个良好的谈判者必须坚持"喊价要狠"的准则。

在双方讨价还价过程中,倘若卖主喊价较高,则往往会以较高价格成交,倘若买主出价较低,则往往会以较低价格成交。因此,在谈判桌上,以最高目标或高于最高的目标为起点切入谈判,会使自己处于十分有利的位置。

(2)可接受目标。

这类目标的机动性很大。在谈判中,最高目标和最低目标之间有着必然的内在联系。在谈判过程中,表面上似乎一开始要价就很高,往往提出己方的最高目标。实际上这是一种策略,目的是为了保护最低目标或可接受目标,这样做的实际效果往往超出谈判者最低限度的需求,然后通过谈判双方来回的讨价还价,最终可能在最低目标和最高目标之间选择一个中间的值,即可接受目标。

可接受目标虽不是硬性目标,但作用甚大。可接受目标对于谈判人员具有强烈的驱动力,它能够促使谈判达成协议。可接受目标的实现,即可视为谈判的胜利。在谈判桌上,为了达到各自的可接受目标,双方都会施展自己的技巧,运用各种策略,而这些策略总是为既定的可接受目标服务的。尽管谈判过程中情况复杂多变,不确定因素很多,但无论如何,也不能违背和脱离谈判双方的可接受目标。可接受目标,实际上是一种弹性目标,目标富有弹性,谈判即能随机应变,随风转舵,获胜的可能性较大。以买卖双方的谈判为例,对于卖方来说,最高目标即为弹性目标的上限,最低目标即为弹性目标的下限。

(3)最低目标。

最低目标是谈判者必须达到的目标。对于谈判者来说,这个必须达到的目标是毫无讨价还价余地的,宁愿谈判破裂也不会放弃这个最低限度的目标。也就是说,当谈判者被迫到最低目标上时,已无再让步的可能。在谈判桌上,不能一味地追求最高目标,而置最低目标于不顾。否则便是一种常见的错误策略,这种谈判策略往往带来僵化死板的谈判气氛,不利于满足己方的主要利益。事实上,谈判当事人的期望值过高,容易滋长盲目乐观的情绪,往往对谈判过程中出现的千变万化的现象和突发事件缺乏足够的思想准备,缺少应变措施,对谈判过程中突如其来的事情不知所措。

最低目标是谈判者根据自身主观和客观的多种因素,合理制订的最低利益标准,它不是临阵拍脑袋得来的,必须经过多方论证。最低目标的确定,不仅可以为谈判者创造良好的应变心理环境和思想准备,还为谈判双方提供了可供选择的突破方案和成功契机。

谈判目标要严格保密,尤其是底线目标要格外注意保密。除了己方谈判的相关重要人员以外,绝不能将底线目标透露给其他人。国外在一些重要的谈判场合,有的甚至不惜花费重金聘请"商业间谍"刺探对方底牌,摸清对手的底细,做到知己知彼。谈判者对谈判目标一定要做好保密工作。否则就会使自己在谈判中处于十分被动的地位,给自己利益造成不应有的损失。

小贴士

让步三思而行;不要接受最初的价格;不做无谓的让步;让步幅度不要过大;每做一项让步,都必须使对方明白争取不易;让步的幅度越来越小、数字越来越精确;不轻易提出最后的底价。

(4)在不同目标之间做出让步的策略。

商业谈判的成功,某种程度上是双方妥协的最终结果。妥协就是让步。让步也要视双方的情况和谈判形势灵活决定。有时候需要一步，有时候需要分段让步。在这个过程中要注意以下几个方面。

① 不能过快地做出让步，否则很可能泄露自己的底线，并且使对方对我们产生不信任感。生活中，消费者在讨价还价买东西时，往往正是由于售货员过快做出让步，一下就满足了还价要求，消费者反而对商品的质量、性能等都产生怀疑，认为自己吃了亏。谈判中，做出大的让步，对方就难以信任并且也不愿意付出较高的代价。最好的让步应该是开始时采取较强硬的态度，然后在谈判中做出一些必要的和小幅的让步。

② 要留有让步的余地。卖方可以开出比自己实际出价高的价格，买方可以开出低于自己实际能承受的价格，做出让步的姿态，逐步接近成交价格。

③ 掌握谈判中让步的频率和程度。控制自己的让步幅度，不断修改己方谈判标准和满意程度的谈判者更容易获得谈判的成功。

8.2.1.3　谈判人员的准备

谈判是专业性、组织性很强的活动。谈判人员的素质和结构直接关系到谈判的成效。因此，谈判人员的准备是谈判准备的重要内容之一。

(1) 谈判人员应具备的基本素质。

优秀的谈判人员一般应具备思维敏捷、精于辞令、逻辑清晰、推理准确、沉着坚韧、善于面对压力、善于决断等素质，并应具有较高专业知识水平。但是由于这些素质不具备可测量性，而谈判又是一种专业性很强的工作，因此现实中各企业往往把谈判经验和以往的谈判成绩作为挑选谈判人员的标准。

(2) 组建高效的谈判队伍。

谈判队伍的人员配备，应当根据谈判的性质和具体情况来决定，没有固定的模式。不过，谈判队伍的核心一般由主谈人和谈判组长组成。主谈人是谈判桌上的主要发言人，也是谈判桌上的组织者。他(她)的作用是将事先拟定的谈判目标和策略在谈判桌上予以实现。在大型项目谈判中，主谈人可能有两名：一名商业主谈人，一名技术主谈人。谈判组长是谈判队伍的领导者和谈判桌下的组织者，肩负谈判目标实施的任务。他(她)虽在谈判桌上不是主要发言人，但有发言权。此外，谈判队伍还包括专业辅助人员，他们的主要职责是在谈判中回答主谈人的咨询，提供信息和参考意见。详细记录谈判双方的主要情节，协助主谈人完成谈判任务。有时，在谈判中遇到一些特殊问题，如生产工艺等，还需要请有关专家来参加。

 小贴士

如何准备一个双赢的策略

着重双方的利益，而不只是我们的立场。

找出对方的需求、利益和问题。

准备一份计划，其中也包含了对方所关心的事。

由共同立场出发(已达成的协议与共同利益)。

准备开场白强调：我们的关系、以往的成功、双方未来可获取的益处、我方想达成协议的意念／我们想化解冲突的决心。

准备公开型的问题以针对需要。

尽可能获取更多的资料。

想想什么对双方来说都是合理和公平的。

记住什么是该做的和不该做的。

创造双方都能获得的方案。

认出单方面的让步(一方大让步,一方较少)。

问:如果……就……

创造替代方案。

8.2.1.4 谈判方案的制订

一个好的谈判方案必须做到简明、具体、灵活。谈判方案包括谈判目标、谈判议程、谈判地点和安排谈判人员等方面的内容。

谈判的议程,简单来说就是指谈判的议事日程。谈判议程包括谈判的时间安排、确定谈判议题、谈判议题的顺序安排、通则议程与细则议程的内容。

首先,谈判时间的安排是指要确定谈判在何时举行,为期多久。若是一系列的、需要分阶段进行的谈判,还应对各阶段的时间做出安排。谈判时间的安排是否恰当,会对谈判结果产生很大影响。一般来说,谈判者在选择谈判时间时,要考虑下面六个因素。

(1)谈判的准备状况。在安排谈判时间时要注意给谈判人员留有准备时间。

(2)谈判人员身体和情绪状况。谈判是一项精神高度集中,体力和脑力都消耗比较大的工作。谈判人员应尽量避免身体不适、情绪不佳。

(3)谈判的时机。谈判者应尽量避免在自己急于买进或卖出商品时才进行谈判。

(4)确定谈判议题,谈判议题是双方讨论的对象,凡是与谈判有关的都是谈判的议题。首先要将与本次谈判有关的问题罗列出来;其次,将罗列出的各种问题进行分类,确定问题是否重要;最后将对己方有利的问题列为重点问题加以讨论,对己方不利的问题尽量回避。

(5)谈判议题的顺序安排有先易后难、先难后易和混合型等几种安排方式。先易后难就是先讨论容易解决的问题,为讨论困难问题打基础;先难后易是指先集中精力讨论重要问题,再解决其他问题;混合型就是不分主次先后,把所有的问题都提出来进行讨论。要注意有争议的问题最好不要放在开头,以免影响以后的谈判。有争议的问题最好放在谈成几个问题之后,最后一两个问题之前。结束之前最好谈双方都满意的问题,以便给双方留下好印象。

(6)通则议程与细则议程的内容。前者是谈判双方共同遵照使用的日程安排,后者是己方试审议同意后的具体策略安排,供己方使用。通则议程通常解决双方谈判讨论的中心问题,一般由一方提出,或双方同时提出,经双方审议同意后方能正式生效。细则议程具有保密性,一般包括对外投资的统一、谈判的顺序、提什么问题等。

8.2.1.5 谈判时间和地点的选择

谈判时间的安排是谈判准备的重要环节。如果时间安排得很仓促,谈判者准备不足,匆忙上阵,很难沉着冷静地在谈判中实施各种策略,如果时间拖延得很长,不仅会耗费大量的时间和精力,而且随着时间的推延,各种环境因素都会发生变化,还可能会错过一些重要的机遇。如果谈判要分阶段进行,还要确定每个阶段时间的长短。

谈判地点的选择也不可忽视，不同的谈判地点会对谈判者造成不同的心理影响。谈判中可供选择的谈判地点无外乎主场、客场、主客场轮流、中立地四种。主场谈判会给东道主带来心理优势和"内线作战"的各种便利，而处于客场谈判的客方则不得不面对陌生的环境，因此，谈判者一般都希望把谈判地点选在己方所在地。主客场轮流谈判和中立地谈判相对公平，但操作比较复杂，因此，通常只有重要的谈判才选用这两种方式。

 **实用链接**

谈判地点的选择

美国心理学家泰勒尔和他的助手兰尼做过一次有趣的实验，证明许多人在自己客厅里谈话更能说服对方。因为人们有一种心理状况：在自己的所属领域内交谈，无须分心去熟悉环境或适应环境；而在自己不熟悉的环境中交谈，往往容易变得无所适从，导致出现正常情况下不该有的错误。

日本的钢铁和煤炭资源短缺，而澳大利亚盛产铁和煤，日本渴望购买澳大利亚的铁和煤，在国际贸易中澳大利亚一方却不愁找不到买主。按理说，日本人的谈判地位低于澳大利亚，澳大利亚一方在谈判桌上占据主动地位。

可是，日本人把澳大利亚的谈判人员请到日本去谈生意。一旦澳大利亚人到了日本，他们的行为都比较谨慎，讲究礼仪，从不过分侵犯东道主的利益，因而日本方面和澳大利亚方面在谈判桌上的相互地位就发生了显著的变化。

澳大利亚人过惯了富裕舒适的生活，派出的谈判代表到了日本不过几天，就急于回到故乡去，所以在谈判桌上常表现出急躁的情绪，而作为东道主的日本谈判代表可以不慌不忙地讨价还价，他们掌握了谈判桌上的主动权，结果日本方面仅花费了少量款待做"鱼饵"，就钓到了"大鱼"，取得了大量谈判桌上难以获得的东西。

8.2.2 谈判开局阶段

在谈判者彼此接触之初，双方精力都比较充沛，所有谈判者的注意力也比较集中。这个阶段对整个谈判过程具有非常重大的影响，原因主要有：第一，开始接触时的谈判话题会对后面谈判的议题和解决问题的方式产生一定的作用；第二，各方会对对方的言行举止进行观察、分析，以此确定自己接下来的行动方式；第三，谈判接触阶段的气氛会对以后的人际关系和谈判气氛产生作用，进而影响谈判的最终结果。

谈判者们站着交谈一段时间后，开始走向各自的座位，这预示着正式谈判即将开始。入座后，用短暂的一段时间整理文件、调整座位，然后谈判开始。

在这个阶段，谈判者要发挥个人影响力，努力营造一种易于使各方意见趋于一致的意向，创造出和谐的开场气氛，逐步引导谈判过程向达成共识的方向发展。切不可仅凭自己对对方的第一印象行事，也不要立即对对方的某些立场做出反应，应该多了解对方立场背后的需求和制约这些需求的条件。只有做到这些，发言才有力量。

谈判开局阶段非常重要，因为它为整个谈判奠定了基础。经验证明，在非实质性的开局阶段所创造的气氛会对谈判的全过程产生作用和影响。谈判人员在此阶段的任务是要创造一个对己方有利的谈判气氛，为谈判的后几个阶段打下良好的基础，以及自述己方的观点、愿望和对问题的理解。谈判开局阶段策略一般包括开局策略和报价策略两项内容。

8.2.2.1 开局策略

谈判开局策略是指谈判者为谋求谈判开局中的有利地位或改变对方营造的不利于己方的谈判气氛而采取的行动方式或手段。常用的开局策略有下述几种。

(1)友好式开局策略。即借助友好风趣的语言风格和形象生动的媒介与对方交谈，以打破对方的戒备心理、引起对方的好感和共鸣、实现开局目标的策略方法。友好式开局策略比较适用于谈判双方实力接近而双方过去没有商务往来的谈判。双方都希望通过友好式开局策略为第一次接触创造一个好的开端。

(2)慎重式开局策略。即以严肃、郑重的语言开场，表达出对谈判的高度重视和鲜明态度，目的在于使对方放弃某些不适合的意图，以把握谈判。慎重式开局策略适用于谈判双方过去有过商务往来，但对方曾有过不大令人满意的表现的谈判。己方要通过严谨、慎重的态度引起对方对某些问题的重视。

(3)坦诚式开局策略。即用坦白率直、开诚布公的态度与谈判对方交谈，尽早向对方表露己方的真实意图，以取得对方的理解和尊重，赢得对方的通力合作，实现开局目标的策略方法。坦诚式开局策略比较适合双方过去有过商务往来，而且关系很好、互相了解较深的谈判。

(4)强硬式开局策略。即通过强硬的语言或行为来表达己方的坚定态度，从而在气势上压倒对手的策略方法。强硬式开局策略会破坏谈判气氛，所以一般不轻易使用。只有当对手态度傲慢或己方想使用前倨后恭等谈判策略时才采用强硬式开局策略。

8.2.2.2 报价策略

报价策略是谈判者用来摸清谈判对手的谈判条件和目标的行动方式或手段。常用的报价策略有下述几种。

(1)先报价策略。先报价可以使己方具有较强的影响力，因为先报价方实际上是为谈判划定了一个基准线，最终谈判将以此为基础达成协议。同时，先报价还会影响谈判对手的期望水平，使谈判对手处于被动地位。先报价策略比较适合用在高度竞争和高度冲突的谈判中，这容易给谈判对手造成心理压力。

(2)后报价策略。后报价虽然失去了一些主动性，但后报价者可以通过先报的价掌握更多的信息，并可以根据先报价者的报价水平来调整自己的策略，迫使先报价者被动让步，以此来争取自己的最大利益。对谈判对手的目标不能明确判断时经常采用后报价策略。

需要指出的是：第一，如果谈判双方都经验丰富而且彼此了解，先报价与后报价对谈判最终结果的影响并不大；第二，在谈判中，报价有一些惯例应加以注意。例如，一般应由发起谈判者先报价；投标者和招标者之间，一般应由投标者先报价；卖方与买方之间，一般应由卖方先报价。

(3)卖方高报价、买方低报价策略。美国谈判专家卡洛斯(CarIos)通过调查发现：如果卖方开价很高，则谈判往往会在较高的价格上成交；如果买方还价很低，则谈判往往会在较低的价格上成交。当然，最终谈判会接近中间价格成交。但是卖方报价并不是越高越好，同样买方报价也并不是越低越好，因为一方的报价只有在被对方接受的情况下才会产生预期的结果,才可能使买卖成交。报价的基本原则是:通过反复比较和权衡,设法找出所得利益与报价能被接受的成功概率之间的最佳组合点。

(4) 郑重报价策略。报价态度要坚定、郑重,报价要清楚、完整,除非对方要求,报价的一方对己方的报价不做任何解释和说明。郑重报价会使己方形象显得认真而诚实,这对保障谈判成功有很大作用。大量经验表明,在相互依赖的谈判双方中,如果有一方要手腕谋求谈判上的优势,最终会导致谈判破裂。

(5) 西欧式报价。在国际商务谈判中,有两种典型的报价战术,即西欧式报价和日本式报价。西欧式报价首先提出含有较大虚头的价格,然后根据买卖双方的实力对比和该笔交易的外部竞争状况,通过给予各种优惠加数量折扣、价格折扣、佣金和支付条件上的优惠(如延长支付期限、提供优惠信贷等)来逐步软化和接近买方的条件,最终达成交易。实践证明,这种报价方法只要能够稳住买方,往往会有一个不错的结果。

(6) 日本式报价。日式报价的一般做法是,将最低价格列在价格表上,以求首先引起买主的兴趣。由于这种价格一般是以对卖方最有利的结算条件为前提的,并且在这种低价格交易条件下除价格外的其他方面很难全部满足买方的需要,如果买方要求改变有关条件,则卖主就会相应提高价格,因此,买卖双方最后成交的价格往往高于价格表中的价格。日式报价的优势在于:可以排斥竞争对手而将买方吸引过来,取得与其他卖主竞争的胜利;而当其他卖主退下阵来纷纷走掉时,买方原有的市场优势就不复存在了,买方想要满足一定需要,就只好让对方一点点地把价格抬高。

8.2.3 谈判磋商阶段

谈判磋商阶段也叫作交锋阶段,磋商是体现谈判本质的过程,是谈判过程的核心内容。谈判人员在谈判的准备阶段和接触阶段已经通过不同的方法了解到一些对方的信息,但更多、更直接的信息还需要通过面对面交流才能掌握。

 实用链接

荷伯·科恩的经典谈判

谈判大师荷伯·科恩曾代表一家公司去购买一座煤矿。公司给荷伯可接受的价格是2400万美元,但矿主对煤矿有深厚的感情,开口要价2600万美元。荷伯出价逐渐提高,从1800万美元、2000万美元到2150万美元,但卖主毫不心动,谈判磋商陷入僵局。后来矿主终于说:"我的一个朋友煤矿卖了2550万美元,而且还有一些附加利益。"

荷伯明白了症结所在,他对煤矿进行了深入的走访,发现了该矿主的另外一些需求:

1. 矿主对煤矿有很深的感情,他不希望将煤矿卖掉后就和煤矿没关系了——这是从和他一同创业的一个同事那里了解到的;

2. 煤矿的大部分工人都在这里工作了很久,和矿主关系很好。矿主担心煤矿卖掉后这些老兄弟会丢掉饭碗——这是从一位老工人那里了解到的;

3. 矿主提到的他朋友是他一直以来的竞争对手,他一直都不想输给他——这是荷伯和他一起吃饭时了解到的。

针对这些,荷伯与矿主对交易的额外条件进行了磋商,最后达成了几个附加条件:

1. 收购后的煤矿仍旧沿用老煤矿的名称,并聘用矿主担任技术顾问;
2. 煤矿中80%的工人与新东家签订劳动合同,继续为煤矿服务;
3. 公司一次性付清款项,这比他的那位朋友的五年之内付清的条件好得多。

不久谈判达成协议,最后以2250万美元成交。

在这个谈判磋商期间,荷伯通过与对方公司面对面的交流等,抓住了关键性问题,从而赢得了谈判主动权。

一般而言,在谈判中一方报价后,另一方绝不会无条件接受对方的要价,因此,谈判便自然而然地进入磋商洽谈阶段——还价和让步阶段。在这个阶段谈判双方的真正对抗和实力较量开始明显地表现出来,谈判气氛也开始变得紧张激烈。讨价还价和让步阶段的策略主要包括下述几个方面。

8.2.3.1 调整策略

在讨价还价阶段,谈判双方开始根据对方在开局阶段所表现出来的行为调整自己的谈判策略,一般有以下三种情况。

(1) 对方让步比预期快,且幅度大。

这意味着对方实际的让步空间远比目前所做出的让步要大。在这种情况下,只要对方不愿意放弃交易,谈判者就要继续努力,迫使对方让步。

(2) 对方让步比预期慢,且幅度小。

处理这种情况的关键是要找出对方不肯让步的原因。对方让步比预期慢且幅度小有两种解释:一是对方在虚张声势,在这种情况下,谈判者要继续努力,迫使对方让步;二是对方确实缺少让步的空间,这时谈判者需要调整谈判条件,适当做出妥协。如果无法确切判断出原因,最好的方法就是坚持己方的既定方案,仅在原定的尺度内让步,同时努力通过直接或间接的方法探寻对方不肯让步的原因。

(3) 对方行为与预期相符。

这表明谈判者对对方的判断基本正确,应继续坚持原方案,不要轻易改变,并且谈判者还要把己方继续坚持原方案的意向暗示给对方,使对方明白,如果他不保持原定方案的话,己方就会采取强硬措施。

 **案例**

炼就火眼金睛,识破谈判谎言

法国与美国某公司谈判一个大项目。在谈判了10天左右后,仍无丝毫进展,于是法方代表在一次发问后告诉美方代表乔治·马丁说:"我只剩下两天时间了,希望贵方能在次日拿出新的方案。"

次日上午,乔治·马丁提出新方案,要求法方在原基础上再降价5%。法方代表说:"马丁先生,我方已两次降价,共计15%,还要再降5%,实为难事。"谈判进行得十分艰难,几番唇枪舌剑双方仍未达成共识。最后,法方代表说:"为表诚意,我方已到降价底线,请贵方三思后于明天中午予以答复,否则合作将被取消。因为公司临时有事,急召我回国,我已订好了明天下午两点的机票。"说着,他把机票从包里拿出来亮了一下。

经再三研究,马丁认为法方价格仍高出3%,但能否继续压价呢?公司急需这套产品,如果法方代表真的回国,因为3%的差价使谈判失败,将给公司带来更大的损失。于是,马丁一边向上级汇报详情,一边派人调查第二天下午两点是否有飞往法国的航班。

结果该日下午两点没有去欧洲的飞机,马丁认为法方只是在演戏,由此判定法方可能仍有降价余地。于是,他在次日上午给法方代表打电话说:"我们很赞赏贵方的诚意,但双方仍有距离,需要进一步努力。作为响应,我方可以在贵方改善的基础上让步2%,即贵方再降价3%。"

法方在听到马丁的改进意见后,又重新回到了谈判桌上,最后以再降价2%的条件达成了共识。

点评:

谈判是富有竞争性的合作。虽然不是对弈、不是战争,但是谈判也绝不是找朋友、推心置腹。谈判虽然遵循互利互惠的原则,但双方皆赢的利益结果很难对等。在这种双赢的游戏中,就允许双方施展谋略,寻获更多利益。因此,谈判的双方诡计甚多,不可尽言,每个谈判者都要提高警惕。

这个案例中,法方之所以被动,是因为回国谎言在事实面前不堪一击,而美方由此识破法方的诡计,赢得了谈判的主动权。所以说,炼就一双火眼金睛,探测对方的虚实,在谈判中实为重要。

8.2.3.2 让步策略

谈判实质上是一个理智的取舍过程,如果没有"舍",也就不能有所"取",让步不是单纯地降低自己的要求,而是一种策略。合理运用让步策略,不仅不会造成损失,相反会为谈判者创造更多的利益。

 案例

避免朝三暮四

春秋时期,宋国有一个饲养猴子的高手,他养了一大群猴子,他能理解猴子所表达的思想,猴子也懂得他的心意。这个人家境越来越贫困,已经买不起那么多的食物给猴子吃,于是,打算减少猴子每餐橡子的数量,但又怕猴子不顺从自己,就先欺骗猴子说:"给你们早上三个橡子晚上四个橡子,够吃了吗?"猴子一听,大声地叫嚷,以示反对。

过了一会儿,他又说:"唉,没办法,早上给你们四个橡子,晚上三个橡子,这该够吃了吧?"猴子们一听,个个手舞足蹈,非常高兴。

这个小故事大家应该非常熟悉,就是成语"朝三暮四"中的典故。这个故事看似荒唐可笑,其实,在谈判中却真实地存在着"朝三暮四"的现象。通常体现在双方在某个重要问题上僵持的时候,一方退后一步,抛出其他小利,作为补偿,把僵局打破,并用小利换来大利,或把整个方案调换一下顺序,蒙蔽了我们的思维。乍听起来觉得不可思议,但在实际谈判中经常会出现这样的情况,所以,首先要能跳出像脑筋急转弯一样的思维陷阱,而后要善于施小利,博大利,学会以退为进。在谈判中一个最大的学问就是学会适时地让步,只有这样才可能使谈判顺利进行,毕竟谈判的结果以双赢为最终目的。

但是在谈判中正确让步也不是一件容易的事，需要气度和技巧。让步的技巧如下所述。

(1)不做无谓的让步。每一次让步都应体现出有利于己的目标，都应换取对方在其他方面的相应的让步。

(2)不要在重大问题上首先做出让步。经验表明，大凡吃亏者都是在重大问题上首先做出让步。

(3)只有了解对手所有要求之后才做让步。

(4)让步要本着"以小换大"的原则。让对手在重要问题上做出让步，自己在较小问题上做出让步。

(5)要使自己较小的让步给对方带来较大的满足。

(6)每一次让步的幅度不宜过大。节奏也不能太快，应做到步步为营，因为让步过大会给人一种软弱或自信心不足的感觉。

(7)要记录每次让步。让步总量是提高讨价还价力量的重要筹码。

(8)如果谈判需要进行若干次让步，要注意在让步时留下回旋的余地，以免导致谈判的最终失败。

(9)让步的时机选择要恰当。不到需要让步的时候绝对不做出让步的许诺，从而避免谈判对手过分挤压己方。

(10)每次让步后都要检验效果，并根据效果确定下一步的让步策略。

8.2.3.3　化解僵局的策略

在谈判中，当谈判双方的观点、立场分歧不可调和时，就会出现僵持，当僵持不能很好解决时，就会出现僵局。僵局在谈判中随时都有可能出现。

(1)产生僵局的原因。

① 观点争执。谈判双方都是为各自一方的利益而战，如果双方在关键利益问题上存在分歧，那么出现僵局甚至是谈判破裂都无可厚非。但是在现实中很多僵局都是由于双方在次要问题上各持己见、互不相让导致的。这种僵局通常含有"斗气"成分，如处理不好，很容易两败俱伤。

② 意气用事。这是一种纯粹因为"斗气"产生的僵局。当谈判的某一方感到尊严受损，而又缺乏情绪控制能力时，就会固执地反对对方的主张并拒绝妥协。

③ 理解错误。谈判中双方沟通出现障碍，造成信息沟通受阻或失真，使双方产生对立，从而陷入僵局。

④ 僵局策略。在商务谈判中出现僵局是令人不愉快的。但人为地制造僵局，并把僵局作为一种威胁对方的策略，如果运用得当，会有利于己方的谈判。所以，在谈判中有些僵局是人为制造的。

(2)化解僵局的策略。

僵局会破坏谈判的合作气氛、浪费谈判时间，甚至伤害双方的感情，最终使谈判走向破裂的结局。所以，谈判者必须学会化解僵局，常用的策略有以下几种。

① 分析原因。谈判者首先要分析产生僵局的原因，才能对症下药。

② 回避分歧，转移议题。当双方对某一议题产生严重分歧，都不愿意让步时，可以回避有分歧的议题，换一个新的议题继续谈。这样做可以有效地避免双方陷入既浪费时间又毫无

意义的对峙中,并且其他议题的达成一致会对有分歧的问题产生正面影响,这时再回过头来谈陷入僵局的议题,气氛会有所好转,思路会变得开阔,问题的解决便会比以前容易得多。

③ 暂时休会。当谈判出现僵局,而双方又情绪对立、无意退让时,可以尝试冷处理的方法,即暂时休会,给双方一个冷静下来进行周密思考的机会。

④ 据理力争。当对方有意制造僵局,给己方施加压力或在一些原则问题上表现得蛮横无理时,要坚决据理力争。因为这时如果退让、妥协,不仅损害己方利益和尊严,而且会助长对方的气焰。

⑤ 有效退让。当谈判双方在次要问题上各持己见、互不相让而陷入僵局时,谈判者应该明白,这样做并不能实现己方的真正利益。这时,放弃无谓的"斗气"而适当退让是最明智的做法。

⑥ 寻找替代。谈判中一般存在多种可以满足双方利益的方案,当其中一种出现僵局时可尝试其他方案。当然,这种替代方案一定要既能有效地维护自身的利益,又兼顾对方的利益诉求。

 案例

关于丁苯橡胶的谈判

中方某公司向韩国某公司出口丁苯橡胶已一年。第二年,中方公司根据国际市场行情将价格从前一年的成交价每吨下调了120美元(前一年为1200美元/吨)。韩方感到可以接受,建议中方到韩国签约。中方人员一行二人到了首尔该公司总部,双方谈了不到20分钟,韩方说:"贵方价格仍太高,请贵方看看韩国市场的价格,三天以后再谈。"中方人员回到饭店后有一种被戏弄的感觉,很生气。但人已来到首尔,谈判必须进行,中方人员通过有关协会收集到韩国海关丁苯橡胶的进口统计,发现从哥伦比亚、比利时、南非等国进口量较大,从中国的进口量也不小,中方公司是份额较大的一家。从价格方面来看南非最低,但高于中国产品价。哥伦比亚、比利时价格均高出南非的价格。在韩国市场的调查中,批发和零售价均高出中方公司现报价的30%~40%。市场价虽呈下降趋势,但中方公司的给价是目前世界市场最低的。为什么韩国人员还这么说?中方人员分析,对手以为中方人员既然来了首尔,就肯定急于拿合同回国。可以借此机会再压中方一手。那么韩方会不会为了不急于订货而找理由呢?中方人员分析,韩方若不急于订货,为什么邀请中方人员来首尔?再说韩方人员过去与中方人员打过交道,有过合作,且执行顺利,对中方工作很满意,这些人会突然变得不信任中方人员吗?从态度上来看不像,他们来机场迎接中方人员且晚上一起用餐,保持了良好的气氛。从上述分析中,中方人员一致认为:韩方意在利用中方人员出国心理,再压价。根据这个分析,中方人员决定在价格条件上做文章。总之,态度应强硬(因为在来之前对方已表示同意中方报价),不怕空手而归。其次,价格条件还要涨回市场水平(即1200美元/吨左右)。再者,不必用几天给韩方通知,仅一天半就将新的价格条件通知韩方。

在一天半以后的中午之前,中方人员打电话告诉韩方人员:"调查已结束,得到的结论是:我方来韩国前的报价低了,应涨回到去年成交的价格,但为了老朋友的交情可以下调20美元,而不再是120美元。请贵方研究,有结果请通知我们,若我们不在饭店,则请留言。"

韩方人员接到电话一个小时后,回电话约中方人员到其公司会谈。韩方认为,中方不应

把过去的价格再往上调。中方认为，这是韩方给的权力。我们按韩方要求进行了市场调查，结果应该涨价。韩方希望中方多少降些价，中方认为原报价已降到最低。经过几回合的讨论，双方同意按中方来首尔前的报价成交。这样，中方成功地使韩方放弃了压价的要求，按计划拿回合同。

案例点评

中方人员调查了市场行情，针对对方的压价，重新报价，据理力争。然后再做让步，达成交易，实现了原定的目标。

8.2.4 谈判收尾阶段

收尾阶段是谈判的最后阶段，它标志着谈判即将结束。谈判协议日益成熟，最终交易形式也逐渐清晰。从表现形式上看，收尾可以表现为成交和破裂。签订协议成交后，双方相关人员要按照协议上的细节进行付款。谈判双方要重视这个阶段的文字处理和后续工作，并尽量采取有效的策略以获得更大的收益。谈判成功自然皆大欢喜，破裂也不足为怪。谈判者要经得住考验，保证尽量少犯错误，给彼此留面子，为今后开展进一步的工作打好基础。

(1) 得寸进尺策略。这种策略是指在谈判中，对方总是提出这样或那样的小难题，阻碍整个谈判的进程，使得己方不断地解决小问题。对应这种策略的解决办法是要求对方一次性提出所有小问题，然后己方才进行回应。这样就会使"得寸进尺"策略的使用者感到尴尬。

(2) 过时不补策略。如果所有问题都陷入僵局，这种策略就成了有效的策略，其意图是施加压力，尽管对对方条件的某些方面都很满意，但迫于其他方面的压力，但心继续寻求更好的条件可能会影响此次交易，此时该策略就发挥作用了。对应这种策略的解决办法是，谈判者可以等待最终期限到来，观察此时的事态发展情况，从而辨别最终期限的真伪。

(3) 取舍由之策略。这种策略是在最后阶段使用时比较有效的策略。这种策略使用得越晚，可信度越高。因为谈判者此时会认为对方很可能是认真的。对应这种策略的解决办法是，依据实际情况判断虚张声势的可能性是否真的存在。

(4) "临时威胁"策略。这种策略是指在耗费了大量的时间和精力谈判后，即将签署谈判协议、双方情绪都很高涨时，突然停笔要求修改某些条款从而使对手让步。这种策略可以榨取对方更多的让步。对应这种策略的解决办法是，理清思绪，必要时提出请示领导，以便给己方更多的考虑时间。对方此时很可能会迫于时间限制，而不得不收回这样的要求。

8.3 谈判技巧

 案例

谈判的技巧

2010年年底，我国急需从国外引进一套高效农药的生产设备，为此，同某外国公司的代表进行谈判。在一番激烈的讨价还价之后，天色已晚，夜幕降临，双方摊牌了。外商激动地

从谈判桌前站了起来，对中方主谈人说："代表先生，您的价格是我们公司不能接受的，绝对不能接受的！"

中方用户的代表在一旁非常着急，因为时间紧迫，年底以前必须签约，而且对现在的价格已经很满意了，生怕外商翻脸，谈判破裂，主张不要再压价了。

可中方主谈人认为，现在的价格还太高，还应冒一冒险，再压低价格。所以，他示意外商坐下，微笑着说："请坐下，慢慢谈。"在外商坐下来以后，中方主谈说："不过我也请贵公司考虑，如果价格降不下来，中方也是不能接受的。原因很简单，再降1000万美元！我们手头已有大量的信息、足够的资料、确凿的证据可以证明这一点。"

"NO！NO！NO！"外商又一次激动地从谈判桌前站了起来，瞪大了眼睛，连连摇头，"1000万美元！如果再降价1000万美元，我回国就只剩下一条短裤了。代表先生，我们不能接受，无论如何也不能接受！"

眼看谈判不能再进行下去了，中方主谈人提议暂时休会，待到明天再继续谈判，并告诉外商："这样吧，明天是12月19日，我们谈判的最后一天，请您回去考虑一个晚上，让我们珍惜这最后一次机会。"

回去以后，中方用户对中方主谈人的压价非常担心，认为太冒险了。可中方主谈胸有成竹地告诉用户，要他明天看好戏。

第二天早上，双方再次谈判时，对方宣布再次答应中方的降价要求，再降830万美元。直到这时，双方的手才紧紧地握在一起。

中方主谈的冒险获得了成功，他又为自己的企业多节约了830万美元。

案例点评

对中方代表来说这是一次成功的谈判，在谈判过程中中方主谈沉着冷静，并采取了最后期限的谈判策略，使外方迫于压力而不得不做出让步。

谈判是一种斗智的谈话方式。为了提高谈判的效率，增大谈判成功的可能性，同时也为了更好地促进谈判双方的关系发展，除了在谈判各阶段运用适当的策略，谈判者还应掌握一些基本技巧，这会有助于己方把握谈判的方向，从而获得主动权。

8.3.1 提问的技巧

谈判中适当的提问，是发现需要的一种重要手段。但是对于提什么问题、如何提问、何时提问及如何灵活地运用提问，都需要高超的技巧。

8.3.1.1 提问的时机

(1)可以在对方发言之后进行提问。

一方面是出于礼貌的做法，避免打断对方的发问；另一方面可以及时针对刚才对方的言论提出问题或疑问。这样做不仅可以体现出己方良好的修养，还可以及时、全面、完整地了解对方的真实意图、观点。

(2)也可以在对方发言的间隙或一个观点陈述完毕时进行提问。

通常这种情况放在对方发言冗长，而重点不突出或离题太远、与议题联系不强时。在此时提问有助于把握谈判节奏、争取谈判的主动权。例如，己方可以趁对方停顿时说："这些细节问题我们可以以后再谈，请您谈谈对合同的主要意见好吗？"

(3)也可以在己方阐述观点前后来提问。

这时提问目的不在于让对手回答，而是自问自答。己方阐述观点前的提问旨在引起双方思考，为己方阐述主要观点做铺垫。而在陈述观点结束时的提问，通常是想让对方按照己方思路发展下去，从而可以进一步提出要求。

8.3.1.2 提问的形式

提问的形式大致可归纳为五种。

(1)一般性提问。

"你的看法如何"、"你为什么这样做"这种提问没有限制，因此回答的范围也很大。

(2)直接性提问。

"你希望通过这次谈判得到什么"、"谁能解决这个问题"这种问题具有明确的方向性，因此回答也是明确的。

(3)诱导性反问。

"事实不正是这样吗"、"这难道不是公平合理的吗"，这种问题常常迫使对方说"是"。苏格拉底就经常用这种方式发问。

(4)发现事实的提问。

"什么时候"、"什么地方"这种提问可以引发一些事实和信息。

(5)澄清性提问。

"你说对目前的往来安排可以考虑，这是不是说你拥有全权跟我进行谈判"。澄清性发问不仅可以促进双方能在"同一语言"基础上沟通，而且是针对对手的话语进行反馈的一种方式。

谈判中提出问题，应该让对方明白你的意图，以便他有的放矢地做出回答。提问时要尊重对方，切记措词和语调不要有攻击性、威胁性或讽刺性。提问要得当，不要随心所欲，应把握好提问时机，以利于驾驭谈判过程，赢得谈判的主动权。

8.3.2 回答的技巧

谈判是一个互动的过程，有"问"必然就会有"答"，回答是提问的信息反馈。回答提问的水平通常可以反映出一个谈判者的专业素养，概括而言有以下几种回答的技巧。

(1)针对提问者的心理假设回答。

在谈判中，提问者和回答者一般具有两种不同的心理假设，回答问题的人应该按照提问人的心理假设回答，不要考虑自己的假设。如果谈判者在没有深思熟虑、弄清对方的动机之前，就按照常规来做出回答，效果则会十分微小。而如果谈判者经过周密的思考，准确判断对方的用意，便可以做出一个高水平的回答。

(2)不要彻底回答问题。

有的问题并不需要彻底回答。在谈判中，对方提出的问题可能是为了了解己方的观点、立场、态度，也可能是为了确认某些事情。所以谈判者在回答问题时根据对方的意图区别对待。对于应该让对方了解或己方应该表明立场、态度的问题，己方应该做出明确的答复；而那些涉及己方关键信息的问题，为了避免泄密，又出于形象的考虑，便可以采用不彻底回答的方法。首先我们在回答问题时，可以通过对答复的前提加以修饰和说明，来缩小提问者的问题范围。其次也可以采用闪烁其词的方式做出不彻底的回答。

生活中我们常常会遇到这样的场景：一个推销员正在大力推介他们的产品，当消费者问及价钱时，他只是说价钱很公道并希望进一步向消费者说明产品的性能，而并未给出具体的价格，因为他知道在此时说出价格消费者便会拂袖而去。

(3) 使用提问代替回答。

谈判中遇到棘手的问题是不可避免的，对于那些一时间难以回答或不想回答的问题，谈判者便可以采用提问的方式来代替回答。这样既可以把难题再次踢给对方，还可以让对方自己寻求答案。例如，谈判的一方询问另一方："贵方认为我们这次合作的前景怎样？"善于处理这类问题的谈判者通常会用反问的方式来应付这种提问。当提问方听到回答方的反问时，还会与对方一起思考自己的问题，有利于打破尴尬的局面。

(4) 回答前留有充足的考虑时间。

谈判的过程中，回答问题的速度绝不是衡量答案质量的标准。每次在回答对方提出的问题前，都应该深思熟虑、谨慎从事，要留有足够的准备时间。有时会碰到不断催促的提问者，迫使回答者在并未充分思考的情况下做出仓促的回答。这个时候，回答方可以通过点烟、喝茶、翻阅资料等动作来延缓时间，考虑一下问题。这样既显得自然、得体，又可以消除对方对己方的错觉。

(5) 打消提问者继续保持追问的兴致。

在很多谈判中，提问者如果发现了回答者的漏洞，就会采取穷追猛打的策略，一直问下去，对于回答者来说是非常不利的。如果提问者事前做了非常充分的准备，常常会使应答者处于非常不利的境地。在这个时候，声称问题无法回答或彼此的侧重点不同，或者尽量淡化问题都是不错的应对措施。例如，"这个问题很常见啊"、"这只是个角度的问题"、"我们可以把这个问题放到最后来处理"等。

8.3.3 陈述的技巧

谈判中陈述用途极广。控制谈判的进展，传送你想让对方知道的信息，打破僵局时的明确表态，己方观点的表白等都需要陈述的技巧。因此，陈述中的措词用语要审慎斟酌，力求完全控制情绪，避免对方误解或曲解。比如说，这样做可以使对方"幸福和富有"，不如说"更幸福、更富有"，因为前者有可能伤害对方，对方可能认为你的言外之意是他"不幸福和不富有"。

在把握陈述技巧时，要学会巧妙地表达"不"字。在谈判过程中，当你不同意对方意见时，一般不应直接用"不"这个字，而应尽量把否定性的陈述以肯定的形式表达出来。例如，"我再考虑一下"、"我必须和我的合作者再商量一下"等。当谈判出现僵局，需要表明自己的立场时，无须指责对方，而是说"在目前的情况下，我们最多只能做到这一步了"。这里应多用"我"、"我们"，而少用"你"、"你们"。此外，善于把好的方案的发现美誉冠给对方，往往是促使谈判成功的好方法之一。

(1) 避免争论。

谈判人员在开谈之前，要明确自己的谈判意图，在思想上进行必要的准备，以创造融洽、活跃的谈判气氛。然而，谈判双方为了谋求各自的利益，必然会在一些问题上发生分歧。分歧出现以后，要防止感情冲动，保持冷静，尽可能地避免争论。因为，争论不仅于事无补，而且只能使事情变得越来越糟糕。最好的方法是采取下列技巧，进行协商。

① 冷静地倾听对方的意见。在谈判中，听往往比讲更重要。它不仅表现了谈判者的素质和修养，也表现了对对方的尊重。多听少说可以把握材料，探索并揭示对方的动机，预测对方的行动意向。谈判的要害就是要掌握对方的动机，调整自己的行为。在倾听的过程中，即使对方讲出你不愿听的话，或对你方不利的话，也不要立即打断对方或反驳。因为真正赢得优势，取得胜利的方法绝对不是争论。反驳时可能偶尔获得优越感，却永远得不到对方的好感。所以，最好的方法是让他陈述完毕之后，先表示同意对方的意见，承认自己在某些方面的疏忽，然后对对方的意见进行重新讨论。这样一来，在重新讨论问题时，双方就会心平气和地进行，从而使谈判达成双方都能比较满意的结果。

② 婉转地提出不同意见。在谈判中，当你不同意对方的意见时，切忌直接提出自己的否定意见。这样做会使对方在心理上产生抵触情绪，因而促使他千方百计来维护自己的观点。如果要提不同意见，最好的方法是先同意对方的意见，然后再做探索性的提议。

③ 分歧产生之后谈判无法进行，应马上休会。如果在洽谈中，某个问题成了绊脚石，使洽谈无法正常进行，这时候，聪明的办法是在双方对立起来之前，马上休会。如果继续下去，双方为了捍卫自己的原则和利益，就会各持己见，使谈判陷入僵局。休会的策略为那种固执型谈判者提供了请示上级的机会，同时，也为自己创造了养精蓄锐的机会。

谈判实践证明，休会不仅可以避免出现僵持局面和争论的发生，而且可以使双方保持冷静、调整思绪，平心静气地考虑双方的意见，达到顺利解决问题的目的。

(2) 学会忍耐。

在谈判中，占主动地位的一方会以一种咄咄逼人的姿态表现自己。这时如果表示反抗或不满，对方会更加骄横，甚至退出谈判。在这种情况下，对对方的态度不做出反应，采取忍耐的姿态，以我之静待"敌"之动，以我方的忍耐磨对方的棱角，挫其锐气，待其筋疲力尽之后，我方再做出反应，以柔克刚，反弱为强。如果被动的一方忍耐下来，对方得到默认和满足后，反而可能会通情达理、公平合理地与你谈判。同时，对自己的目标和要求也要忍耐，如果急于求成，反而会更加暴露自己的心理，进一步被对方所利用。

忍耐的作用是复杂的，它可以使对方最终无法应付，也可以赢得同情和支持，可以等待时机，也可以感动他人。

(3) 情感沟通。

如果与对方直接谈判的希望不大，就应采取迂回战术。所谓迂回战术，就是先通过其他途径接近对方，彼此了解，联络感情，沟通了感情之后，再进行谈判。人都有七情六欲，满足人的感情和欲望是人的一种基本需要，在谈判中利用感情的因素去影响对手是一种可取的做法。

灵活运用情感沟通的方法很多，可以有意识地利用空闲时间，主动与谈判对手一起聊天、娱乐、谈论对方感兴趣的问题；也可以馈赠小礼品、请客吃饭、提供交通食宿的方便；还可以通过帮助解决一些私人的疑难问题，达到增进了解、联络感情、建立友谊的目的，从侧面促进谈判的顺利进行。

(4) 抛砖引玉。

所谓抛砖引玉的技巧，就是在谈判中，一方主动地摆出各种问题，但不提解决的办法，让对方去解决。采用这种技巧，一方面可以达到尊重对方的目的，使对方感觉到自己是谈判的主角和中心；另一方面，自己又可以摸清对方的底细，争取主动。

但是，抛砖引玉的技巧在两种情况下不适用。一种情况是在谈判出现分歧时不适用，因为在双方意见不一致时，使用这一方法对方会认为你是故意给他出难题，这样对方会觉得你没有诚意，使谈判不能成功。第二种情况是在了解了对方是一个寸利必争的人时不宜使用。因为对方会趁机抓住对他有利的因素，使你方处于被动地位。

(5) 避实就虚。

避实就虚是指我方为了达到某种目的，有意识地将洽谈的议题引导到无关紧要的问题上故作声势，转移对方的注意力，以求实现自己的谈判目标。具体做法是在无关紧要的事情上纠缠不休，或在自己不成问题的问题上大做文章，以分散对方在自己真正要解决的问题上的注意力，从而在对方无警觉的情况下，顺利实现自己的谈判意图。比如，对方最关心的是价格问题，而我方最关心的是交货时间。这时候，谈判的焦点不要直接放在价格和交货时间上，而是放在价格和运输方式上。在讨价还价时，我方可以在运输方式上做出让步，而作为对方让步的交换条件，要求对方要在交货时间上做出较大的让步。这样一来，对方感到了满意，我方的目的也达到了。

(6) 留有余地。

这种技巧实际上是"留一手"的做法。它要求谈判人员对所要陈述的内容应留有余地，以备讨价还价之用。

在实际谈判中，不管你是否留有余地，对方总是认为你会留一手的，你的报价即使是分文不赚，他也会认为你会赚一笔大钱，总要与你讨价还价，你不做出让步，他不会满意。因此，为了使双方利益都不受到损失，报价时必须留有让步余地。同样，对方提出任何要求，即使你能百分之百地满足对方，也不要一口承诺，要让对方觉得你是在做小让步后满足他的要求的，这样以增加自己要求对方在其他方面做出让步的筹码。

这一技巧在表面上看与开诚布公相抵触，但是也并非是绝对的。二者的目标是一致的，都是为了达成协议，使双方都满意，只是实现的途径不同而已。不可忽视的是，该策略如何运用要因人而异。一般来说，在两种情况下使用该策略：用于对付自私狡猾、见利忘义的谈判对手；在不了解对手或开诚布公失效的情况下使用，如果对方对情况都很熟悉，使用此技巧反而会造成失信。

8.3.4 聆听的技巧

沟通中有一个"漏斗"原则：人们心里所想的是100%，用语言表达出来就可能是80%，而别人听到的最多只有60%，听完的只剩下40%，最后根据所说的事情去行动的就只有区区20%了。这个"漏斗"原则说明了谈判中聆听的重要作用。聆听是谈判各方信息传递的基础和前提。由于谈判中环境的干扰、注意力结构问题等因素的影响，妨碍了谈判各方的有效聆听。

美国有句谚语"用十秒钟时间讲，用十分钟时间听"。在谈判中，通过倾听来获取情报是一种行之有效的方法。标准的倾听，是不允许同时构想自己的答辩的，而应该注意其话语所蕴涵的观念、需求、用意和顾虑，主动地给对方以反馈，即以面部表情或动作向对方示意你对他的话语的了解程度，或请对方明白阐释，或请复述。同时，要随时留心对方的"弦外之音"。

 **案例**

倾听弦外之音

美国谈判界有一位号称"最佳谈判手"的考温，他非常重视倾听的技巧，并从他丰富的谈判实践中，总结出倾听是谈判中获取情报的重要手段的结论。他举过一个生动的例子。

有一年夏天，当时他还是一名推销员，他到一家工厂去谈判。他习惯于早到谈判地点，四处走走，跟人聊天。这次他和这家工厂的一位领班聊上了。善于倾听的考温，总有办法让别人讲话，他也真的喜欢听别人讲话，所以不爱讲话的人遇到了考温，也会滔滔不绝起来。而这位领班也是如此，在侃侃而谈之中，他告诉考温说："我用过各公司的产品，可是只有你们的产品能通过我们的试验，符合我们的规格和标准。"

后来边走边聊时，他又说："考温先生，你说这次谈判什么时候才能有结论呢？我们厂里的存货快用完了。"

考温专心致志地倾听领班讲话，满心欢喜地从这位领班的两句话里获取了极有价值的情报。当他与这家工厂的采购经理面对面地谈判时，从工厂领班漫不经心的讲话里获取的情报帮了他的大忙，他在谈判中的成功是自然而然的了。

 **小贴士**

我们到底沟通了多少

100%所想×80%所说×60%别人听到×40%被理解=?

1. 积极的聆听态度

要实现积极的聆听，首先就要做到耐心、专心、虚心。

2. 全身心地听

表现在两方面：首先必须与说话者保持目光的接触，做出相应的动作表示你在听；其次把注意力集中在对方的发言上；最后适时做出回应。

3. 表达出自己的理解

对于听到的陈述和观点，特别是关键的问题，要通过适当的方式得到进一步的证实。例如，"贵方的意思是……对吗"、"您刚才提到的那个是谁"。切不可自以为是、曲解对方的原意。

良好聆听不仅可以使谈判各方信息交流顺畅，还可以表现出对对方的尊重，从而营造友好的谈判氛围，有利于谈判的进行。

8.3.5 看的技巧

人的举止是心理活动的充分表现，人们在无意识或潜意识的状态下做出的姿态和动作所传递出的信息，可能更加真实。所以在谈判中不仅要注重语言上的交流，同时还要注意捕捉对方的行为、表情等非语言信息。特别是在中国这个高谈判情景的文化背景下，通过仔细观察对方的言谈举止，可以帮助谈判者探索对方心理的真实想法，从而获得有用的信息。

同时谈判者可以通过对方的行为、举止、表情等非语言传达出来的信息来判断对方有声语言所传达的信息是否真实。

(1) 眼睛。

眼睛是心灵的窗户,一个人的双眼最能表达内心的真实想法。人的喜、怒、哀、乐等思想感情的变化都可以通过眼神传递出来。

谈判者可以通过观察对方目光凝视己方发言者的时间长短来判断对方的心理感受。如果倾听者目光接触发言者脸部的时间在 30%～60%间,说明其对于讲话的内容较感兴趣。而眨眼的频率也有着不同的意义。一般而言,每分钟眨眼 5～8 次是正常的。过快的眨眼表示神情活跃,或过分的紧张。特别要说明的是,瞳孔所传达的信息是无法用人的意志所控制的。瞳孔放大、炯炯有神表示此人处于欢喜或兴奋状态。经试验证实,一个人在撒谎时瞳孔往往也会放大。

(2) 体态语言。

处于不同心理活动的人会表现出不同的体态语言。体态语言能够昭示或掩饰内心真实的情感。同时谈判者还可以通过一定的体态语言表现出自己的风度及气质,给谈判的对方留下良好的印象。或者利用体态语言对己方阐述进行有利补充。例如,身体向后倾斜 15 度以上表示其非常放松,向前倾斜 20 度是极为平常、自然的交往姿态。双臂交叉放于胸前,显示出一个人消极的防御态度。如果是双臂紧紧地抱于胸前则往往是怀有敌意。拳头紧握,表示向对方挑战或处于自我紧张的情绪。分腿而坐,表明此人信心十足,并愿意接受对方的挑战。双足交叉而坐,对于男士来说则常代表着压制自己情绪的意思。

眼睛、体态传达出的信息还要放到不同的民族、地区和文化背景下去审视,切不可生搬硬套。而且观察对方动作、姿态、表情时也不能脱离对方讲话时的语音、语调。只有综合分析,才能得到真实的信息。

 **案例**

竖起大拇指

一个英国商人在伊朗谈判,一个月来事事顺利,同伊朗同事建立了关系,在谈判中尊重伊斯兰的文化,避免了任何潜在的爆炸性的政治闲谈。最后,执行官兴高采烈地签署了一项合同。他签完字后,对着他的英国同事竖起了大拇指。几乎是立刻,出现了紧张空气,一位伊朗官员离开了房间。英国的这位商人摸不着头脑,不知发生了什么,他的伊朗主人也觉得很尴尬,不知如何向他解释。

事实上在英国,竖起大拇指是赞成的标志,它的意思是"很好";然而在伊朗,它是否定的意思,表示不满,近似令人厌恶,是一种无礼的动作。由此可见,英国商人的这次谈判失败,是由他们不了解伊朗文化造成的。

8.3.6 拒绝的技巧

拒绝固然令人遗憾,但在谈判中却又难以回避。谈判的过程是一个充满着同意与拒绝的过程。所以在拒绝时必须以得体的方式进行,把对方的不满和不快控制在尽可能小的限度内。与此同时适时的拒绝还会为自己在谈判中增添不少的筹码。拒绝是需要勇气的,但更需要技巧。一般而言,在拒绝别人的时候要注意以下几点。

(1) 措辞要委婉。

在拒绝之前先表示同情、理解，而后再巧妙拒绝，使拒绝之辞委婉而含蓄。和直接拒绝相比，它更容易被接受，因为它更大程度上顾全了被拒绝者的尊严。而直接拒绝过于生硬，令人难以接受。

据说有一次马克·吐温向邻居借一本书，邻居说："可以，可以。但我定了一条规则：从我的图书室借的书必须当场阅读。"一个星期后，这位邻居向马克·吐温借割草机用。马克·吐温笑着说："当然可以，毫无问题。不过我定了一条规则：从我家借的割草机只能在我的草地上使用。"马克·吐温用委婉机智的措辞拒绝了邻居的要求，使双方的关系并未因此事而闹僵。

(2) 态度和蔼。

拒绝时的态度是非常重要的。不要以一种高高在上的态度拒绝对方的要求，更不要蔑视对方，这些都是没有修养的具体表现，并且会激起对方的反感甚至是逆反心理。

从听取对方陈述要求和理由，到拒绝对方并陈述我方的理由，都要始终保持一种和蔼的态度和面貌，表示出对对方的好感和真诚之心。

(3) 阐述拒绝的理由。

如果能在拒绝对方的同时给出我方拒绝的理由，会让对方感情上更加容易接受，把不愉快与不满降至最低。而理由本身也应该十分令人信服；反之，会让对方感到被愚弄，从而起到适得其反的作用。

例如，当有朋友向你借钱时，切不可说"我也正没钱呢"，这会使他人认为你并不想帮忙。这时你最好摆出自己的理由，也许可以说"哦，我恰巧这个月交了半年的房租"。

(4) 适时拒绝。

虽然一再强调拒绝时应该注意措辞、态度和理由，但在面对处理某些关键性问题时也要直接、适时地拒绝。该拒绝的时候拒绝，不但不会影响谈判，而且能使对方意识到己方立场、原则和态度的坚定。当己方一再对某一问题拒绝时，对方就会相信那是不可让步的，最终也会接受我方的意见。

 **案例**

精明的麦迪

英国足球经纪人麦迪，善于把握时机地拒绝，为一球员争取到丰厚的报酬。这名球员叫作约翰逊，身体素质和球技都十分出色。有两家足球队争取他，一个是帕尔玛队，另一个是马德里队。

麦迪思考一番后，竟然给两个球队打电话，都拒绝了他们的邀请。出乎意料的是，第二天两个队的老板都同时飞到麦迪的身边，经过一番讨价还价，最终达成了协议，这时的报酬已经是刚开始谈判的好几倍了。

麦迪适时的拒绝给球员带来了巨大的收益。

8.3.7 结束谈判的技巧

终止谈判是一项选择时机的技巧。一般来说，不要太急于求成，否则，你会发现，对手从你这里得到了更多的让步。我们运用怎样的策略来结束谈判呢？

(1) 从一开始就要保证终点的目标。这是一个很适宜的策略，因为它节约了大量的时间和费用。它的成功与否取决于一开头就有很好的信誉，熟悉这场竞争，能很快地征服对方，并找到合适的理由不再复议方案，以便使限期确定下来。当然，你的要求必须强烈，提议必须完善。

(2) 适时宣布双方"战平"。对待这个策略要十分小心，这个战术如运用不当，可能引起破坏性结果。它的成功取决于失败的一方未能正确衡量对方让步的程度，错误地接受关于"平局"的结论。

(3) 见好就收。这一策略是假定前面的讨论是最后一轮谈判，没有任何东西可再谈了，这样就可以阻止对方再提出其他的要求。

(4) 要么达到目的，要么我们不干。这个策略实际是一个直截了当的威胁。除非同意某一要求，否则，彻底取消这次谈判。它的成功与否取决于对方是否迫切希望成交，并有某种不切实际的安全感。

(5) 通牒最后期限。直截了当地确定谈判的最后期限。

(6) 最后的"让步"。这一策略要求在讨价还价过程的始终都应留有一手以作为某种最后的让步。它是对方的一种需要，在谈判过程中争论已久，现在为了拍板，做出这一让步。

本 章 小 结

1. 谈判的特点：(1)谈判的主要目标是让对方接受己方的观点、基本利益或行为的方式，企图通过谈判来说服对方；(2)信息交流和思想沟通是取得谈判成果的基础；(3)谈判是一个谈判各方互动的过程，单方面的行动并不能构成谈判；(4)谈判者的语言艺术在谈判信息的传递中起着举足轻重的作用。

2. 谈判的构成要素包括：(1)谈判主体；(2)谈判客体；(3)谈判目的；(4)谈判策略；(5)谈判结果。

3. 谈判的分类：

按照工商企业营销谈判的层面划分可分为：(1)销售谈判；(2)原有合同的重新谈判；(3)索(理)赔谈判。

按谈判双方接触的方式划分可分为：(1)面对面语言谈判；(2)电话谈判；(3)书面谈判；(4)网络谈判。

按谈判的结果进行划分可分为：(1)对抗性谈判；(2)合作性谈判。

按谈判进行的地点划分可分为：(1)主场谈判；(2)客场谈判；(3)主客场轮流谈判；(4)中立地谈判。

按参加谈判的利益主体的数量划分可分为：(1)双边谈判；(2)多边谈判。

按照谈判所涉及的利益性质划分可分为：(1)商务谈判；(2)非商务谈判。

按参与谈判各方代表的身份与对谈判议题和内容的准备和关切情况划分为：(1)正式谈判；(2)非正式谈判。

4. 谈判的基本原则包括：(1)互相合作原则；(2)友好协商原则；(3)对事不对人原则；(4)提出互利选择；(5)坚持客观标准。

5. 谈判的过程包括：(1)谈判前准备阶段；(2)谈判开局阶段；(3)谈判磋商阶段；(4)谈判收尾阶段。

6. 提问的形式有：(1)一般性提问；(2)直接性提问；(3)诱导性反问；(4)发现事实的提问；(5)澄清性提问。

7. 回答的技巧包括：(1)针对提问者的心理假设回答；(2)不要彻底回答问题；(3)使用提问代替回答；(4)回答前留有充足的考虑时间；(5)打消提问者继续保持追问的兴致。

8. 陈述的技巧包括：(1)避免争论；(2)学会忍耐；(3)情感沟通；(4)抛砖引玉；(5)避实就虚；(6)留有余地。

9. 拒绝的技巧包括：(1)措辞要委婉；(2)态度和蔼；(3)阐述拒绝的理由；(4)适时拒绝。

10. 结束谈判的技巧包括：(1)从一开始就要保证终点的目标；(2)适时宣布双方"战平"；(3)见好就收；(4)要么达到目的，要么我们不干；(5)通牒最后期限；(6)最后的"让步"。

思 考 练 习

1. 谈判的原则有哪些？
2. 一个完整的商务谈判要经历怎样的过程？
3. 在商务谈判处在优势、劣势、均势情势下可以采取哪些对应的技巧？
4. 谈判前需要准备些什么？
5. 谈判的时间和地点选择对谈判的成功有影响吗？
6. 谈判该如何让步？

第9章

非 常 沟 通

> **学习要点：**
> 1. 冲突、组织变革和危机沟通的内涵；
> 2. 冲突的原因、组织变革沟通障碍和危机沟通的原则；
> 3. 冲突解决、组织变革沟通和危机沟通的策略。

 导入案例

亚通公司是一家专门从事通信产品生产和电脑网络服务的中日合资企业。公司自 1991 年 7 月成立以来发展迅速，销售额每年增长 50%以上。与此同时，公司内部存在着不少冲突，影响着公司绩效的继续提高。因为是合资企业，尽管日方管理人员带来了许多先进的管理方法。但是日本式的管理模式未必完全适合中国员工。例如，在日本，加班加点不仅司空见惯，而且没有报酬。亚通公司经常让中国员工长时间加班，引起了大家的不满，一些优秀员工还因此离开了亚通公司。亚通公司的组织结构由于是直线职能制，部门之间的协调非常困难。例如，销售部经常抱怨研发部开发的产品偏离顾客的需求，生产部的效率太低，使自己错过了销售时机；生产部则抱怨研发部开发的产品不符合生产标准，销售部门的订单无法达到成本要求。研发部胡经理虽然技术水平首屈一指，但是心胸狭隘，总怕他人超越自己。因此，常常压制其他工程师。这使得工程部人心涣散，士气低落。

亚通公司的冲突首先体现在管理层与中国员工之间的价值观不同，管理层应该根据具体的情况合理地设计报酬系统，重新激发员工的积极性，并在人力成本与员工绩效之间取得一个动态平衡。同时亚通公司采用的组织结构是直线职能型，导致部门间冲突的原因是：任务相互依赖、目标不相容，可以通过信息管理系统来促进信息的流通，让各部门及时得到有用的数据。此外针对目标不相容企业可以实施关联性绩效评估，把具有依赖性的部门的绩效关联起来。如果某些部门只顾实现自身绩效，而不顾与之关联的部门的绩效，就不能达到整体平衡、实现整体最优绩效。

9.1 冲突沟通

9.1.1 冲突的内涵

在人类社会组织中，人与人、人与群体、群体与群体之间必然会发生这样或那样的交往和互动关系，在这些错综复杂的交往与互动过程中，人们会因为各种各样的原因而产生意见分歧、争论、竞争和对抗，从而使彼此之间的关系出现不同程度、不同表现形式的紧张状态。这种紧张状态为交往和互动双方所意识到时，就会发生"冲突"的现象。有关冲突的定义多种多样，我们可以从以下几个方面理解其内涵。

其一，冲突是不同主体或主体的不同取向因为对特定客体处置方式的分歧，而产生的行为、心理的对立或矛盾的相互作用状态。前者主要表现为行为主体之间的行为对立状态，后者主要表现为个体内部心理矛盾状态。

其二，管理冲突是行为层面的人际冲突与心理层面的心理冲突的复合。客观存在的人际冲突必须经过人们去感知，内心去体验，当人们真正意识到对不同主体行为比较重的内在冲突、内心矛盾后，才能知觉到冲突。因此，冲突是否存在不仅是一个客观性问题，而且也是一个主观的知觉问题。

其三，冲突的主体可以是组织、群体或个人，冲突的客体可以是利益、权力、资源、目标、方法、意见、价值观、感情、程序、信息、关系等。

其四，冲突是一个过程，它是从人与人、人与群体、人与组织、群体与群体、组织与组织之间的相互关系和相互作用过程中发展而来的，它反映了冲突主体之间交往的状况、背景和历史。

9.1.2 冲突的分类

根据人们对冲突的不同视角和不同侧重，常见的冲突分类如下。

(1) 以冲突对组织的作用性质为依据，冲突可以划分为以下两种类型。

① 建设性冲突。这类冲突又称为水平适当的冲突。

② 破坏性冲突。这类冲突又称为功能失调的冲突，主要是指过于激烈或频繁的冲突，或者过于稀少甚至没有冲突。

(2) 若以冲突呈现的基本形式为依据，则冲突可划分为四种类型。

① 认识冲突。这类冲突形式主要是因为冲突主体内部或冲突各方之间存在着不一致的看法、想法和思想所引发的冲突。

② 情感冲突。这类冲突形式的核心动因是冲突主体在情感上的不一致，也就是说主要是因为冲突主体内部或冲突各方之间存在着不一致或不相容的感情和情感，所引发的冲突。

③ 目标冲突。这类冲突形式的核心动因是冲突主体在结果追求上的不一致，也就是说，主要是因为冲突主体内部或冲突主体之间存在着不一致或不相容的结果追求,价值取向相左,所引发的冲突。

④ 程序冲突。这类冲突形式的核心动因是冲突主体在特定事情的运行过程或优先次序上的分歧和不一致，也就是说，主要是因为冲突主体之间或冲突主体内部存在着不一致或不相容的优先事件选择，过程顺序安排，所引发的冲突。

(3) 若以冲突表现出来的激烈性程度为依据，则可将冲突划分为三种类型。

① 论辩性冲突。这种冲突是冲突过程最缓和的一种情况，是冲突主体在一种有理性、有控制的状况下的分歧和对抗。在这类冲突中，冲突主体主要通过摆事实、讲道理、各抒己见、批驳对方等论辩方式来影响对方，维护自身，处理冲突。论辩性冲突可以起到沟通各方，情感发泄，积极思维，催生新思想、新方法等积极作用。

② 战斗性冲突。此类冲突是冲突程度最激烈的一种情况，是一种冲突主体自我控制能力

急剧下降，客观地或主观地认为彼此之间存在着根本性利害冲突，站在一种"不是东风压倒西风，就是西风压倒东风"的势不两立的绝对立场上看待冲突、处理冲突。冲突主体任何一方的任何行为都可能成为对方类似行为的起点，都可能导致对抗行为的升级。在这类冲突中，冲突主体常常侧重于压倒对方、战胜对方，不惜采用各种正当和不正当的方法来处理冲突，往往可能造成破坏性结果。

③ 竞争性冲突。此类冲突是介于论辩性冲突与战斗性冲突之间的冲突，冲突的激烈程度或对抗性水平介于两者之间。在这类冲突中，冲突各方对自己的言行都有一定的理性控制，冲突主体都会考虑采取什么策略对自身有利，自己的决定和行为会如何影响对方，招致对方的何种反应，最终自己会落得什么样的结果。竞争性冲突各方的主体一般会尽力避免两败俱伤、一损俱损的冲突状况和结局，努力营造你追我赶、优胜劣汰竞争态势，在相同的"游戏规则"下，追求有利于自身的差别均衡状态，使自己在竞争中取得优势，在优势中解决冲突。

9.1.3 冲突的形成过程

冲突是一个动态的过程。实际的冲突一般是从冲突的相关主体的潜在矛盾映射为彼此的冲突意识，再酝酿成彼此的冲突行为意向，然后表现出彼此显性的冲突行为，最终造成冲突的结果与影响，这样一个逐步产生、发展和变化的互动作用过程。组织冲突是由相互依赖、相互作用的不同冲突主体之间的差异性和矛盾性，所引起的一种对抗情形的产生、发展与变化的过程。

目前，有关冲突形成过程分析影响最大的理论是美国行为科学家庞蒂（Louis R. Pondy）提出的"五阶段模式"，如图9-1所示。

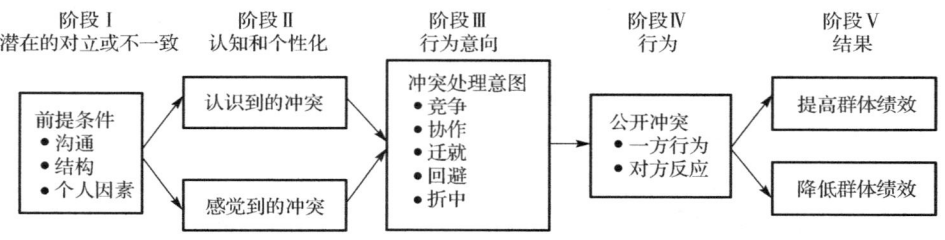

图 9-1 冲突过程

庞蒂的冲突过程分析模式对于冲突理论研究与应用的重要贡献在于，他把冲突的产生和变化的历程划分为五个可以辨认的不同发展阶段：潜在的对立或不一致、认知和个性化、行为意向、行为和结果。这五个阶段比较全面、准确、形象地描述了冲突的萌生、形成、发展与影响的内在变化阶段，不同阶段的性质特征，较好地剖析了一般冲突形成过程及其内在的演变机制。冲突的上述五个阶段也可以看做冲突形成过程中循序渐进的五种不同冲突形态（如图9-2所示）或五种不同性质的冲突升级、演变、反馈的循环过程来认知。

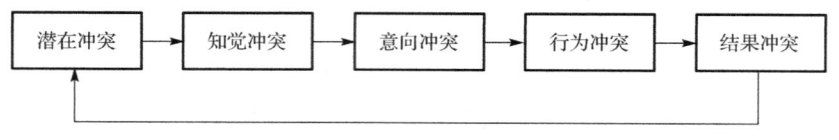

图 9-2 冲突的形态演变

(1) 潜在冲突。

潜在冲突阶段是冲突的萌生阶段，又称为冲突的潜伏期，主要表现形式为发生交互关系和互动过程的不同主体，彼此间存在和积累了能够引发冲突的一些前提条件。虽然这些前提条件并非必然导致冲突，但是它们聚集了冲突的根源，是冲突产生的必要条件。一旦这类冲突的前提条件积聚到位，或者说对这些交互作用主体潜在的对立或不一致处理不当时，冲突的过程就会开始，互动主体之间潜在的冲突（潜在的对立或不一致）就会转化成显在的冲突（显在的对立或不一致）。

(2) 知觉冲突。

知觉冲突阶段又称为冲突的认知期，是冲突主体对冲突的条件和根源——潜在冲突的认识和感觉阶段。也就是说在冲突的这一阶段，客观存在的双方对立或不一致将被冲突主体的主观所意识到，产生了相应的知觉，开始推测辨别是否会有冲突、是什么类型的冲突、是什么性质的冲突等。冲突的主体也已体验到紧张或焦虑，从而使冲突问题与矛盾明朗化，潜在冲突向显在冲突发生转化。需要注意的是，潜在冲突虽与知觉冲突之间存在一定联系，但两者之间并非始终存在严格的前后顺序。

(3) 意向冲突。

意向冲突阶段又称为冲突的行为意向阶段。在此阶段，冲突主体主要是在自身的主观认知、情感与外显的行为之间，要做出究竟应采取何种行为的决策或特定行为意图取向的选择；也就是说，冲突主体在知觉冲突的基础上，依据自己对冲突的认识、定义和判别，开始酝酿和确定自己处理冲突时的行为策略及各种可能的冲突处理方式。当然，这一切多是站在特定立场、谋求有利于自身的冲突发展结局而展开的。

(4) 行为冲突。

行为冲突阶段又称为冲突的行为阶段或冲突的公开表现阶段。进入此阶段后，不同的冲突主体在自己冲突行为意向的导引或影响下，正式做出一定的冲突行为，来贯彻自己的意志，试图阻止或影响对方的目标实现，努力实现自己的愿望。也就是说，在此阶段冲突的主体自觉或不自觉地采取了公开的冲突处理行为，从而使潜在的冲突演变成为明显可见的公开冲突。此时的冲突行为往往带有刺激性、对立性和互动性，包括了不同冲突主体的说明、争辩、活动和态度等，往往一方有所行为，对方就会做出反应行为，双方处于一种公开可见的相互作用与施加影响的动态过程，从而形成了人们通常最容易认识、感受和强调的冲突状态。当然，相互作用各方的不同类型和强度的行为表现，会导致不同强度和类型的冲突。

(5) 结果冲突。

在此阶段中，冲突主体之间的行为导致了冲突的最后结果，冲突的最后结果又会间接或直接地影响到冲突的主体，并反馈形成新冲突的前提条件，酿造新一轮"潜在冲突"。

单就冲突双方的关系来看，冲突的后果可以归结为胜胜、负负和胜负这三种形式。这样三种形式的冲突后果说明，冲突主体在冲突结果中会有不同的损益（只有少数冲突结果能使双方满意，多数冲突的结果是后两种形式），冲突主体在一场冲突结束后由于面对的结局不同，从而会出现不同的反应或后续行为，所以冲突的结果并不一定意味着冲突的终结。

9.1.4 冲突管理

发现冲突、认识冲突是分析冲突的前提，分析冲突是处理冲突的基础，而处理冲突、正确有效地管理好冲突则是研究冲突的目的和主体。本节主要介绍冲突管理的基本概念，冲突管理的基本策略，以及冲突管理的方法、技巧等内容。

9.1.4.1 冲突管理的五种基本策略

冲突管理或冲突处理的策略模式已有多种，应用最广的通用策略模式是美国行为科学家托马斯（K. Thomas）用二维空间描述的冲突模式，如图 9-3 所示。

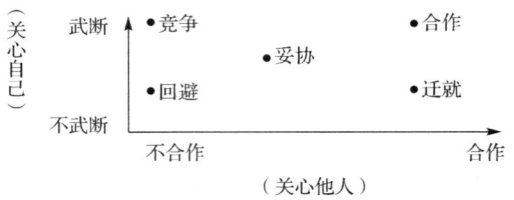

图 9-3 托马斯冲突管理模式

托马斯模式中的横坐标维度"关心他人"表示冲突主体在追求自身利益过程中与对方的合作程度，也就是其试图使他人的关心点得到满足的程度；纵坐标维度"关心自己"表示冲突主体在追求自己利益过程中的武断程度，也就是其试图使自己的关心点得到满足或坚持己见的程度。托马斯以冲突主体的潜在行为意向为基础，通过这样的横、纵坐标轴，定义了如图 9-3 所示的冲突行为的二维空间，并组合形成了通用的五种冲突管理基本策略。

冲突管理的五种基本策略及其表现形式如下。

(1) 竞争策略（强制策略）。

竞争策略又被称为强制策略，是一种"我赢你输"、武断而不合作的冲突管理策略。奉行这种策略者，往往只图满足自身目标和利益却无视对方的目标和利益，常常通过权力、地位、资源、信息等优势向对方施加压力，迫使对方退让、放弃或失败来解决冲突问题。这种策略难以使对方心悦诚服，是较少使用的解决冲突做法，但在冲突主体实力悬殊或应付危机时较为有效。

竞争策略的常见表现情形有：

① 产生"赢—输"局势；

② 敌对争斗；

③ 迫使对方认输；

④ 运用权力等优势以达到自身目的。

竞争策略经常发生或常被使用于以下场合：①冲突各方中有一方具有压倒性力量；②冲突发展在未来没有很大的利害关系；③冲突中获胜的成本很高，赢的"赌注"很大；④冲突一方独断专行，另一方则消极而为；⑤冲突各方的利益彼此独立，难以找到共赢或相容部分；⑥冲突一方或多方坚持不合作立场。

竞争策略也包含了诉讼与仲裁方式。

(2) 回避策略。

回避策略是指既不合作又不武断、既不满足自身利益又不满足对方利益的冲突管理策略。奉行这一策略者无视双方之间的差异和矛盾对立，或者保持中立姿态，试图将自己置身事外，任凭冲突事态自然发展，回避冲突的紧张和挫折局面，以"退避三舍"、"难得糊涂"的方式处理冲突问题。回避策略可以避免冲突问题扩大化。当冲突主体相互依赖性很低时，还可避免冲突或减少冲突的消极结果；但当冲突双方相互依赖性很强时，回避则会影响工作，降低绩效，并可能会忽略某些重要的看法、意见和机会，招致对手的受挫、非议和影响冲突的解决，故拟长期使用回避策略时，务必三思而后行。

回避策略的常见表现情形有：

① 忽略冲突，并希望冲突消失；
② 以缓慢的程序节奏来平抑冲突；
③ 思考问题，该问题不作为主要考虑对象或将此问题束之高阁；
④ 以保密手段或言行控制来避免正面冲突；
⑤ 以官僚制度的政策规则作为解决冲突的方式方法。

回避策略会导致冲突各方进入僵局，所以也有人称之为回避僵局方法。回避策略常被使用或经常发生在以下场合：①冲突主体中没有一方有足够力量去解决问题；②与冲突主体自身利益不相干或输赢价值很低；③冲突一方或多方不关心、不合作；④彼此缺少信任、沟通不良、过度情绪化等，不适合解决冲突。

(3) 合作策略。

合作策略指的是在高度合作精神和武断的情况下，尽可能地满足冲突主体各方利益的冲突管理策略。奉行这种策略者必须既考虑自己关心点满足的程度，又考虑使他人关心点得到满足的程度；尽可能地扩大合作利益，追求冲突解决的"双赢"局面。合作策略的基本观点（或基本前提）是：①冲突是双方不可避免的共同问题；②冲突双方相信彼此平等，应有平等待遇；③双方充分沟通，信任对方，了解冲突情景；④每一方都积极理解对方的需求和观点，寻找"双赢"方案。

合作策略的常见表现情形有：

① 解决问题的姿态；
② 正视差异并进行思想与信息的交流；
③ 寻求整合性解决方式；
④ 寻找"双赢"的局面；
⑤ 把冲突问题看做一种挑战。

合作策略经常被使用或经常发生于以下场合：①冲突双方不参与权力斗争；②双方未来的正面关系很重要，未来结果的赌注很高；③双方都是独立的问题解决者；④冲突各方力量对等或利益互相依赖。

(4) 迁就策略（克制策略）。

迁就策略又被称为克制策略或迎和策略，指的是一种高度合作且武断程度较低（不坚持己见），当事者主要考虑对方的利益、要求，或屈从对方意愿，压制或牺牲自己的利益及意愿的冲突管理策略。通常的迁就策略奉行者要么旨在从长远角度出发换取对方的合作，要么是不得不屈从于对手的势力和意愿。

迁就策略的常见表现情形有：

① 退让或让步；
② 屈服或顺从；
③ 赞扬、恭维对方；

④ 愿意改进关系，提供帮助。

迁就策略的核心是迎合对别人或其他群体的利益让步，或将己方需求的利益让予他人（他方）。此策略常被使用的场合为：①各自利益极端相互依赖，必须牺牲某些利益去维持正面关系；②力量过于悬殊，希望以让步换取维持自身利益或在未来其他问题上的合作；③己方缺乏使用其他策略处理冲突的能力；④己方对冲突结果的期望值低或低度投资，采取消极的或犹豫不决的态度。这其中有着正面和负面两类理由。

(5) 妥协策略。

妥协实质上是一种交易，也有人称之为谈判策略。妥协策略指的是一种合作性和武断性均处于中间状态，适度(居中)的满足自己的关心点和满足他人关心点，通过一系列的谈判、让步，避免陷入僵局，"讨价还价"的部分满足双方要求和利益的冲突管理策略。妥协策略是一种被人们广泛使用的处理冲突方式，反映了处理冲突问题的实利主义态度，有助于改善和保持冲突双方的协和关系。尤其在促成双方一致的愿望时十分有效。奉行此策略时，应在满足对方最小期望的同时做出让步，冲突双方应当相互信任并保持灵活应变的态度，着重要防止满足短期利益在前、牺牲长远利益在后的妥协方案或妥协策略的消极影响。

妥协策略的常见表现情形有：

① 谈判；
② 寻求交易；
③ 寻找满意或可接受的解决方案。

妥协策略可能发生或经常使用于以下场合：①冲突双方无一方有能力包赢，从而决定按各方的有限资源和利益来分配(结果)；②双方未来的利益有一定的相互依赖性和相容性，有某些合作、磋商或交换的余地；③双方实力相当，任何一方都不能强迫或压服对方；④双方各自独立，互不信任，无法共同解决问题，但赢的赌注较多。

9.1.4.2 冲突管理策略的有效性

五种冲突管理策略的有效情境和无效情境如表 9-1 所示。

表 9-1 冲突管理基本策略的有效性

策略方式	有效的情境	无效的情境
竞争策略	·问题很琐碎 ·必须尽快做出决策 ·有必要征服固执己见的下属 ·对你来说，另一方做出的不受欢迎的决策成本太高 ·下属缺乏做出技术性决策的能力 ·问题对你很重要	·问题很复杂 ·问题对你并不重要 ·双方实力相当 ·一定要立即做出决策 ·下属的能力很强
回避策略	·琐碎的问题 ·与另一方进行对抗的潜在破坏性超出了问题得到解决的收益 ·需要一定的"冷处理"的时间	·问题对你很重要 ·做出决策是你的责任 ·双方都不愿意拖延，问题必须马上解决
合作策略	·总是很复杂 ·为了得到更好的解决办法，双方的结合是有必要的 ·为了成功地实施，另一方承担一定的义务是必须的 ·时间上允许彻底解决问题 ·一方不可能单独解决问题 ·为了解决共同的问题，需要利用双方拥有的资源	·问题或任务很简单 ·要求迅速做出决策 ·另一方不关心最终的结果 ·另一方没有解决问题的技巧

续表

策略方式	有效的情境	无效的情境
迁就策略	·你相信自己是错的 ·问题对另一方更为重要 ·你愿意放弃某些利益以从另一方获取一定的未来收益 ·你是从处于弱势的角度出发处理问题 ·维持双方的关系非常重要	·问题对你很重要 ·相信自己是对的 ·另一方是错误的或不道德的
妥协策略	·双方的目标都是排他的 ·双方的实力相当 ·双方之间不可能达成一致 ·结合方式或强迫方式都不可能成功 ·需要一种解决问题的临时方案	·一方更有实力 ·问题复杂到需要通过"解决问题"的方式来解决

 案例

某日上午，一员工怒气冲冲来到办公室，提出向人力资源部投诉，对上级管理方式不满，当时该员工情绪非常火爆，说话时分贝也不小。而负责接待的人力资源部女同事，为安抚该员工情绪，非常礼貌地说："你不要激动，别生气，有问题向我们反映，我们会调查，如果属实，一定给你一个答复。"不料，该员工立即大声喊叫："调什么查，难道你以为我骗你的呀，还是说你们人力资源部与管理人员一样不讲道理，我不与你谈了。"随后，不论这位女同事如何向他解释，此员工就是不再与其答话，只是自己大声抱怨无处讲理。因当时正处于办公繁忙时间，办公室内还有其他员工，因此为避免事态恶化，作为人力资源部经理的你应该如何做？

9.1.4.3 冲突管理的方法

(1) 预防有害冲突的方法。

管理冲突应以预防为主，预防对群体、组织及个人的有害冲突或破坏性冲突为主，预防工作可以从实际出发，适当选用以下方法措施。

① 合理选人，优化结构。即为了预防有害冲突，在组建群体或组织时，应当选择性格、素质、价值观、利益取向、人际关系等相匹配的人员，合理安排组织，切不可让格格不入的成员"搭配"，埋下有害冲突的根源。

② 共同利益导向，把"蛋糕"做大。当前所述，冲突尤其是有害冲突的重要根源之一是由于冲突各方对于稀缺货源的争夺而造成的。所以，在群体和组织管理中，要设计好大家的共同利益、共同目标和共同任务，决定各种分配时，把个体或各方的利益尽可能与共同利益捆在一起，"锅里有碗里才有"，努力把蛋糕做大，各自才能适得所需，减少因有限资源争夺而导致的有害冲突。

③ 建设组织文化，引导组织风气。一个组织或群体的冲突水平、冲突频率和冲突处置方式会受到其组织文化、组织风气的潜在影响。通过建设和推行理性看待冲突、崇尚合作，加强沟通等积极内容的组织文化和风气，培养员工正确处理冲突，控制有害冲突发生的精神和素质。

④ 信息共享，加强交流。通过建立健全组织内或组织间的信息沟通渠道，加强各种主体和各种形式的交流沟通，实行信息共享，增进人们之间的共识和感情，可以有效降低由于人

们的差异性，由于信息掌握程度不同或理解不同等原因引发的有害冲突。

⑤ 推行工作分析，责权利界定清晰。许多有害的冲突是由于个人、群体的工作责任、权力和利益界限不清楚或配置不当，招致彼此在工作中的扯皮、争夺、对立等行为而产生的。因此，应当在组织中大力推行人力资源管理，科学的工作分析技术，把不同群体和岗位的工作目标、工作内容、职责范围、责权利关系等科学地加以界定，使个人和群体的工作走向标准化、科学化，从而防范有害冲突的发生。

⑥ 强化整体观念，建立系统的考评体系。本位主义观念、小集体或个人利益的过度追求，以个体或单方面绩效为中心的考评体系往往是导致有害冲突的根源之一。因此，应强化全局和整体观念，谋求组织整体的最大利益方面的教育，并建立与之相适应的系统考评体系，把个人、团队和组织三个层次的绩效密切联系起来进行考核，以便减少有害冲突的发生。

⑦ 实行工作轮换，提高换位思考能力。由于人与人、群体与群体在组织中承担的任务不同，存在环境不同等因素所造成的角色差别和思维定势也是产生有害冲突的根源之一。因此，在组织中建立工作轮换制度，加强人们对更多工作角色的了解，提高人们换位思考能力，可以有效预防由此而引发的有害冲突。

⑧ 加强教育培训，提高人际关系处理技能。许多有害冲突的产生与发展起因于当事人对潜在冲突或正常问题的解决不当，简单拙劣地处理了人际关系矛盾。因此，应当开展相应的教育培训工作，提高组织成员处理人际关系的技能，提高他们处理各种矛盾问题的正确性和成功率，从而有效预防因此而导致的有害冲突。

(2) 激发功能正常冲突的方法。

① 改变组织文化来激发冲突。即在组织文化中容纳合理的冲突，给予功能正常冲突以合法地位，摒弃视冲突为"洪水猛兽"，完全否定一切冲突的传统观念。通过正面信息传播、示范加薪、晋升等强化手段，倡导敢于向现状挑战，倡议革新观念，敢于提出不同看法，进行独创性思考的组织文化，从而激发功能正常的冲突。

② 强调差别和利害比较来激发冲突。有比较才有鉴别，有比较才有竞争，这正应了中国的一句老话"人比人，急死人"。通过在工作中设计绩效考评、激励等制度，强调个人或群体的差别和利害比较，可以提高冲突水平。

③ 改革组织结构，打破现状来激发冲突。重新建构组织，重新组合工作群体，改变原有组织关系和规章制度，变革组织、群体和个人之间的互动和互相依赖关系等，都会因为打破了组织原有平衡和利益格局而提高冲突水平。

④ 利用信息和信息沟通渠道来激发冲突。一般而言，具有威胁性或模棱两可的信息可以用来促进人们积极思考，减少漠然态度，提高冲突水平。

比如，一所"四平八稳"的大学，当人们听到要进行内部管理体制改革、严格实行择优聘任、竞争上岗、末位淘汰制时，又会引发多少躁动不安和矛盾冲突啊？有意识地恰当使用信息沟通渠道或沟通手段也是一种有效激发冲突和控制冲突的方法。例如，某些组织的领导者在任命重要职位干部时，先把可能的人选信息通过非正式的沟通渠道散布为"小道消息"，试探和激发公众的不同反映与冲突，当导致的负面反应强烈、冲突水平过高时，即可正式否认或消除信息源；若冲突水平适当，正面反应占主导时，则可正式推出任命。

⑤ 利用"鲶鱼效应"激发冲突。

常见方法之一是引进外人来激发冲突。引进外人是指从外界招聘或内部调动方式引进一个或一些在背景、态度、价值观和管理风格方面与目前群体成员不相同的个体，来增加群体中的新思想、新看法、新做法，造成新与旧的碰撞、刺激、互动，从而激发有益的冲突，提高群体或组织的活力。常见方法是任命一名"批评者"来激发冲突，即人们所说的"任命一名吹毛求疵者"，给组织或群体中安排或任命一位总是具有"与众不同的看法"的角色，让其专挑毛病，专唱对台戏，从而打破定向思维、从众效应、"过去惯例"，激发必要的冲突。

⑥ 强调群体间界限，倡导"内和外争"来激发群体间冲突。即在群体态度、行为和文化上，强调群体内部的团结与和谐，强调与外部群体差别和界限意识，将外部群体树为竞争对手，从而激发群体间的冲突。

(3) 处理有害冲突的方法。

处理有害冲突的方法也叫解决冲突的方法技巧，指的是当有害冲突不可避免地出现后有效对其加以处理，从而控制或减少其破坏性作用的具体方法与技巧。

① 熟知基本冲突处理风格，理性对待和解决冲突。尽管大多数人都能够根据环境和系统的变化来调整自己对不同冲突的反应和行为，然而每个人都有自己习惯和偏好的冲突处理的基本风格。这种潜在的冲突处理基本风格往往影响着你在冲突中基本的可能行为方式，以及你最经常采取的冲突处理方式和方法。了解和熟悉自己与冲突各方的基本冲突处理风格，是扬长避短、对症下药、理性处置冲突、避免习惯或错误方法导致冲突恶化的前提。

② 区分冲突，审慎选择所要处理的冲突。群体和组织中的冲突决不会简单、孤立地存在，总是多种多样、复杂关联的。其中既有鸡毛蒜皮不值得花费精力的冲突，又有极难解决，超出你能力和影响力之外的冲突，当然也有一些适合你去处理的冲突。前两者并不值得你去花费过多的时间和精力，你应当区分冲突的不同类型和处理价值，审慎地挑选出那些有价值、有意义，自己又有能力、有义务处理的冲突来进行处理，只有这样，才能提高冲突处理的成效。切记，管理者不可能解决所有的冲突，只有放弃不必要和不可能解决的冲突，才能有效地解决冲突。

③ 评估冲突根源和当事人。凡事总有来龙去脉、作用与反作用力。解决冲突方法的正确选择和处理方案的正确制定，很大程度上取决于对冲突根源和冲突当事人的了解和把握。因此，应当全面仔细地挖掘冲突的具体原由，如人格差异、结构差异、沟通差异等；应当花时间了解和评估冲突当事人的兴趣、价值观、人格特点、情感、资源等要素的状况和差别，并试验从冲突双方各自角度来看待冲突情境与问题；要把工作的重点放在冲突各方的关键人物身上，力求有的放矢，为处理有害冲突奠定有利条件，大大提升解决冲突问题的成功率。

④ 选择与冲突特点相适宜的冲突解决方式。冲突具有不同层次和不同类型，真可谓多种多样、千变万化、特点各异，不同的冲突有其相对适宜的冲突处理方式。如果冲突处理方式选择不当，冲突管理就可能事倍功半，难以处理。冲突的常见处理方式有以下几点。

a. 冲突双方自助式解决冲突。即冲突双方各自代表自身利益，面对面地采取讨论、谈判、磋商、沟通等方法来解决冲突的方式。

b. 冲突双方代理式解决冲突。即冲突双方委托代理人(如律师、朋友、雇员、工会领导等)来解决冲突的方式。

c. 第三方调停式解决冲突。即当冲突双方无法自行解决冲突时，双方共同邀请非当事人的第三方或上级使用劝说、讲道理、建议新的解决方案等办法来加以调停解决冲突的方式。

d. 第三方强制式解决冲突。即当冲突双方或请第三方调停都无法解决冲突时，由非当事人的第三方运用强力、权威或法定权力强行制止和处理双方的冲突。如冲突事件的仲裁、法院裁决或上级行政处理意见等即为此种方式。

9.2 组织变革沟通

9.2.1 组织变革沟通的意义

(1) 组织变革的内涵。

组织变革是指组织依据外部环境和内部情况的变化,及时调整并完善自身结构和功能,以提高其适应生存和发展的需要。德鲁克在《管理的实践》一书中指出:我们无法左右变革,我们只能走在变革的前面,因为"变革是无可避免,必须发生的"。对于绝大多数企业而言,变革已成为企业的常态,在企业中唯一不变的就是变革。企业的生存和发展就意味着变革。老企业需要通过变革获得新生,新企业需要通过变革脱颖而出。当今的组织都是在一个急剧变化的环境中运转,适应环境变化的能力已经成为在事业中成功和生存的根本条件。企业最大的问题不在于外部环境发生变化,而在于企业自身能否根据这种变化采取相应的变革行动。

组织是由人构成的,任何组织任何形式的变革都离不开人的参与。组织变革的成败主要取决于员工工作的成败,而员工工作的成败取决于员工的心态,组织变革会影响员工的心态,员工的心态又会影响组织变革的成效。在变革过程中,员工经常会从支持者突然变成反对者,或从反对者突然变成支持者,这往往使管理者们疲于应对,阻碍了组织变革的顺利进行。

(2) 不同类型的组织变革沟通的难度及重要性。

一般来说,我们将组织变革分为如下三类。

① 适应性变革。适应性变革指有人已经经过试点的,比较熟悉的管理实践,属于复杂性程度较低,确定性较高的变革。这种变革具有可控性,这种变革对员工影响较少,潜在的阻力较小,成功率也较高。组织沟通的难度可控,但不可缺少。

② 创新性变革。创新性变革指引人全新的管理实践,如实施"弹性工时制"或股份制,往往具有较高的复杂性和不确定性。在这种变革的中非常容易引起员工思想波动和担忧,如果不能进行及时和有效率的组织沟通,消除困惑,会加大组织变革的难度。

③ 激进性变革。激进性变革指实行大规模、高压力的变革和管理实践,包含高度的复杂性和不确定性,变革的代价也很大。对员工的要求较高,变化最多,影响最大,因此对组织沟通的要求也非常高,如果员工不能理解和支持组织的新目标,甚至产生抵触情绪,变革很容易走向失败。

(3) 组织沟通的不同功能对组织变革的影响。

组织沟通有以下四种主要功能。

① 控制员工行为。通过组织沟通可以控制员工的行为,可以把组织变革新的战略目标、新的企业文化、新的操作流程、新的行为守则及新的工作要求等信息传递给员工,引导员工跟随公司的方向一同前进。

② 激励员工。通过组织沟通可以激励员工,明确告诉员工应该做什么、怎么做、做得不够时应怎么检讨和改进,对于这些理想行为的强化过程都会激发员工的积极性和动机。尤其在组织变革时期,激励员工更显得异常重要。

③ 情绪表达。通过组织沟通可以有机会让员工表达出在工作中的满足感和失落感，从而释放情绪，为自己在组织中找到适合的位置和归属感。而满足感可以鼓舞其他员工、提升士气，失落感也可以让管理层了解到问题所在，从而加以解决。

④ 获取以供决策的信息。员工作为一线操作人员，最清楚问题的所在，通过组织沟通可以获取决策所需要的信息，决策者可以全方位、多角度地评估信息以便做出最适合组织变革的决策。

9.2.2 组织变革沟通的阻碍

(1) 组织变革的三阶段。

过去的经验和研究表明变革主要经历三个阶段：否认和抵抗防御；抛弃；接受和内在化。

第一阶段主要针对原有工作模式。在变革初起之时员工最初的反应往往是极尽可能去否认、蔑视、淡化变革的可能性。其后当变革的方针大计已定并开始着手实施时，员工倾向于采取各种方式保护、坚持原有的工作状态和方式。在此阶段变革的阻力及其带来的各种负面影响开始显现，员工对变革的具体内容尚不了解或知之不深，对未来的不确定感和对既得利益丧失的恐惧促使员工本能地抗拒变革。

第二阶段，变革进入项目实施的具体阶段。员工在此阶段已明白变革不可避免。员工通过学习和培训开始抛弃原有的工作模式并带着相当大的疑问和不信任感开始尝试接受新的工作方式、组织结构。此阶段为变革的反复和相持阶段，变革的阻力最大，也最易失败。一旦员工在接受新的工作体系时发现局部的错误和不合理之处，或由于培训、沟通的不充分导致人与系统的不匹配或工作困难，就会谣言四起，员工工作阳奉阴违、消极怠工，甚至发起对新系统的集体抵制。组织的工作效率将因此极大下降，企业的大部分员工会自然而然地将各种工作失误和问题推到新系统头上，大量员工对企业忠诚度的丧失、骨干员工的接连跳槽和工作绩效的大幅下滑在激烈的市场竞争环境下会很快导致部门甚至企业的生存危机，迫使企业放弃变革重走旧路。

最后，当企业克服了第一、第二阶段的问题后，变革已接近成功。在此阶段员工开始接受并不断熟悉新的体系，随着员工工作熟练程度的增加，新系统的优点和长处也不断显现；随着系统使用时间的推移，员工已完全掌握新系统。此时新系统已内在化为"老"系统，每名员工都将其视为工作的必然组成成分，自此这一轮的变革宣告成功结束。

(2) 组织变革沟通的阻力。

变革管理过程中面对内外部的机会和威胁能否审时度势、因势利导，妥善地面对和处理第一、第二阶段出现的各种阻力决定着变革的成败。这当中人的因素占据相当重要的地位。具体而言来自员工的阻力主要有以下两个方面。

① 部门结构的因素。

部门结构是变革阻力是相当重要的来源。通过部门化的划分或单位联合成部门的变革方式，使正式组织系统中产生许多分系统；新结构形式的创建，如混合公司、跨国公司、地区性运输系统和多单位的保障实施系统等，常引起很多其他的变革；内部结构的其他变化，如特别委员会、任务小组、规范管理结构的变革及非正式组织的变化等，也将为整个企业的变革带来不确定因素。此外，部门间竞争导致的非合作态度、原有项目已投资的大量沉没成本、以往不成功的变革经历、权利在不同部门间的重新分配及由此带来的权利失衡等都极大地阻碍了变革的推行。

② 员工个人的因素。

企业内部的群体动力状态、人际关系、信息交流和意见沟通、团体的凝聚力，还有每个企业员工的士气、态度、行为、意见和要求等都对整个企业的变革产生重要的影响。变革会给组织内部带来焦虑、紧张和压力。因为人们习惯于待在自己熟悉的环境中，按照自己熟悉的工作方式处理业务。变革意味着进入一个未知的领域。个体的性格和知识能力的多样性、个体与组织目标的偏差、私人利益的最大化都意味着如果不能很好地管理和推动这些变革，人与组织固有的"惰性"将对变革产生消极的抵抗。如果组织的变革得不到下级的支持，缺乏必要的社会心理气氛，那么这项变革就很难推行，即使推行了也很难成功。

企业变革及其目标的实现在很大程度上依赖于人。员工面对变革会有各种不同的反应，对不直接涉及大多数员工利益的变革来说坚决支持和强烈反对的力量都占少数，大部分的人处于观望态度。变革的着眼点在于使支持变革的力量强大，以这少数的强大力量去影响和争取占总人数 60%～70%的中间派，同时尽量转化、消除反对者的力量。沟通是取得那些会受到变革影响的人的支持的基础。这种支持只会在关键决策者认识到变革的作用并推动变革时才会取得。为了达到获得支持的目的，沟通必须培养员工对变革项目的价值与战略重要性的认同感；保持信息的一致性与重复性，因为在长期变革中最容易受到影响的就是信息的清晰性；通过行动的一致性培养信任；形成双向交流，就信息源所提出的问题及其回答给予回应；了解不同的对象会有不同要求、兴趣及理解事物的倾向性；增强项目进度的透明度。

9.2.3 组织变革沟通的对策

(1) 制定完整的目标体系。

这样才能使公司的运营、变革和沟通有正确的方向。企业在进行变革时，往往从战略目标入手，来让大家理解现在变革的意义。再从变革目标入手，让大家实施变革行动。但整个变革的过程，往往充满艰辛，即使看上是对大家有利的变革，也得不到大家响应和支持。主要原因，就是变革管理者忽略了变革沟通的作用。

另外，变革沟通与其他沟通的又有很大的不同，因为变革沟通的目的不仅需要达到一个特定的结果，而且还是在变化不确定、有风险的环境下进行的。所以管理人员在进行变革沟通前，首先必须明确整个公司的战略目标，根据战略目标和现状的差异，决定变革的方向和内容，即变革的目标。明确了变革目标，就可以根据变革管理所处的情景来进行一系列沟通活动，即变革沟通目标，所以变革沟通的目标是公司战略目标、变革目标的基础和保证。制定每一个变革沟通目标之前必须有首要目标和次要目标为基础。首要目标，即战略目标，是指整个公司现在和未来的发展方向，是长期目标，是未来 5～10 年的发展目标。一个清晰的战略目标，可帮助内部员工清楚地理解变革，即使变革的动作大一点，也会得到大多数员工的支持。次要目标，即变革目标，为实现战略目标所必不可少的行动。简单说，就是短期的变革行动。变革目标的制定，要注意分阶段、分层次，减少实现的难度，给执行过程留有一定的空间。另外，制定变革目标时，替代方案、补充方案和应急方案也是很有必要的。第三级目标，即沟通目标。为了实现公司的变革目标拟定的具体沟通任务。这些任务可能会涉及建立变革沟通部门和沟通人员队伍、收集信息、设计沟通渠道、执行沟通活动、分析沟通结果等活动。为确保变革目标的实现和变革过程的顺利，应与外界保持良好的沟通，以取得外界的理解与支持。

只有这三项目标全部制定，才会使公司变革管理的目标体系完整，以确保变革按照正确方向进行。

(2) 提升变革沟通部门地位。

首先要在重大变革时要建立变革沟通部，并提升企业沟通人员在变革管理中的决策地位，确立变革沟通在企业战略中的价值。现在很多公司有了一些改进，成立了内部沟通部、内部协调部。但沟通经理在组织的职位太低，他向人事资源部门汇报，人事总监向集团总裁汇报，说明沟通经理还距离核心管理层很远。很难带来对公司变革和企业永续发展的推动力，这为变革沟通走入困境埋下伏笔。想要有效地解决第二个困境，将内部沟通部归到公司人力资源部门，由人力资源总裁兼任内部沟通总监，直接领导内部变革沟通部；扩大内部沟通的编制，增加有经验的管理人员，培养一批未来推动变革的中坚力量。

(3) 管理变革调研期的有效沟通策略。

调研期的行动目的是在短时间内快速了解目前企业运作模式、了解部门运作流程，诊断企业存在的问题；其次要调查员工的心态，了解员工对企业的看法、观点与建议；关键要通过调研找到此次管理变革的突破口和支持与反对变革的力量。而非正式沟通的沟通形式多样，沟通开放、直接、灵活，能快速了解员工真正的心理倾向与需求，了解民意、期望和看法。借助"外力"(比如咨询顾问公司或外聘专家)的调研则更有必要采用开放式的非正式沟通。调研期沟通策略的关键要素在于沟通主体，现从沟通者的目标、沟通风格和沟通者的可信度进行剖析。

沟通者在进行部门调研、工序调研或个体调研前，首先必须明确本次沟通总体将要达成的目标，同时设定具体的、可度量的并有时限的行动方案和选择适合的沟通对象。其次，对于沟通客体来说，沟通者可信度的高低直接影响沟通的效果。沟通者的身份和形象能快速影响与沟通对象建立的可信度；沟通主体最好不与沟通对象产生利益冲突。最后，在沟通风格策略上，依据沟通内容控制与受众的参与程度高低程度分为：告知、说服、征询和参与四种形式。这四种沟通形式在信息控制和受众参与程度的作用，如调研对于信息的控制要求低、期望听众积极参与、更期待良好的反应和反馈，所以尽量采用开放式的参与策略，当然，调研过程也将适当带入叙述或征询策略。

(4) 管理变革启动期的有效沟通策略。

管理变革的启动属于攻心策略，其目的就是向全体人员灌输管理变革的理念和企业进行变革的决心，激励全体人员积极参与，获得全体人员达成高参与度的沟通效果。因此信息的组织、沟通形式的选择、沟通主体的确定、沟通渠道的选择策略和文化策略等非常重要。从文化策略方面分析，依据霍尔斯泰德对不同国家或地区的文化价值观的五个维度研究，中国属于高权力距离国家，而国内的企业本身就属于高度集权组织。为了达到所要的沟通效果，影响沟通对象的心态和决心，且体现企业组织的权威性和严肃性，增强约束力，相对来说，企业领导人的可信度和权威性是最高的。因此建议由企业领导人通过正式公告形式发布变革信息，同时辅以正规、严肃地沟通渠道。比如，由企业领导人组织召开管理变革动员暨启动大会，传达公司进行变革的必要性和充分性及变革的决心。在文化氛围上，可通过公告栏、宣传横幅等影响员工对变革的认知。但启动后，企业内部中员工的心理状态大致将存在或依次经历观望、抵制、融合、接纳或积极参与，据统计：20%的人反对、20%的人支持、60%的处于观望状态。所以，启动后，有必要采取正式沟通和非正式沟通双管齐抓的沟通策略。正式沟通可阻止谣言的蔓延和消除小道消息的负面影响，避免内部成员的相互独立，甚至形成派系或小团体。依据霍尔斯泰德的五维度研究，中国属于高集体主义的文化，对于高集体主义文化背景的组织，非正式沟通方式喜欢参与和征询的沟通方式，易让观望者和反对者改变对变革的态度。

(5) 管理变革资源整合期的有效沟通策略。

资源整合期的目的是如何调动企业内部的人力资源、物力资源和信息资源，重新进行结构调整、人员整合、流程优化，构造"塑造企业的凝聚力和打造企业的控制力"的管理模式。这个时期，人的因素占重要位置，所以从沟通对象的策略着手，现按照人的心理需求情况和对信息处理的不同方式的心理特征相应采取的沟通策略进行如下分析。

第一，按照心理需求的不同分为成就需要型、交际需要型和全力需要型。

第二，按照其对待接收信息的处理方式的不同分为：思考型、感觉型、直觉型和知觉型。

不同类型的人采用不同的沟通策略完成企业变革的资源整合，让员工通过学习、参与讨论和培训了解和接受变革的新模式，感受变革将给企业和个人带来的利益，为后期变革项目的具体实施阶段打下了坚实的基础。

(6) 管理变革推行期的有效沟通策略。

在管理变革的具体实施推行阶段，因为员工还不习惯新的运作模式或不想改变旧的模式，是变革阻力最大也是最易失败的阶段。在变革推行过程中，一旦员工在接受新的工作体系时发现局部的错误和不合理之处，或由于培训、沟通不充分导致人与系统不匹配或其他问题、困难，就会谣言四起；甚至原本的反对者将会发起对变革体系的集体抵制。所以推行期的有效沟通策略就是"以点带面"。找准管理变革的切入点，集中优势兵力主抓最易解决且有实效，又期望你去解决的问题点，既可稳定军心和人心，扭转原本的观望者成为变革的支持力量，又可各个击破，防止反对者的乘虚而起，甚至可以转化反对者对变革的态度。依据霍尔斯泰德对不同国家或地区的文化价值观的五个维度研究，中国属于高权力距离国家，注重集体主义精神，因此也可匹配相应文化策略，如人际关系奖励、精神奖励、惩罚等行政管理手段，加强沟通效果，推动变革进程。

(7) 管理变革收尾期的有效沟通策略。

管理变革是一个反复和相持的过程。变革进入收尾阶段，员工的工作熟练度、变革的参与性和对变革的认知度已提升，为了维持变革的稳定、成熟和持续发展，可选择适合的文化策略，帮助员工解决变革过程的心理压力，及时了解员工的想法，获得员工更大程度上的支持与认同。同时建立学习型的组织，采取沟通者可信度的人际关系奖励、精神奖励、物质奖励或员工通过变革后既得利益的分享等沟通策略巩固变革成果。

9.3 危机沟通

 案例

2000年12月，武汉野生动物园购买了一辆奔驰轿车，不到3个月的时间，接二连三地出现问题。武汉野生动物园只好将车送到北京修理。但问题并没有解决，该奔驰轿车仍问题不断，奔驰代理商此后四次派人维修，却一直没有彻底解决问题。武汉野生动物园向经销商

和奔驰公司提出换车或退车，遭到拒绝。武汉野生动物园决定：一年的保修期将满，如果不能退车将砸毁该车。奔驰公司没有答复，武汉野生动物园遂当众将价值百万的奔驰车砸毁。奔驰公司对武汉野生动物园的砸车行为的评价是："极端的没有必要的行为"、"非理性而无意义的行为"、"不惜侵害我公司权益的行为"。此后又有奔驰车出现质量问题而被砸毁。2002年，因奔驰汽车质量问题得不到解决的受害者成立了"奔驰汽车质量问题受害者联谊会"，并在北京约见部分媒体。2002年武汉野生动物园再一次当众砸毁另一辆奔驰车。奔驰公司对此的反应是发表了一份声明，对武汉野生动物园的行为表示遗憾和震惊，再次强调其行为是非理性的，并以外交恐吓的方式强调："希望砸车行为不会给进行国际化的中国造成不良影响"。作为回应，"奔驰汽车受害者联谊会"进行了北京维权行动，举行了记者招待会，武汉汽车协会对受害消费者表示了声援。案例反映出奔驰公司危机意识不够，在危机爆发前，没有对事件可能造成的影响给予重视。例如，对武汉野生动物园在砸车前的预告信号未做出回应，缺乏危机意识。

9.3.1 危机沟通及意义

9.3.1.1 危机沟通

危机沟通是指以沟通为手段，通过与企业各个利益相关者进行信息、思想及情感的交流活动，以解决危机为目的的过程。

危机沟通可以降低企业危机的冲击，可能化危机为转机。事实上，对企业内部、外部的危机沟通失误很可能使普通事件演化为危机事件，一般危机变成严重危机，局部危机演化为整体危机，给企业造成巨大的损失。

按危机沟通接受者，可以将危机沟通分为以下几类。

(1) 媒体沟通，是指危机管理者主要通过各类新闻媒体向社会公众传递企业对危机处理情况的沟通。

该类沟通的目的是为了广大社会公众能及时了解企业对危机的态度、决策和处理措施，消除社会公众对企业的不利心理反应，恢复对企业的信心，支持企业的举动。

(2) 特定群体危机沟通，指危机管理者依据危机应对计划和行动方案，对特定的企业利益相关者，围绕企业危机的相关信息，应用非大众化媒介(如会议、内部刊物、报告及各种公共关系活动等手段)与特定利益相关者进行直接沟通。

该类沟通按照利益相关者的分类，可以分为：员工沟通、顾客沟通、其他利益相关者沟通。

9.3.1.2 危机沟通的意义

(1) 对管理者个人来说，良好的沟通可以带来诸多益处。

① 增进相互理解。

② 取得良好的管理效果。

③ 化解冲突，促进不同文化差异之间的融合。

④ 获取其他企业防范危机的经验、习惯、决策技能和应对危机的智慧。

⑤ 培养危机管理者良好的心里状态，排除孤独感与脆弱心态，克服有害情绪。

(2) 从企业内部来分析危机沟通所带来的益处。

① 能协调企业各个个体、要素和环节的关系，是促进企业成为整体的凝聚剂。

② 沟通是危机管理者激励下属、进行危机预警和扭转危机局势的基本途径和最重要的工具。

③ 沟通是企业与外部环境之间建立联系的桥梁。

④ 在企业并购和重组等发展战略实施过程中，良好的沟通可以更有效地解决企业文化整合危机。

⑤ 沟通有助于内部员工理解管理模式的变化。

(3) 从企业外部看危机沟通的益处。

① 及时与外界沟通，可使利益相关者知晓危机事件的来龙去脉，消除利益相关者的顾虑。

② 能让社会公众知道企业是在积极应对危机事件，从而理解公司、同情公司、支持公司的社会舆论氛围。

③ 及时沟通能获得新闻媒体的支持。

9.3.2 危机沟通准备与实施

9.3.2.1 危机沟通准备

(1) 做好危机前的准备。

在危机管理理论中有一个著名的"莫非定律"："只要有危机发生的概率，危机终究可能发生"。罗伯特·希斯认为：就企业沟通而言，危机管理要对以下 9 个要点进行精心准备。

① 考虑危机环境对沟通的影响，要认真研究各种危机环境是如何影响沟通系统和使用者的。如果在危机环境中存在很多噪声，就需要准备相应的隔音设备。

② 考虑与危机无关的通信使用者的影响因素。大部分危机管理中使用的沟通系统都不是专门系统，这就可能因同时传递那些与危机无关的信息而造成过载的危险，产生危机沟通瓶颈想象。

③ 危机沟通系统必须方便使用。危机管理者在设计危机沟通系统时应当注意：整个沟通系统的需求；危机环境可能对其产生的影响；使用者的技术水平和能力；信息发送者和接受者及相关管理者事先确定的危机种类；解决办法——在沟通设施、设备上贴上简明的操作规程，告知使用者怎样使用这些设备。

④ 培养信息收集和分析技能。

⑤ 尽量简化沟通渠道。最佳沟通渠道的特征是：迅捷和直接。即最有效的沟通系统和沟通渠道应使得信息发送者与接受者之间的路径最短。

⑥ 使信息真实可靠。要求危机管理者必须提升相关的技巧水平和学习、培训能力。具体讲就是：在危机之前（预防准备阶段）检查、演习信息接收的准确性程度；同时危机管理者还应训练自己和员工，提高以下方面能力：保持镇静、用清楚明了的语言沟通、检查信息传递的准确程序和理解能力。

⑦ 要保证沟通所需的通信设施足够。

⑧ 确认并且克服瓶颈现象。有两种办法可以克服沟通中的瓶颈现象：通过重新设计和扩展系统来消除瓶颈、绕过瓶颈（如使用专用沟通系统或并行系统、扩大成为瓶颈现象根源的节点信息通过量）。

⑨ 运用非正式沟通系统。通过应用非正式沟通系统，危机管理者能够建立绕过瓶颈的通信频道，并且能减少沟通中的谣言和错误信息的数量。

乔·马可尼认为，在危机沟通中企业应在以下几方面做好准备：挑选一位发言人；不要透支信用，应诚实可信；率先公开承认问题，并以诚相待；告知公众已经采取哪些危机处理措施；预测最坏情况，并且事先做好计划；通过新闻媒体宣传企业的立场、态度，公布发言人时间，供媒体采访；发言人要向公众传递中重要信息；居安思危，积极努力，防患于未然，不断提高和巩固公司信誉；与企业外部专家广泛接触，接受他们合理意见。

莫非提出了5项有效沟通的准备：确认沟通的目的；分析沟通的对象；根据传递的信息类别、情景、文化，选择沟通的核心思想；搜集资料来论证沟通的核心思想；组织所要沟通的信息。

(2) 危机沟通计划。

危机沟通计划是危机应对计划的一部分，其宗旨是针对可能发生的危机，做好危机预防和危机化解中的各项沟通应对准备。该计划应当结合企业使命要求，适合本企业文化，与公司经营运作条件、企业规模、行业习惯及社会文化背景相适应，在结构上应简明扼要、易懂、便于操作。

危机沟通计划包括以下内容。

① 树立危机沟通理念。

企业进行危机沟通，必须以一定的理念为指导。随着社会的进步及法制的不断完善，消费者的法律意识会进一步增强，用法律武器维护自身利益的事例屡见不鲜。事实表明，那些成功的企业无一例外地奉行顾客利益至上的理念。正是有了这样的理念，强生公司才会因为几十粒被污染的"泰诺"胶囊，将价值上亿美元的药品全部从市场上收回。企业在顾客的利益受损之后，应以"诚信"的态度主动地承担责任，即坦诚地、可信任地进行沟通。任何被动的、不诚信的方式都会造成公众的不信任感，以致引发更大的危机。

② 确定危机沟通对象。

企业危机沟通计划的首要任务是确定沟通对象与目标，充分掌握信息接受者的立场、思想、实力、条件、优劣势、接受者的信息解码层次和经验等，这样才能把握对象心理与需求，将要传递的信息转变为对象容易理解、降低彼此敌意、提高相互信任度、能实现沟通目的的信息(即信息编码)。

③ 建立企业内外沟通渠道。

在企业危机沟通计划中，结合结合危机种类和目标对象，要明确建立那些信息沟通渠道、环节，来应对巨大的危机信息流量。

危机沟通渠道指危机信息借以在发送者和接受者之间流动的途径。根据众位学者的观点：危机沟通渠道越短、越直接，沟通效果越好。这是危机沟通渠道建设的最基本要求。

危机沟通渠道的种类有：企业内部直接沟通渠道有各种通信设施、内部电视频道、内部文件、定期会议、面对面交谈、远程通信系统和内部公共关系活动；企业外部直接沟通渠道有记者招待会、演讲、各种行业论坛、企业外部公共关系活动、大众新闻媒体。

大量危机往往是和企业产品质量有关的危机，建立各种顾客投诉、处理的信息沟通渠道是极其重要的渠道建设任务。具有良好市场营销能力、高度警惕性和远见性的企业能建立更为完善的信息沟通渠道。主要表现在以下几个方面。

a. 顾客投诉和建议渠道。通过设置意见簿、建议卡、企业网站、电子信箱和800免费电话,增加顾客反馈意见的途径,鼓励顾客提出意见。该类渠道的任务是记录、分析和答复顾客的信函、口头抱怨及对产品或服务的关注事宜,为化解危机、消除危机建立日常信息沟通渠道。

b. 典型顾客调查系统。该项渠道主要是公司在现有的顾客中随机抽取样本,向其发送问卷或打电话询问,了解顾客对公司各个方面印象即对其他竞争者的看法。

c. 现场调查与沟通机制。通过建立现场调查、咨询和沟通制度直接与顾客沟通,可以为企业提高最真实和直接的信息。

④ 平时积累、夯实企业沟通基础。

企业在重视可信度、美誉度的同时,平时也要注意与当地社区、公众的良好沟通,在力所能及的情况下,积极参与社会公益事业,获得公众、政府部门的高度认可。一旦危机情景爆发,需要对外驳斥谣言或澄清事实时,也比较容易获得公众的信任与支援。

企业危机与新闻媒体间的关系是十分重要的关系,主要体现在:由于信息不充分,客观造成媒体的报道与企业危机的实际情况多少有些背离,甚至小危机常被强大的媒体渲染成大危机,这种情况给危机管理者造成的压力往往迫使其采取"家丑不可外扬"、对外界持否认的心态,希望大事化小、小事化了。而对新闻记者而言,总是希望将危机事件的来龙去脉公布于众。双方在这种压力下,就可能存在冲突。为建立和谐的媒体关系、化解信任矛盾,企业危机管理者应在危机爆发之前,就注重和媒体建立良好的关系。

⑤ 高度关注以下行动准则:率先提出危机的相关说明;对危机爆发的严重性表达关切;保证在政府有关部门监督和其他社会权威机构监督下解决危机;承担责任,树立解决危机的诚恳形象;对公众说明公司处理危机的措施;在危机情境中,提出公司危机处理方案,并在适当时机,用适当方法提供公司曾为社会所做出的贡献,以获得公众的理解和同情;如果的确是公司的错误,应用于认错。

9.3.2.2 危机沟通的步骤

通常来说,企业危机沟通遵循以下步骤。

(1)成立危机沟通小组。

公司应该选派高层管理者,组成危机沟通小组。最理想的组合是,由公司的首席执行官领队,并由公关经理和法律顾问作为助手。如果公司内部的公关经理不具备足够的危机沟通方面的专业知识,他可以找一个代理者或独立的顾问。小组其他成员应该是公司主要部门的负责人,涵盖财务、人力资源和运营部门。

(2)选定并培训发言人。

在危机沟通小组,应该有专门在危机时期代表公司发言的人。首席执行官可以是发言人之一,但不一定是最主要的。一些首席执行官是很出色的生意人,但并不健谈。形象沟通常常和事实沟通一样强有力。因此,沟通技巧是选择发言人的首要标准之一。同时要对发言人进行培训,尽可能避免误解的发生,并能清晰、准确地对外进行沟通交流。

(3)建立信息沟通规则。

企业任何职员都可能最先获取与危机相关的资讯。最先发现问题的也许是看门人、销售人员,也可能是出差在外的经理人。那么发现问题的人应该通知谁呢?如何找到他们呢?这就需要建立突发事件通信"树状结构图",并分发给每一个职员,该图可以准确说明面对可能发生或已经发生的危机，每个人应该做什么，与谁联络。除了有合适的主管人员之外，危机沟通小组中至少要有一名成员和一名候补成员应该在突发事件联络表中留下其办公室及家庭电话。

(4) 对危机进行评估。

在组织相关的各个方面进行沟通的基础上，评估危机对于组织可能存在的风险、威胁或危险，进行风险评估。目的在于弄清组织的类别和特征，列出可能发生的事故。危机调查一般有两种方式：第一种了解组织历史上的危机；第二种了解组织同行及类似该组织发生的危机。

(5) 确定关键讯息。

要做到简单明了，给每个受众的主要讯息不超过三条，也许还需要为具有专业素养的受众提供相应的资讯。假设一个在可疑情况下发生死亡的事件，如果供退休人员使用的器材出了问题，需要向听众提供的关键讯息可以包括：我们对人员死亡的悲剧深感遗憾，我们正在与警方及验尸官全力合作，以确认死亡原因；我们公司有极好的安全纪录，符合所有保障健康和安全的规则要求；我们会及时向媒体提供最新的消息。

(6) 决定信息沟通方式。

进行危机沟通的方式有很多，对于公司的职员、客户、潜在的主顾和投资者，公司高层可以直接向他们简要介绍情况，也可以将信息以邮件、通信或传真的方式发送给他们；对于媒体，要向其提供新闻稿和解释信，或者让其参加公司举行的一对一的情况介绍会或新闻发布会。

需要关注以下细节：①由谁来负责通知员工？②负责人不在，由谁来代替？③谁负责通知新闻媒体？④谁是公司新闻发言人？⑤向哪些地方政府部门或国家政府部门汇报，谁来负责此类工作？⑥谁来负责处理各种信息，向谁报告这些信息？⑦当新闻记者和社会公众打电话询问时，电话值班人员如何回答他们的问题？⑧公司有辟谣的专用电话吗？⑨接听顾客抱怨或辟谣专用电话的危机应对小组人员，能否用多种语言与公众沟通？⑩企业是否用电子邮件作为沟通工具、谁来负责此类信件、其他媒体的信息谁来负责？

9.3.3 与员工进行危机沟通

9.3.3.1 与员工进行危机沟通的意义

(1) 通过沟通，员工可以了解企业危机具体情境，激发员工团结一致、克服困难的信念，也能激发员工对企业处境的同情和责任感，塑造众志成城的团结气氛。

在 PPA 风波中，中美史克公司及时向员工传递了准确的信息，通报了企业举措和进展。企业的推心置腹、坦诚相见和诚挚果断打动了员工，在企业内部赢得了员工的积极响应。员工空前团结一致，与企业同患难共命运。

(2) 有利于员工保持积极的态度。危机爆发期间，企业很容易人心涣散，士气消沉。通过内部沟通，让员工及时、充分了解危机情况和企业整体状况就可以稳定军心，不会被危机情景分散注意力，更保持员工乐观积极、支持管理者解决危机的态度。

(3) 员工和顾客具有同等重要性。基于下列因素的考虑，在企业危机爆发时，企业管理者更需要花费大量的时间和精力与员工沟通。

员工是公司的看得见的代表，因为他们有自己的社交圈，有助于传播正确的信息。员工可能对事件本身有正确的意见和看法。有利于企业用一个声音说话。危机期间，由于信息不对称，则不可避免地会出现各种各样的信息，甚至谣言。为统一信息内容，澄清事实真相，企业管理者要和员工高度沟通，提醒员工：哪些事情他们可以告诉媒体记者、顾客甚至家人，哪些不能向外透露。

9.3.3.2 危机情境中的员工沟通计划

(1)危机情景中员工沟通内容。在危机情境中，关心员工切身利益；提醒员工——要求员工继续安心工作，不要随意猜测事情的发展。提醒他们公司的有关政策，如除了指定发言人外，任何人不得与新闻媒体接触。

(2)危机情景下员工沟通途径与渠道。在企业危机爆发时，企业要考虑选择效果最好的沟通渠道来传递危机信息，使得员工明白事件真相，清楚公司准备采取什么措施。

① 员工大会与部门会议。召开员工大会与部门会议是企业说明重要问题的常规渠道，也是最权威、最正式的内部沟通方法之一。具体可以采取：电话会议、电视会议、现场会议的方式。

② 企业简报、公告或企业内部刊物是强化关键信息和提醒员工有关企业信息、行为的便利工具，可以承担起内部沟通渠道的职责，能真实反映危机事件的实际情况及危机管理的措施。

③ 单独会见。单独会见是企业领导经常采用的内部沟通措施，可以很直接、随意交流看法。但只影响少数员工。

④ 电话与电话会议。

⑤ 互联网络。企业可以采用电子邮件、即时通信等方式随时向员工发布最新的信息，提供最新的管理策略，从而获得员工的支持和理解。

⑥ 非正式沟通渠道。这种沟通渠道传递速度快，不受时空限制，员工可信性和情感性交流性强，反馈速度快，往往能达到正式渠道达不到的传播效果。

9.3.3.3 员工危机沟通范围选择

劳伦斯·巴顿认为员工沟通的时机选择与危机种类、沟通情景有密切关系。

适合于小范围、个性化的危机种类有：员工自杀；控告同事盗窃公司财物；局限于少数人的而且未被其他大多数人看见的工作场合暴力；仅造成一个人或少数人重伤的工业事故。

适合于向全体员工进行大规模危机沟通的种类有：犯罪活动（如起诉、诈骗）；产品缺陷或产品召回；公司主要负责人发生意外人身伤害；在工作场合员工人身被故意伤害；企业大规模或大量裁员；意外的恶意收购；公司发生重大工业事故或环境事故；不友好的出版物恶意散布谣言；媒体调查公司有重大的欺骗行为。

9.3.3.4 与员工进行危机沟通应注意事项

(1)尽快沟通。员工有了解危机真相的权利。让他们成为企业"喜怒哀乐"的分享者。如果危机比较严重，发生员工伤亡事故，要尽快通知员工家属，做好慰问及善后处理工作，并争取把这些坏消息毫不隐瞒地告诉其他员工。

(2)全面沟通。在危机情境中，员工迫切想知道尽可能多的危机情况。尤其是涉及自身利益的信息和核心信息。如果员工觉得获得了真实的信息，就可能会支持企业的行动。如果涉及企业机密，则应向员工解释为什么不能告诉他们的原因。

9.3.4 与顾客进行危机沟通

美国希尔顿饭店创始人希尔顿先生有句名言："一、顾客永远是对的；二、即使顾客错了，请参看第一条。"

 **案例**

杭州奶业 72 小时生死时速

2002 年 3 月 15 日，中央电视台"3·15"晚会曝光了一批国家抽检不合格奶制品，其中杭州市"美丽健"、"双峰"两个企业的产品名列其中。从 2002 年 3 月 16 日上午起，超市撤出被曝光的奶制品，消费者问询电话不断，媒体更是在头版头条争相报道。面对这一突如其来的危机，杭州奶业紧急开展了一系列危机处理活动。

一、紧急行动，争取政府和商家理解

2002 年 3 月 16 日下午，被杭州贸易局、市农经委、市卫生监督所、市质监局联合点名的两家企业，邀请了"好又多"、"上海华联"、"万家福"等超市召开紧急碰头会。会上，主管抽检单位——杭州技术监督局稽查所介绍了检验情况和点名原因，公开了事件真相。说明这次检测是国家乳制品质量监督检测中心于 2001 年 4 季度进行的调味品国家监督抽查活动，只抽查了一个样品，而且是一个日期，这并非等于所有产品、全年都不合格。被点名原因是：杭州双峰乳业塑料瓶装"甜滋滋"甜牛奶"总固形物"指标检验结果为 8.36%，单行等级不达标；杭州美丽健奶制品的强化维生素 AD 钙奶"微生物"指标检验结果为"非商业无菌"，单项等级未达标；说明了对曝光两个产品的指标"总固形物"、"商业无菌"科学评价结论是非致命致病因素。会上被点名企业慎重保证，一定吸取教训，举一反三，全面提升产品质量，同时欢迎监督部门、商家和消费者对企业加强监督，承诺因产品在饮用过程中发现任何卫生质量问题愿双倍赔偿。两家企业真诚负责的精神，为解除抵制打下了良好的基础，碰头会取得了较好的沟通效果。

二、增设渠道，全面与消费者沟通

(1)开设全天专线电话接受消费者和经销商问询，在电话中不仅说明事件真相和被点名原因，而且表态：如喝了本企业产品有损健康或造成其他损失则双倍赔偿；消费者如要求退奶，企业立即同意办理，从早 7 时到晚 7 时有专人值班恭候。

(2)邀请媒体、市民代表参观生产现场的工艺流程，介绍产品质量保证体系，树立其对企业产品的信心。

(3)正确的宣传。

① 向媒体介绍被点名原因等情况，如双峰乳业拿了国家监测报告和产品，到报社向记者介绍国家标准中含乳饮料的理化指标有 5 项，5 项达标即为合格品，而该企业为了提高牛奶品质、增强市场竞争力，有 7 项内控指标高于国家标准。如"固形物"为 9%～11%，这次抽

检为8.36%,就是依据企业标准判定的不达标。从2001年4季度起,内控标准已改为8%,这对人体健康没有任何损害。

② 在媒体上公开承诺。设立服务专线而且双休日不休息,随时倾听消费者的意见。双峰乳业通过媒体慎重推出3项承诺:在浙江市场上销售的每一种双峰乳牛奶均为优质产品,产品符合国家标准;5年内每年在浙江省消协存放一笔30万元以上的信用保证金,用以支付对消费者受损的补偿;5年内分期向浙江省消费者保护基金会捐赠20万元,用于全省消费者维权事业。

通过以上一系列宣传措施,杭州新闻媒体逐步改变了态度,开始比较客观公正地报道事件的经过和真相,特别是大量报道了企业真诚整改的意愿和承诺措施以及一些有益于企业的消费者意见,如"别一巴掌拍死两家企业"、"总不能因为0.5%让企业栽跟头"等,一些媒体头版标题刊出了"杭州奶业紧急行动"、"厂家重整山河"等正面新闻。

(4)加大广告宣传力度。两家企业分别花了几十万元的临时广告费用,几乎占据了杭州所有报纸的头版,用以阐明企业产品的安全性。美丽健公司的广告词是"别担心,美丽健牛奶可以放心喝",双峰公司的广告词是"双峰牛奶,您完全可以放心"。广告均立足于证明产品质量,强调"其余所有产品均为合格产品,不存在质量问题"。其宣传效果十分明显,如双峰乳业从3月16日的销量33%,到3月18日已挽回13%。

杭州奶业在处理此次危急中始终抱着为消费者着想的态度,措施得力,行动果断,为企业处理与消费者有关的危机事件树立了良好的榜样。当然他们的沟通获得了消费者的认可。

9.3.4.1 顾客沟通过程

(1)首先要确定顾客关注的问题。

企业要发现顾客关心的问题,并把顾客关心的核心内容告诉他们。这些问题的种类是:企业已经发生的问题是什么,危害性有多大,对顾客影响如何;为题是如何发生的,到底发生什么,事情有多严重;危机的产生对企业影响有多大,是否会影响到企业对于顾客的服务承诺,是否能够采取措施避免问题的恶化;企业是否愿意坦诚地告诉顾客危机真相,是否愿意接受顾客的质疑,并提供可能的帮助,顾客如何与企业的有关人士沟通。

(2)建立于顾客沟通的渠道。

在危机中,可以有效利用的渠道包括:个别座谈会,适合于对危机受害者和重要客户(顾客);电话与信件;Q&A(问题与回答)文件,在企业开始陷入危机之前,推测顾客可能提出的问题,做出标准答案,作为顾客危机沟通的指南;企业声明、公告与新闻稿。

消费者热线,是接受顾客投诉、沟通信息和对外树立企业形象的重要环节,是顾客危机沟通的第一道门户,如果处理得当,往往会把由投诉引起的危机消灭在萌芽状态。在危机发生初期,公众会对企业产生种种猜疑和批评,投诉与咨询的电话骤然增加,这样使得企业消费热线成为协助危机管理者答复公众问询的一个渠道。

(3)对待顾客与受害者的策略。

危机管理者要以同情的态度,谨慎地处理好与顾客、受害者的关系,这是关系到危机能否顺利化解的大问题。

首先,对顾客及其团体可以采取如下策略。

① 疏通销售渠道，通过销售渠道向顾客发布说明事件梗概的书面材料或者口头解释，利用企业自身的能量化解顾客疑虑。

② 疏通新闻媒体渠道，通过记者采访，把信息发布出去，如有必要，还应通过报刊登载企业声明、公告或广告的形式来公布事件经过及企业对策。

③ 热情接待消费者团体及其代表，他们是消费者的领袖。

④ 安抚顾客，如果消费者对于企业的产品或服务存在异议，企业可以在力所能及的范围内予以解决，不能的话给予说明，争取谅解。

其次，对受害者可采取如下对策。

① 了解情况，并承担其责任，直接与受害者接触，认真了解受害者的情况，冷静地倾听受害者的意见，并表示歉意和承担相应责任。

② 赔偿损失，了解和确认受害者的有关赔偿要求，向受害者及家属公布企业的赔偿办法与标准，并尽快落实。如果受害者家属提出过分要求，要大度、忍让，尽量避免在事故现场与受害者发生口角，努力做好解释工作。

③ 提供善后服务，给受害者以安慰同情，安排企业领导人慰问看望，并尽可能提供其所需的服务和帮助，尽最大努力做好善后工作。

 **案例**

调解人：化解日航危机

在日航，由于服务质量问题而导致的危机中，与消费者的沟通成为化解矛盾的一个很好方式。日航公司在得知《中华工商时报》披露危机事件后，即与乘客取得联系。但是，起初走了一段弯路，日航总部否认乘客的指责，以致引起乘客强烈不满和国内媒体、舆论的不满。期间，日航律师王晓滨先生表示，日航一定会尽最大努力争取圆满解决此事，日航将有一些新的决定出台面对乘客和媒体。中消协负责人也一直试图和中国乘客代表及日航方面沟通，希望能圆满解决此事。

经过日航方面数次出具调查报告和中国消费者协会、新闻媒体的努力，2001年6月28日，乘客代表李浩向媒体声称：日航主动认错，乘客同意和解。2001年7月29日，中日双方签署和解协议书，日航事件终于尘埃落定。

这次日航事件之所以能和解，调解人在其中起了很大作用，这也是日航的聪明之处。任何企业与消费者的官司，不管企业多么冤枉，最终受伤害最大的还是企业，因而，聪明的企业不会轻易选择与自己的消费者打官司，争取彼此谅解成为化解危机的核心工作。在长达半年的交涉过程中，日航一直想方设法把问题化解，并提出解决问题的四点基本原则：用于承担法律、道义及服务上的责任；维护中日友好；严于律己，通过此次事件提高对中国乘客的服务水平；不遗余力地争取和解的圆满解决，把自己的位置摆对，避免与消费者对簿公堂。但是，在日航事件刚发生时，根本没有沟通的渠道，特别是经媒体炒作，一件普通的商务纠纷已经转变为一个国际事件，在那样的背景下不可能与乘客进行沟通。后来乘客向中国消费者协会投诉，通过中国消费者协会与乘客沟通是条捷径，而且有中行调查报告出来后，中国消费者协会要求双方面谈质证，但因种种原因未成。后来在一家新闻媒体的斡旋下，才促成了日航律师与乘客代表的第一次见面，日航公司抓住机会，以主动认错的高姿态加深了与中国乘客的交流，重新取得了中国乘客的谅解和信任，日航与乘客代表之间的隔阂终于被打破。

9.3.4.2 如何处理顾客投诉

在当今市场竞争激烈的社会里，企业所处的地位越来越微妙。来自消费终端、流通渠道及新闻媒体的压力越来越大，他们对于企业产品、服务的要求和监督的力量越来越强，企业的任何一点纰漏都可能引发一场"地震"。

投诉，是一种消费者与企业之间矛盾的外在形式。表面上，投诉时消费者对企业的产品或服务表示不满的一种行为。但从另一个角度看，消费者向企业投诉，诉说自己遭遇的不公正待遇，是对企业的一种信任。

(1) 消费者投诉类型。

① 默默无闻地投诉。基于投诉的成本，某些消费者不愿直接向企业或法院进行投诉。但这些消费者会向周围的人宣传，"损失一个顾客意味着企业将失去十个潜在顾客"。这是一个普遍的规律。这应该成为企业关注的焦点，所以要注意搜集这些不向企业张嘴的投诉者，尽量创造让他们向企业投诉的机会。

② 正式投诉。有些消费者采取行动，向消费者协会、媒体或企业反映，争取向企业讨个说法，成为行动者。企业应该正确看待，投诉者应该成为企业欢迎的人。

③ 过激行动。如恶意的敲诈勒索、夸大其词的造谣生事、恶意索赔等。企业应该采取果断措施，查明真相，依事实说话，不能有任何拖延，以免问题复杂化。

(2) 消费者投诉动因。

一般而言，消费者投诉的动因有如下理由：企业的产品质量与服务低下；出售的商品过期、变质；夸大宣传，产品标识不全，某些重要说明或指标遗漏，导致消费者错误操作而发生事故；营销活动的服务、品质不到位。

(3) 处理消费者投诉的基本理念。

企业应该清楚认识到，正确处理消费者投诉是为了保持市场占有率的稳定，不给对手以可乘之机，维护与消费者交易的继续，不致因投诉而使消费者失去对企业的信赖。正因为消费者与企业的利益息息相关，企业界有这么一句名言"保护你的消费者就是保护你自己"。

有鉴于此，正确处理消费者投诉的基本原则为：让消费者满意；勇于向消费者道歉；建立有效的沟通渠道，重视与消费者沟通，同时与新闻媒体建立融洽的合作关系。有效沟通的速度与效率在一定程度上会决定着投诉结果的好坏。

(4) 尽量按照消费者希望的方式处理。

互利的原则——处理结果对双方有利，尤其是消费者满意，是投诉者的最好结局。

(5) 消费者投诉处理流程。

处理消费者投诉尽量不要随意行事，应该形成一套严格的、规范的运作程序，从而保障其运行是良好结果。

① 调查研究，查明事实真相。

处理消费者起诉投诉的第一步是鼓励不满意的消费者说出自己的意见，便于企业能够直接方便地了解到消费者的反馈与投诉。消费者投诉具有极强的时效性，绝不可能轻易错过机会，最好在一开始就予以化解，把问题消灭在萌芽状态，尤其是防止新闻媒体人的人为炒作。

企业应该注意建立消费者信息反馈系统，降低消费者投诉的"门槛"，倾听消费者的委屈和意见，全面了解其不满的原因，是保障成功的先决条件。

直接、深入地调查时处理投诉的基础环节，应着重向消费者了解如下问题，即"5W1H"：发生什么问题（What）；什么时候发生的（When）；在何地购买，在何地出现问题（Where）；投诉者是谁，是否是老顾客（Who）；投诉的理由（Why）；希望解决的方式（How）。

② 研究对策和改进。

争取让消费者满意是企业处理消费者投诉的唯一法则。制定对策时，要尽量站在消费者的角度考虑问题，结合企业实际使解决方案与消费者期望一致。一般而言，企业在处理消费者投诉时应注意以下问题：企业是否与消费者真正沟通；企业是否善于认错，对自己的失误用于承担责任；企业对消费者是否可靠，不流于表面；企业是否以消费者权益为上，随叫随到，灵活变通；产品是否名副其实。

可采取的对策如下：以体谅之心接触消费者，向其表示真心同情和慰问，表示企业将依法赔偿，努力使消费者满意；在做出赔偿时，应注意不要太快露出赔偿底线，一般而言，赔偿的程度应低于不赔偿而带来商业风险；小心探询并了解其希望的解决方式，委婉表达都不希望在法庭上见面的劝告，尽量争取私下予以解决；试图逐步提出解决办法，并征求对方意见。如果不同意，请他提出自己的希望方式，尽量在企业界定的限度内进行解决；如果谈判进展不大时，可以通过各种方式请出消费者的上司、朋友，从内部做其工作，针对消费者不满因素，企业方案做适当改进，配合第三者对消费者做个人工作，双管齐下，力争早日解决；要注意与新闻单位及某些政府机关保持联系，防止新闻炒作或行政干预，避免出现对企业不利的局面；如果消息已经曝光，造成社会影响，应迅速处理，并把处理结果公开，防止新闻媒体二次炒作。

③ 一个实证研究结论：若投诉反应时间超过四周，消费者的满意度将降低一半以上。企业可以从问题的严重程度、消费者的关键性和消费者可能采取的不利于企业的行为，这三个方面考虑处理投诉的先后顺序并同时注意缩短反应时间。为此，企业应做好以下三个方面的工作。

a. 通过一些市场调查等主动性的做法，预先获取消费者的想法，有助于企业及时做出反应。

b. 通过对"投诉"出现的频率进行跟踪，评估哪类问题可以采取标准化的措施。例如，航空运输业经常遇到行李损坏或丢失的问题，为此制定了行业公认的标准化赔偿率。

c. 赋予一线工作人员一定的权力。这些权力能使他们在处理一些无法预见的、随机的问题时有相对灵活的自主权。

(6) 吸取教训。

危机过后，企业应该把投诉处理的全面情况形成书面资料，为以后的工作提供参考。如果企业尚未重视消费者投诉问题，则应该马上建立顾客投诉的专门机构，培训处理顾客投诉的专案员工，提高应对投诉的能力，制定相应政策以保障其实施。

本 章 小 结

1. 冲突是不同主体或主体的不同取向因为对特定客体处置方式的分歧，而产生的行为、心理的对立或矛盾的相互作用状态。常见的冲突可以分为建设性冲突和破坏性冲突。

2. 冲突的五阶段模式为：潜在的对立或不一致、认知和个性化、行为意向、行为和结果。托马斯提出竞争、妥协、回避、合作和迁就五种冲突管理基本策略。冲突管理手段包括预防有害冲突、激发功能正常冲突及处理有害冲突的方法。

3. 组织沟通从控制员工行为、激励员工、情绪表达和获取决策信息四个方面对组织变革产生影响；组织变革沟通的阻力主要来自组织结构、员工个人。

4. 组织变革沟通的对策：制定完整的目标体系、提升变革沟通部门地位，并在管理变革调研期、启动期、资源整合期、推行期和收尾期采取不同策略。

5. 危机沟通是指以沟通为手段，通过与企业各个利益相关者进行信息、思想及情感的交流活动，以解决危机为目的的过程。危机沟通要做好准备和计划。

思 考 练 习

1. 你认为大多数管理者对冲突的看法如何？如何理解组织中的建设性冲突？
2. 请举例说明如何运用五种主要的冲突解决策略。
3. 举例说明变革的各阶段应如何沟通。
4. 选取知名企业为例，说明其如何进行危机沟通。

第10章 跨文化沟通

学习要点：
1. 文化和文化差异；
2. 跨文化冲突的原因和障碍；
3. 跨文化沟通的策略与手段。

 导入案例

1925年美国总统福特访问日本，美国哥伦比亚广播公司（CBS）受命向美国转播福特在日的一切活动。在福特访日前两周，CBS谈判人员飞抵东京租用器材、人员、保密系统及电传问题。美方代表是一位年轻人，雄心勃勃，提出了许多过高的要求，并且直言不讳地表述了自己的意见，而日方代表则沉默寡言，第一轮谈判结束时，双方未达成任何协议。两天后，CBS一位要员飞抵东京，他首先以个人名义就本公司年轻职员的冒犯行为向日方表示道歉，接着就福特访日一事询问能提供哪些帮助。日方转变了态度并表示支持，双方迅速达成了协议。在这个案例中可以看出，美国人坦率外露的思维方式和日本人内敛思维方式相冲突。美国人反对过分拘泥于礼仪，办事干净利落，注重实际，语言表达直率，而且耐心不足；日本人讨厌过分施加压力，比较注重资历、地位。CBS的要员充分掌握了日本人的性格及谈判风格，才促成了谈判的成功。

10.1　文化和跨文化沟通

10.1.1　文化内涵

（1）文化的含义。

关于文化的定义很多，许多社会学家和人类学家都下过定义。英国学者爱德华·泰勒是第一个全面而明确地为"文化"下定义的人。在《原始文化》"关于文化的科学"一章中，泰勒开宗明义地指出："文化或文明，就其广泛的民族学意义来讲，是一复合整体，包括知识、信仰、艺术、道德、法律、习俗及作为一个社会成员的人所习得的其他一切能力和习惯，是人类为使自己适应其环境和改善其生活方式的努力的总成绩。" 笼统地说，文化是一种社会现象，是人们长期创造形成的产物，同时又是一种历史现象，是社会历史的积淀物。确切地说，文化是指一个国家或民族的历史、地理、风土人情、传统习俗、生活方式、文学艺术、行为规范、思维方式、价值观念等。《现代汉语词典》上对"文化"一词的解释为：人在社会历史发展过程中所创造的物质财富和精神财富的总和，特指精神财富，如文学、艺术、教育、科学等。

梁启超在《什么是文化》中称"文化者，人类心能所开释出来之有价值的共业也"，这"共业"包含众多领域，如认识的(语言、哲学、科学、教育)、规范的(道德、法律、信仰)、艺术的(文学、美术、音乐、舞蹈、戏剧)、器用的(生产工具、日用器皿及制造它们的技术)、社会的(制度、组织、风俗习惯)等。美国社会学家 David Popenoe 则从抽象的定义角度对文化做了如下的定义：一个群体或社会就共同具有的价值观和意义体系，它包括这些价值观和意义在物质形态上的具体化，人们通过观察和接受其他成员的教育而学到其所在社会的文化。文化对于人类来说，就像是本能对于动物一样，都是行为的指南。当代人学家，文化学者张荣寰在 2008 年 3 月重新界定文化，阐明文化是人的人格及其生态的状况反映，为人类社会的观念形态、精神产品、生活方式的研究提供了完整而贴切的理论支持。在一个科学的人类学、一个哲学的人类学、一个神学的人类学的综合研究中，文化代表人存在的某一层面"个性和共性"的关系与实际，即更高质量人格的人，在生物性层次、在历史性层次、在社会性层次、在自我性层次予以贯通和表达，这种表达就是文化。由此可以看出，文化是一个非常广泛的概念，给它下一个严格和精确的定义是一件非常困难的事情。

(2) 文化的分类。

一般来说，可把文化分为广义的文化和狭义的文化。我国社会学家、《工会博览》杂志副主编艾君先生指出，谈"文化"这一概念时，其内涵、外延差异很大，故文化出现广义与狭义之分。H·H·Stern 根据文化的结构和范畴把文化分为广义和狭义两种概念。广义的文化即大写的文化(Culture with a big C)，狭义的文化即小写的文化(Culture with a small C)。广义地说，文化指的是人类在社会历史发展过程中所创造的物质和精神财富的总和，包括物质文化、制度文化和心理文化三个方面。

物质文化是指人类创造的种种物质文明，包括交通工具、服饰、日常用品等，是一种可见的显性文化；制度文化和心理文化分别指生活制度、家庭制度、社会制度及思维方式、宗教信仰、审美情趣，它们属于不可见的隐性文化，包括文学、哲学、政治等方面内容。狭义的文化是指人们普遍的社会习惯，如衣食住行、风俗习惯、生活方式、行为规范等。Hammerly 把文化分为信息文化、行为文化和成就文化。信息文化指一般受教育的本族语者所掌握的关于社会、地理、历史、等知识；行为文化指人的生活方式、实际行为、态度、价值等，是成功交际最重要的因素；成就文化是指艺术和文学成就，是传统的文化概念。

还有些人类学家将文化分为三个层次：高级文化，包括哲学、文学、艺术、宗教等；大众文化指习俗、仪式，以及衣食住行、人际关系各方面的生活方式；深层文化主要指价值观的美丑定义，时间取向、生活节奏、解决问题的方式，以及与性别、阶层、职业、亲属关系相关的个人角色。高级文化和大众文化均植根于深层文化，而深层文化的某一概念又以一种习俗或生活方式反映在大众文化中，以一种艺术形式或文学主题反映在高级文化中。

一般来说，广义的文化，是指人类在改造自然和改造社会的过程中所创造的物质财富和精神财富的总合。狭义的文化，是指作为观念形态的，与经济、政治并列的，有关人类社会生活的思想理论、道德风尚、文学艺术、教育和科学等精神方面的内容。《现代汉语词典》关于"文化"的释义，即人类在社会历史发展过程中所创造的物质财富和精神财富的总和，特指精神财富，当属狭义文化。一般而言，凡涉及精神创造领域的文化现象，均属狭义文化。

10.1.2 跨文化相关理论

文化是指影响某一人群总体行为的态度、类型、价值观和准则，是在同一种环境里的人群的集体精神程序编制。在任何一个时代、一个民族、一个地区的人们都有自己特有的观念性的东西，这种特殊的文化影响着人们的行为方式。Hofstede（霍夫斯坦德）和 Fons Trompenaars（弗恩斯·特朗皮纳斯）的研究分析理论是跨文化分析中最具代表性和影响力的两个理论，也是目前应用最为广泛的理论。

(1) 荷兰管理学者 Hofstede（霍夫斯坦德）提出的文化维度理论。

霍夫斯坦德可以说是跨文化理论的奠基人，20 世纪 80 年代初，他在对 IBM 这家大跨国企业的 50 种职业、66 种国籍的雇员所回答的近 6 万份问卷进行分析的基础上，比较归纳出不同文化价值观的四个方面，后又补充为以下五个方面。

① 个人主义与集体主义，它们表示个人与群体间的关联程度。在个人主义社会中，个人之间的关联较松；反之，在集体主义社会里，人与人之间倾向于形成一个凝聚力很强的整体。

个人主义文化的主要特征有：关键单位是个人；个人主义文化重视个人自由；对物体空间和隐私有更高的要求。沟通倾向于直接、明确和个人化；商业看作是一种竞争性的交易。集体主义的特征有：关键的单位是集体；个人的行动和决策的起点是群体；空间和私隐都没有关系重要；沟通是直觉式的、复杂的和根据印象进行的；商业是相互关联、相互协作的，认为促成结果的是关系而不是合同。

以美国文化和中国文化为例，美国文化具有典型的个人主义色彩，中国文化具有典型的集体主义色彩。

② 权力差距，指人们对组织或机构内权利不平等现象的接受程度。高权力差距的社会，接受组织中的权力差异，尊重权威，头衔、级别和地位的重要性较强；低权力差距的社会，尽可能消除不平等现象，组织中员工较少畏惧上司。

具体来说就是高权力差距文化和低权力距离文化。高权力文化往往会导致沟通受到各种限制，因为高权力距离文化倾向于具有严格的层级权力文化结构，下级往上沟通会严重受阻，著名的"玻璃天花板"现象描述的就是在高权力差距文化的影响下，组织对外国工作者的排斥。相反，在低权力距离文化影响的组织中，有权力和没权力的人之间的距离更短，沟通可以向上进行也可以向下进行，更倾向于扁平化和更民主的层级结构。低权力距离文化正趋于发展的趋势。

③ 不确定性的规避，指的是人们忍受模糊（低不确定性规避）或感到模糊和不确定性的威胁（高不确定性规避）的程度。不确定性规避程度高的群体，面对外部威胁时感受的压力大，因而由此带来的情绪紧张和焦虑也会相应地增大；不确定性规避程度低的群体在面对外部威胁时，感受到的压力要相对小一些。不确定性指数高的国家对含蓄和不确定性因素的接受和容忍程度高，具体体现在法律条文的伸展度等地方。不确定性指数低的国家，对事物的要求高度精确，喜好制定严格的标准和法律。

④ 价值观念的男性化与女性化。"男性化"倾向是指社会中两性的社会性别角色差别清楚，男人应表现得自信、坚强，注重物质成就；女人应表现得谦逊、温柔，关注生活质量。"女性化"倾向则是指社会中两性的社会性别角色互相重叠，男人与女人都表现得谦逊、恭顺，关注生活质量。

一般可以从对性别角色定位的传统和保守程度、对坚决行为的获取财富的推崇程度、对人际关系和家庭生活的重视程度去考虑。男性化社会以更加传统和保守的方式定义性别角色，而女性化社会对于男女双性在工作场所和家庭中扮演的大量角色则持较为开明的观点。此外，男性化社会推崇坚决行为及获取财富；女性化社会珍视人际关系，关心他人，以及看重家庭生活与工作之间更好的平衡。

⑤ 长期目标与短期目标。

这侧重于区分对目标的长期投入或短期投入。以美国和日本为例，美国喜欢把经商比喻为"打猎"，日本则把经商比喻为"种植水稻"。这可以看出，美国侧重于短期投入要立竿见影的效果，日本则侧重于长期的投资来获取长线的发展。在现实交流中，这五个维度往往不会单独出现，而是交叉混合，这也和文化的一体性和交融性有着密切的关系。

各个国家得分的高低，仅仅代表不同国家在某一维度相对的位置，而非绝对的位置。美国是权利差距分数相对较低的国家，即美国为权利距离相对较小的国家。在美国，即便是上下级也认为彼此之间是平等的，级别的不同不过是所任的职务不同而已，之所以有这种级别制度是为了工作的方便，人们趋于用相对较少的权利作为达到目的的工具。

再比如个人主义/集体主义这一维度，美英等西方国家得分最高，表明在美英等国家里，有着极强的个人主义倾向；而在亚洲国家，集体主义的倾向则偏重一些。文化纬度在不同国家相差很大，从霍氏的各文化维度指标值中，可得出东西方的文化差异是十分明显的，就是在同为东方文化圈的日本、新加坡、中国香港等也是较明显的。

霍夫斯坦德的理论还是不够全面，其中缺乏东欧国家和中国内地的数据，使得这一理论在解释中国的文化和一些社会现象时有很大的局限性，因而结果仍是地区性的。但是总体来说，Hofstede（霍夫斯坦德）的文化分析框架是迄今为止在跨文化管理研究中较为完整、系统的文化分析模式，对跨文化研究产生了巨大的影响。

 案例

飞利浦照明公司某区人力资源的一名美国籍副总裁与一位被认为具有发展潜力的中国员工交谈。他很想听听这位员工对自己今后五年的职业发展规划及期望达到的位置。中国员工并没有正面回答问题，而是开始谈论起公司未来的发展方向、公司的晋升体系、以及目前他本人在组织中的位置等，说了半天也没有正面回答副总裁的问题。副总裁有些疑惑不解，没等他说完已经不耐烦了。同样的事情之前已经发生了好几次。谈话结束后，副总裁忍不住向人力资源总监抱怨道："我不过是想知道这位员工对于自己未来五年发展的打算，想要在飞利浦做到什么样的职位而已，可为什么就不能得到明确的回答呢？""这位老外总裁怎么这样咄咄逼人？"谈话中受到压力的员工也向人力资源总监诉苦。

(2) Trompenaars 的国家文化七层面理论。

20 世纪 90 年代中期，荷兰学者 Fons Trompenaars 和英国学者 Charles Hampden Turner 提出了国家文化的七个基本方面：普遍性与具体性；个人主义与集体主义；中立性与情感性；特殊性与扩散性；成就文化与归属文化；时间取向；环境氛围。

从这七个方面对不同国家的社会现象进行了解释。例如，普遍性与具体性这个方面，指的是研究对象在面对某一具体的问题时，将采取什么样的解决方式。普遍性是指在处理问题

时均采用同样的原则和方法。而具体性则是指根据问题中具体的人或事，采用不同的方法。对于中立性和情感性，则说明行为发出者在某一既定的互动情景中是否涉及情感，是否应当表达情感。这一点主要侧重于评价人与人之间的关系。不同国家的人们在这一维度的表现上也不同，如中国人之间讲究一种民族的情感；而在美国，人们则更多地强调个人，人与人之间常常保持一种中立性。成就文化和归属文化指的是不同环境的人在对某一问题进行总结时，是偏重个人努力对问题的影响还是偏重周围环境的影响。

Trompenaars 和 Hampden Turner 通过对以上七个层面的研究，认为文化只存在差异性，而没有"对"与"错"、"好"与"坏"之分，文化的差异性表现为不同文化所选择的解决问题的方法不同。

 **案例**

时 间 取 向

巴西一家公司到美国去采购成套设备，巴西谈判小组成员因为上街购物耽误了时间。当他们到达谈判地点时，比预定时间晚了 45 分钟。美方代表对此极为不满，花了好长时间来指责巴西代表不遵守时间，没有信用。谈判开始，美方还对此事耿耿于怀，对此巴西代表感到理亏，也无心与美方代表讨价还价，对美方提出的要求也没静下心来认真考虑，匆匆忙忙就签订了合同。等到合同签订以后，巴西代表才发现自己吃了大亏，但已经晚了。

分析：不同的文化背景表现出不同的时间观念，北美人的时间观念很强，对他们来说，时间就是金钱；而东方和南美一些国家的时间观念不是那么强，迟到对他们来说并不是不可原谅的。这个案例就充分说明要了解不同国家的文化。

(3) 莫朗的理论。

在《跨文化组织的成功模式》与《文化协和管理》两书中，莫朗提出跨文化组织模式的管理有效性是以"最佳协同作用"来评价，并提出了 13 条指标。认为：文化一体化是一个动态的过程，包含着两种经常被认为是相反的观点，拥有移情和敏感性，意味着对发自他人信息的解释，它拥有适应性与学习性，协同行动，共同工作，群体一致的行为大于各部门独立行动之和，拥有创造共同成果的目标；由于跨文化障碍，其文化协同方程可能为"2+2=3"，只要不是负数，便获得了进步，对其他不同文化组织的正确且透彻的理解，文化一体化而非单方的妥协，文化一体化并非指人们要做事，而是基于文化行动时所创造的事，文化一体化仅产生于多元化组织为达到共同目标而联合努力的过程之中。莫朗的跨文化组织模式的管理有效性的依据是存在着一种潜在的最佳协同作用，对减少由于一起工作时不可避免产生问题所带来的损失是可行的。

(4) 南希的跨文化管理理论。

加拿大著名的跨文化组织管理者南希·爱德勒根据多年的研究，就跨文化管理提出了"文化上的协调配合"论，并定义为处理文化差异的一种方法，包括经理根据个别组织成员和当事人的文化模式形成的组织方针和办法的一个过程。这一理论也可解释为文化上协调配合的组织所产生的新的管理和组织形式，这一组织超越了个别成员的文化模式。这种处理方法是承认由多种文化组成的组织中各个民族的异同点，并把这种差异看成是构思和发展一个组织的有利因素。并且提出了跨国企业解决组织内文化差异的三种可供选择的跨文化管理方案。

① 凌越，是指组织内一种文化凌驾于其他文化之上扮演着统治者的角色，组织内的决策及行为均受这种文化支配。这种方式的好处是能在短时间内形成一种"统一"的组织文化，其缺点是不利于博采众长，其他文化因受到压制容易使其成员产生强烈的反感，最终加剧冲突。

② 折中，是指不同文化间采取妥协与退让的方式，有意忽略回避文化差异，从而做到求同存异，以实现组织内的和谐与稳定，但这种和谐与稳定的背后往往潜伏着危机，只有当彼此之间文化差异很小时，才适应采取此法。

③ 融合，是指不同文化间在承认、重视彼此间差异的基础上，相互尊重、相互补充、相互协调，从而形成一种你我合一的、全新的组织文化，这种统一的文化不仅具有较强的稳定性，而且极具"杂交"优势。南希·爱德勒已经认识到文化多样性对跨国企业的重要性，要求管理整个组织内跨文化的相互作用，他的理论是跨文化管理理论发展的代表性成果，尤其提出的三种模式在现今很多跨国企业里都有所运用，而文化融合模式则更为成熟，企业在跨文化管理中形成了一种多元的、包容的文化，这种文化更易为不同文化背景下的成员所接受和认可。

10.2 跨文化差异和冲突

10.2.1 文化差异的表现

数据表明，在中国建立的中外合资企业（包括跨国公司）中，有15%左右的企业预定寿命提前终止，其中由于文化差异造成的企业不稳定占主要成分。美国学者曼姆在分析北京吉普的案例时也指出：中美双方发现文化差异比任何一方在合资企业开办之前预想的都大。由于文化差异导致合资失败的企业个案，影响较大的莫过于广州标致的解体。

广州标致是由广州汽车集团公司（控股46%）、法国标致汽车有限公司（控股22%，主要以技术入股）、中国国际信托投资公司（控股20%）、国际金融公司（控股8%）、法国巴黎国民银行（控股4%）合资经营的汽车生产企业。截至1997年8月，广州标致累计亏损10.5亿元人民币，实际年产量最高时才2.1万辆，未能达到国家产业政策所规定的年产15万辆的标准。同时，中法双方在一些重大问题上存在分歧，合作无法继续。1997年9月，中法两国签订协议，广州汽车工业集团与法国标致汽车公司终止合作。广州标致的解体，其原因是多方面的和复杂的，汽车造型失误是关键因素，但合作后期由于文化的差异，双方目标不一致，未能及时更换车型也是重要原因之一。广州标致合资双方在企业文化建构上的差异主要表现为以下几点。

(1) 表层物质文化的差异。

物质作为种实物形态，在合资企业中为中外双方所共有，是企业赖以生存、不可缺少的基础。建设合乎企业自身文化特色的企业物质外壳是合资企业构建企业文化的重要外在因素。法国的资金技术密集型产业的现代化大生产管理方式移植到中国后，必须面对大量低水平的手工劳动操作。法方人员要从习惯于高技术、大规模生产的工作环境回落到较初级的汽车生产方式中。这需要一定的心理和文化适应期。

(2) 内层行为文化的差异。

广州标致采用了法国标致的组织机构设置，实行层级管理，强调专业化分工和协作，同时沿用法国标致的全套规章制度。但是，这套规章制度有很多地方不符合中国的国情。法方人员在许多情况下采取强制的方式要求中方人员贯彻实施其管理模式，这往往使中方被管理者对规章制度产生逆反心理，并在管理的空隙中尽可能地应用中国的管理方式，使制度化管理难以贯彻实施。

(3) 深层精神文化的差异。

企业精神是合资企业创造的精神财富，是合资企业赖以生存的精神支柱，是合资企业内部凝聚力和向心力的有机结合体。广州标致建立 12 年来，中法双方的高层管理人员并没有致力于企业共同价值观的塑造，没有意识到共同价值观的塑造可以减缓文化冲突，没有提炼出比较符合广州标致实际情况的企业精神，这就使中法双方未能齐心协力、统一行动。加之中法合资双方没有致力于协调投资目标期望的差异，导致许多决策出现意见分歧，使决策权共享这一合资企业的重要特征无法实现。

透过广州标致解体的全过程，可以看到表面上由各方资本、技术、人员、劳动有机组成的合资企业，其深层次的内涵则是文化的交汇、冲突与融合。

10.2.2 跨文化冲突的诱因

不同的群体、地域或国家的程序互有差异，这是因为他们的"心理程序"是在多年的生活、工作、教育下形成的，具有不同的思维。可见，文化是一个群体在价值观念、信仰、态度、行为准则、风俗习惯等方面所表现出来的区别于另一群体的显著特征。正是这种文化在群体上的差异性导致了跨国经营中的文化冲突。导致文化冲突的诱因主要有以下六种。

(1) 自我文化中心主义。这种诱因在于，在与人沟通时，习惯性的从自我的文化观念、价值观念、道德体系作标准来看待他人的行为。这种障碍通常会造成漠不关心距离，如对沟通对方的要求(如特殊的节假日不工作)不加理睬；回避距离，如因不了解对方的文化礼仪而回避与沟通对方的交流；蔑视距离，如因不了解对方的宗教生活而对他的行为进行无理干预与批评。

(2) 文化霸权主义。在进行跨文化沟通时，沟通双方的地位往往不平等。处于优势的一方，往往容易把自己的一套文化准则强加在弱者一方的身上，并强行地要求对方遵循。处于劣势的一方往往会有文化自卑感，在沟通时消极地应对。与之相反的是，劣势方会有强烈的反叛意识，在沟通中会阻挠沟通的进程或破坏双方建立的关系。

(3) 语言冒犯。跨文化沟通中，语言是首要的工具。不同的语言，有着不同的深厚文化背景。同一句话语，在不同的场合，甚至不同的声调下的意思可以相差甚远(这点在中国表现得尤为突出)，还包括同音异义、同义异音词等。在专业的翻译师眼中，准确的翻译对方的言语也是一项相当困难的事，更不用说在沟通中我们往往不是专业的翻译师。

(4) 非语言的冒犯。

非语言在沟通中的地位丝毫不逊于语言。非语言的表达方式十分的丰富，如有肢体语言(如眼神、手势、站姿)、服饰(如有些服饰是只允许特定身份或特定时间、场合穿着)。例如，在中国竖起大拇指表示夸奖，然而在某些国家这是典型的侮辱的手势。

(5) 核心文化的冲突。在跨文化的冲突中，核心文化的冲突最不容易被发现，但往往是破坏力最强。典型的核心文化是宗教信仰，在信仰者的眼中，宗教是神圣不可侵犯的。侵犯沟通双方的信仰无疑是为沟通埋下一颗重磅炸弹，而且这种冲突是最不容易被化解的。

(6)情绪化障碍。在跨文化沟通中，如果沟通方(一般指作客方)事先没有进行过系统性的跨文化的训练，就容易在沟通中因不了解对方所在国的价值观念和社会规范，而感到强烈的不适应感，从而产生情绪化障碍。情绪化障碍者往往会对沟通产生抵触感，这很大程度上阻碍了沟通的顺利进行。

10.2.3 跨文化沟通的主要障碍

(1)双方文化共享性差。

共享性是指人们具有共同的文化特征，在沟通中是指人们对同一客体给予和享有的共同编码。在同文化的沟通过程中，信息的发出者和接收者使用的是同一种编码本，人们谈论的事物和话题在各自的文化中都有相应的对应物，因而沟通起来就相对容易。但在跨文化沟通过程中，由于双方长期生活在相对独立的地理区域和文化中，个人的经历、历史都不一样，造成双方的价值观、语言、非言语系统及对事物的感知都大不相同，共同感兴趣的话题和事物、活动较少，一方文化中的东西在另一方文化中又可能没有相应的文化对应物，这就造成了沟通的困难。历史人物和事件、典故、成语等都可能造成跨文化沟通的困难。

文化共享性差对沟通造成障碍的另一种表现是沟通一方虚幻地假设另一方的文化因素与自己相同，从而造成误解和沟通无效。如中国是礼仪之邦，这种价值观在经营过程中的表现就是中国商人非常好客，许多生意要在饭桌上谈定，因而他们想当然地假设其他国家的情况也是如此。在改革开放之初，许多中国人在同美国、德国、英国、澳大利亚、加拿大等国家的人做生意时，总是非常热情地请他们吃饭、喝酒、娱乐、免费旅游等。但这种做法往往沟通效果并不佳，有时甚至适得其反。

(2)民族优越感。

当人们容易相信本国的各项条件属最优之时，轻松适应其他文化的另一个潜在障碍就出现了，这种倾向被称为自我参照标准或民族优越感、种族主义等。民族优越感之所以对跨文化人际沟通造成障碍，主要是因为：首先，对自己文化的民族优越感信念会形成一种狭隘和防御性的社会认同感；其次，民族优越感会以一种定型观念来感知其他文化；第三，民族优越感会使沟通者在将自己的文化与别的文化对比时，总认为自己文化是正常的、自然的，而别的文化是不正常的，其结果总是吹捧自己的文化而贬低别的文化。民族优越感会使人们不愿了解别的文化，拒绝承认别的文化也具有丰富的内涵，排斥不同的观点和技术，因而是跨文化沟通的障碍。

(3)定型观念和偏见。

定型观念，也叫定势思维或心理定势等，是一种知觉上的错误，指人们在头脑中把形成的对某类知觉对象的形象固定下来，并对以后有关该类对象的知觉产生强烈影响的效应。定型观念的最大害处就是过分的简化和类化，根据某一群体的共同特征而将其分门别类，并作为认知固定下来。在这个复杂而多变的世界里，简化和归类有助于我们对事物的总体认识。但在跨文化沟通中，定型观念往往会造成"以偏概全"、"坐井观天"、"一叶障目，不见森林"等认识错误，并会直接导致沟通中的误解和障碍。

(4)沟通风格的差异。

虽然全世界人们的沟通过程基本是相同的，但不同文化的人们的沟通风格却具有很大的差异。所谓沟通风格，就是人们在沟通过程中将自己展现给对方的方式，包括自己喜欢谈论的话题、最喜欢的交往方式，如礼仪、应答方式、辩论、自我表白及沟通过程中双方希望达到的深度等。它还包括双方对同一沟通渠道的依赖程度（即靠语言、词汇还是身体语言），以及对相同意思的理解，主要是靠信息的实际内容，还是靠情感的内容等。跨文化沟通是一个双向的、互动的过程，如果相互之间的沟通风格不同，就可能给沟通带来问题。如在对强烈情绪的表露方面，美国人喜欢通过交谈、辩论来发泄心中的积愤和澄清事实，而地中海地区的许多国家则倾向于使用身体语言，如用哭来表达强烈的情绪。在另外一些国家，如日本人就不喜欢向别人表露自己的情绪。

(5) 文化冲击。

文化冲击是指当人们进入异文化环境时，由于新奇的环境所导致的混乱、不安和焦虑的感觉。美国人类学家奥博格认为，文化冲击是人们对突然失去社交中所有熟悉的符号和象征而感到的焦虑不安，这些指导我们日常生活的无数符号和暗示包括：如何下指令、如何购物、什么时候应该做出反应和什么时候不应做出反应等。这些我们在成长过程中所获得的暗示可能是词语、姿势和手势、面部表情、风俗习惯、社会规范等，它们就像我们所使用的语言和所树立的信仰一样。

 **案例**

1998年11月，德国戴姆斯-奔驰公司并购美国三大汽车公司之一的克莱斯勒公司，被全球舆论界誉为"天堂里的婚姻"。戴姆斯-奔驰公司是德国实力最强的企业，是扬名世界的"梅塞德斯"品牌的所有者，克莱斯勒则是美国三大汽车制造商中盈利能力最强、效率最高的公司。人们认为，这宗跨越大西洋的强强联合定会造就一个驰骋世界汽车市场、所向无敌的巨无霸。然而谁会想到，这桩"婚姻"似乎并不美满。并购后并没有实现公司预期的目标。到2001年，公司的亏损额达到20亿美元，股价也一路下滑，并且裁减员工，公司的发展一直都很艰难。大西洋两岸不同文化差异的冲突是这场婚姻危机的根本原因。戴姆斯-奔驰公司的CEO施伦普一开始没有意识到两家企业无论在组织结构、薪酬制度，还是企业文化上都相差甚远，由文化的冲突导致并购存在问题。

10.3 跨文化沟通的策略与手段

10.3.1 跨文化沟通的策略

在跨国企业管理沟通中，互相尊重、互相克制、互相学习、兼收并蓄才是最好的策略，具体策略如下。

(1) 本土化策略。即根据"思维全球化和行动当地化"的原则来进行跨文化的管理。全球化经营企业在国外需要雇用相当一部分当地员工，因为当地员工熟悉当地的风俗习惯、市场动态及其政府的各项法规，并且与当地的消费者容易达成共识。雇用当地员工不仅可节省部分开支，更可有利于其在当地拓展市场、站稳脚跟。

(2) 文化相容策略。根据不同文化相容的程度可分为以下两种策略。

① 文化的平行相容策略。这是文化相容的最高形式，习惯上称之为"文化互补"。即在

国外的子公司中不以母国的文化作为主体文化。这样母国文化和东道国文化之间虽然存在着巨大的文化差异，但并不互相排斥，反而互为补充，同时运行于公司的操作中，可以充分发挥跨文化的优势。

② 隐去两者主体文化的和平相容策略。即管理者在经营活动中刻意模糊文化差异，隐去两者文化中最容易导致冲突的主体文化，保存两者文化中比较平淡和微不足道的部分。使得不同文化背景的人均可在同一企业中和睦共处，即使发生意见分歧，也容易通过双方的努力得到妥协和协调。

(3) 文化创新策略。即将母公司的企业文化与国外分公司所在地的文化进行有效的整合，通过各种渠道促进不同的文化相互了解、适应、融合，从而在母公司文化和当地文化的基础之上构建一种新型的企业文化，以这种新型文化作为国外分公司的管理基础。这种新型文化既保留着母公司企业文化的特点，又与当地的文化环境相适应，既不同于母公司的企业文化，又不同于当地的文化，而是两种文化的有机结合。这样不仅使全球化经营企业能适应不同国家的文化环境，而且还能大大增强竞争优势。

(4) 文化规避策略。当母国的文化与东道国的文化之间存在着巨大的不同，母国的文化虽然在整个公司的运作中占主体地位，可无法忽视或冷落东道国文化的存在的时候，由母公司派到子公司的管理人员，就应特别注意在双方文化的重大不同之处进行规避，不要在这些"敏感地带"造成彼此文化的冲突。特别在宗教势力强大的国家更要特别注意尊重当地的信仰。

10.3.2 跨文化管理沟通的有效手段

(1) 树立跨文化沟通的意识。

① 文化差异属于自然现象，是财富，应该利用差异，使之成为企业的一种财富，以提高企业的创造力和竞争力。因为在跨国经营与合作中，如果能妥善对待文化差异，有效利用文化差异，企业领导就能将由文化差异而产生的独特见解为己所用，以形成一种独特的思维方式。其实，由不同文化差异所产生的不同见解与观点正是一种审视问题、解决问题的不同思维方式。但文化差异如果处理不当就会成为威胁，如果妥善处理就能成为财富。

② 增强文化差异意识，提高跨文化沟通能力。不同文化背景的管理人员的行为都受其文化的影响与支配，所以中外管理人员的不同观点与见解都属正常现象，只有相互理解、相互学习，克服民族中心论，求同存异，增强文化差异意识与敏感性，运用有效的沟通手段，文化差异是不会构成管理的障碍，跨国公司及合并公司管理才能在尽量短的时间内度过文化磨合期。

③ 文化整合是成功的跨文化管理的基础。要成功经营管理跨国公司，首先就要建立在共同价值观基础之上的企业文化，即文化整合。文化整合应是跨国公司组建之初的首要任务，确定双方合作的共同基础，避免事后出现矛盾，因为许多跨国公司出现的与管理有关的问题大多涉及文化因素。事实也已证明，第三文化概念、文化整合都对跨国公司成功经营管理起着举足轻重的作用。

(2) 增强文化敏感性。

对子公司的员工尤其是管理人员进行跨文化培训是解决文化差异，搞好跨文化管理最基本、最有效的手段。跨文化培训的主要方法就是对全体员工，尤其是非本地员工，进行文化敏感性训练。将具有不同文化背景的员工集中在一起进行专门的培训，打破他们心中的文化障碍和角色束缚，增强他们对不同文化环境的反应和适应能力。文化敏感性训练可采用多种方式，主要有以下四种。

① 文化教育。即请专家以授课方式介绍东道国文化的内涵与特征，指导员工阅读有关东道国文化的书籍和资料，为他们在新的文化环境中工作和生活提供思想准备。

② 环境模拟。即通过各种手段从不同侧面模拟东道国的文化环境。将在不同文化环境中工作和生活可能遇到的情况和困难展现在员工面前，让员工学会处理这些情况和困难的方法，并有意识地按东道国文化的特点思考和行动，提高自己的适应能力。

③ 跨文化研究。即通过学术研究和文化交流的形式，组织员工探讨东道国文化的精髓及其对管理人员的思维过程、管理风格和决策方式的影响。这种培训方式可以促使员工积极探讨东道国文化，提高他们诊断和处理不同文化交融中疑难问题的能力。

④ 语言培训。语言是文化的一个非常重要的组成部分，语言交流与沟通是提高对不同文化适应能力的一条最有效的途径。语言培训不仅可使员工掌握语言知识，还能使他们熟悉东道国文化中特有的表达和交流方式，如手势、符号、礼节和习俗等，组织各种社交活动，让员工与来自东道国的人员有更多接触和交流的机会。

本 章 小 结

1. 文化指的是人类在社会历史发展过程中所创造的物质和精神财富的总和。霍夫斯坦德从个人主义/集体主义、权力差距、不确定性的规避、男性化/女性化、长期目标/短期目标五个维度来分析文化差异；南希提出凌越、折中和融合三种跨文化管理模式。

2. 文化差异具体表现在物质文化差异、行为文化差异和精神文化差异。

3. 跨文化冲突的诱因有：(1)自我文化中心主义；(2)文化霸权主义；(3)语言冒犯；(4)非语言的冒犯；(5)核心文化的冲突；(6)情绪化障碍。

4. 跨文化沟通的主要障碍：(1)双方文化共享性差；(2)民族优越感；(3)定型观念和偏见；(4)沟通风格的差异；(5)文化冲击。

5. 跨文化管理沟通的手段：(1)树立跨文化沟通的意识；(2)增强文化敏感性。

思 考 练 习

1. 请举例说明霍夫斯坦德文化差异的维度。
2. 跨文化沟通的主要障碍是什么？
3. 请结合实际体会，谈一谈如何提升跨文化沟通能力。

参 考 文 献

[1] 谢玉华，李亚伯. 管理沟通. 大连：东北财经大学出版社，2014.
[2] 张莉，刘宝巍. 管理沟通(第三版). 北京：高等教育出版社，2017.
[3] 詹姆斯·奥罗克. 管理沟通(第四版). 北京：中国人民大学出版社，2016.
[4] 约翰 P.科特，罗恩 A.怀特海德. 认同：赢取支持的艺术. 北京：机械工业出版社，2015.
[5] 罗纳德 B 阿德勒，拉塞尔 F 普罗科特. 沟通的艺术. 北京：世界图书出版公司，2015.
[6] 威廉·安肯三世. 别让猴子跳回背上. 杭州：浙江人民出版社，2011.
[7] 约翰·C.马克斯维尔. 领导力 21 法则. 北京：北京时代文化书局，2016.
[8] 李爱梅，凌文铨. 组织行为学. 北京：机械工业出版社，2011.
[9] 加里·德斯勒. 人力资源管理(第 12 版). 北京：中国人民大学出版社，2012.
[10] 苏东水. 管理心理学(第四版). 上海：复旦大学出版社，2012.
[11] 朱筠笙. 跨文化管理：碰撞中的协同(第一版). 广州：广东经济出版社，2000.
[12] 张新胜，等. 国际管理学——全球化时代的管理(第二版). 北京：中国人民大学出版社，2002.
[13] 约翰·B.库伦. 多国管理战略要径(第二版). 邱立成，等译. 北京：机械工业出版社，2000.
[14] 尤莉. 管理沟通实务操作：原理、技巧与行动. 北京：电子工业出版社，2016.
[15] 朱彤. 管理沟通. 重庆：重庆大学出版社，2015.
[16] 康青. 管理沟通(第四版). 北京：中国人民大学出版社，2015.
[17] 贾朝莉. 管理沟通. 长沙：湖南大学出版社，2016.